Cahiers libres

DU MÊME AUTEUR

Lutter contre l'impunité. Dix questions pour comprendre et pour agir (direction d'ouvrage), La Découverte, Paris, 2002.

Louis Joinet

Mes raisons d'État

Mémoires d'un épris de justice

La Découverte
9 *bis*, rue Abel-Hovelacque
75013 Paris

Si vous désirez être tenu régulièrement informé de nos parutions, il vous suffit de vous abonner gratuitement à notre lettre d'information bimensuelle par courriel, à partir de notre site

www.editionsladecouverte.fr

où vous retrouverez l'ensemble de notre catalogue.

ISBN 978-2-7071-7567-0

À Norma Scopise de Couchet,
disparue du « Plan Condor » en Argentine.

Introduction

Pourquoi j'ai écrit ce livre et contre quelles déraisons d'État

Malgré son titre, ce livre n'a rien d'un traité de droit. C'est le récit (condensé) d'une vie, un témoignage sur une longue expérience de militant des droits de l'homme à l'échelle nationale et internationale et de praticien imaginatif des rouages de l'État. D'éducateur de rue dans les années 1950 à la création du Syndicat de la magistrature en 1968, de la Commission nationale de l'informatique et des libertés (CNIL) en 1978 à Matignon dans les années 1980, à l'Élysée et à la Cour de cassation, en passant et en repassant par les couloirs de l'ONU, j'ai pensé que cet itinéraire pourrait apporter quelques enseignements. Ce récit ne lève pas le mystère de l'État et de ses contradictions. Il lève encore moins le fantasmatique « mystère Joinet » pour ceux qui eurent besoin d'y croire dans tel ou tel nid d'espions. Mais il jettera, je l'espère, quelques lumières sur cette grande mutation de la fin du XXe siècle qui a vu les humains, d'un bout de la planète à l'autre, ébranler toute autorité parachutée d'en haut pour reconstruire obstinément des communautés vivables.

Cette formidable émergence des sociétés civiles comme antidote aux pouvoirs d'État, organisées en contre-pouvoirs notamment à travers les ONG et plus récemment les « lanceurs d'alerte » – et pas seulement en Occident –, est le phénomène le plus prometteur que nous ayons connu. Je n'ignore pas les forces contraires, mais j'aurai toujours partagé la « naïveté » d'un Stéphane Hessel quant à la possibilité d'y résister, tant sur le plan économique que sur celui de l'écologie, pour développer les droits de l'homme et sauvegarder notre seule planète. Plus que jamais, le roi est nu et nous pouvons compter sur les enfants du monde pour le lui dire en face. J'en veux pour plus belle preuve cette paysanne haïtienne que j'ai vue en 2006 pleurer de joie dans son si beau pays, meurtri par la pauvreté. Devant sa première carte d'identité, elle murmurait comme en extase : « J'existe ! » N'en déplaise à mes amis libertaires et anarchistes, à contrepente d'une inquiétude qu'ils maintiennent à bon droit et que j'ai partagée dans mes « années Larzac », j'ai touché là à l'essentiel de mon parti pris pour l'État, dût-il passer par certaines phases de désobéissance civile, préfigurant d'avance une légalité à venir : oui, l'État est libérateur ou peut et doit le devenir.

Je porte sur cette question un regard qui va très au-delà d'une expérience franco-française. Mes trente-trois ans passés sous le harnais de l'ONU m'auront permis d'en voir de toutes les couleurs et j'ai pu mesurer quelle machine exceptionnelle a été créée là à l'échelle de la planète. Rien à voir avec le « machin » que dénigrait de Gaulle quand l'ONU réclamait de lui, à juste titre, l'indépendance de l'Algérie. J'ai notamment voulu témoigner dans ce livre d'une image peu connue de l'ONU, celle du rôle des rapporteurs spéciaux et de celui de la sous-commission de la promotion et de la protection des droits de l'homme de Genève, trop oubliés de nos jours.

À chacun sa naissance et, si possible, ses renaissances. Les miennes s'échelonnèrent jusque tard dans ma vie et j'ai pris l'habitude d'égrener ainsi mes « tremplins » : né en 1934, j'ai rebondi une première fois à la Libération ; puis, avec ma montée en solo à la capitale, où je dus reprendre souffle avant mes aventures d'éducateur de rue. La guerre d'Algérie, vécue avec ma femme, nous fut ensuite à tous les deux une nouvelle expérience primale. Nous en sommes revenus transformés : elle, en tant que médecin, moi, à partir de là, comme futur magistrat. Nous y avons été « reprogrammés » pour surfer sur Mai 68, quand « même les juges » se mirent au syndicalisme. Et, dès lors, les événements s'enchaînèrent, se nourrissant de nos engagements militants, jusqu'au rebondissement de 1978, où j'entrais à l'ONU puis à la direction de la CNIL, et à celui de mai 1981, quand je fus bombardé conseiller du Premier ministre. Suivirent dix ans sur le qui-vive, avant ma traversée de la Cour de cassation, avec toujours un pied à Genève, à la sous-commission de la promotion et de la protection des droits de l'homme de l'ONU, comme base de lancement aux quatre coins du monde. Trente-trois ans d'ONU, cela vous marque un homme.

De ma participation au rapport du doyen Carbonnier sur la réforme des études de droit en 1970 et au rapport Tricot de 1974 sur « Informatique et Libertés », en passant par tous mes rapports à l'ONU, jusqu'à celui sur les « principes de lutte contre l'impunité » en 1997, je pense avoir donné en matière juridique, de manière utile je l'espère. D'autres diront mieux que moi l'obligation de résister à l'étouffante normativité qui inonde nos sociétés. Mais je voudrais ici plaider contre des déformations du droit et m'indigner de ce que j'appelle l'« intégrisme légaliste ». C'est ce qui m'a poussé, au fil de témoignages vécus, à monter cette provocation par petites touches : moi qui ai toujours combattu contre la « raison d'État » alléguée par des politiques cyniques, autrement dit lutté obstinément contre cette déraison d'État, je propose ici un plaidoyer pour certaines « bonnes raisons d'État »... Il me paraît bien temps de rendre à l'expression sa positivité. Que ce soit dans les accords sur la Nouvelle-Calédonie de juin 1988 ou dans l'affaire des Italiens réfugiés en France dans les années 1980, que la « doctrine Mitterrand » a fait bénéficier d'une sorte d'amnistie anticipée, je défends, pour leur époque, ces décisions certes « limites » du point de vue légal, mais que toutes nos cours et nos politiques ont finalement choisi de valider. C'est une forme, si l'on veut, d'« exception culturelle », où j'ai frayé aussi « ma différence à moi », comme Julien Clerc aurait pu le chanter.

On comprendra que je défende aussi de ce point de vue le principe des grâces et l'idée à contre-courant qu'il peut exister de bonnes amnisties, moi qui ai agi pour réduire leurs périmètres en tant que rapporteur spécial de l'ONU contre l'impunité. J'ai lutté trop constamment contre les auto-amnisties des dictateurs pour savoir combien sont précieuses les réconciliations façon Afrique du Sud et qu'il faut donc savoir tourner la page, une fois que la justice a pu la lire. Je m'insurge, à rebours, contre trop de « non-lieux » et de poursuites abandonnées sous de faux prétextes contre des criminels de masse, alors que l'ADN permet aujourd'hui à des juges d'accomplir scientifiquement le devoir de vérité que nous devons à leurs victimes.

C'est donc en magistrat du XXIe siècle comme en vieux militant de l'époque des guerres coloniales, spécialement la guerre d'Algérie, en homme de mon temps, tout simplement, que j'ai raconté, au fil de mes souvenirs, ces années si passionnantes.

Et merci à tous ceux et celles, jeunes délinquants, manifestants, soixante-huitards impénitents, merci aux accordéonistes et à tous les saltimbanques, aux nouveaux circassiens et artistes des rues, permanents ou intermittents, qui ont permis à un magistrat de rester toute sa vie un homme de la rue. Merci enfin à ceux qui m'ont aidé à entreprendre et réaliser la rédaction de ce livre, spécialement Catherine Erhel – trop tôt disparue –, Dominique Simonnot, René-Pierre Boullu, Frantz Vaillant ainsi que Anne Diatkine.

I

Les parcours imprévus d'un magistrat syndicaliste

1

Du Nevers de 1944 au Paris des années 1950 : en route vers la rue

À la Libération, j'avais dix ans. J'aurai toujours cette scène devant les yeux. « Mademoiselle Denise » était notre coiffeuse. Elle était pour moi plus que belle. Elle affichait alors cette qualité de chair qui émeut fort les jeunes garçons. J'aimais bien aller chez Denise, quand ma tignasse l'exigeait. Mon tour venait : elle me juchait sur le fauteuil comme sur un trône surélevé. Un œil sur le miroir que je fixais fièrement, elle était rien qu'à moi, souriante et frôleuse. Elle sentait bon.

« Mademoiselle Denise », un souvenir d'enfant dur comme la pierre

Le lendemain du jour où Nevers fut libérée, le 7 septembre 1944, je me suis faufilé dans une foule qui actait la Libération à sa façon. Parvenu au premier rang, je reconnus Mlle Denise dans cette femme entravée qu'on exhibait en prise de guerre. L'humiliation, mèche après mèche, sous les acclamations, ne laissa d'elle qu'un crâne fragile et dodelinant. De ses yeux affolés, m'avait-elle reconnu ? J'ai détourné les miens. La ville, paraît-il, bruissait d'elle en mots crus : elle aurait eu un amant allemand... Je n'étais pas en âge de contredire ces adultes que la coiffeuse tondue faisait rire, mécaniquement, à la fin des quatre ans allemands.

Ce n'est pas, dans ma tête, qu'un des échos navrants du roman national. C'est un souvenir d'enfant. Dur comme la pierre. Après ça, on peut comprendre comment j'ai vu, en 1959, le film d'Alain Resnais *Hiroshima, mon amour* et comment résonnent en moi ces mots de Marguerite Duras : « Nevers ! Nevers toujours. Cette ville dont un enfant peut faire le tour... » Cet enfant, je le fus.

Trente ans après, j'ai donc très vite pris mes distances, quand le thème douteux d'une justice « populaire » refit surface en France, jusque chez mes amis de tendance maoïste. Non merci, j'y avais goûté, à cette « justice » expéditive, sans procédure ni confrontation. J'en avais été vacciné en cette journée d'été où Nevers se « lâchait ». Et pourtant la Libération, pour mes frères comme pour moi, à Nevers comme dans toute la France, ce fut la fête des fêtes : elle a accéléré mon entrée dans l'adolescence. Elle m'a sans doute jeté dans cette passion si singulière pour les cirques de passage qui ne m'a jamais plus quitté.

La fête libératrice et ma passion du cirque

Autant avouer d'entrée cette singularité que l'on n'attendrait pas d'une enfance plutôt sage et typique de l'époque, ni dans une vie de magistrat, aussi peu classique sera-t-elle : les arts de la rue m'électrisent. Les comédiens forains et les cirques, de ville en ville, me furent très tôt un ailleurs promis. Parmi les films de Fellini, j'entretiens un penchant spécial pour *La Strada*, pour des raisons les plus intimes. Et la rue, après tout, fut mon premier métier. C'est aussi un métier, je m'en expliquerai. Je ne l'ai pas inventé, mais je l'ai inauguré.

En cette année 2013, encore une fois, je reviens d'Aurillac. Je ne rate jamais ce rendez-vous incontournable, chaque année au mois d'août, du Festival des arts de la rue. Je l'aurai présidé longtemps, de 2005 à 2010, m'efforçant de régler les mille problèmes politiques, sécuritaires et juridiques de ces professions improbables. Multipliant les concertations, j'ai veillé à ce qu'Aurillac reste un *must*, grâce aux talents des participants et à l'autonomie d'un programme artistique qui préserve les droits à l'improvisation. Ces artistes, y compris les rois de l'« impro », ont besoin de statuts juridiques très solides et j'ai pu les aider un peu à ce propos.

C'est tout un pan de mon histoire, viscéralement lié à mes souvenirs d'enfance, que cet amour des arts de la rue. Et comme j'ai pu le combiner à mon bagage de juriste et de bon connaisseur des rouages de l'État, sans oublier mon compagnonnage avec mes grands amis du Théâtre du Soleil, ce versant de ma vie m'a valu, chez certains collègues magistrats, une réputation d'« ubiquiste ». Pourquoi pas, après tout ? J'ai aimé être ainsi comme partout à la fois, surtout là où on ne m'attendait pas...

J'ai humé dès l'enfance auprès des cirques de passage un appel du grand large. J'aimais le moindre aspect du travail des forains. Je me précipitais pour les voir s'installer dès qu'ils dressaient leurs chapiteaux, pour apprécier en douce leurs robustes musicalités : les équipes qui plantaient les lignes des haubans avaient une technique surprenante qui s'apparente à un effet marteau-piqueur ; chacune de leurs masses s'abattait, à peine l'autre retirée, de façon que la tige de fer – la « pince » dans le jargon des pros – n'arrête pas de vibrer tout le temps de l'opération. C'était, pour un adolescent, un spectacle frappant d'énergique coopération, chargé d'ahanements et de tintements.

Les tremplins de ma « période bleue »

Dire un peu son enfance n'est plus guère à la mode, notamment chez les énarques (il en est d'excellents et j'en ai rencontré d'un peu moins « suffisants ») : ils préfèrent éviter d'être catalogués par leur milieu social et par les atavismes familiaux qu'ils perpétuent. Les voilà comme « nés dans la "botte" » ! Pour moi, sorti d'une autre école – celle de la magistrature –, et spécialement d'une promotion qui se différencia très volontairement de l'ENA, je récuserai ces fausses pudeurs. En vue de rendre compte de mes « raisons d'État », il me faut commencer par m'appliquer un peu ce principe d'humanité : je ne suis pas « né magistrat » ! Partons donc, simplement, de ma « période bleue », l'initiale.

Je me souviens avec netteté de ces années de guerre, plus tendues, à la fin, vers cette victoire tardive sur l'ennemi « héréditaire ». Ma famille catholique se mit progressivement à pencher pour de Gaulle. Je ne sais plus comment – cela flottait dans l'air du temps –, le grand pèlerinage à la basilique de Vézelay prit alors une tournure de plus en plus patriotique. Passé de « louveteau » à scout, j'y ai tenu mon nouveau « rang ». Entre mes six et dix ans, ces années se sont précisées et leur couleur n'est pas pour moi sépia, mais bien plutôt d'un certain bleu : le bleu-noir peint sur les carreaux pour obscurcir toutes les fenêtres, couvre-feu obligeait, tout le temps de la guerre dans toutes les maisons. La guerre aura passé toute mon enfance au bleu de la Défense passive.

Mémoire impressionniste d'un jeune fils de peintre amateur, qui fut un épicier très atypique. Son tempérament d'artiste a bercé mon enfance. Mon père, Georges Joinet, est mort trop tôt, à soixante ans (suite aux séquelles d'une infection dans ses années de la Grande Guerre). Je sais qu'il fut, dans sa jeunesse, un jeune royaliste esthétisant, avant de devenir un bon républicain, de plus en plus ancré au centre gauche. Sa bibliothèque était vaste ; elle comptait les classiques et des livres d'histoire dont je me suis gavé.

Ces années ont gardé leurs senteurs très particulières, fortes ou insidieuses, celles de l'épicerie de mon père – épicerie fine, s'il vous plaît, avec magasin de vins fins – et de la bâtisse familiale. C'était une maison immense : en y comptant la cave et d'autres dépendances où logeaient certains employés, elle comptait trente-quatre pièces, dont toutes portaient un nom, lié à une affectation : « chambre aux lessives », « chambre aux bouchons »... L'épicerie était sise au bord de la Nationale 7, qui traversait alors Nevers comme toutes les villes de son parcours. Avoir une bonne adresse au kilomètre 237 n'était pas rien : entre Paris et la Côte d'Azur, certains clients s'arrêtaient exprès, fidèlement, dans notre épicerie.

Les Joinet : une lignée de colporteurs

Les hommes ne sont pas des arbres, mais il se trouve que j'ai de solides racines plongées au cœur de la France et habitées d'entrée par un appel à l'itinérance. Et puisque chaque famille française dispose de nos jours d'un généalogiste, ma sœur, en l'occurrence, s'est dévouée à remonter de branche en branche jusqu'à un tronc commun dans les montagnes de l'Oisans. Avant notre grand-père Ernest, dont mon père hérita son emploi de Grand Épicier, comme on dit au théâtre, notre lignée fut avant tout une dynastie de colporteurs. Ce que j'aime dans le colportage comme tradition de ma famille, héritée de ces montagnards aventureux, c'est qu'on ne peut le recevoir comme une identité figée : il ne se porte en bandoulière que pour vous lier au monde entier.

Un livre manuscrit se transmet chez les miens de l'aîné à l'aîné : le *Livre de raison*. Enregistrant les données généalogiques modifiant la famille, traversées ici ou là d'événements plus exceptionnels, il continue celui que rédigea un ancêtre commun, nommé Henri Berthet, depuis l'année 1663. Né aux Hières, près de La Grave, au plus profond et plus haut des Alpes, ce Berthet fut assez longtemps mis en pension chez un maître d'école du Berry (!) pour y apprendre à lire, à écrire et « chiffrer », et pour tenir, par conséquent, une de ces chroniques familiales. Ayant emmené lui-même son fils aîné, pour des années, en pension dans cette même « école », la tradition s'est amorcée. Au fil des rares détails donnés par cet aïeul, on y apprend comment, à la fin du XVIIe siècle, se déroulèrent ces vies de labeur et d'itinérance. Je retrouve ces explications, copiées de la main de mon père, sur la pratique du colportage : « Une partie de l'année, ils exploitaient leur petit domaine avec l'aide de leur famille, puis, durant les mois d'hiver, ils partaient faire du colportage. Une fois les récoltes rentrées, les seigles battus et le bois de chauffage nécessaire pour l'hiver rangé dans le bûcher, ils descendaient à Lyon pour faire emplette de tissus de soie, qu'ils revendaient tout le long du Rhône, jusqu'à Marseille. De cette Provence, ils rapportaient vanille, sucre, épices, puis café, qu'ils revendaient à leur retour vers Hières (1 780 mètres d'altitude) dans l'Oisans. Peu à peu, ils se dirigèrent plus à l'ouest [gagnant, au-delà] de Lyon, la vallée de la Loire. »

De village en hameau, hotte au dos et vitrine ventrale à l'appui, ils ont diffusé des épices et autres produits rares, avec images et almanachs. Ces montagnards ont sillonné vallées et plaines, semant leur goût des escalades. Ces grands baratineurs avaient nourri pour leurs clients des techniques de conteurs que j'aime à cultiver.

Souvenirs d'en France à table ouverte

Mes souvenirs d'enfance dans cette France à l'ancienne m'auront marqué surtout par leur esprit exceptionnel de solidarité. Il s'exerçait du matin au soir, mêlant les âges et les statuts. Chaque jour, à Nevers, en ces années 1930 et 1940, nous étions une vingtaine à table, famille et employés. Parmi lesquels ce cher « Monsieur Julien », dont je garde toujours précieusement la photo, ainsi que le maître de chai, régnant sur les barriques de la grande cave à vins : M. Morlé.

À cette grande tablée, on parlait souvent politique et tous intervenaient. Morlé avait été bonapartiste, avant de devenir républicain d'une autre nuance que mon père... Au final, il a fréquenté le comité d'accueil de François Mitterrand à Nevers, quand il s'y présenta à la députation, à partir de l'année 1947, accomplissant un premier mandat. Mitterrand dans la Nièvre, une terre qui a toujours voté « à gauche », ce fut plus tard le vent de l'histoire, mais d'abord, en 1947, une façon de voter « en faveur de la Résistance », avant tout la Résistance « de l'intérieur ». Une « précision » notable que François Mitterrand aimait alors à souligner.

Comme je le lui ai confié en tête à tête, près de quarante ans après, je me souviens d'avoir assisté, en 1947, au tout premier meeting qu'il avait tenu à Nevers. Il se tint dans la Halle du vieux marché Carnot et fut assez houleux. Mon père m'y emmena pour parfaire mon éducation. Ses adversaires y accusaient le ministre de l'Outre-Mer qu'était alors François Mitterrand d'« entretenir un harem »... Mot inconnu de moi et que mon père m'édulcora en bougonnant : « Tais-toi ! C'est politique. »

Un scout qui a du goût pour Les Lettres françaises

Le scoutisme compta beaucoup dans l'idée que j'acquis, dès la Libération, que nous entrions dans une autre époque. Le Nevers d'après guerre, de plus en plus divers, prenait pour moi plus d'épaisseur. À la Libération, la pression communiste fut très forte dans la région, comme dans pas mal d'autres : le rôle important des militants du PCF dans la Résistance valorisait leurs objectifs de socialisation, sans qu'on sache trop, alors, ce que valait effectivement leur modèle « soviétique ». Mon frère, l'italianisant, alors en classe de philo, devint un lecteur assidu de leurs *Lettres françaises*. Elles traînaient à la maison. Au fur et à mesure de mes années de collège, je me suis mis à me plonger dans cet hebdomadaire pour découvrir une autre culture et de nouveaux auteurs. Aragon et Pierre Daix y régnaient, pour le PCF, sur une pléiade de créateurs de tous les horizons. De fait, nous n'avions guère conscience des accents staliniens, parfois, de ces *Lettres françaises*. J'y ai puisé surtout de nouvelles « entrées » culturelles.

Les manifestations qui, alors, traversèrent Nevers, événements peu communs dans cette petite ville, furent l'affaire des communistes. Je revois les « manifs » de soutien à Henri Martin, officier résistant qui s'était opposé à la première guerre du Vietnam, encouragé par Sartre et par le PCF. Et surtout, l'année de mon bac (1952), de la grande mobilisation, quasiment insurrectionnelle, contre Ridgway (« *Go home !* »), ce général américain de la guerre de Corée appelé en Europe pour diriger l'OTAN.

Ces enjeux, à l'époque, m'échappaient largement. Tout fonctionnait alors autour de moi sur le principe scolaire du « passe ton bac d'abord ! » et j'avoue qu'à la différence de mes frères, je n'étais pas très bon élève. Malgré, déjà, mon goût pour les langues, mes résultats scolaires laissaient à désirer et j'avais dû redoubler très tôt. Mais, grâce à la machine d'Atwood, sujet si classique à l'époque que c'était un de ceux que j'avais étudiés, j'ai arraché de haute lutte mon oral de physique au bac. Ou plutôt, au culot, en gardant dans ma main serrée le sujet que j'avais tiré (la machine de Morin, sur laquelle j'avais fait l'impasse, hélas), j'exposais « mon » sujet à l'examinateur avec le calme imperturbable de celui qui n'a rien à perdre : je lui ai asséné les subtils mécanismes de la machine d'Atwood sans le laisser reprendre souffle. Et, en quittant la salle, j'ai glissé très vite dans ma poche le papier tiré au sort, soulagé que le prof n'ait pas pensé à le vérifier. Moyennant ces quelques impasses bien négociées, je décrochais enfin ce passeport pour la liberté.

1952 : la montée à Paris d'un cadet du Nivernais...

À dix-huit ans, me voilà donc débarquant à la gare de Lyon : à nous deux, la capitale... Ma première « montée » à Paris, comme on disait. Bien décidé à me lancer, en cette année 1952, dans un cursus d'étudiant en droit, pour devenir avocat, mais d'abord à y décrocher n'importe quel emploi pour financer ces longues études. On n'appelait pas encore cela un « petit job », à cette époque de plein-emploi, dont les actuelles générations ont hélas totalement perdu la notion.

Je fais le tour rapide de mes rares adresses dans Paris. Soit, en tout et pour tout, une vieille tante de ma mère, rue Rambuteau, et un bureau de recrutement pour les étudiants « pions », alors situé en bas du boulevard Saint-Michel. On ne m'y promet guère qu'un rendez-vous aléatoire, le lendemain, à Joinville-le-Pont. Ne découvrant, rue Rambuteau, qu'une vendeuse de médailles, quasiment sur la paille dans sa vieille passementerie fanée, et ne disposant pas de moyens pour plus d'une journée, pas même pour une nuitée dans un hôtel miteux, je reviens pour passer la nuit dans la grande salle d'attente de l'immense gare de Lyon. (À cette époque – les temps ont changé –, elle restait ouverte la nuit.) Là, à peine installé sur un des bancs de chêne noirci, résigné à une nuit duraille, j'aperçois entre les lattes un billet maigrichon de 1 000 anciens francs ! Le « miracle » était minimal. J'y lus pourtant le signe que mon destin était tracé et que la providence était de mon côté. On m'attendait très certainement du côté de Joinville, où se situait donc l'orée de ma « fortune ».

Je ressortis à la recherche de l'hôtel le meilleur marché et j'aboutis très vite dans le dédale de l'îlot Chalon, un vieux bloc de taudis sordides, aujourd'hui disparu, qui a flanqué longtemps la gare de Lyon et sa grande « cour » du même nom. Réservé des années à l'immigration maghrébine la plus démunie, en provenance de Marseille, l'îlot Chalon fut surtout connu par la suite pour ses soupes de nouilles à des prix imbattables : il avait abrité les premiers immigrés chinois des années 1920. Cet abcès insalubre ne sera balayé que par le TGV, au grand dam des jeunes toxicos qui durent se chercher d'autres « marchés couverts ». Bien des années plus tard, avec l'association d'aide aux toxicomanes dont j'étais président – l'Association Charonne –, j'aurai à déplorer des retombées cruelles de ces transferts non planifiés vers la vieille Rotonde de la place Stalingrad.

... qui se retrouve à Joinville-le-Pont, bientôt piégé par le PMU

Le lendemain de ce miracle parisien, j'ai été embauché comme « pion » dans une institution qui tenait lieu de « boîte à soupe », dans le langage d'alors : une école privée de bon aloi pour des enfants de ce secteur de la banlieue, mais flanquée d'un triste internat pour ceux que leurs parents laissaient là en pension. Autant dire « en consigne »... Comme cette école n'était pas loin de l'hippodrome de Vincennes, son internat recrutait beaucoup dans les milieux volages des courses de chevaux.

Coupé pour la toute première fois d'un milieu familial chaleureux et très enveloppant, le jeune homme que je suis s'inscrit donc vaillamment à sa première année en faculté de droit, réintégrant chaque jour les salles d'étude et les dortoirs de sa « boîte » de Joinville-le-Pont, où il assure ses obligations de « surveillant ». Mes uniques échappées consisteront longtemps dans la fréquentation d'un cercle catholique de la faculté de droit, le très actif Centre Saint-Yves. J'aurai la bonne idée de ne pas m'en couper dans les années suivantes – ce qui m'engagera, j'y reviendrai, dans ma première carrière d'éducateur de rue. Outre mes virées de danseur dans les salles parisiennes et les bals populaires, ce cordon ombilical me servira un peu de corde de rappel dans les années de ma glissade.

Outre débats et conférences, le « Saint-Yves » organise alors des week-ends de varappe dans les rochers de Fontainebleau. Je me découvre ce besoin atavique de grimper, qui deviendra, un temps, une vraie passion pour la montagne et pour les longues soirées en groupe, où, faute d'avoir déjà embrassé un accordéon, je gratte ma guitare. À chaque retour de Fontainebleau, je m'approprie le fond du bus, et des filles viennent s'asseoir auprès du guitariste.

Dès la deuxième année, je sèche les cours. Je ne suis plus dans cette course-là... D'ailleurs, au fil des « thurnes », je me passionne aussi pour mon travail de pion : peu à peu, sans m'en rendre compte, je le transforme, en réalité, en vrai travail d'éducateur, à la demande instante de certains enfants délaissés qui se confient à moi et sollicitent mon aide. Mais, en même temps, au bout de quelques mois, j'ai glissé dans un monde parallèle et magique qui m'éloignait des facultés. Malgré les joies de l'escalade et l'intérêt des conférences données par le « Saint-Yves », malgré toute l'attention, de plus en plus professionnelle, que j'accordais déjà aux jeunes élèves de Joinville, mon véritable « état » était devenu celui de... turfiste.

C'est tout un mode de vie qui s'installe insidieusement et vous ronge d'année en année. Joinville étant une base arrière de l'hippodrome de Vincennes, j'ai alors droit, par-ci, par-là, à quelques bons « tuyaux », glissés par des parents. J'y risque de tout petits paris... Et bientôt je me lève dans la seule intention, la presse hippique en main, de faire mes pronostics du jour. On se retrouve à deux, tous les matins que le Bon Dieu fait, pour consulter la presse « professionnelle » au bar PMU de la place de Joinville-le-Pont : *Paris-Turf* et *Sport complet* sont les seuls « canards » à l'honneur. L'après-midi, un bus *ad hoc* nous emmène vers les champs de course, vers Auteuil ou Longchamp, parfois même jusqu'à Enghien ou Chantilly. Moi, je préfère Vincennes, toute proche, c'est-à-dire les courses de trot, hippodrome de mes premiers gains. Toute la journée, on cause « chevaux », comme mon père parlait de ses vins. Seuls des jockeys sont mes héros. Je m'achète mes maigres tickets, persuadé que viendra le jour où je toucherai la timbale. Un jour, on gagne, un jour, on perd. Et les mois passent, et les apéros.

Deux ans. Deux années d'addiction aux courses de chevaux, vécues dans l'insouciance des casinos qui me guettaient ou de dérives encore plus graves. J'en aurais oublié complètement le droit, me contentant d'un triste et éphémère « pionnicat », si je n'avais fait deux rencontres décisives : celle, en 1952, d'Hubert Flavigny, puis, en 1955, celle de Germaine Durif, qui sera la femme de ma vie.

1952 : la révélation des « Équipes d'amitié » du psychiatre Hubert Flavigny

La première rencontre date de mon arrivée à Paris en 1952, quand une conférence du Centre Saint-Yves au titre assez énigmatique (« Éducateur de rue : pourquoi pas ? ») me permettra de faire la connaissance du docteur Hubert Flavigny, à la présence si charismatique : un grand psychiatre novateur, initiateur d'un courant de pensée qui allait transformer toutes les pratiques sanitaires, judiciaires et sociales vis-à-vis des jeunes délinquants et des adolescents.

Flavigny avait vécu la très dure expérience des milieux psychiatriques durant la guerre. Il en avait conclu à la nécessité d'une action sociale plus globale de la part des éducateurs et psychothérapeutes, dès l'orée des Trente Glorieuses (1945-1975), ces trois décennies de croissance industrielle qui n'auront rien d'un fleuve tranquille. Car la « société de consommation » qu'elles firent naître se présenta d'emblée, aussi, comme une société du « mal-être ». Contre laquelle, précocement, elle fabriqua des anticorps, comme les mouvements de renouvellement lancés par Hubert Flavigny, Fernand Deligny et quelques autres.

Ma modeste expérience de soutien spontané aux enfants les plus oubliés dans ma « boîte » de Joinville-le-*Pion* m'offrit le petit bout de la lorgnette pour discerner très vite la nouveauté de Flavigny dans son approche des jeunes en souffrance. Sa réflexion de psychothérapeute sur le malaise des jeunes, à la croisée de Freud et de l'humanisme chrétien, constitua pour moi un mode d'entrée privilégié dans les formes de pensée et d'action collective qui seront quinze ans plus tard celles des « années 68 »...

Parallèlement à l'action entreprise par Deligny et sa « grande cordée » (une organisation expérimentale de prise en charge d'adolescents), Hubert Flavigny et ses proches avaient, dès 1947, lancé avec courage leurs « Équipes d'amitié », qui déboucheront plus tard sur la Fédération des clubs de prévention. Ce psychiatre personnaliste se refusait à tout étiquetage trop précoce des jeunes « à problèmes » – une question stratégique à laquelle les menaces du fichage informatisé me ramèneront par la suite. Il tenait au principe d'une approche globale de la personne en situation : sans reconnaissance réciproque, impossible pour un adulte d'aider un jeune à développer son autonomie, qui est son véritable potentiel. Une approche incompréhensible pour ceux qui prétendent aujourd'hui « détecter » au berceau les tueurs en série...

Les « blousons noirs », déjà, défrayaient la chronique, alors qu'ils découvraient à peine leur équipement de cuir et leur musique emblématique – ce qui me vaudra, dans les années suivantes, une certaine saturation de *Rock around the clock*, chanté en boucle sur le juke-box, par leur idole Bill Haley... La France de la Libération et du programme du Conseil national de la Résistance de mars 1944 [1] avait mis fin à ses « maisons de correction [2] » et s'était

---

1 Voir la réédition commentée de ce texte essentiel : CITOYENS RÉSISTANTS D'HIER ET D'AUJOURD'HUI, *Les Jours heureux. Le programme du Conseil national de la Résistance de mars 1944 : comment il a été écrit et mis en œuvre, et comment Sarkozy accélère sa démolition*, La Découverte, Paris, 2010.

2 Ainsi appelait-on alors les « centres éducatifs fermés » rétablis par la droite gouvernementale en 2002.

dotée, en février 1945, de son ordonnance sur l'« enfance délinquante » et la justice des mineurs, grand texte civilisateur que certains, aujourd'hui, s'acharnent stupidement à raboter par tous les bouts.

Aux lisières de l'adolescence, les jeunes désocialisés ou déviants devenaient un défi majeur pour une société en perpétuel chantier. Face à ce phénomène des « bandes », nous disait alors Flavigny, il fallait se refuser à une approche purement sécuritaire et limiter les mesures d'enfermement, car aucune rééducation ne fonctionnerait pour eux par le « confinement entre quatre murs ». Et, pour aller à leur rencontre, il fallait aller... dans la rue. J'étais prêt à y courir. Son appel m'orienta vers ces nouvelles pratiques.

Flavigny expliquait – je cite son livre posthume *Les Éclats de l'adolescence*, car c'était déjà la substance du discours qu'il nous tenait... – que « les jeunes déstructurés ne rencontrent jamais d'adultes stables dans les milieux sociaux qui les reconnaissent. Les équipes de rue [...] vont donc aller à leur rencontre, [...] partager avec eux des temps de vie durant lesquels ils puissent se sentir reconnus [3] ». Une telle démarche, par définition, prône l'intervention sociale, mais elle « tient compte du rejet par ces jeunes de toute institution et ses représentants ». Cette démarche se présentait comme décalée des institutions, non pour les abroger, mais pour jouer avec elles, en les interrogeant sur leurs véritables fonctions, à l'intérieur comme à l'extérieur. C'est ce en quoi elle a rejoint celles des pédagogies ou psychothérapies dites « institutionnelles », initiées à la même époque par le psychiatre François Tosquelles (1912-1994), puis développées par ses disciples Jean Oury et Félix Guattari.

Cette façon de considérer l'institution elle-même (école ou hôpital) comme principal dispositif thérapeutique, à condition qu'elle ose se remettre en question et se maintenir dans un état de transformation permanente, a constitué un tremplin méconnu des années « soixante-huitardes ». Si limité que fut son impact, elle travailla largement l'imaginaire social. Cet état de perpétuelle transformation reposait sur le développement, au sein même de l'institution, de structures de type coopératif, afin d'y faire prévaloir des relations humanisées.

Pour Flavigny et son épouse Maïthé, les Équipes d'amitié et les associations qu'il fallait promouvoir se devaient de rester « indépendantes de tout pouvoir », afin de protéger leur liberté d'action et de répondre aux besoins des jeunes. Ils les concevaient comme des « mini-institutions »,

---

3 Hubert Flavigny, *Les Éclats de l'adolescence. Approches cliniques et éducatives*, Expansion scientifique française, Paris, 1996.

situées entre ces jeunes « à problèmes » et les pouvoirs publics, pour leur permettre d'« agir en personnes » – comme nul autre ne pourrait agir à leur place. Ce qui réclamait, de la part des éducateurs ou thérapeutes, de suivre avec obstination des chemins très escarpés. C'était pourtant bien des institutions, à leur façon. Et, par souci d'efficacité et de financement, elles eurent à se faire reconnaître par l'État. Maïthé Flavigny a souligné que leurs Équipes d'amitié eurent alors la hantise de sauvegarder la nouveauté de leurs pratiques et qu'elles subirent les meilleurs et les pires effets des reconnaissances officielles, qui leur furent concédées au fil du temps.

Bref, c'est pour toutes ces raisons, même si j'étais encore loin – je n'avais que vingt ans – d'en être pleinement conscient, que j'ai adhéré en 1952 aux Équipes d'amitié et à leurs aventures, entièrement bénévoles dans les débuts, puis très chichement rémunérées plus tard. Le côtoiement constant de cette sorte de « subversion » ne justifiait jamais qu'il s'opère au détriment des jeunes dont nous avions la charge. Mais il ouvrait nos esprits sur des réalités qui ne nous lâcheraient plus – et tous ceux qui goûtèrent alors aux mouvements de ce type seront comme poissons dans l'eau dans le déferlement des « prises de parole » de mai et juin 1968.

J'ai donc commencé avec la bande du square Croulebarbe, dans le XIIIe arrondissement. Le café s'appelait La Fauvette. Au début, il fallait surtout « faire de la présence », se débrouiller pour se faire accepter sans donner l'impression d'être un flic infiltré, ni une « tapette » ou un espion d'une autre bande, et puis rendre de petits services. Quand la confiance advenait, petit à petit, je vivais avec ces jeunes en m'efforçant de ne jamais « juger » trop vite des raisons de leurs comportements. (Excellent exercice pour le juge que je deviendrai que cette pratique du « Ne jugez pas ! ».) Du moins, jusqu'à un certain point. Car dans mes débuts, j'ai assisté sans dire un mot, aux pires menaces misogynes et à des départs explicites d'expéditions antihomos : ils partaient « chasser la tapette »... Dans ces moments de grande tension, il était dur de s'obliger à détourner les yeux, pour laisser du temps au temps avant d'avoir voix au chapitre et de déjouer efficacement de tels agissements ou finalement s'y opposer avec la volonté d'être entendu. Mesurant leurs « galères », je m'efforçais de les aiguiller vers les adresses sociales, éducatives ou médicales qui pourraient les aider. Et quand je leur trouvais un travail, il fallait vérifier avec persévérance qu'ils se levaient bien tous les matins...

1955 : éducateur de rue dans le « ventre de Paris »

En 1953, j'ai pu « monter en gamme » en tant qu'éducateur de rue, désormais salarié des Équipes d'amitié. Nous n'étions alors que deux professionnels dans toute la France (avec Bernard Emo, à Rouen). Et j'ai changé à cette occasion de base d'opération : à nous deux, la bande des Halles ! C'était avant le « trou »... J'ai vécu les dernières années de ce quartier magique et populeux, le « ventre de Paris », autour des pavillons Baltard. Mon quartier général était un bistrot enfumé et bruyant de la rue Greneta. La bande des Halles était très violente : au moindre empiétement d'une bande rivale sur « son » territoire, cela se terminait à coups de chaîne de vélo. Nous avons remarqué très vite à quel point les rapports entre garçons et filles étaient socialement stratégiques. Dès qu'on pouvait y mettre un peu de « jeu », par une séance de ciné ou par un bal – on ne parlait pas encore, à l'époque, d'« aller en boîte » –, chacun s'y retrouvait mieux responsable de sa chacune, et réciproquement.

C'est dans ces années-là que survint l'autre rencontre décisive de ma vie. À un retour de Fontainebleau, où j'allais toujours m'entraîner, de temps en temps, à la varappe, je grattais sur ma guitare au fond du bus et la petite jeune fille qui vint s'asseoir timidement près de moi était celle que ses copains appelaient « Gelsomina », en souvenir récent, émerveillé, de *La Strada*. Sous ses airs enjoués à la Giuletta Masina, c'était Germaine Durif, la femme de ma vie. Le cirque me rattrapait, un art de rue en version *arte povera* ; c'était le grand cinéma de l'année 1955, où je me sentais des ailes pour jouer au grand Zampano. Ou plutôt à son doux poète, *il Matto*... Et pourquoi pas les deux ? Prêt à jouer pour elle tous les rôles à la fois. Juste avant de toucher le fond, j'avais reçu ma « timbale ». La plus imprévisible. Nous ne nous quitterons plus.

Germaine et moi étions de fervents danseurs. C'est à Joinville-le-Pont qu'un de mes amis « pions » m'avait lancé, un jour : « Si tu veux te faire des copains – et des copines... –, fais comme moi : prends des cours de danse ! » J'en ai pris, à Vincennes. Très vite, ce fut le tourbillon : de week-end en week-end, on pratiquait les bals populaires. C'était quelque chose ! Et de glisser sur les parquets et sur les pistes... À La Boule rouge, rue de Lappe, berceau du musette « auvergnat », mais déjà moins au Balajo, trop « touristique ». Ou salle Wagram ou à la Mutu (entre deux meetings)... Le 1er mai, nous avions coutume de tous nous retrouver à l'entrée du pont de Grenelle, au Bal de la marine, merveilleusement chanté par François Deguelt ; il nous fit même la surprise, un soir, d'être des nôtres.

À l'accordéon officiaient les célèbres Jo Privat ou Marcel Azzola, André Verchuren ou Aimable. Et chaque dimanche, c'était la Marne et ses guinguettes. Nous embarquions en groupe sur la barque traversière de « Dédé le passeur ». Il nous halait sur l'autre rive, vers Chez Gégène... Le 14 juillet, je n'aurais pas raté pour un empire le grand bal des pompiers de la place des Vosges. On était à l'époque du paso-doble et du tango ; la valse résistait, le rock se répandait. On apprenait aux jeunes leurs premiers pas de danse. Le rapport des garçons aux filles en devenait un peu moins sexiste. La musique transformait leurs mœurs de sauvageons, parfois jusqu'à offrir un avantage de prestance à ces jeunes qui n'avaient guère d'autres atouts.

Par la force des choses, ma femme se trouva de plus en plus impliquée dans mes activités : les jeunes prenaient plaisir à fréquenter notre maison, aussi ouverte et vivante que la bâtisse de mon enfance... Les filles en galère que nous prenions en charge adoraient bavarder, le soir, avec Germaine. Elle le leur rendait bien. Mes horaires explosèrent. Du café pris sur le zinc, chaque matin, rue Greneta, à mon retour à la maison, où mon travail se prolongeait par les récits et interpellations de certains jeunes que nous hébergions, je baignais toute la journée dans leurs problèmes « insolubles ». C'est ainsi que ma femme eut à connaître de jeunes toxicomanes, dont elle fera plus tard sa spécialité médicale.

Les batailles à venir de nos « années Charonne »

Brisons, pour quelques lignes, le fil chronologique en nous projetant des années plus tard. Spécialisée en psychiatrie, ma femme se porta à l'avant-garde du combat contre les toxicomanies : sa pratique médicale y convergeait avec ses engagements sociaux. Elle m'entraîna dans ce combat. J'ai ainsi milité longtemps à l'Association Charonne (du nom de sa première adresse), créée en 1972, et je l'ai présidée sept ans (de 1999 à 2006). Mais ce n'est pas dans le XIe arrondissement de Paris que cette association mena ses luttes les plus acharnées ; c'est ensuite dans les Xe et XVIIIe arrondissements qu'elle eut à affronter l'égoïsme du « riverain ».

Il s'agit là d'une plaie de la démocratie urbaine. Celle du citoyen-consommateur à courte vue qui fonctionne sur un seul principe : « Tout ce que vous voulez, mais pas devant ma porte ! » Les motifs légitimes ne manquent pas pour créer des associations de riverains de telle ou telle rue qui tentent d'améliorer leur environnement. Mais ils le sont moins quand l'objet de telles associations est de s'opposer à tout projet social ou médical, de reconstituer, rue après rue, le pire village moyenâgeux dans sa « quiétude » la plus étouffante ! Et de nier ainsi tout « vivre-ensemble » et tout l'esprit qui fit et fait encore que « l'air de la ville rend libre » – selon l'adage du XVe siècle.

C'est ce à quoi notre association se trouva en butte dans le XVIIIe arrondissement et, surtout, dans le Xe, rue Beaurepaire (derrière la place de la République), dans les années 1990. Des riverains de cette rue prétendirent l'interdire aux jeunes toxicos que la « boutique » de « Charonne » y attirait, pour les aider à s'en sortir. Bien mieux valait, pourtant, qu'ils puissent trouver de l'aide en centre-ville, plutôt que d'y errer à la quête de dealers, et il fallait donc bien leur dédier des locaux, que ce soit dans cette rue ou celle d'à côté... Mais aucune précaution, aucune concertation ne put faire entendre raison à nos « riverains en colère ». Ils préféraient ne pas voir le problème et, donc, s'en décharger sur la police, au coup par coup, plutôt que d'accepter que le nom de « leur » rue soit lié à celui d'une « boutique médicale ».

Comme on peut s'en douter, l'objectif de ces riverains était aussi politicien : ils espéraient déstabiliser le maire PS du Xe arrondissement, Tony Dreyfus, mais celui-ci sut tenir bon (comme avant lui Daniel Vaillant dans le XVIIIe). Le 26 mai 1998, la question fut d'ailleurs l'occasion d'un beau chahut à l'Assemblée nationale. Mais nos adversaires en furent pour leurs frais, au terme de six procès, où nous pûmes démontrer que les valeurs immobilières de ce quartier, devenu un tantinet « bobo » (« bourgeois-bohème », comme on dit), n'avaient pas été « impactées » par l'action généreuse (et profitable à tous) de notre association.

À la rescousse de chefs de bande et... d'un évadé

Quant à cette fin des années 1950 – et au début des années 1960, après mon retour d'Algérie –, je laisse imaginer les crises que nous affrontions dans nos rapports avec ces jeunes. J'ai en tête des prénoms et des cas d'améliorations, plus ou moins nettes. Ceux de Jacques ou de « Tatave », deux chefs de bande, et de bien d'autres. Je ne peux m'affranchir de mon obligation de discrétion vis-à-vis de ces jeunes qui ne demandaient rien... qu'un peu d'humanité et d'ouverture d'esprit. Disons au moins de Jacques qu'il tomba amoureux d'une fille de la bande, une des « copines » de ma femme. Nous l'avons hébergée, un temps. Leur situation se stabilisa ; ils se marièrent et s'installèrent loin de Paris. Plus de nouvelles, bonnes nouvelles ? Dans leur cas, l'adage disait vrai : huit ans après, ils nous appelèrent et nous goûtâmes de vraies retrouvailles ; il gagnait bien sa vie, travaillant comme chef de chantier en Arabie saoudite... Un autre, emprisonné pour quelque vol de Mobylette, put monter, finalement, son entreprise de plomberie.

D'autres cas restaient difficiles. Comme certains datant des années 1960, alors que, devenu élève de l'École nationale de la magistrature puis jeune magistrat, nous avons continué à héberger des jeunes paumés en tant que famille d'accueil pour les Équipes d'amitié. Appelons-le Mohammed : il faisait des braquages avec un pistolet factice pour payer des bijoux à son amie, dont il était tombé follement amoureux. Je l'avais visité plusieurs fois en prison, en emmenant avec moi Jean-Baptiste, notre deuxième fils, âgé d'un an en 1962. Le 12 juillet 1963, quelqu'un sonna à la porte : c'était Mohammed, avec une paire de menottes qui lui pendait encore à un poignet ! Il avait réussi, profitant d'un transfert, à s'en dégager l'autre main et à prendre la fuite. Il n'entendait pas du tout chercher à se « planquer » chez nous. Refusant d'entrer, il nous dit : « Je suis juste venu embrasser Jean-Baptiste... » Pour lui, c'était devenu comme une sorte de « filleul » qui le rattachait à la vie. Le fait qu'il ait refusé d'entrer pour ne pas me causer d'ennuis – je venais d'être reçu à mon concours d'entrée dans la magistrature – m'a beaucoup touché. Je n'ai pas posé de questions. Il avait eu le temps d'annoncer à Germaine qu'il pensait s'envoler vers l'Amérique latine. Elle lui a dit : « Ne fais pas de bêtises et, surtout, surtout, prends le train... » Il n'a pas écouté. Il a volé une voiture pour tenter de passer en Suisse et il a eu un accrochage, à une trentaine de kilomètres de Paris. Il est parti à travers champs et la police l'a rattrapé, pour de très longues années. On ne peut pas tous les aider à s'en sortir...

Nous rencontrâmes ainsi de nombreux échecs. Il fallait faire avec. Toujours l'obstination... Une scène hallucinante de cette époque me poursuit toujours aujourd'hui : en 1965, un jeune « schizo », persuadé qu'un jeteur de sort s'acharnait à l'empoisonner – il fallait, à chaque repas, que l'un de nous goûte son assiette –, s'échappa un soir de la maison, en courant dans la rue totalement nu. Il était sorti de sa chambre, surgissant devant nos enfants dans un état d'exaltation. Je l'ai vu disparaître à l'angle de la place de la République, sans pouvoir le rattraper. Cueilli un peu plus loin par un car de Police-Secours, il ne donna plus jamais de nouvelles. « Le pire n'est jamais sûr », disait Claudel...

Heureusement pour nous que nous étions restés deux montagnards intermittents, à force d'entraînements à Fontainebleau. Chaque été, nous

nous échappions vers la Savoie ou le Vercors, où je pouvais, un temps, respirer l'air des cimes, comme mes ancêtres colporteurs.

1957-1958 : un instituteur… rattrapé par la guerre d'Algérie

Mais j'ai omis de dire qu'en 1957, soucieux de prendre au sérieux ma vocation d'éducateur, révélée à Joinville entre la thurne et le dortoir, j'avais pris un raccourci – entre deux missions d'éducateur de rue – pour devenir officiellement instituteur, en effectuant pour cela un semestre de formation accélérée à l'École normale de Versailles, où mes collègues suivaient leur cycle de trois ans. De septembre 1957 à juin 1958, avec mon diplôme de Versailles en poche, je passais une année d'instituteur dans la classe d'un village, près de Conflans-Sainte-Honorine. Enseigner en « classe unique » impliquait de s'adresser aux « petits » du cours préparatoire aussi bien qu'aux « grands » du cours moyen. Il fallait avoir l'œil sur chaque enfant de chaque niveau, pour vérifier s'il progressait. Enseigner est en soi un métier épuisant ; ce poste-là l'était doublement.

Je ne me relâchais qu'en classe de chant : je sortais ma guitare et je commençais chaque séance par quelques exercices de percussions sur le ventre de l'instrument. Cela permettait à ceux qui chantaient faux de se sentir quand même « dans le coup ». Dans ce but, je me perchais… sur le haut du radiateur. C'est dans cette position acrobatique que l'inspecteur vint me cueillir un beau matin. Dans les yeux de mon directeur, accompagnant l'ambassadeur du rectorat, je vis passer une lueur d'effroi. L'inspecteur, quant à lui, ne pensa pas du tout à s'en formaliser et me félicita pour mon initiative « rythmique ». Mon directeur en resta bouche bée…

À l'été 1958, la guerre d'Algérie nous a rattrapés. Comme tous les étudiants, j'avais pu retarder mon service militaire, mais, l'année de mes vingt-quatre ans, je ne pouvais plus y échapper. Le couperet du sursis tomba. Mes goûts et qualités pour la montagne firent de moi un chasseur alpin. D'abord en caserne à Grenoble. Ensuite à Chambéry, au 13e bataillon. Réfugié sous mon béret plat et enveloppé dans ma grande cape de grosse laine bleu sombre, j'ai espéré un temps, contre toute logique, échapper au « djebel », comme si la guerre d'Algérie n'avait rien à voir avec moi, ni avec une guerre en montagne. Je ne m'y intéressais guère à l'époque, pensant presque qu'elle était déjà finie. Mais j'allais y passer deux ans et demi, et onze jours en prime.

2

Ma guerre d'Algérie

En 1958, la France avait changé de République, par le « coup » du 13 mai qui amena le général de Gaulle au pouvoir. Ce temps fort de l'histoire m'a pourtant peu marqué. Malgré mes positions de plus en plus orientées à gauche, j'ai partagé à l'époque, avec la plupart des Français, une sourde confiance dans ce fier général qui nous avait ramenés dans le camp des alliés, parmi les « quatre grands ». Et malgré tout ce qui allait m'amener par la suite à m'opposer à ses gouvernements et à ses partisans, je ne serai jamais « gaulliste », mais je resterai assez « gaullien » : la voix de la conscience avait alors pour moi les accents sibyllins de la radio de mon enfance. Il y avait de pires relais pour un « surmoi » du XXe siècle que la voix de fumeur du rebelle du 18 Juin.

Où le chasseur alpin part au djebel à reculons

De cette année où le Général lança le 4 juin aux Européens d'Algérie son ambigu « Je vous ai compris ! », je garde le souvenir un peu flou d'avoir su, dès 1958, qu'il accorderait à l'Algérie son indépendance. Mais je ne soupçonnais pas qu'il permettrait la perpétuation des ratissages, des tortures et de tant d'atrocités durant près de quatre ans. Au fur et à mesure de ces années perdues, en passant par le putsch raté des

« généraux félons » en avril 1961, je fus certes renforcé dans cette appréciation. Mais il y eut d'abord plusieurs chocs à l'inverse.

Mes incertitudes de l'époque recoupaient une discussion, complexe et passionnée, que j'eus alors avec ma femme et qui nous poursuivit longtemps. Une discussion plusieurs fois reprise et toujours repoussée, jusqu'à n'en plus pouvoir. Elle culmina le jour où Germaine vint me voir, à Chambéry, à ma toute première « perm ». J'étais très amoureux. Le temps était au beau. Nous dégustions un sylvaner dans des verres à pied vert sous cette charmille de Chambéry où je dus lui avouer : « Tu sais, Germaine... La montagne, c'est fini. » J'avais reçu mes ordres pour mon départ en Algérie. Nous savions tous les deux ce que cela voulait dire, car des milliers de manifestants se couchaient alors sur les voies, devant les trains d'appelés, aux quatre coins de France.

Germaine, elle, envisageait toutes les solutions. La Suisse était tout près, je pouvais déserter. Elle connaissait de vrais objecteurs de conscience, déjà emprisonnés, poursuivis systématiquement et enfermés pour de longues années. Ces jeunes gens courageux ne cédaient pas d'un pouce sur leurs convictions non violentes. Nous les soutiendrons très activement après notre retour, tous les deux, d'Algérie. Et je ne me doutais pas qu'un jour, à Matignon, je serais responsable de l'élaboration du nouveau statut légal de ces objecteurs de conscience.

Mais, pour moi, ces « solutions », tout en étant très respectables, ne pouvaient nous convenir, car elles allaient nous séparer et nous « pourrir la vie » pour très longtemps. Nous décidâmes alors bizarrement, mais assez génialement, de partir... tous les deux. « Ensemble » en Algérie ! Moi, comme « sous-off' », elle, comme « toubib ». N'oublions pas qu'alors « l'Algérie, c'était la France », mais que les candidats ne se bousculaient pas, en « métropole », pour aller soigner des Arabes dans les hôpitaux d'Algérie. Et comme, de mon côté, j'avais réussi le concours pour « faire le peloton » d'élèves-officiers, c'est-à-dire devenir officier de réserve en suivant la formation de l'École militaire de Cherchell, en Algérie, elle pourrait se retrouver, neuf mois plus tard, en septembre 1959, à l'hôpital de Philippeville (Skikda aujourd'hui). Quant à moi, mes barrettes d'officier conquises, je l'épouserai officiellement – nous n'étions encore que « fiancés », comme on disait alors de cette liberté amoureuse des jeunes couples qui commençait à peine à se répandre –, puis je tâcherai d'être affecté aussi près que possible de son point de chute hospitalier et j'irai l'y attendre... Cela dit avec un grand « si » : si tout cela fonctionnait...

En ce soir du printemps 1958, à Chambéry, la discussion fut si difficile et notre « solution » paraissait si risquée que je n'ai pas laissé Germaine repartir vers la gare sans me livrer, sur un coup de cœur, à une opération curieusement transgressive. Je nous mis au défi de lui faire « faire le mur »... à elle ! Et « à l'envers ». Ma cape de chasseur alpin était si vaste, couvrante jusqu'aux godillots, et Germaine était si petite que je me faisais fort de l'inviter clandestinement dans mes « quartiers ». Lui faire passer le poste de garde, blottie dans ma cape, fut une formalité. Une fois dans les murs de « ma » caserne, ma femme fut surprise d'une porte qui s'ouvrit en grand, lui jetant à la face un de nos râteliers d'armes qui semblèrent la braquer comme un peloton d'exécution. Elle en riait encore, bien des années plus tard, comme nous en avons ri sous cape dans la caserne, ce jour-là.

Après quoi, il fallut passer à la phase de repli, autrement plus risquée. Nous avions avec nous des complices de bonne volonté qui réussirent fort bien la petite diversion nécessaire à cette exfiltration discrète. Cette infraction bénigne, mais insensée au regard des règles militaires, a scellé notre décision de plonger tous les deux ensemble « dans » cette guerre. Ce furent, conjugalement, nos pré-« accords d'Évian » (puisque c'est dans ces mêmes montagnes que cette guerre, finalement, se dénoua quatre ans plus tard).

L'embuscade tragique de mai 1959 à Cherchell

Ma guerre active se condensa dans un seul « engagement », au sens très militaire du terme, qui m'a traumatisé à vie. J'avais tué un homme. Un insurgé qui ne m'avait rien fait, sinon me prendre, à juste titre, pour un tueur placé là pour l'empêcher d'être chez lui. Heureusement qu'à partir de là, mes activités militaires s'éloignèrent du « terrain » et de ses champs de bataille.

Dès mon arrivée à Cherchell en février 1959, je ne pouvais plus nier que je participais de cette machine de guerre : dans les yeux de gamins arabes, je lisais des éclairs de peur qui me rappelaient trop le regard d'un gosse de Nevers... L'école des officiers se déroula sans autre accroc. Elle était pourtant axée sur un genre de « travaux pratiques » qui me mettaient très mal à l'aise. Un jour de mai 1959, nos instructeurs nous ont ainsi monté un exercice d'embuscade, « sur le terrain » des djebels autour de Cherchell, qui s'approchait très près de la réalité la plus guerrière. Au point même qu'il tomba dedans.

Nous fûmes cinq élèves-officiers à nous pencher sur les cartes d'état-major pour y déterminer un endroit typique d'embuscade. Ce lieu-dit improbable, au-dessus de Cherchell, s'appelait – cela ne s'invente pas –

« Le privé d'amour », référence oubliée à un vieil ermite esseulé. À la tombée du jour, nous grimpâmes jusqu'au petit col, sans casque, pour éviter tout bruit métallique importun. Nous choisîmes soigneusement nos positions et angles de tir, de façon à pouvoir viser virtuellement tout « fellagha » qui passerait par là, sans risquer bêtement de nous tirer les uns sur les autres. Et puis nous disparûmes lentement dans l'obscurité, ayant eu soin de nous enduire le visage de suie pour tenir compte du clair de Lune, car la météo militaire nous l'avait annoncé très lumineux.

Il faut réaliser quel était notre état d'esprit : aucun des cinq n'était un va-t-en-guerre. Même dans cette école d'Algérie formant des officiers, chez les appelés que nous étions, on trouvait de moins en moins de partisans de cette guerre coloniale. Nous avions décidé entre nous, très clairement, pour le cas où des fellaghas viendraient vraiment à passer par là, de nous fondre dans le décor sans bouger le petit doigt. Mais le problème, c'était l'index sur la gâchette et la Lune qui s'était levée. Le clair de Lune se fit aussi terrible qu'annoncé. Il jetait sur la scène une lumière suffisante pour que deux émissaires d'un maquis du FLN qui s'avancèrent, passé minuit, sur ce sentier de muletier, aperçoivent un reflet douteux. Ils n'étaient que deux, marchant l'un derrière l'autre : le premier en éclaireur, l'arme au bras ; le second tirant un âne, fusil en bandoulière. J'étais aux premières loges, camouflé dans la pénombre du bas-côté, lorsque je m'aperçus que le « fel' » fixait, les yeux ronds, le crâne luisant de mon voisin ! Affecté d'une calvitie précoce, il avait oublié de s'enduire de suie le haut de sa boule à zéro. Et, dès lors, c'était « eux ou nous »...

J'ai tiré. Comme par réflexe de survie. L'homme devant moi s'est écroulé, juste avant de pouvoir viser. Mon collègue a tiré sur l'ânier qui suivait, fauché à froid. Les tirs, ensuite, se prolongèrent dans un fracas assourdissant : toute l'équipe se délivra de la tension accumulée en rafales multipliées : les deux corps furent criblés de balles, leur âne déchiqueté, alors que tous étaient morts aux premiers coups.

Le drame avait eu lieu. Selon le plan prévu, nous nous sommes très vite repliés tous les cinq, fuyant la mort, paniqués par notre absurde « victoire »... Dans la précipitation, je me suis perdu : j'ai dévalé la pente en direction de l'oued, inquiet que l'accrochage n'attire sur les lieux d'autres groupes armés et qu'il ne se transforme en bataille généralisée sur un terrain inconnu de nous. En atteignant le fond de l'oued, isolé du reste du groupe, je me suis caché sous un gros buisson. Je me souviendrai toute ma vie de ce buisson de laurier-rose, où j'ai attendu l'aube.

À ses premières lueurs, je perçus, dans l'angoisse, un groupe qui s'approchait en battant les fourrés. Nos instructeurs avaient tout prévu :

comme signe de reconnaissance en cas de nécessité, le mot de passe était simple et bien français : à toute voix qui crierait « Vin ! », on devrait répondre « Blanc ! ». La patrouille à ma recherche, qui s'approchait de mon laurier-rose, ne sachant pas encore si elle avait affaire à moi ou à un fellagha, cria donc « Vin ! », non sans inquiétude. Dans la panique, je répondis « Rouge ! » Le chef de détachement reconnut ma voix : « Joinet ! Arrête de déconner avec les mots de passe ! Ça fait trois heures qu'on crapahute à ta recherche. Ce n'est pas le moment de te foutre de nous... » Cette tragédie n'était pas finie qu'elle tournait déjà à la farce. Avec cette façon bravache par laquelle un jeune militaire tentait de mettre à distance son expérience du meurtre et de la trouille qui l'avait saisi en combat rapproché : cette absurde guerre coloniale m'avait bel et bien poussé à commettre l'irréparable. Et pire.

L'affaire, évidemment, ne s'est pas conclue sur cette note tragicomique. Il a fallu ensuite descendre les deux corps dans la vallée, une fois hissés, poisseux de sang, sur des mules réquisitionnées. Ayant identifié un des cadavres, le lieutenant nous envoya dans son hameau d'origine. J'ai été confronté, d'une maison de terre à l'autre, à des proches de ce maquisard et, finalement, à son épouse... C'était une femme très belle, avec ses grands yeux rougis par le deuil dont elle contenait fièrement les larmes devant nous. Ses deux jeunes enfants, que j'avais rendus orphelins, se cramponnaient à sa robe brodée. Car je n'avais pas fusillé un jeune combattant anonyme, mais un père de famille avec femme et enfants.

C'est en fouillant les bâts de l'âne que j'avais fait cette découverte, qui me tordit les tripes : dans une de ces sacoches, je suis tombé sur deux jouets de bois que cet homme avait taillés dans son maquis, pour les offrir à ses gosses qu'il devait retrouver chez lui cette nuit-là... J'ai alors amèrement regretté de n'avoir pas suivi le conseil de ma femme à Chambéry : celui de déserter... De cette *mechta*, je suis redescendu avec des convictions anticolonialistes vissées au corps. Et dans les années qui suivirent, je n'ai pu regarder aucun film de guerre sans être bouleversé par ces enchaînements de coups de feu mortifères.

Le « dernier quart d'heure » de 1959

Fin de scolarité pour l'aspirant Joinet : on l'appellera dorénavant « Mon lieutenant »... Je n'avais guère croisé, parmi les Algériens, que quelques femmes d'un *douar* perdu au-dessus de Cherchell, où j'avais monté la garde dans le parfum des citronniers : nous échangeâmes alors bizarrement, à l'heure de la relève, sur nos techniques de poterie. J'en avais quelques notions en tant qu'éducateur, elles recouraient aux gestes les plus traditionnels. Après cette visite, en guise de cadeau pour ma future épouse, elles me firent parvenir à l'école de Cherchell – d'où la fouille nerveuse d'un tel colis par le poste de garde – un pot de terre cuite de leur fabrication, que je conserve aujourd'hui précieusement.

L'école se termina par la classique cérémonie de l'« amphi-garnison » : chacun, en fonction de son rang à la sortie de sa promotion, choisissait son affectation dans la liste des postes à pourvoir. Je visais celui le plus proche de Philippeville, où un poste de médecin se libérait dans son hôpital, car Germaine aurait toutes les chances de l'obtenir. Compte tenu de l'atmosphère peu va-t-en-guerre de cette promotion, je n'ai eu aucun concurrent, car le poste proposé à Philippeville se situait à l'école de contre-guérilla basée au « Camp Péhau » [1]. Avec béret rouge de para ! En jeune homme aveuglé par l'amour, je n'ai pas hésité une seconde : à la guerre comme à la guerre, je verrai bien ce que j'y ferai.

Mais la fin de cette guerre se profilait enfin, ou plutôt la phase terminale de ces « événements » d'Algérie, comme le disait la radio, laquelle nous promettait mois après mois le « dernier quart d'heure ». Le terme officiel d'« événements » maintenait la fiction que cette guerre n'en était pas une. Infernale hypocrisie : la patrie autoproclamée des droits de l'homme pouvait donc se dispenser d'y appliquer les « lois de la guerre », dont les conventions de Genève.

Début août 1959, j'ai enfin eu droit à un *break* prolongé. Un retour à Paris, le temps de me marier et de souffler un peu. Et là, à mon heureuse surprise, le temps que je revienne en Algérie pour y terminer mon « temps », le général de Gaulle décida de fermer l'école de contre-guérilla. Elle était remplacée, toujours à Philippeville, par un Centre de formation et de perfectionnement des sous-officiers de carrière (CFPSO), beaucoup plus dans mes cordes. Je passais de Cherchell (base située à 90 km à l'ouest d'Alger) à Philippeville (ville portuaire de l'Est algérien). Et je ne savais toujours pas dans quel pays j'étais, sous l'éclat de son bleu intense, qui devenait de moins en moins un bleu de France.

---

1 Il s'agissait du « Centre d'entraînement à la guerre subversive », inauguré le 10 mai 1958 par le ministre des Armées Jacques Chaban-Delmas, dont l'objet était d'organiser des stages afin de « former des officiers avertis aux formes de la guerre révolutionnaire pour lutter pratiquement contre elles » (voir Marie-Monique ROBIN, *Escadrons de la mort, l'école française*, La Découverte, Paris, 2004, p. 132).

Mon colonel !

Dès mon tout premier jour à Philippeville, j'ai apprécié d'être sous les ordres d'un officier exceptionnel. Au fur et à mesure que s'amorçait le grand tournant pris par de Gaulle (son tournant vers l'indépendance, mais aussi vers la « bombe atomique »...), ce lieutenant-colonel en avait saisi les nuances et fut donc chargé de faire muter l'école qu'il dirigeait. Passer du grand projet caduc des tenants de la guerre « contre-révolutionnaire », qui avaient eu jusque-là le vent en poupe, au recyclage d'une armée moderne et nucléarisée était une gageure. Les sous-offs de la coloniale, sortis du rang pour « casser du Viet » ou du « fellouze », devaient réaliser que l'armée, désormais, attendait d'eux d'autres « qualités ». Alignée derrière sa bombe, elle aurait à développer une défense opérationnelle des plus sophistiquée, réclamant des sous-officiers plus techniciens et mieux formés. Et moi, l'instituteur/éducateur de rue, j'étais tout indiqué, aux yeux du colonel, pour aider à réadapter ces « blédards » coloniaux.

Les deux dernières années de ma guerre d'Algérie furent consacrées à cette mission : apporter ma modeste pierre à la mutation des bases coloniales de l'armée. Et tout comme j'avais apprécié de faire progresser des enfants du côté de Joinville-le-Pont ou des jeunes des Halles de Paris, je me pris d'affection pour ces sous-offs qui faisaient des efforts sincères pour s'extraire du ghetto où les guerres coloniales les avaient enfermés. Certains d'entre eux s'apprêtaient vraiment à une totale reconversion. Une preuve de cette camaraderie me rattrapera à Paris, sept ans plus tard : je saute alors dans un taxi pour me rendre en toute urgence au ministère, place Vendôme. Arrivé à bon port, je demande au chauffeur : « Combien vous dois-je ? » Il me guette dans son rétro, puis se décide et se retourne, en lançant joyeusement : « Pour vous, c'est gratuit, mon lieutenant ! » C'était, devenu taxi, un de mes anciens élèves du Camp Péhau...

J'y fus témoin des premiers craquements entre de Gaulle et une partie de l'armée d'Algérie. Dès la fameuse « tournée des popotes » effectuée par le Général en mars 1960, mon colonel m'avait chargé d'une mission inattendue pour un appelé : de Gaulle devait passer par notre camp de Philippeville et il redoutait tellement un complot de ses amis champions de la « contre-insurrection », qu'il connaissait bien, qu'il eut recours à moi. En vue d'un secret plus étanche, c'est au non-professionnel que j'étais qu'il délégua le soin de décider, au tout dernier moment, entre les trois itinéraires prévus par la sécurité pour cette visite. Mais le Général, écourtant finalement sa tournée, ne vint pas à Philippeville... Ce choix de faire confiance à un appelé contre ses propres officiers se révéla prémonitoire du fiasco militaire des « généraux félons ». Quand sonna l'heure de leur putsch, en avril 1961, c'est à la réticence générale des appelés, l'oreille vissée à leurs transistors par lesquels transitaient les ordres venus de Paris, que les troupes loyales à de Gaulle durent leur victoire. Cette façon que nous avions tous, en Algérie, de guetter les évolutions et les consignes de Paris en permanence à la radio me rappelait les soirées de mon enfance à l'écoute de Radio-Londres.

J'aurai plus tard à recroiser la théorie et les pratiques de la contre-insurrection, dont l'usage systématique de la torture, puisque, dans les années 1960, des officiers français se chargeront de les diffuser dans les Amériques, au point d'y faire école [2]... Toutes ces atrocités, liées à la guerre froide, ont gangrené la planète jusqu'au début des années 1980. Et dans les années 2000, les États-Unis ont encore cru bon d'assumer les « éternels retours » de la torture, sous prétexte d'un 11 Septembre effectivement traumatisant. À voir comment leur occupation catastrophique de l'Irak a prétendu s'inspirer du film *La Bataille d'Alger*, celle conduite en 1957 par Massu et mise en scène en 1966 par le cinéaste Gillo Pontecorvo, on mesure le poids d'une certaine « matrice algérienne » dans les pires régressions de notre époque.

Où La Question *se pose, de plus en plus cruelle*

Dès que ma femme eut pris ses fonctions de médecin à l'hôpital de Philippeville, notre vie s'y organisa, un pied dans la guerre et un autre dans la vie. Notre choix était fait, et la vie l'emporta : en mars 1961, nous quittâmes l'Algérie ensemble, avec notre premier enfant, dans des conditions qui ne peuvent s'oublier. Ce que nous y avions vécu nous avait tous les deux transformés de fond en comble.

Tous n'étaient pas encore au diapason d'une armée préparant la paix le plus vite possible. Je me souviens d'une vieille baderne, officier de paras, qui crut pouvoir exclure ma femme de la table « virile » du mess des officiers ; elle m'y rejoignait les dimanches où je me retrouvais d'astreinte. Mon (propre) colonel le remit à sa place par un vigoureux : « Mon colonel, ici, c'est moi qui commande ! » Se tournant vers Germaine, il lui lança un

2 Marie-Monique Robin, *Escadrons de la mort, l'école française, op. cit.*

sonore et galant : « Veuillez prendre place, Madame... » La classe ! L'incident était clos.

Ma femme vivait cette guerre très directement, dans la chair qu'elle soignait chaque jour. Son travail aux urgences la mettait en présence de victimes des « DOP » – sous ce nom passe-partout agissaient des services de renseignements militaires, baptisés « dispositifs opérationnels de protection ». Belle protection ! Certainement pas des droits de l'homme. Ces DOP ont pratiqué la torture à tout va, jusqu'à la fin de la guerre. Ces blessés que ma femme retrouvait presque chaque matin sur les brancards de l'hôpital étaient relativement chanceux, malgré tous les sévices qu'ils avaient subis : ils pouvaient encore passer au bloc et espérer survivre, handicapés ou « gueules cassées ». Mais bien d'autres, tombés aux mains des DOP, disparaissaient sans trace de leur corvée de bois assassine.

Nous vivions cette situation sans angélisme et en toute connaissance des pratiques de l'autre camp. La terreur dissuasive que le FLN exerçait sur certains Algériens pour renforcer son influence à l'encontre de l'occupant m'indignait tout autant, mais aucune symétrie ne pouvait justifier ces méthodes de l'armée française. La polémique sur l'usage de la torture avait été portée depuis longtemps à l'attention de l'opinion, malgré les vains efforts de la censure. Nous en connaissions les données, grâce à Mauriac ou Sartre, au général de Bollardière ou au préfet Teitgen et d'autres hommes de courage, dont le jeune Michel Rocard. Dès 1958, l'historien Pierre Vidal-Naquet publia ses recherches sur *L'Affaire Audin*, un professeur de mathématiques d'Alger, « interrogé » et liquidé par des paras [3].

Vivre au quotidien cette lancinante question de la torture, entre 1959 et 1961, nous fut une longue épreuve, alors que la France officielle se disait fière de sa résistance à la terreur nazie et se targuait toujours d'être la « patrie des droits de l'homme ». Reste que l'« Algérie française » était une étrange contrée : partant un jour avec ma femme chiner quelques bouquins dans la librairie chic de Philippeville, nous nous sommes retrouvés, un peu désarçonnés, en face de... *La Question*. Ce livre du militant communiste Henri Alleg, racontant les tortures que les paras d'Alger lui avaient infligées, avait été interdit dès sa sortie [4]. Et pourtant il était là, sur un rayon de cette librairie en plein cœur d'un pays en guerre. Action psychologique, provocation larvée ? Je crois que la libraire n'avait pas remarqué la

---

3 Pierre VIDAL-NAQUET, *L'Affaire Audin*, Minuit, Paris, 1958 (nouvelle édition augmentée, Minuit, Paris, 1989).

4 Henri ALLEG, *La Question*, Minuit, Paris, 1958.

présence de ce livre parmi les autres, n'ayant guère été habituée à subir la censure pour des livres français.

La cérémonie des adieux

Ma femme, à Philippeville, n'avait pas travaillé que dans un seul service. Son parcours de médecin était passé, entre autres, par le service d'obstétrique. Après avoir soigné des centaines de blessés que cette guerre semait dans les deux camps, elle avait assisté des centaines de maternités, de femmes arabes surtout, qui accouchaient à l'hôpital, alors que la plupart des Françaises accouchaient dans des cliniques privées.

Tant et si bien que notre départ, moi chargé de valises, ma femme portant notre bébé, ne passa pas inaperçu : sur le port de Philippeville, comme nous nous approchions du bateau du retour, à l'instant d'y embarquer, un petit groupe de femmes surgit sur les quais, dans un concours de youyous stridents et festifs. Ce souvenir me donne toujours des frissons aujourd'hui, comme à l'époque sous le coup de cette belle surprise. Ces *mamas* étaient de celles que Germaine avait aidées à accoucher. Elles s'étaient donné rendez-vous pour fêter avec nous tous les enfants venus au jour durant notre séjour, dont notre fils aîné, Pierre. Ce moment bouleversant est resté l'un des événements fabuleux de notre vie. Ce qui nous a le plus marqués, c'est que ces femmes de la médina, à une petite trentaine de ces pauvres parmi les pauvres, s'étaient cotisées pour nous payer un supplément « cabine de luxe » sur notre bateau de retour : elles raccompagnaient un couple dont la femme avait enfanté au même hôpital qu'elles et elles voulaient donc que le bébé rentre en France confortablement, sans fatigue supplémentaire pour lui ni pour sa mère.

Ce bateau du retour – le même qu'à l'aller, le *Ville de Bordeaux* – ne me rappelle pas que ces mères de Skikda. Ce fut aussi un long crève-cœur. J'y retrouvais en effet de nombreux appelés de mon propre contingent (58 2 B) avec qui j'avais fait le voyage d'aller. Les mêmes, partis en 1958, repartaient deux ans et demi plus tard, après un séjour qui les avait amenés au-delà d'eux-mêmes, trop souvent pour le pire. Nombre d'entre eux se réfugiaient dans un silence contraint, après ce que l'armée leur avait ordonné de faire. Et j'entendais aussi ceux qui, devenus racistes forcenés, penseraient n'avoir le choix que de tenter atrocement de s'en vanter, leur vie durant.

Le futur maire de Paris me met le pied à l'étrier

Après cette expérience, nous retrouvâmes Paris comme nous l'avions laissée. C'est du moins ce que j'ai cru en reprenant ma place d'éducateur de rue dans le quartier des Halles, puis du côté de Clignancourt. Encore les « blousons noirs » et, toujours, le travail des Équipes d'amitié... Je fus chargé, en plus, d'ouvrir l'un des premiers des « clubs de prévention » parmi les jeunes d'Aubervilliers.

Ma femme préparait sa thèse de médecine, tout en participant à mes activités auprès des bandes de jeunes. Le fait qu'elles se déroulaient de plus en plus à notre domicile, transformé en appartement ouvert à tous les vents, produisit un malentendu avec mon employeur associatif. Sur la foi d'allégations totalement infondées, on m'accusa un jour d'insuffisance dans mon « rendement rue » ! Alors que mes horaires réels explosaient... Ce bref malentendu n'avait en soi nulle gravité et je m'en suis très vite expliqué avec Hubert et Maïthé Flavigny, qui restèrent de nos plus grands amis. Mais ce fut un déclic : j'ai donc claqué la porte et j'ai repris mes études de droit.

Nous passâmes en 1961-1962 une année bizarre, dans une chambre de bonne avec WC sur le palier, entre vieux étudiants déjà en charge d'enfants – Pierre était né en septembre 1960, Jean-Baptiste en novembre 1961 –, ma femme bûchant sa thèse de médecine et moi mes livres de droit. Je les connaissais déjà assez pour exhumer un droit très oublié mais reconnu à chaque Français en cas de crise du logement : celui de réquisition de logements vacants – l'association « Droit au logement » en fera quarante ans plus tard un cheval de bataille. Ce droit, dans la pratique, n'aura guère survécu à la Libération (ordonnance du 11 octobre 1945) et à l'appel de l'abbé Pierre en 1954... Le préfet, qui généralement s'y opposait, me laissa, comme à quelques autres, engager la procédure contre un logement anormalement vide que j'avais repéré. Brandissant haut mon Code de la construction et de l'habitation, article L. 641, j'ai pu récupérer cet appartement pour nous et nos enfants. Mais, malgré ce coup d'éclat, nous avions bien du mal à boucler les fins de mois.

Il se trouve qu'un magistrat, le conseiller Bergeret, dont je suivais les travaux dirigés, a su alors me convaincre de préparer le Centre national d'études judiciaires (créé en 1958 et qui deviendra en 1970 l'École nationale de la magistrature, ENM). C'était toutefois un concours difficile à envisager pour moi, car le montant des bourses classiques était trop faible pour nos besoins. Impasse lancinante... Jusqu'à l'intervention d'un Père

Noël inespéré. Bergeret m'avait orienté vers un juge d'instance, en charge de la préparation à ce concours, qui me poussa au bon moment à remplir un dossier pour l'obtention d'une double bourse exceptionnelle (le cas était prévu pour des étudiants mariés spécialement « méritants »). Ce juge était… Jean Tibéri, le futur maire RPR de Paris. Il ignorait quel genre de « diable » il venait d'inviter à entrer dans la boîte ! Et j'ignorais encore plus que lui comment j'allais être amené, cinq ans plus tard, à être de ces magistrats qui sauteraient à la figure de ses amis…

3

Un magistrat sort de sa boîte

En septembre 1963, j'intégrai donc, pour trois ans, le Centre national d'études judiciaires. J'avais vingt-neuf ans et quelques heures de vol... Car tous les « auditeurs de justice » de ma promotion – c'était notre titre officiel en tant qu'élèves magistrats – n'avaient pas déjà trois enfants, ni mes expériences clés d'éducateur de rue ou de la guerre en Algérie. Ces données me placèrent dans une position de « doyen » – entre guillemets, bien sûr – et, parfois, de porte-parole, dans une promotion où leaders et orateurs ne manquaient pas.

Promotion Beaumarchais

Quel nom de promotion allions-nous nous choisir qui vaille d'être arboré dans l'histoire toute neuve de l'école ? Nous penchâmes d'abord pour un nom symptomatique, jugé provocateur par la direction : nous avions envisagé, ni plus ni moins, de nous intituler la « promotion Casamayor ». C'était le nom de plume, parfaitement transparent, du magistrat Serge Fuster (1911-1988), qui avait alors cinquante-deux ans. Parmi les juges de France, il était notre référence, dans une époque où la plupart de ses pairs manifestaient une conception très archaïque de l'obligation de réserve. C'était une plume, dont nous suivions les livres. Ses commentaires réguliers sur l'actualité judiciaire dans la revue *Esprit* et dans *Le Monde* ouvraient de nouvelles pistes. C'était aussi un combattant :

ayant participé aux ultimes combats pour contenir la percée allemande de 1940 devant Sedan, ainsi qu'à la délégation française à Nuremberg en 1945, il fut au monde judiciaire ce qu'Hubert Beuve-Méry, le fondateur du *Monde*, fut à la presse : un des rares à sauver l'honneur dans une profession qui s'était largement perdue dans les lois antisémites et l'« antiterrorisme » de la Section spéciale de Vichy.

Aux juges, Casamayor lançait que « l'attention ne suffit pas » : il y fallait aussi l'« inquiétude ». Le genre d'inquiétude qui m'aura toujours tenaillé par la suite. De fait, être juge n'est pas simple. C'est même, pour les freudiens, une des tâches sociales « impossibles », avec celles de guérir et d'éduquer. Il y a des médecins et des professeurs : les uns, au moins, pourront soigner ; les autres, pour une part, instruire ; mais de toutes les fonctions de gouvernance d'État, celle de juger est certainement la plus « impossible ». De quel droit un humain pourrait-il en juger un autre ? Et pourtant, je l'ai fait, non sans cette inquiétude que nous prônait Casamayor : j'ai rempli et assumé mes diverses fonctions de magistrat, jusqu'à la Cour de cassation, durant plus de treize ans, hors mes missions internationales et mes tâches de conseiller auprès de cinq Premiers ministres, puis du président de la République.

Mais il m'est arrivé d'avouer à ma femme à quel point je ressentais ma profession comme « contre nature ». Je pense aussi qu'entrait dans cet aveu intime une volonté de séduction, tant elle aimait à répéter, avec une ironique tendresse : « Si tu étais devenu juge avant notre rencontre, je crois qu'elle n'aurait pas eu lieu... » Car elle s'était liée à un jeune guitariste, sans toge ni hermine : un certain Louis Joinet, en train de devenir éducateur de rue. Ce n'est pas à moi d'expliquer comment la mutation eut lieu, des pavés aux palais... Je sais seulement qu'elle ne fut pas sans lien avec les actes que j'ai posés, aux niveaux tant national qu'international, pour déplacer l'image traditionnelle du magistrat, voire faire évoluer certains usages du droit.

Casamayor savait s'en prendre à l'arrogance sociale de certains de ses collègues, si souvent couchés devant la pire déraison d'État. Attentif aux nécessités du choix qu'on est en droit d'attendre d'un juge, il tenait qu'« un parti pris vaut mieux qu'une équivoque » : le premier peut se corriger ; pas la seconde. Son exigence se redoublait d'un regard aigu sur les hommes : quelle justice rendaient-ils dans quelle société ? Remarquant, avec Montesquieu, que « la justice dépend (beaucoup) du climat où elle pousse », il pouvait s'interroger sur des ressources cachées de la démocratie : « Quand je vois tant de grands hommes nourrir tant de petits desseins, je me demande si l'inverse n'est pas vrai... »

Casamayor était une source pour nos soifs d'*aggiornamento*. Nos combats se croiseront tant et si bien que j'ai pu devenir son ami, d'une amitié presque filiale. S'il y a bien quelqu'un que je pourrais compter comme un « père spirituel » – ainsi, plus tard, que Lelio Basso et Stéphane Hessel –, ce fut bien lui. Nous avons débattu de tellement de questions... Sa porte m'était toujours ouverte, sous le prétexte d'apprécier un ou deux verres de son porto. Il détestait surtout quiconque se laissait aller à la politique de l'autruche et il aimait à dire qu'« écarquiller les yeux n'avait jamais permis d'affûter un regard ; les fermer, encore moins ». Si, à sa mort en 1988, l'Élysée a dit l'essentiel – qu'il avait « lutté toute sa vie pour une justice plus indépendante et plus ouverte sur les réalités sociales » –, je fus de la petite bande de conseillers qui ont encouragé le Premier ministre Michel Rocard à saluer en lui « un guide [...] pour tous ceux qui ont recherché de nouveaux chemins pour la liberté ». Oui, nous lui devions tous une autre idée, renouvelée et sans œillères, de la justice.

En 1963, vis-à-vis de Casamayor, tout le monde n'en était pas là : la direction de l'école nous prévint qu'à prendre un tel nom, nous irions au *clash* immédiat. Casamayor se trouvait alors être l'objet d'une banale poursuite devant le Conseil supérieur de la magistrature pour je ne sais plus quel manquement à l'obligation de réserve, de la part du ministre de la Justice, Jean Foyer. Et on nous a objecté qu'aucune promotion ne pouvait adopter le nom – toujours faillible – d'un vivant.

Allons-y pour les morts. Pourquoi pas un juge atypique ? Il ne manquait pas d'hommes remarquables dont la justice pouvait se réclamer. Nous choisîmes un auteur emblématique de l'esprit français, Pierre-Augustin Caron de Beaumarchais (1732-1799), parmi ceux qui avaient porté les appels les plus réjouissants à l'extension des libertés. Après tout, bien qu'un peu tricheur, voire un brin délinquant, cet homme avait été un promoteur de droits, notamment de ses droits d'auteur, et il avait même exercé en tant que juge. Au nom de la fameuse et belle formule qu'affichait *Le Figaro* (« Sans la liberté de blâmer, il n'est pas d'éloge flatteur »), nous choisîmes cette grande référence prérévolutionnaire qui fut l'auteur caustique du *Mariage de Figaro* et nous nous inscrivîmes, au fronton de l'École de la magistrature, comme la « promotion Beaumarchais ».

Cette fière appellation, prometteuse des impertinences les plus pertinentes, fut entérinée l'année suivante en présence du maire de Bordeaux, Jacques Chaban-Delmas, si satisfait d'avoir logé cette grande école dans *sa* ville. Ce gaulliste historique, mais atypique dans sa volonté de vigoureux dépoussiérages – vite calmée par Georges Pompidou et les conservateurs –, goûta notre clin d'œil de magistrats *new-look*.

Le thé obligatoire chez « Madame la première »

À l'époque, être reçu au concours de l'ENM ne vous plongeait pas d'emblée dans les cours théoriques de l'école de Bordeaux. On commençait, tout au contraire – et c'était beaucoup mieux ainsi –, par une année en tribunal, en immersion dans les pratiques du monde de la justice : ses pratiques judiciaires, mais aussi ses pratiques sociales, encore assez désuètes au début des années 1960. Je me suis ainsi retrouvé, en cette rentrée 1963, en compagnie d'une collègue auditrice de justice, à devoir me présenter, le plus hiérarchiquement qui soit, au premier président de la cour d'appel de Lyon.

On nous avait prévenus. Ce dernier était bien connu pour son protocole d'accueil très « vieille France ». Selon que Monsieur le premier président vous recevait derrière son bureau, ou à côté de celui-ci, voire sur le pas-de-porte, et en fonction du temps qu'il daignait vous accorder, vous pouviez en conclure en quelle estime il vous tenait.

Mais le machisme s'en mêla, bouleversant cette cérémonie d'« adoubement ». Face à ma collègue, le premier président, peut-être encore peu habitué à voir se présenter un auditeur du « deuxième sexe », eut cette remarque déplacée : « Madame, un magistrat ne se présente pas sans bas ! » Elle, jambes nues, sans se démonter, eut le culot de lui rétorquer : « Monsieur le premier président, vous ne connaissez pas ces nouveaux bas, les sans couture ? » L'esprit des collants Dim, supposés ici couleur chair, traversa, sur six notes de sa pub légendaire, les lambris lustrés du palais. Tel fut mon tout premier contact avec ma hiérarchie, prise en flagrant délit de ringardise sexiste.

Heureusement, le deuxième me mit en présence d'un très grand magistrat et l'un des plus exceptionnels de sa génération (la dernière d'« avant l'école »). J'ai nommé Pierre Truche, dont la carrière fera sans arrêt des étincelles, du procès de Klaus Barbie jusqu'à la Cour de cassation, qu'il présidera de 1996 à 1999. Il était alors substitut à Lyon et j'eus la chance et l'honneur d'être affecté à son cabinet. C'est à ce titre qu'il me guida dans mes premiers pas « en justice ».

Avoir à faire encore, deux ou trois fois, de la figuration – après quoi cet usage se perdit dans les eaux de la Saône et du Rhône – au thé traditionnel et spécialement guindé alors organisé par « Madame la première », c'est-à-dire par l'épouse du premier président, me fut donc une obligation vénielle.

Quand l'avocat des syndicats inventait l'espace de Goutelas

La chance me poursuivait : en tant qu'auditeur de justice astreint à un stage au barreau, je suis tombé sur un avocat qui marquera Lyon de son empreinte. Mon immersion dans les pratiques judiciaires ne pouvait mieux commencer que par ma collaboration avec le cabinet qui fut la toute première des sociétés civiles entre avocats français : celui de Paul Bouchet, déjà célèbre à Lyon pour les cas de droit social qu'il avait défendus et son action contre la guerre d'Algérie. Ayant rallié très jeune les FFI de sa région de Montbrison, il avait animé en 1946 le congrès de l'Union nationale des étudiants de France (UNEF), qui avait proclamé sa « charte de Grenoble », laquelle plaça le monde étudiant sur une orbite réformiste audacieuse. À partir de là, Paul Bouchet, comme plus tard ses complices Me Henri Leclerc et Jean-Jacques de Felice à l'échelle nationale, fut dans la région lyonnaise l'avocat de tous les combats, au nom – comme il le disait – du meilleur de leurs « utopies ». (Il sera élu en 1980 bâtonnier du barreau de Lyon, inaugurant sa belle Maison des avocats.)

La cause des libertés, dont celles des syndicalistes, ouvriers et paysans, pouvait alors se marier avec la passion des vieilles pierres. Paul Bouchet en était la preuve, lui qui venait de découvrir Goutelas, futur et formidable lieu de vie et de pensée, au bord de son Forez natal, qu'il inventa de toutes pièces comme espace d'inspiration pour une nouvelle renaissance : Goutelas. D'autres diront ce que l'on doit à Paul Bouchet, jusqu'à son entrée au Conseil d'État et à sa présidence d'ATD-Quart monde (de 1998 à 2002). J'en retiens, quant à moi, ce qui tourna autour de Goutelas. Ce château n'en était plus un, en 1961, quand Bouchet convainquit un paysan du coin, Noël Durand, de se lancer dans l'aventure d'une longue réhabilitation fondée sur le bénévolat. C'était une ruine envahie de broussailles, résultat de la faillite d'un soyeux lyonnais.

La légende de Goutelas veut que le paysan ait accueilli avec méfiance le plaidoyer lyrique de l'avocat, mais qu'à force de l'écouter évoquer cet avenir radieux, il a fini par y entendre un accent de sincérité. Ils formèrent ainsi le noyau primordial des nombreux inventeurs du lieu. Deux ans plus tard, en 1963, je découvris ce grand chantier, qui mobilisera encore pendant des années des centaines de volontaires. Le résultat était saisissant : un espace baroque et néanmoins très fonctionnel, quasi onirique et très « carte du tendre », renaissait de ses cendres. Une fois réhabilité, les invités s'y multiplièrent, associatifs, syndicalistes, contestataires de tous poils, musiciens et autres artistes. En 1966, j'y entendrai Duke Ellington lui-même y donner une composition sur son Steinway pour saluer les « temps nouveaux » qu'appelait cette nouvelle abbaye de Thélème.

Quelques années plus tard, j'y vivrai aussi de riches heures. Ayant rencontré là Bernard Lambert, leader charismatique du mouvement des « Paysans travailleurs », ce précurseur des « années Larzac », je ne pourrai pas mieux proposer, au début des années 1970, une fois créé le Syndicat de la magistrature, que de tenir à Goutelas nos stages annuels de formation syndicale. Ce haut lieu deviendra alors – j'y reviendrai – notre « couvent » studieux, où Michel Foucault et bien d'autres seront nos invités vedettes.

Une année à Bordeaux, côté cour et côté jardin : l'allergie à la routine...

En 1964, notre promotion Beaumarchais se retrouva donc à Bordeaux, au grand complet, ramenant des quatre coins de France une expérience très éclatée. Née en 1958 sous le nom de Centre national d'études judiciaires, cette école était alors traversée par une obsession déplacée, portée par les ministres et par ses directeurs : devenir aussi prestigieuse que l'école des préfets, c'est-à-dire l'ENA. Nous entreprîmes très vite de contester une telle vision, prônant une école spécifique, adaptée aux besoins de magistrats modernes – appelés, ni plus ni moins, à « sortir du néolithique », selon un appel imprudent que venait de lancer Maurice Aydalot, alors premier président de la Cour de cassation. Quant à nous, nous ne voulions pas devenir des para-« énarques », mais des juges et des procureurs de notre temps, la justice française nécessitant alors, d'un avis unanime, un fort renouvellement.

Un esprit de promotion se développa. Il habita notre Association des auditeurs et anciens auditeurs de justice (l'AAAJ), qui porta en son sein le futur syndicat. Je me souviens qu'à peine arrivés à Bordeaux, nous avions sollicité une audience revendicative à son directeur des études. Lui – tout de suite les grands mots ! – la qualifia de « séquestration », quand il eut constaté que nous nous obstinions à ne pas quitter son bureau sans avoir obtenu des réponses acceptables.

Notre contestation des enseignements proposés prit vite la forme d'une offre alternative : les enseignants et intervenants dont la direction de l'école ne voulait pas entendre parler furent invités, mais « hors école ». Parmi lesquels Casamayor, évidemment. Des locaux furent prêtés à notre association par un mécène lié à la Chambre de commerce. Nos conférences complémentaires y prirent l'aspect de cours du soir ou d'enseignements parallèles qui rencontrèrent un vif succès.

Nous eûmes quelques soutiens internes, dont le juge pour enfants Pierre Martaguet, un très grand magistrat et des rares, à l'époque, à apprécier notre volonté de « secouer le cocotier ». À Paris, par la suite, nous pûmes nous appuyer sur le président Pierre Bellet, à l'amitié très sûre et enveloppante. Ce président n'hésitait pas à me recevoir chaque week-end en famille, avec femme et enfants, où il se dévouait à me faire réviser les sujets les plus ardus, tel que le droit... des successions. Il restait cependant un magistrat traditionnel et il mit quelque temps à bien réaliser que je pouvais ne pas suivre tous ses conseils pour réussir la carrière éclair à laquelle il me destinait. Prendre la voie du syndicat impliqua forcément pour moi un parcours bien plus chahuté vis-à-vis du pouvoir, mais bien plus exaltant.

Tout ce cursus se terminait avec un examen de sortie, culminant par un grand oral, façon ENA. Un grand rituel sacralisé, d'une liturgie sévère. Je m'en suis bien sorti, respectant rigoureusement les dix minutes de l'exposé. Je m'étais entraîné avec soin à cette performance. Après lecture rapide du texte à commenter, je rédigeais d'abord ma conclusion pour pouvoir la chronométrer avec précision. Après quoi, je pouvais me lancer tranquillement dans le fil de mon exposé, toujours prêt à dégainer, juste avant l'instant fatidique, ma conclusion millimétrée, moyennant la formule toute faite : « À la lumière de ce qui précède, il m'apparaît, etc. »

Le professeur de droit qui présidait le jury ce jour-là, les yeux fixés sur sa grosse montre posée sur le bureau, n'en revint pas de me voir effectuer, à la seconde près, ce rétablissement impromptu. Ils me guettèrent sur les questions tests, notamment avec cette question piège : « Quelle est, pour vous, la principale qualité d'un juge ? » J'étais sûr de mon effet. Là où ils attendaient l'indépendance, l'impartialité ou autres principes « à la Montesquieu » que l'on se doit de réciter pour une réponse de bon aloi, j'ai répondu, après un temps de réflexion quelque peu appuyé : « À la lumière de mon peu d'expérience, je dirai que la principale qualité d'un juge, c'est l'allergie à la routine. » La réponse était un zeste culottée, mais facile à argumenter avec des exemples concrets. Outre celles que je venais de découvrir durant ces trois ans, ma fréquentation des juges en tant qu'éducateur de rue avait rempli ma hotte de ces routines qui les plombaient.

Je fus reçu « major » de la promotion, et donc en position, à l'« amphi-garnison » qui suivait ce concours, de choisir à ma guise ma première affectation. Cette pratique me profita, mais nous en deviendrons tous, pourtant, de farouches opposants : l'association, puis le syndicat, contestèrent ce critère, beaucoup trop absolu, du classement au concours de sortie de l'école comme seule rampe de lancement des carrières de magistrats. Nous finirons par obtenir que soit réformée cette pratique qui entraînait un bachotage désastreux. Une procédure de concertation entre auditeurs, s'efforçant de tenir compte de toutes leurs aspirations et leurs contraintes (fonctions souhaitées, charge de famille, etc.) prendra la relève. Malgré sa forte complexité, c'est à mon grand regret qu'elle sera ensuite abandonnée dans les années 1990.

L'affaire Ben Barka et les pratiques judiciaires du temps

Pour mon stage, en octobre 1965, j'ai été parachuté chez le juge Louis Zollinger, au moment même où il venait d'être saisi du dossier explosif de la disparition le 29 octobre, en plein Paris, de Mehdi Ben Barka, le leader historique de l'opposition marocaine. Une des affaires d'État du siècle. Quand on vient de sortir de la guerre d'Algérie et qu'on est confronté à une telle affaire, on ne va plus vanter avec des trémolos une justice à la Montesquieu. On mesure seulement la route qui reste à parcourir...

C'était la première année où la loi nous autorisait, en tant qu'auditeurs de justice, encore apprentis magistrats, à participer en direct aux instructions. Ma fin d'études – en pratique ma première expérience de juge – me plongea ainsi dans le meilleur « bouillon de culture » judiciaire qui soit. Le pire aussi. Ce grand magistrat que fut Zollinger me mit vite dans le coup, m'accordant sa confiance de manière sympathique : découvrant à quel point il avait besoin d'aide, il fit de moi son assistant. Les médias du monde entier lui dégringolaient sur la tête, d'une façon aujourd'hui habituelle dans ce genre d'affaire, mais que peu de juges français avaient alors eu à subir. Compte tenu de l'urgence, étant d'astreinte lors du week-end où on apprit cet enlèvement, il avait démarré son instruction sans attendre que l'affaire ne soit reprise en main – en début de semaine, comme c'était la coutume... – par le juge de la section compétente. Et plus question, dès lors, d'oser le dessaisir, au grand dam du parquet et du ministre de l'Intérieur.

L'ambiance était extraordinaire, mais les pratiques judiciaires restaient assez croquignolesques. Le code de procédure pénale prévoyait que le parquet, comme la défense, pouvait obtenir copie du dossier de l'instruction. Dans cette affaire, cette procédure dite « contradictoire » fut interprétée de manière démentielle en faveur du parquet : à chaque fois que comparaissait devant le juge une des figures de la procédure et dès que le greffier en avait dressé le procès-verbal, il fallait en transmettre immédiatement une copie au procureur, feuillet après feuillet ! Autrement dit, l'oreille du gouvernement suivait en très léger différé tout ce qui se disait dans le « secret » du cabinet du juge.

C'était l'étrange rituel de ce temps sans ordinateurs : dans l'urgence, certains des feuillets du greffier descendaient un étage plus bas, où le « proc » ne maquillait pas sa dépendance institutionnelle la plus politisée. Je le sais, car j'ai fait le voyage tant de fois. Dès qu'une feuille d'interrogatoire était tapée, je devais en placer la copie carbone dans une chemise de plastique verte que j'ai encore dans l'œil : je sortais du bureau du juge Zollinger, je traversais un grand couloir toujours encombré de journalistes, enjambant ceux qui avaient dû s'asseoir par terre, puis je descendais l'escalier et je venais frapper à la porte du procureur...

Les jours les plus tendus, cette porte s'ouvrait sur un aréopage : autour du procureur, siégeaient le magistrat membre du cabinet du ministre de la Justice, ceux des ministres de l'Intérieur, de la Défense et des Affaires étrangères, sans oublier celui de la Coopération – pour ne pas dire celui des « barbouzes ». Ils y formaient un genre de sous-cabinet de crise, réuni en permanence dans les murs du Palais de justice. C'était un temps où ce pilotage gouvernemental de la justice ne choquait pas grand monde en France. Aucun des journalistes qui stationnaient en permanence devant le cabinet du juge, témoins de mes va-et-vient constants entre ce cabinet et le bureau du procureur, ne pensait à s'en offusquer.

Autre exemple : Roger Frey était alors le ministre de l'Intérieur et un débat avait fini par être inscrit à l'ordre du jour de l'Assemblée nationale sur cette affaire qui passionnait la planète entière. De Gaulle avait promis de faire « toute la lumière » sur le rôle d'agents français dans la disparition de Ben Barka et d'en punir « tous » les coupables... Zollinger m'a demandé d'assister au débat pour lui en rendre compte – la télévision, à l'époque, n'y plantait pas ses caméras. Je me suis installé dans les tribunes et là, j'ai vu – avec mes jumelles de théâtre, qui me furent ensuite confisquées par des huissiers de l'Assemblée... – le ministre de l'Intérieur et son conseiller qui piochaient tranquillement dans leurs copies du dossier d'instruction ! À mesure que ce conseiller compulsait ce dossier, j'y voyais défiler mes propres coups de crayon, car Zollinger m'avait notamment chargé de souligner de gros traits rouges des pièces qui trahissaient certains circuits suivis par des protagonistes de l'affaire. Et le ministre de l'Intérieur d'afficher sans vergogne, devant le Parlement, mes gribouillis très reconnaissables, divulguant le dossier d'une instruction en cours comme si c'était la sienne...

Dans le déroulement de cette affaire d'État, je me souviens également du colonel Marcel Le Roy-Finville, officier du SDECE qui était impliqué dans la disparition du leader de la Tricontinentale (l'organisation alors en gestation des différents courants « anti-impérialistes » du tiers monde), au moment où Zollinger lui notifia son inculpation. En professionnel des « services », il en avait vu d'autres. Et pourtant, quand le juge a fait signe aux gendarmes qu'ils lui passent les menottes – ce à quoi, finalement, il renonça –, j'ai vu perler des larmes sur son visage, non dénué de dignité : ce « dur de dur » était sur le point de craquer ; il estimait manifestement n'avoir fait que son devoir en obéissant aux ordres. Mais les ordres de qui ? C'était toute la question.

Autre « dur » : Antoine Lopez, honorable correspondant du SDECE, surnommé « la Savonnette » : un sacré numéro ! Au terme de chaque heure d'un interrogatoire prolongé et serré, le juge lui accordait une pause de dix minutes et il se retirait dans l'exigu couloir à fournitures attenant au bureau pour y procéder à des exercices de décontraction comme s'il était en salle de gym. Il croquait deux ou trois carrés de chocolat, puis, se tournant vers nous, il lançait : « Alors, M'sieur le juge, je suis à vous ! »

Les juges d'instruction ne disposaient alors d'aucun véhicule de service. Pour le moindre déplacement, le juge Zollinger devait donc en demander un à la police. Dans cette affaire sensible, cela ne facilitait pas sa recherche de la vérité. Dans sa longue quête du lieu de la séquestration de Ben Barka, dès qu'on lui signalait une piste possible, nécessitant une perquisition, il lui fallait adresser un bon à la Préfecture de police, indiquant sa destination. D'où le fort sentiment, à chaque déplacement, que d'autres que lui visitaient ces adresses juste avant.

Avoir pu faire condamner des agents impliqués dans l'enlèvement de Ben Barka fut à l'époque un exploit, qui a dû beaucoup au courage du juge Zollinger. Mais j'ignore toujours aujourd'hui ce qu'il est advenu de Ben Barka, ainsi que le détail des complicités dont bénéficièrent en France « nos amis, les gens du roi », dont le rusé général Mohamed Oufkir, alors directeur de la Sûreté nationale marocaine... J'ai pourtant continué obstinément jusqu'à ce jour, avec Me Maurice Buttin, avocat de Bachir, le fils de Ben Barka devenu mon ami, cette recherche de vérité. En vain, malheureusement. Il reste toutefois une lueur d'espoir : en 2005, suite aux six premiers juges qui se sont succédé dans cette affaire, la saisine à Paris d'un septième juge d'instruction, Patrick Ramaël, a au moins permis de maintenir le dossier ouvert, en évitant la prescription. Comme si un crime de

« disparition forcée » pouvait sérieusement se prescrire, alors que même la mort de tous ceux qui l'ont perpétré, si elle éteint l'action de la justice vis-à-vis d'eux, laisse les proches de la victime dans l'attente de la vérité : chaque famille a droit à se recueillir sur une tombe.

Par cette réflexion, j'anticipe. Lorsqu'à l'ONU, vingt ans plus tard, j'ai présidé le groupe d'experts chargé de rédiger la convention contre les disparitions forcées, la mémoire de cette affaire m'est revenue à l'esprit comme une écharde douloureuse : un des premiers grands cas contemporains de disparition forcée fut commis dans mon pays ! Un des premiers cas dans l'Hexagone, faut-il le préciser, car cette affaire avait suivi les milliers de « disparus courants » restés anonymes, jetés dans l'inconnu durant la guerre d'indépendance algérienne, et précédé celle d'autres milliers de disparus dans la guerre civile qui a déchiré ce pays dans les années 1990.

Mon entrée place Vendôme et le premier contact avec le ministre Jean Foyer

À l'automne 1966, me voilà donc, à trente-deux ans, à même d'intégrer les « services de la Chancellerie ». C'est ainsi que les magistrats nomment les services du ministère de la Justice, siège du garde des Sceaux. Je m'orientais vers le droit civil, ayant bien repéré qu'il représentait à lui seul 80 % du travail de la justice. Le droit pénal fait de gros titres, mais ce n'est que la pointe émergée de l'iceberg, car la grande majorité des affaires relèvent du droit civil, lequel inclut le droit du travail.

Dans les services du ministère, je choisis un secteur qui attirait peu mes collègues : le droit immobilier. J'y arrivais alors que venait d'être votée la loi de 1965 qui réformait en profondeur le droit de copropriété. J'ai travaillé un an sur les décrets d'application de cette loi très importante pour la vie quotidienne de nombreux citoyens. Tout ce qui concernait l'aménagement du territoire et le droit foncier – expérience qui me sera fort utile lors de mes « années Larzac »... – dépendait de ce bureau, plus stratégique qu'il n'y paraissait.

C'était devenu une passion. Un territoire nouveau en pleine évolution. J'eus la chance de m'y engager au temps où Edgard Pisani était ministre de l'Équipement. Ce brillant gaulliste de gauche (qui ira jusqu'à démissionner en 1967, quand de Gaulle fera passer par voie d'ordonnances sa réforme d'urgence de la Sécurité sociale), nous avait réunis dans une sorte de *task force*. Elle était composée de sept ou huit experts, dirigés par le conseiller technique de Pisani, Robert Lion – futur directeur du cabinet de Pierre Mauroy, où je le retrouverai quinze ans plus tard avec plaisir et émotion. Nous y avons discuté à fond, grâce à un *brainstorming* très libre et efficace, des évolutions souhaitables ou prévisibles du droit de la propriété. Pisani en fut, sans conteste, un visionnaire.

J'avais donc commencé à me faire une certaine réputation dans ce milieu, dont je fréquentais, par fonction, les principaux professionnels, depuis les responsables de la Fédération nationale de l'immobilier (FNAIM) jusqu'à des géomètres-experts. Petit *flash-back* à ce propos, car tout cela avait failli mal s'engager à cause de ces derniers. J'avais intégré mon bureau à la Chancellerie un lundi. À peine le temps de faire connaissance de mes collègues que mon directeur m'avait désigné pour aller assister le ministre, dès le mardi matin, dans un déplacement officiel au siège de l'Ordre des géomètres-experts pour la présentation d'une « maquette-type », visant à profiler une réforme du cadastre. Le ministre, Jean Foyer, cultivait soigneusement cette profession comme base d'appui électorale de sa circonscription d'Angers ; et il saisissait la moindre occasion de tisser des liens avec eux. Jean Foyer avait déjà eu quelques échos de mon parcours, au gré des « exploits » remarqués de la promotion Beaumarchais. Je soupçonnais donc un piège : ne connaissant encore strictement rien aux fonctions ni aux problèmes des géomètres-experts, j'allais me ridiculiser.

Le ministre m'embarqua dans sa voiture et me demanda ce qu'il devait dire à ces professionnels. Je n'en savais évidemment rien et je commençais par plaider que je venais à peine de prendre mes fonctions. Mais pas question de rester coi. Je repris ma respiration et me lançai vaillamment dans des généralités : « Concrètement, toutes nos libertés reposent sur deux institutions fondamentales : l'état civil et le cadastre... » Il me regarda me débattre avec un sourire amusé. Histoire de tourner le couteau dans la plaie, il lança : « Tout ça, c'est bien beau, mais qu'est-ce que je leur dis de concret sur leurs problèmes précis vis-à-vis de cette réforme ? » Devant mon embarras, il finit par s'esclaffer : « Ne vous en faites donc pas ! Tout se passera très bien... » Jean Foyer, en réalité, était très au courant des problèmes de cette profession. En bref, il me testait.

On comprendra qu'il se soit souvenu de moi quand on le mettra au courant, deux ans plus tard, de notre projet « insensé » de création d'un « syndicat » de la magistrature. Je crois que ce petit voyage dans une DS ministérielle a créé entre nous une forme de complicité paradoxale : Foyer sera ensuite constamment un très rude adversaire mais, en 1976, il se fera par exemple une obligation de témoigner d'un genre d'estime au cours d'un des procès en diffamation engagés par notre syndicat contre lui, pour avoir déclaré que ce dernier serait une « organisation subversive gauchiste », une « hiérarchie parallèle à la Chancellerie », dont le but était de « disloquer la société ». Foyer avait tenu à se présenter en personne à ce procès, alors qu'il n'était plus ministre, manifestant une certaine classe, là où ses homologues avaient plutôt coutume de se faire porter pâles. C'est en marge de ce procès qu'il confia, désabusé, à un journaliste du *Figaro*, à propos de ces magistrats qui le poursuivaient en justice : « Que voulez-vous que j'y fasse ? Ce sont les meilleurs… »

Je tiens à dire que Jean Foyer (1921-2008) fut un ministre très conservateur, d'une intelligence et d'un humour souvent ravageurs, mais qu'il ne fut en rien le réactionnaire borné que certains ont voulu dépeindre. Bien des années plus tard, en 2005, lors d'une de ses visites à la Cour de cassation, nous nous sommes croisés dans l'ascenseur. C'est là qu'il me rappela un épisode fameux de l'affaire Ben Barka, dont on venait une fois de plus de lui faire grief au détour d'un colloque. Au début de l'affaire, la Police judiciaire avait procédé à l'interpellation des deux policiers, Louis Souchon et Roger Voitot, qui, devant la brasserie Lipp, avaient « invité » Ben Barka à les suivre, fournissant à ses ravisseurs un relais pseudo-officiel. Leurs collègues de la PJ les avaient interpellés et, pendant plusieurs jours, ils les avaient « gardés sous le coude » ! Ni le juge ni le garde des Sceaux n'avaient eu vent de leur « garde à vue » clandestine, alors que cette affaire faisait tous les jours les unes de la presse. Comme on le découvrira, c'était le ministère de l'Intérieur qui, dans ce cas, gérait au premier chef les affaires de la justice !

Quand il apprit cette « bavure judiciaire », le juge Zollinger m'envoya aussitôt porter une note au cabinet du garde des Sceaux, afin d'en informer son conseiller aux affaires pénales, pour en prévenir d'urgence Jean Foyer. Lequel se trouvait alors à Angers, invité d'honneur… d'un banquet de géomètres-experts. Le conseiller du ministère lui fit porter la note par un motard. Je réalisais alors qu'un coup de téléphone, plus simple et plus rapide, n'était en effet pas de mise, par crainte de fuites vers le ministre de l'Intérieur Roger Frey, champion des écoutes indiscrètes. Jean Foyer, cueilli en plein banquet par une presse à l'affût, tomba des nues et nia être au courant de ces arrestations. Il ne l'était pas, j'en suis témoin, avant que le motard ne vienne lui gâcher la fin de son banquet de géomètres. Jusqu'à ce jour, personne n'a voulu croire en sa bonne foi, le soupçonnant d'avoir aidé son collègue de l'Intérieur à enterrer cette « bavure ». D'où son appel au secours, dans l'ascenseur, quarante ans après les faits : « Joinet, Joinet, dites-leur, vous qui l'avez vécu, que je n'étais pas au courant. Vous, au moins, ils vous croiront ! » Voilà qui est fait…

Comment je n'ai pas été recruté par la Banque de Paris et des Pays-Bas

Revenons à mon domaine de cette époque, le droit immobilier. Comme je l'ai dit, fin 1967, je m'étais fait un certain nom dans ce microcosme. Je fus alors contacté par un « chasseur de têtes », ce qui me valut un déjeuner haut de gamme chez Drouant. Autour des directeurs des différents services de la Banque de Paris et des Pays-Bas (future Paribas), il y avait ce qui me semblait le gratin de la haute finance, parlant golf ou opéra, parlant de tout... sauf de sujets qui me concernaient ou avaient pu m'amener là. À la sortie de ces agapes, le chef des services juridiques du groupe me suggéra de l'accompagner jusqu'à son bureau. De la place Vendôme à Drouant et à l'Opéra, on était dans un « triangle d'or » où tout se jouait en quelques pas. Une fois dans son décor, il en vint rapidement à la minute de vérité : « Monsieur Joinet, question salaire, quelles seraient vos suggestions ? » Tout ce cérémonial ne visait donc qu'à mon embauche, considérée comme allant de soi, et à me signifier que ce milieu n'attendait que moi...

De fil en aiguille, et seulement « pour voir », je lui ai avancé un chiffre, qui consistait, en gros, à doubler mon salaire de jeune magistrat au ministère. Il m'a regardé, presque offusqué : « Monsieur Joinet, on s'est mal compris. On ne vous demande pas d'animer un service de contentieux. On attend de vous que vous pilotiez une cellule de recherche – entièrement à créer – sur les évolutions prévisibles, dans les décennies à venir, du droit de la propriété foncière et immobilière... » Là, je compris en quoi ces financiers pouvaient voir loin et discerner finement de quels hommes ils avaient besoin pour baliser l'avenir. Leurs calculs intégraient aussi le recrutement d'experts du profil « Pisani », capables d'intégrer des gouvernances de gauche qui pourraient advenir dans les années suivantes. Ou celles d'après.

Pour en savoir plus, j'ai tenté un coup de poker : connaissant à peu près quel était le traitement du premier président de la Cour de cassation, soit le plus haut salaire de la magistrature, j'ai annoncé un montant proche pour mes premiers émoluments. Aucun problème, apparemment. Le banquier était rassuré que je vise un salaire « normal » dans son milieu. Pour lui, j'étais déjà des leurs. Rentrant à la maison, je me suis amusé à faire croire à ma femme que j'avais accepté ce poste. Malgré l'énorme salaire que je lui annonçais, elle m'a tout de suite fusillé des yeux comme un traître au service public, déjà quasi-« affameur du peuple ». Quand je l'eus rassurée sur mes vraies intentions, nous avons pu rire entre nous d'un chiffre aussi astronomique. Nous avons même débouché une bouteille de champagne pour célébrer cette « non-embauche ».

Voilà comment je n'ai pas été recruté par le futur groupe Paribas. Cette expérience me fut utile, par la suite, pour mieux comprendre le parcours de certaines élites dans ce pays. De telles tentations y sont fortes et récurrentes, surtout quand un esprit de corps lie entre eux les anciens élèves des grandes écoles pour les aider à tirer parti de leurs allers-retours entre secteur privé et service public, avec tout leur cortège de conflits d'intérêts. En tout cas, au final, de « pantouflage » quasi général.

Sur quoi survint Mai 68, et chacun fut rendu à ses choix fondamentaux...

Quand de Gaulle bannissait le Tribunal Russel

Ma femme et moi n'avions rien oublié de notre expérience algérienne et nous restions mobilisés pour l'avancée des droits des peuples. C'est pourquoi, quand il fut question que se tienne à Paris la seconde session du « Tribunal Russell », je me suis porté volontaire pour aider à sa tenue. Mais à peine avais-je pris cet engagement minimal que de Gaulle s'opposa à la tenue en France d'une « parodie » de tribunal qui déplaisait au plus haut point à nos alliés américains. Sa IIe session se tint donc en Norvège.

Ce grand tribunal d'opinion, l'un des premiers du genre, s'était réuni pour juger des crimes de guerre commis par les États-Unis contre les Vietnamiens. Il avait été initié en novembre 1966 par le logicien Lord Bertrand Russell, avec l'appui de Jean-Paul Sartre et d'autres intellectuels réputés dans le monde entier. Il eut un fort retentissement en cette époque marquée, durant plus de huit ans, par la seconde guerre du Vietnam. Dans ses sessions tenues à Stockholm, en Suède, puis à Roskilde, en Norvège, faute d'avoir pu se tenir à Paris, il se réclama d'une justice internationale virtuelle, pointant le manque à l'échelle du monde de nouveaux « Nuremberg », voire d'un véritable tribunal international permanent (au-delà des arbitrages d'État que rendait la Cour de La Haye). Dans ce monde bipolaire, il dessinait en creux le rôle futur des ONG et de la Cour pénale internationale, qui ne verra le jour qu'en 2002.

Mon rôle de figurant, très vite sorti du cadre à la demande des maîtres du décor, ne fut qu'une brève préface à mon adhésion, en 1974, au « Tribunal Russel II », initié par Lelio Basso, sénateur italien à qui nous devons

La lettre du général de Gaulle
à Jean-Paul Sartre

Paris, le 19 avril 1967.

Mon cher Maître,

[...] Les animateurs du « Tribunal Russell » se proposent de critiquer la politique des États-Unis au Viêt-Nam. Il n'y a rien là qui puisse porter le gouvernement à restreindre la liberté d'expression et de réunion. Au demeurant, vous savez ce que le gouvernement pense de la guerre au Viêt-Nam et ce que j'en dis moi-même publiquement et sans équivoque. [...] Aussi bien n'est-ce ni du droit de réunion ni de la liberté d'expression qu'il s'agit, mais du devoir, d'autant plus impérieux pour la France qu'elle a, quant au fond, prit le parti que l'on sait, de veiller à ce qu'un État avec lequel elle a des relations et qui, malgré toutes les divergences, demeure son ami traditionnel, ne soit pas, sur son territoire, l'objet d'une procédure exorbitante du droit et des usages internationaux. [...] Ce n'est pas à vous que j'apprendrai que toute justice, dans son principe comme dans son exécution, ne relève que de l'État.

Sans mettre en cause les mobiles qui inspirent Lord Russell et ses amis, il me faut constater qu'ils ne sont investis d'aucun pouvoir, ni chargés d'aucun mandat international, et qu'ils ne sauraient donc accomplir aucun acte de justice. [...] J'ajouterai que, dans la mesure où certaines personnes rassemblées autour de Lord Russell peuvent avoir un crédit moral, à défaut d'une magistrature publique, il ne me semble pas qu'elles donnent plus de poids à leurs avertissements en revêtant une toge empruntée pour la circonstance.

Veuillez agréer, mon cher Maître, l'assurance de ma considération distinguée.

Signé : Charles de Gaulle.

tant. Confirmant mon éloignement de plus en plus marqué vis-à-vis des choix de De Gaulle, je dois citer ici sa fameuse lettre de refus, envoyée à Jean-Paul Sartre en réponse à un courrier du 13 avril, réclamant la tenue en France du Tribunal Russell au nom des libertés d'expression et de réunion (voir encadré).

Toute l'estime du Général vis-à-vis de celui dont il aurait dit en septembre 1960, quand Sartre signa le « Manifeste des 121 » sur le droit à l'insoumission dans la guerre d'Algérie, qu'« on ne met pas Voltaire en prison », ne compense pas le gouffre qui sépara de plus en plus le philosophe de la liberté d'un homme d'État qui refusait ainsi toute pédagogie judiciaire et toute mise en scène accusatrice, pour se référer sans distance au principe régalien : « Il n'est de justice que d'État. » Dans sa réponse à Sartre, de Gaulle feignait d'ignorer qu'il ne s'agissait que d'un tribunal d'opinion, destiné non à sanctionner, mais à provoquer une prise de conscience. S'il s'était vraiment agi d'une justice contre-étatique, pourquoi ne pas embastiller en raison d'une atteinte à la sûreté de l'État ? Outre ses choix diplomatiques millimétrés, de Gaulle n'appréciait guère, en fait, la moindre parodie de « ses » institutions. Il n'allait pas tarder à être abondamment servi...

Le grand mouvement social et politique qui se profilait, parodique à tous crins, allant même jusqu'à mettre en scène une révolution, le laissera perplexe, déçu et dépassé. Le manque d'estime cruel dans lequel le Général avait toujours tenu les magistrats (avant bien d'autres présidents de la Ve République...) ne le préparait pas à ces innovations de la nouvelle génération. Son invocation de la « toge empruntée pour la circonstance », reprochant à Sartre de vouloir l'enfiler comme un usurpateur furtif, manifestait sa surdité vis-à-vis des demandes d'une justice plus juste, appliquée également à tous et rendue « en habits neufs » pour s'accorder aux idées neuves.

4

1968 : la création du Syndicat de la magistrature

Tout le monde le répète : le Syndicat de la magistrature serait « né de Mai 68 ». Mais c'est faux. Ou bien cela se réfère à un « esprit de 68 » qui aurait soufflé dès 1967 et de nombreuses années après. Ce « Mai » très extensible en devient un vaste creuset où auraient fusionné, en vue d'une rupture sociétale, mille volontés sociales, se déployant sur dix ou quinze ans. Pourquoi pas ? Disons plutôt que la création du syndicat a « surfé » sur les grèves et le mouvement social de mai-juin 1968.

Le projet syndical comme « thérapie de groupe » d'un grand corps judiciaire malade

Les historiens s'efforcent de distinguer un temps court et un temps long : la brièveté stupéfiante de mai-juin 1968 valut ainsi comme révélateur d'un malaise de la justice qui s'était fait de plus en plus net au fil des dix premières années de la Ve République. Ni l'autorité des juges ni leur indépendance n'y avaient gagné, c'est le moins qu'on puisse dire. Et pour des juges français dont l'image globale avait du mal à se relever de leur rôle sous Vichy, mais aussi de leurs errements à la Libération et dans les colonies, il était temps de tourner une page.

Dès la fin 1967, notre Association des auditeurs et anciens auditeurs de justice a donc décidé de se transformer en syndicat. Car, regroupant les magistrats passés par l'école depuis sa création en 1958, elle laissait de ce fait à l'écart une majorité de magistrats en exercice formés avant l'école, dont certains fameux comme Truche, Casamayor ou Martaguet. Cette école nationale, on l'a vu, fut d'abord très polarisée par le modèle de l'ENA. Mais nous fûmes un noyau actif soucieux de renverser complètement la tendance. Nous étions déterminés à faire bouger le corps dans son entier, selon une ligne générale très anticorporatiste. Ce que nous voulions défendre en priorité, c'était l'indépendance des magistrats, ainsi que leur professionnalisme, avant de réclamer pour eux « des gommes et des crayons » (et voitures de fonction, etc.), pourtant très nécessaires. Nous voulions surtout promouvoir la spécificité de leurs fonctions et empêcher qu'ils deviennent des « énarques » de la justice. Il nous fallait appeler les juges à se réinventer en tant que tels.

J'appelais cela une « thérapie de groupe » : pour faire bouger le corps judiciaire tout entier, il fallait y lancer un mouvement syndical d'ampleur. Je ne me souviens pas à l'occasion de quel problème précis le mot de « syndicat » a surgi pour la première fois dans nos discussions. Mais, très vite, ce terme jusque-là étranger à la culture des magistrats apparut, dans notre groupe, comme le levier du renouvellement. Et c'est Pierre Lyon-Caen, spécialité oblige, qui souleva à ce propos le plus gros lièvre : cette référence au syndicalisme avait été tellement exclue des coutumes de la profession, ainsi que du milieu social des magistrats d'alors, que tout le monde était persuadé que le syndicalisme y était interdit. Nos « bibles » l'affirmaient, chez « Thémis » comme chez Dalloz, dont le fameux *Manuel de droit du travail* de Jean-Marie Verdier, un juriste de haute volée, qui consignait comme allant de soi que le syndicalisme était formellement interdit aux magistrats comme aux militaires.

Faux, archifaux ! Si le syndicalisme était bien interdit, de manière spécifiée, dans toute l'armée, y compris la gendarmerie (obligeant à mille détours pour obtenir quelques semblants de représentation des intérêts corporatifs), rien dans la Constitution ni dans aucune loi ne l'interdisait aux magistrats. Pierre Lyon-Caen s'en ouvrit au professeur Verdier, qui corrigea bien volontiers son *Manuel* sur ce point tout à fait stratégique. Entre-temps, le syndicat (suivi bientôt par un concurrent...) allait, dans la pratique, enfoncer cette porte ouverte ! Cette « thérapie de groupe » dissolvait ainsi des mythes, ou des fantasmes, devenus une seconde nature. Cela allait bien au-delà de la légère courbette, dite de « crainte révérencielle », par laquelle nous étions censés présenter nos respects à nos supérieurs hiérarchiques. Ceux-ci n'avaient même pas conscience du caractère désuet de ce rituel, que le syndicat balaiera.

Cette idée du syndicat a donc mûri, notamment quant au style du nouveau syndicalisme que nous voulions défendre parmi les juges. Nous tournâmes le dos à des propositions qui prétendaient noyer les magistrats dans une association unique, réputée « non syndicaliste ». Dès lors qu'il y aurait de moins en moins de magistrats qui ne seraient pas passés par l'école nationale, il revenait à notre association de se dépasser elle-même, par « transcroissance » interne et ouverture à tous les magistrats pour qu'ils assument ensemble – passés ou non par cette école – de se doter enfin d'un fort syndicalisme transformateur. Comme une chrysalide se change en papillon.

Cette opération fut lancée le 18 novembre 1967 par les « quatre mousquetaires », fondateurs historiques, que furent Dominique Charvet, Pierre Lyon-Caen, Claude Parodi et Jean Buffet. Une *dream team* comme on en rêve, que je rejoignis dès ses premiers jours pour y jouer les d'Artagnan. Peu d'équipes furent si solidaires et d'une intelligence collective si peu gênée dans son déploiement par le moindre problème d'ego qu'il ne vaut pas la peine d'y gaspiller le moindre mot. Cette expression classique des « quatre mousquetaires », qui étaient donc cinq (comme les « trois » de Dumas étaient quatre), s'est imposée, bien qu'elle laisse de côté des participants importants, dont Yves Patureau, fidèle président de notre association. L'histoire l'a voulue, parce que son origine n'est d'aucun d'entre nous : on la doit en quelque sorte à Jean Foyer, notre adversaire en chef, bien placé pour désigner la fine équipe qui s'en vint contester sa conception fanée d'une justice à l'ancienne.

Une fondation novatrice... dans l'œil du cyclone

La transformation en syndicat fut adoptée dans son principe et nous fixâmes le congrès du basculement... fin mai 1968, ignorant évidemment ce qui nous attendait. Dès le début 1968, nous formâmes une « pré-section », une cellule syndicale de pilotage de l'opération, à l'intérieur de la Chancellerie, où nous étions à la manœuvre dans une série de bureaux voisins.

Arriva Mai 68. Comment tenir un tel congrès de fondation dans un pays totalement bloqué et au milieu de ce grand tapage et ses mille bouleversements ? Certains d'entre nous proposèrent gentiment de le reporter.

Nous y vîmes, au contraire, une occasion extraordinaire. C'était le signe de l'urgence et d'un moment propice aux décisions transformatrices. Si bien que tout, dans ce congrès, prit une tournure exceptionnelle, voire « insurrectionnelle », le plus symboliquement qui soit.

En passant, je n'ai guère à apporter à l'histoire du Mai des étudiants ni à celui des salariés, mon point de vue étant alors simplement celui d'un Parisien de bonne volonté, déjà très engagé à gauche et pleinement solidaire de ces mouvements. Mais, au risque d'un malentendu, j'aimerais quand même citer une anecdote, qui m'a été rapportée plus tard par deux acteurs majeurs de Mai 68. Ayant eu ensuite à collaborer pour la gauche avec Maurice Grimaud (1913-2009), le préfet de police de Paris qui fit en sorte que l'action des forces de l'ordre qu'il commandait ne fasse alors aucun mort dans Paris, il m'indiquera avoir remis à Alain Geismar, suite à la « nuit des barricades » du 10 au 11 mai, un numéro de téléphone spécial où il pouvait le joindre à toute heure de jour et de nuit.

Geismar était alors secrétaire général du SNE-Sup, le syndicat des enseignants des universités, et l'un des trois champions du Mai des étudiants (avec Jacques Sauvageot pour l'UNEF et Dany Cohn-Bendit). Il fut, en 1969, un des auteurs de *Vers la guerre civile* (avec Évelyne Haas, Herta Alvarez et Serge July) et il devint, dès lors, le leader maoïste qu'on sait... Alain Geismar me confirmera lui aussi la chose, que seuls des imbéciles pourraient interpréter en termes de compromission : il ne s'était agi que d'un « téléphone rouge », permettant d'éviter le pire en situation par trop tendue. Ce fil ténu entre un préfet républicain et un leader de la contestation incarne à mes yeux le lien social qui ne fut jamais totalement rompu entre acteurs responsables de la société française, État *versus* société civile.

Je rapproche ce fait d'une sorte de non-événement que je n'aurais pas évoqué s'il n'avait fait l'objet de petites rumeurs malveillantes. Notre décision de créer le Syndicat de la magistrature défrayant déjà la chronique, une délégation d'entre nous fut reçue en septembre à l'Élysée – et il fut même un temps question que ce soit par de Gaulle lui-même ; son agenda chargé ou bien nos adversaires l'en dissuadèrent. Aucune compromission non plus dans cette affaire. Nous avions considéré cette démarche comme purement formelle dans notre stratégie syndicaliste « à ciel ouvert » : ce n'était qu'une façon de délivrer officiellement une sorte de « faire-part » poli au « premier magistrat » de la Ve République. Il le prit comme il le voulut.

En pleine grève générale, le ministère de la Justice se trouvant, comme bien d'autres, totalement paralysé, nous eûmes accès en toute liberté aux équipements de la place Vendôme (bureaux, téléphones, ronéos...) pour organiser le congrès. Nous joignîmes nos correspondants dans toutes les cours de France. Les trains étaient bloqués, mais des bus partaient tous les jours de la place des Invalides dans une joyeuse improvisation. Grâce à la bienveillante complicité des chauffeurs de ces bus, les tracts, documents d'explication et invitations furent acheminés à temps dans tous les tribunaux et notre congrès national put se tenir... dans l'œil du cyclone : le 8 juin 1968, le « SM » fut porté sur ses fonts baptismaux à Paris, dans la salle des criées du Palais de justice, par une centaine de magistrats.

La seule alerte provint du cabinet du ministre : on accusa l'un d'entre nous d'avoir proféré cette horreur que « le CSM [Conseil supérieur de la magistrature], c'est de la rigolade » ! Dans l'ambiance de Mai 68, nous en rigolions d'autant plus. Notre « communication », dans un contexte si généreux, fut d'ailleurs fort peu corporatiste. De ce jour, nous annoncions à tous les magistrats de France que quelque chose avait changé dans leur rapport à leur seul souverain, le « peuple français ». Comme indiqué solennellement dans chacun de nos jugements, n'était-ce pas « au nom du peuple français » que nous « rendions » la justice ?

Nous allions, par la suite, marteler ce message devant les caméras et sur les marches des palais de justice : la crise de la justice devait être dénoncée, y compris « de l'intérieur », pour que le peuple en fasse son affaire et qu'il se dote, pour la résoudre, de magistrats plus réellement indépendants. C'est bien ce processus de mutation qui s'enclencha. Nous guettions avant tout le premier de nos adhérents qui ne serait pas passé par l'école de Bordeaux. Il vint à ce congrès, gage de nombreux autres, et il fut très emblématique. Ce premier juge à nous rejoindre sans jamais avoir été auditeur de justice fut Étienne Bloch. C'était une personnalité très attachante, beaucoup plus libertaire que la plupart des juges de cette époque et « tombé par hasard dans la magistrature », disait-il de lui-même. La fraîcheur inentamée de son non-conformisme nous épatait. Il était, par ailleurs, le fils du grand historien médiéviste Marc Bloch, auteur du livre mémorable *L'Étrange défaite* (de mai-juin 1940) et tombé victime de celle-ci... Étienne Bloch rejoignait ainsi, sur la scène symbolique de cette nouvelle génération, nos amis Pierre Lyon-Caen et Claude Parodi : le père de Pierre, François Lyon-Caen, de la Cour de cassation, était mort en déportation ; le père de Claude, René Parodi, fut un des rares magistrats résistants : arrêté par la Gestapo et soumis à d'atroces tortures, on le retrouva pendu dans sa cellule de la prison de Fresnes.

Ces fidélités historiques n'étaient pas dues au hasard dans un milieu où les « héritages » de la guerre furent le plus souvent beaucoup moins glorieux. Pour ces exceptions familiales, nous apparaissions comme les produits d'une méritocratie républicaine qui avait choisi son camp, celui de ceux qu'on allait appeler les « nouveaux » ou les « petits » juges, voire les « juges rouges ». Pas forcément si « rouges » que ça, d'ailleurs, mais socialement très engagés. Nous sous sommes rapidement retrouvés à six cents adhérents dès la fin de l'été 1968, le seuil fixé pour réunir notre premier congrès statutaire. Nous le réunîmes donc en novembre. Le premier président fut Maurice Simon, un juge non passé par Bordeaux, et je fus alors élu secrétaire général. Nos mandats de deux ans n'étaient renouvelables qu'une seule fois pour éviter l'incrustation d'apparatchiks.

En route pour l'aventure avec un bon millier de magistrats (sur 4 000)

Lors de ce premier congrès, notre premier débat serré porta sur la possibilité d'une double appartenance, au Syndicat de la magistrature en même temps qu'à l'Union fédérale des magistrats, association professionnelle créée en 1945 et qui regroupait les deux tiers de la profession, évidemment plus « modérés » que nous. Je me suis alors opposé à une tendance que je jugeais un peu sectaire : dans ce moment de fondation, nous devions à mon sens nous efforcer d'entraîner tous nos collègues, sans nous couper d'emblée de la majorité d'entre eux. Je me suis donc battu pour maintenir transitoirement la double appartenance possible. Cela s'est décanté tout seul par la suite : en 1974, l'Union « fédérale » se transforma elle-même en Union « syndicale » des magistrats (USM) – ne laissant, sur sa droite, que l'espace le plus exigu pour l'Association de la magistrature, créée par le ministère mais vite avortée, puis pour l'Association professionnelle des magistrats (APM), qui accueillit, pour une période, certains des magistrats de la droite la plus « crispée ». La question de la double appartenance disparut donc d'elle-même, sur des bases clarifiées.

Le résultat, très intéressant, de ce processus de différenciation fut d'avoir globalement fait progresser « par les deux bouts » la réalité syndicale dans la magistrature. Nous avions déclenché un effet domino. Et, à partir de là, se posa la seule bonne question de l'opportunité de prises de position et actions intersyndicales, lorsque la situation le justifiait, quand nous pouvions jouer à plein notre rôle d'« aile marchante » de la magistrature.

Faute de raconter la vie du syndicat par le menu, j'irai à l'essentiel, à ma manière impressionniste. Avant même le débat de 1972-1973 sur le mot d'ordre maoïste de « justice populaire » – j'ai dit d'emblée ce qu'il m'évoquait concernant Mlle Denise... –, il n'y eut qu'un document du syndicat auquel j'ai décidé alors de ne pas m'associer, en raison de quelques phrases qui faisaient allusion au mythe du « bon juge ». Quelques-uns d'entre nous se laissèrent en effet aller, pour un temps, à cette théorie mythique du « bon juge » (je précise qu'il ne s'agit pas du « bon juge de Château-Thierry », Paul Magnaud, fameux pour avoir acquitté en 1898 une mère démunie voleuse de pain) : cette « théorie » évoquait une vision du juge où l'avocat était accusé de « faire écran entre le juge et son justiciable » ! Le syndicat dans son entier a finalement su enterrer cette théorie malsaine du « bon juge » autosuffisant.

Cette méfiance viscérale de certains magistrats vis-à-vis des avocats s'est d'ailleurs vite effacée dans la pratique du syndicat, puisqu'il fallut bientôt avoir recours à eux... pour défendre notre organisation ou ses membres attaqués par des mesures disciplinaires. Face aux dénis de droit et calomnies de nos adversaires, le syndicat dut réagir et il mesura l'utilité du travail de ses avocats. S'en remettre au seul « bon juge » apparaissait décidément comme une illusion.

1970 : les « accords Matignon » de la magistrature

Dès le premier congrès, nous avions réclamé une concertation générale avec le gouvernement pour une réforme globale de la justice et du statut des magistrats. Nous arrivions trop tard pour être associés aux accords de Grenelle passés par le Premier ministre Georges Pompidou, le 26 mai 1968, avec les centrales syndicales ouvrières. Mais nous réclamions plutôt, à la façon de Juin 36 et compte tenu de nos « retards » sur la scène syndicale, nos « accords Matignon » à nous.

Nous les obtînmes un an après : en juillet 1969, Jacques Chaban-Delmas, devenu Premier ministre, nous a tous réunis autour d'une des grandes tables de l'Hôtel Matignon – où j'allais avoir à siéger, douze ans plus tard, en tant que conseiller des Premiers ministres de gauche... L'urgence d'une mutation du fonctionnement de la justice et du statut des magistrats était devenue pour tous, y compris nos pires adversaires, une évidence première, à laquelle ce gouvernement *new-look* a tenté de répondre, certes trop timidement, à sa façon.

Il faut dire, pour être sincère sur ce que nous appelions notre « cahier revendicatif », que nous étions passés auparavant par une première expérience amère : en juillet 1968, notre souci de démocratie nous avait amenés à organiser une consultation générale, sur une base individuelle, pour recueillir la somme des revendications de notre premier millier d'adhérents. Nous avions reçu alors quantité de doléances corporatistes, certaines très justifiées, mais parfaitement étrangères à l'urgence d'un changement profond de la magistrature. Comme tous les dirigeants syndicaux, nous avions certes à défendre les « intérêts matériels et moraux » de nos mandants, mais ce déficit des intérêts moraux au profit des plus matériels nous avait porté un coup au moral.

Nous nous en relevâmes toutefois très vite, en nous appuyant sur les structures semi-centralisées du syndicalisme judiciaire tel que nous l'entendions : si chaque section régionale du syndicat disposait bien d'une autonomie – et était appelée à des initiatives militantes suffisamment spectaculaires pour que les rapports des préfets et des Renseignements généraux multiplient les effets de *buzz* vis-à-vis du gouvernement –, les grandes décisions ne pouvaient être prises qu'en congrès national annuel, sur la base « un syndiqué, une voix ». Pas question de se lancer dans une représentation indirecte, où chaque délégué négocierait à sa guise les mandats de « sa » base. L'assemblée générale d'une magistrature républicaine étant une et indivisible, nous travaillâmes à convaincre, au niveau national, du bien-fondé d'une hiérarchisation des revendications privilégiant la réforme de la magistrature, et d'abord les progrès concrets de son indépendance.

Lors de ces accords de Matignon, nous exigeâmes toute une série de changements importants dans la magistrature, et pas seulement la fin de la fameuse « courbette »... Quelques-uns furent acquis. L'évidence de certaines demandes les fit admettre sans débat : par exemple, finie la notation des juges par les procureurs ! Une pratique asymétrique totalement insupportable, mais jamais dénoncée. Nous en fîmes la publicité en publiant les notes d'un juge, en froid avec sa hiérarchie... De voir un juge noté comme un écolier, à qui le procureur vient taper sur les doigts, choqua une bonne partie de l'opinion. Nous obtînmes aussi que les crédits budgétaires des salaires non consommés (dits « bonus ») soient répartis, en fin d'exercice, entre tous les professionnels de la justice, y compris les greffiers. Seuls les magistrats, jusque-là, pouvaient bénéficier de ces petits « plus » budgétaires, alors qu'ils les devaient aux personnels judiciaires dans leur ensemble.

Autre réforme apparemment mineure, mais d'importance symbolique dans le climat de l'après-68 : les femmes mariées devraient pouvoir choisir d'être inscrites dans l'*Annuaire de la magistrature* sous leur nom de jeune fille ou leur nom marital. C'est sous une très forte pression, tant militante que statistique – celle de la féminisation croissante du corps judiciaire, donc aussi du SM –, que l'*Annuaire de la magistrature* devint l'objet de cette revendication, qui surprit la place Vendôme. Je me souviens de la stupéfaction du directeur des services judiciaires quand notre délégation ajouta ce point-là à son ordre du jour : la féminisation de l'*Annuaire*. Regard incrédule du directeur, suivi de réticences tous azimuts : on tenta de nous opposer que nos collègues mariées n'étant connues dans les juridictions que sous leur nom d'épouse, cette nouvelle présentation allait semer la confusion...

De discussions en concessions, elles furent répertoriées deux fois ! Jusqu'à ce jour, quand on consulte ce fameux *Annuaire*, la mini-biographie de nos collègues mariées figure ainsi alphabétiquement sous leur nom de jeune fille, alors que leur nom marital figure par ailleurs, tout aussi alphabétiquement mais sans mini-« bio ». Pourquoi faire simple quand on peut faire compliqué ? L'essentiel, de notre point de vue, était d'avoir pu amorcer cette révolution des esprits quant au rôle des femmes dans la société et qu'elle reçoive l'onction du sacro-saint *Annuaire de la magistrature*.

Nous avons obtenu aussi les moyens d'exercer des activités syndicales par des délégations de temps et, surtout, le rétablissement de l'assemblée générale des magistrats dans chaque tribunal, une pratique prévue par le code de l'organisation judiciaire, mais longtemps « oubliée » par la haute hiérarchie. Or ce sont ces assemblées qui, en particulier, fixent les rôles d'audience, donc la répartition des juges dans celles-ci. L'équipe de Chaban-Delmas, où figurait Jacques Delors, se réclamait trop fort de sa « nouvelle société » et d'une démocratisation « participative » des entreprises pour refuser de telles réformes au cœur même du service public. Cette mesure a offert une nouvelle protection à tous les magistrats vis-à-vis du pouvoir exécutif – j'en bénéficierai moi-même, quand je serai « exilé » vers le tribunal de Melun... (Cette conquête permettra également, en 2009, qu'un grand vent de révolte traverse l'assemblée générale de la Cour de cassation pour s'opposer aux projets de réforme de la magistrature de Nicolas Sarkozy, dont la menace de suppression du juge d'instruction.)

Fondation, répression et médiatisation

C'est en 1970, à l'occasion de notre premier stage national à Goutelas, que nous avons levé les derniers freins à un syndicalisme réformateur. À un moment du stage, l'un de nous a lancé l'idée de reconstituer, avec bulletins secrets et urne à l'appui, le vote des participants aux dernières élections législatives. Nous avions besoin d'éclaircir dans quelles mouvances politiques se situait alors ce quart de la magistrature engagé dans le syndicat. À l'ouverture de l'urne, chacun se demandait ce qui allait surgir. On s'attendait encore à une forte minorité favorable aux « partis de l'ordre » mais, au vu des résultats, nous nous sommes regardés, comme libérés d'un poids : malgré la grande diversité des magistrats représentés et celle des partis pour lesquels ils avaient voté, les votes manifestaient une défiance générale vis-à-vis de la droite au pouvoir. Ce fut pour nous un fort moment de catharsis, ponctuant la « thérapie de groupe ». Finis la naphtaline et le thé de 5 heures chez « Madame la première » : une partie significative du monde naguère socialement si confiné des magistrats marchait désormais du même pas que tous ceux qui œuvraient à la démocratisation de la société.

Et c'est bien pourquoi, dès la fondation du syndicat, le gouvernement avait multiplié les mesures de rétorsion. « Certains » ont même eu recours contre nous à un vol qualifié. À l'automne 1968, le fichier des six cents premiers adhérents fut dérobé par d'étranges noctambules dans le bureau de Pierre Lyon-Caen : au retour d'un week-end, il constata sa disparition. Plaintes et enquêtes ne donnèrent rien, mais ce n'était certainement pas d'ordinaires monte-en-l'air, plus attirés par les bijouteries de la place Vendôme, qui s'étaient invités ainsi au ministère par le biais d'un pâle délinquant, agent de nettoyage qui faisait des « ménages »... pour les RG !

Heureusement, nous avons vite compris que la Chancellerie de l'époque, arrogante et sûre d'elle face aux contestations, était assez nulle en communication. Lors de l'émission de télévision « Hexagone » de l'ORTF où j'intervins le 13 octobre 1970 au nom du Syndicat de la magistrature, face à Jean Foyer, au directeur des affaires criminelles et à un ténor du barreau, nous avons pu marquer des points dans l'opinion. Le débat portait sur l'aide judiciaire. Nous avions demandé quelques conseils techniques à des syndicalistes de la télévision et un militant cégétiste me confia alors ce viatique de professionnel : « L'important, dans ces débats, c'est de ne pas se laisser confisquer la parole et de savoir vite la reprendre pour marteler un message clair. » J'ai tâché de m'y conformer et cela n'a pas trop mal marché : l'inégalité sociale devant la justice fut très largement illustrée et, jusqu'à la fin de l'émission, Jean Foyer dut protester du fait que le gouvernement garantissait suffisamment l'indépendance des juges. S'ils n'étaient pas assez indépendants, selon lui, c'était seulement « par manque de volonté » de leur part !

Je lui ai répliqué que les garanties statutaires de cette indépendance étaient encore concrètement insuffisantes. Preuve en était que, quand l'un d'entre nous se trouvait en difficulté vis-à-vis de sa hiérarchie, sa protection lui venait moins de ses garanties statutaires que de la solidarité de ses collègues syndiqués. Heureusement qu'elle devenait plus efficace grâce à l'action du syndicat... Pour la première fois, la télévision nous a permis de nous adresser à l'opinion, de l'intérieur de la justice. Par le seul fait de son existence, le syndicat avait commencé à transformer l'image que la population pouvait avoir des magistrats.

Ayant très vite décidé d'intensifier nos rapports avec les médias, nous avons instauré une sorte d'astreinte, souple mais permanente, pour répondre aux journalistes : quoi qu'il se passe dans l'ordre judiciaire, il y avait toujours un syndiqué pour répondre sept jours sur sept, 24 heures sur 24, à toutes les demandes d'explications techniques et faire valoir, accessoirement, nos positions. Ce dispositif se révélera très efficace et nous fûmes largement soutenus par la grande presse. Les journalistes étaient heureux d'avoir trouvé enfin, à travers nous, une source fiable sur un « monde du silence » où il était si difficile de recouper sérieusement l'information officielle. Philippe Boucher, au *Monde*, et Claude Sérillon, à Antenne 2, furent des pionniers en la matière, suivis par de très nombreux confrères.

Reste que nous avons alors vécu de dures situations, avec des dizaines de sanctions disciplinaires à l'encontre de membres du syndicat, surtout des blâmes, mais parfois étendues à une vindicte hiérarchique inadmissible. À chaque convocation par notre hiérarchie, nous prenions l'habitude de nous faire accompagner par nos délégués syndicaux, et il fallut tenir le choc d'une organisation devenue plus qu'utile, vitale, mais dont les adhérents risquaient continuellement d'obérer leur carrière.

Quand l'aile marchante du syndicat croise l'orbite des grandes centrales

Il faut rappeler en effet le dur climat politique et social des années de l'après-68, avec des grèves ouvrières à répétition et une très brutale répression antisyndicale. Un climat bien rendu par *Coup pour coup* (1972), film de Marin Karmitz relatant l'occupation d'une usine textile d'Elbeuf-sur-Seine, en Haute-Normandie : sa projection dans notre stage syndical à Goutelas permit entre les magistrats présents un débat intense, pédagogique et innovant. Et nous avons vite franchi le pas : à propos d'une grève des greffiers, le SM a alors publié un communiqué commun avec la CGT et la CFDT, suivi d'une position commune avec les mêmes, dès 1973, sur le droit de licenciement. Ce fut un moment clé. Les juges réactionnaires se dirent indignés que nous coopérions avec ces confédérations de travailleurs. Pire que l'armée, la magistrature jouait encore la Grande Muette, mais les temps étaient au changement...

Dans le même temps, la rotation rapide des cadres dirigeants du SM, prévue dans nos statuts, se révéla une mesure très salutaire. J'ai donc laissé le secrétariat général à Pierre Lyon-Caen en 1970, et la présidence du syndicat, deux ans plus tard. Puis François-Victor Colcombet nous remplaça... Et le relais s'est ainsi transmis à tous nos successeurs jusqu'à ce jour. Inutile de dire que notre centralisme républicain, baptisé « démocratie fonctionnelle », fut accueilli avec réserve par tous nos partenaires des centrales syndicales. Je me souviens notamment, en 1970, d'une conversation très serrée avec Edmond Maire, secrétaire général de la CFDT, attaché qu'il était, à juste titre, aux traditions fédéralistes du syndicalisme ouvrier. Mais comment promouvoir des juges indépendants sans exiger que chacun d'eux assume personnellement ses votes devant ses pairs ?

Nos relations à l'international ont suivi, notamment avec nos collègues italiens, qui avaient créé dès 1964 un équivalent du SM, Magistratura Democratica. Cette structuration syndicale des magistratures gagnera progressivement l'Europe de l'Ouest et, en 1985, nous pourrons nous regrouper dans le cadre du MEDEL (Magistrats européens pour la démocratie et les libertés), qui jouera un rôle important après la chute du mur de Berlin dans la nécessaire mutation des magistratures d'Europe centrale.

Notre syndicat connaîtra toutefois deux crises majeures dans ses années de jeunesse. D'abord au pire des « creux » de son époque du lancement, de 1977 à 1980, suite à la répression visant à marginaliser tous ses membres. Et la seconde période interviendra... avec la victoire de la gauche en 1981. De nombreux militants du SM (dont moi-même) étant passés du côté des cabinets ministériels, la mémoire syndicaliste faillit alors connaître une panne complète de transmission. Cette « désertion » généralisée de la part des militants les plus engagés laissa bien des sections exsangues... Mais il le fallait bien, compte tenu de l'urgence, pour qu'interviennent enfin des réformes profondes. Échappant à ces deux menaces de devenir une « secte » de précurseurs martyrs ou un « syndicat godillot », à chaque fois le SM a surmonté la crise. Il fait maintenant partie de l'histoire de France. Pour très longtemps, j'espère.

Le combat à poursuivre de l'Association des magistrats allergiques aux décorations...

Ce trop bref survol du parcours du SM – aventure si collective, on l'aura compris, que je ne voudrais pas laisser la moindre impression d'y exagérer mon rôle parmi ceux d'autres pionniers – me remet en mémoire un autre épisode qui a connu un rebondissement récent, en décembre 2011. Je veux parler de mon allergie aux médailles, dont s'enguirlandent les robes de tant de magistrats, y compris des meilleurs, du moins ceux qui les portent. Comment supportent-ils que leur toge s'orne de distinctions devenues banales et si mal fréquentées ? C'est un des cas où un rôle d'avant-garde vous laisse dans une certaine solitude, quand on croit avoir assez convaincu de la nécessité de sortir des tranchées pour un grand assaut collectif pour crier : « On y va ! » Et qu'au silence bizarre qui suit ce cri, vite assourdi, on doit se retourner pour constater, marri, qu'on n'a plus derrière soi que de rares suiveurs...

Napoléon est crédité d'avoir lâché ce commentaire blasé le jour où il créa son nouvel « ordre » de la Légion d'honneur : « Il faut des hochets pour mener les hommes. » Laissons de côté les médailles militaires acquises dans l'action ; les anciens combattants peuvent savoir ce qu'elles valent, selon la guerre concernée et la valeur des chefs qui les ont validées. Mais quant à leur équivalent pour les civils, comment ne pas y déceler le plus triste pâté d'alouette et de cheval ? Trop souvent une alouette de mérites réels pour un cheval de conformisme et de fidélité aux désirs du pouvoir en place, qui distribue ces « distinctions »... Toutes ces médailles de la Légion d'honneur ou de l'Ordre du mérite qu'on attribue aux magistrats m'ont toujours paru quelque peu déplacées. Elles sont à mes yeux comme une « carotte » pour leur soif de respectabilité, la plus facile et donc la plus douteuse. Et elles séparent ceux qui acceptent l'infantilisme du « hochet » comme preuve d'appartenance à une classe des notables, voire à une noblesse d'État (forcément critiquable pour un républicain) de tous ceux qui y sont rétifs. En bref, il s'agit pour les magistrats d'un complément pénible de la courbette révérencieuse heureusement abolie. Abolissons aussi cette ridicule course aux breloques !

Au cours des années 1990 où je siégeais à la Cour de cassation, Roland Kessous et moi avions fondé, sur un mode ironique et provocateur, une (symbolique) association antimédailles : l'Association des magistrats allergiques aux décorations (AMAD). Nous avons même rêvé d'être un jour décorés... de la médaille de l'AMAD ! En 2008, pour le quarantenaire du Syndicat de la magistrature, sa jeune équipe de responsables m'a interviewé, parmi d'autres, et j'ai évoqué cette initiative, comme en passant. Certains la relevèrent comme un clin d'œil à adresser à l'esprit libertaire qui inspira nos premières années. Sans en faire bien sûr un axe prioritaire du syndicat, ils l'inscrivirent à son programme et ils en vinrent à convaincre le député socialiste René Dosière, célèbre pour sa traque des dépenses somptuaires dans le fonctionnement de l'État, de défendre leur position à l'Assemblée nationale : interdiction de toute décoration pour les magistrats en activité.

Cet amendement Dosière, adopté par surprise à la commission des lois, fut rejeté par le Parlement le 14 décembre 2011. La majorité de droite, appuyée par le plus pâlot de nos gardes des Sceaux, défendant sans panache son triste privilège de distributeur de « carottes », et par certains secteurs les plus traditionnels de la magistrature, s'était vite ressaisie. Une bataille de perdue... Elle mesure le chemin qui reste à parcourir avant que le SM ne parvienne à hausser la magistrature à la hauteur d'une respectabilité plus authentique que celle des médailles.

5

Le bouillonnement des années 1970

Dans le groupe des fondateurs du Syndicat de la magistrature, chacun a poursuivi sa propre évolution, sans engager le syndicat en tant que tel. Ce dernier avait appris à renouveler constamment ses équipes dirigeantes, tandis que ses initiateurs pouvaient approfondir leurs engagements personnels, sur des terrains politiques ou judiciaires très différents. Nous fûmes ainsi quelques-uns à nous engager dans le Mouvement d'action judiciaire (MAJ), fondé en 1968 par Me Jean-Jacques de Felice avec de nombreux avocats et divers acteurs de la justice. Il y avait tant à faire pour aider les nombreuses victimes de la répression des années 1970 que nous nous retrouvâmes, dans ce petit noyau de juristes « spécialisés », tous engagés dans de nouveaux réseaux de militance entrecroisés.

L'étape du MAJ comme ardoise magique

Par son action contre la répression, le MAJ se trouva impliqué dans de nombreux mouvements radicaux, ou perçus comme tels à l'époque : on y croisait aussi bien des groupuscules politiques d'extrême gauche, dans leurs diverses extensions, et des mouvances tiers-mondistes que les premiers mouvements antihomophobes, sans oublier les féministes, l'écologie, l'antipsychiatrie... Le MAJ a fonctionné comme un carrefour de l'après-68 et une sorte d'« ardoise magique » où les têtes de chapitre se succédèrent très rapidement.

À la fondation du Syndicat de la magistrature répondit, quatre ans plus tard, celle du Syndicat des avocats de France (SAF), à partir de données politiques très différentes, et celle du Syndicat de la justice administrative… Mais j'ai participé aussi à la rédaction des statuts du Syndicat de la médecine générale (auquel ma femme participait) et de celui des infirmiers psychiatriques, etc.

Parmi ces nouvelles causes, levées sur le reflux – et prenant la relève… – des utopies de Mai 68, trois d'entre elles balisèrent mes parcours pour longtemps, à partir de 1973 : une grande cause internationale, la défense de la liberté en Amérique latine, et deux causes nationales qui ont alors su nous « changer la vie » : la solidarité avec l'usine autogérée de Lip à Besançon et la grande mobilisation non violente autour des paysans du causse du Larzac, au sud du Massif central.

Mais je marche trop vite, en bousculant les temps, de même que tout s'accumulait et tout se nourrissait de tout à cette époque : j'ai omis d'indiquer qu'à la fin 1970, j'avais quitté la Chancellerie pour devenir magistrat « de base ». On appelait cela la « mobilité » : une carrière de magistrat ne pouvait s'incruster plus de quatre ans dans les bureaux du ministère, quitte à y revenir, après deux ans dans un tribunal. Au soulagement de mon ministre, j'avais donc pris la direction d'une juridiction « ordinaire ». Celle de Pontoise… Où je n'ai jamais atterri !

J'avais pourtant été amené, avec Germaine, à réaménager toute notre vie en fonction de ce poste, annoncé à Pontoise, et d'une petite maison de mon-beau-père dans les environs. Je m'étais préparé à cette période plus campagnarde, profitable à nos cinq enfants, sans trop m'éloigner de Paris, ni gêner les activités médicales de ma femme.

Jours « tranquilles » au tribunal de grande instance de Melun

Parti du ministère pour des vacances familiales d'un mois entier au Portugal (où j'avais commencé à prendre des contacts, quatre ans avant la « révolution des Œillets »…), je fus tout étonné de découvrir, en septembre 1970, que l'on m'avait changé d'affectation. C'était sans doute un coup « à la Sadon », du nom du magistrat (Paul-André de son prénom) alors tout dévoué au ministre de l'Intérieur Raymond Marcellin, et qui allait beaucoup inspirer, en février 1981, la loi liberticide dite « Sécurité et liberté ». (Je ne me suis connu qu'un point d'accord avec Sadon : il aurait déclaré un jour que, depuis la Libération, le principal événement dans la magistrature avait été la fondation de notre syndicat. C'était dire son acharnement à s'efforcer de l'effacer, pour nier la continuité profonde qui liait ces deux « renaissances »...) Entre-temps, le long « duel » qui nous opposa rebondira de nombreuses fois, j'y reviendrai.

Sur la porte de mon ancien bureau du ministère, par lequel j'avais à passer avant ma rentrée, mes collègues, ironiquement, avaient scotché l'extrait du *Journal officiel* annonçant mon affectation... à Melun ! Légèrement effaré, je le pris d'abord pour une blague. Considérant que le poste prévu était encore trop près de Paris ou que Pontoise constituait un vivier trop favorable à l'action syndicale, on avait choisi dans mon dos ce parachutage à Melun. (Compte tenu de mes activités de syndicaliste, déjà très médiatisées, on ne pouvait tout de même pas m'envoyer à Hazebrouck, comme c'est arrivé à d'autres...) Melun avait cet avantage, pour Sadon, d'être le tribunal le plus conservateur de la grande région parisienne et, cerise sur le gâteau, d'être alors présidé par un magistrat très « vieille France », réputé royaliste.

Il l'était, en effet : il avait fait repeindre des fleurs de lys sur les murs de sa salle d'audience. Faute de pouvoir juger « au nom du roi », il semblait satisfait d'avoir ainsi tatoué la « gueuse ». Il guettait de pied ferme le « rouge » qu'on lui envoyait, s'attendant à ce que j'arrive en arborant le foulard *ad hoc* et le couteau entre les dents. Ne risquant pas, comme magistrat, de me retrouver au chômage, je savais pertinemment qu'il y avait pire, à l'époque, comme répression des syndicalistes. Et je me suis vite rendu compte que l'insistance de la Chancellerie à obtenir de ce président qu'il me traite au plus mal pouvait bien déclencher une réaction inverse : une fois ses préventions politiques calmées, il n'était pas du genre à se laisser manipuler pour devenir l'instrument d'une vengeance du gouvernement sur un collègue ! C'était un juge trop fier de son indépendance pour se faire, sur commande, mon « geôlier ».

Et maintenant que ce président ne peut plus être confondu avec sa caricature, celle qu'avait dû s'en faire ma hiérarchie, je m'autorise à le nommer. C'était le juge Maurice Rousseau. La presse l'appelait le « président Trognon », parce qu'il avait cru bon de refuser tout net l'adoption d'un enfant à une famille nommée Trognon. Avait-il craint le sort d'enfant battu d'un gosse ainsi « structuré par son nom », comme disent les psys ?

Premier incident : le lendemain de mon arrivée, je m'apprête pour être « installé »... En effet, compte tenu de l'inamovibilité qui garantit l'indépendance d'un juge « du siège », son entrée en fonction n'est pas acquise par le simple fait bureaucratique de l'inscription du décret de sa nomination au *Journal officiel de la République française* ; elle ne devient effective qu'au terme de la cérémonie rituelle, dite « audience d'installation » et, au moment précis où il est autorisé, à l'invitation du président, à monter prendre place sur son « siège », parmi ses collègues. Or le président se refusait à m'y « inviter » ! Coup de Jarnac imprévu que je n'appris qu'au dernier moment, ayant déjà passé ma robe.

Son motif était que j'arrivais de la Chancellerie sans jamais avoir exercé en tant que « juge » : je n'étais donc pas un « vrai juge », passant d'une vraie juridiction à une nouvelle affectation ! Un motif évidemment sans fondement juridique. Protestations des avocats qui attendaient de pouvoir plaider. Mais pas question de plaidoirie tant que le tribunal ne pouvait siéger, faute de l'« installation » du juge qui lui manquait. Après l'intervention du bâtonnier, j'ai enfin pu m'asseoir sur le fameux « siège », afin que la justice reprenne son cours. Le président Rousseau en fut pour ses frais, mais il avait obtenu le scandale qu'il me destinait comme cadeau de bienvenue et comme avertissement sans frais.

Dès le lendemain, je lui ai demandé de me recevoir. En tête à tête, je lui ai dit, de façon courtoise mais ferme : « Sans doute savez-vous pourquoi je me retrouve là, sous votre autorité ? Pour que – si vous me permettez l'expression – vous me saquiez au maximum ! » Il n'a pas hésité longtemps, malgré les flammes de la terreur rouge qu'il avait craint de voir fuser depuis ma bouche pour l'incendier dans son fauteuil. Il s'est vite mis à rouspéter... contre la Chancellerie. C'est le moment que j'ai choisi pour lui dire que nous pouvions très bien avoir des opinions politiques très divergentes sans en faire un *casus belli* et que, d'ailleurs, mon père aussi avait été un jeune royaliste : « Vous me rappelez mon père, Monsieur le président : le dimanche matin, il nouait son nœud papillon devant l'armoire à glace en fredonnant la vieille ballade royaliste : "Prends ton fusil Grégoire/Prends ta gourde pour boire/Prends ta Vierge d'ivoire/Nos messieurs sont partis"... »

Il en fut surpris et touché. Au point de retourner toute sa détestation des républiques, quel qu'en soit le numéro, contre le ministère. À partir de là, nous devînmes si complices qu'à la première assemblée générale, il n'hésita pas, lors de l'adoption du rôle, à proposer lui-même les dispenses d'audience permettant que mon temps syndical soit intégralement pris en compte. J'imaginais la tête d'arroseur arrosé que Sadon dut se composer, au cabinet du ministre, une fois mis au courant par le procureur de Melun.

1970 : le doyen Carbonnier et la réforme des études de droit

Ce fut donc la première fois où je fus juge « pour de vrai ». C'est-à-dire comme les gens l'entendent, siégeant en tribunal dans des affaires surtout pénales. J'y ai aussi été appelé, durant un an, à faire des remplacements, à Meaux, comme juge de l'application des peines, fonction dont j'ai pu apprécier à quel point elle est lourde de responsabilités. S'y ajoutaient mes activités syndicales et militantes, ainsi qu'une mission spéciale dont j'étais très heureux d'avoir été chargé.

Alors ministre de l'Éducation nationale, Olivier Guichard avait confié en 1970 au doyen Jean Carbonnier (1908-2003) un important rapport sur la refonte des études de droit. Cet éminent juriste était pour moi une référence, d'une très grande qualité humaine : je fus très honoré qu'il m'associe si étroitement à l'élaboration de son rapport. Évidemment, à peine le doyen Carbonnier m'avait-il pressenti comme rapporteur que j'ai été prévenu, sur un ordre du ministère – c'est-à-dire de Sadon – que ma collaboration était exclue... Je m'en suis ouvert à Carbonnier, lui proposant de me retirer pour éviter toute polémique qui fasse de l'ombre à son rapport. Il m'a rappelé le soir même, en mots brefs et définitifs : « Notre problème a été réglé. Vous serez bien mon rapporteur. » J'ai appris par la suite ce qui s'était passé. Il avait tout simplement averti le cabinet qu'il mettait sa démission dans la balance ; usant de sa courtoisie légendaire, il les avait prévenus : ou ce sera avec Joinet, ou ce sera sans moi... Quelle classe !

Réformer les études de droit n'était pas une mince affaire et j'y ai contribué avec assiduité. Ainsi, en ces débuts mouvementés des années 1970, un magistrat jugé « sulfureux » par certains de ses collègues, en tant que président d'un Syndicat de la magistrature que le gouvernement s'efforçait de diaboliser, pouvait également être associé à des réformes de longue portée...

Expériences pénibles au tribunal correctionnel

Cette présence tous azimuts exigeait de ma part un surcroît d'organisation. J'ai même remplacé quatre mois un juge de l'expropriation, rôle passionnant en milieu rural. Intervenir ainsi dans les affaires nombreuses nées du « remembrement » massif des terres agricoles me plongea pour un temps dans des ambiances balzaciennes. Comment ne pas entendre ces gens si attachés au buisson d'aubépine qu'on prétendait leur enlever pour tracer au cordeau leur lopin de verdure ? Vague par vague, dans toute la France, les haies tombaient, disparaissant sans retour sous les coups des remembrements : on « rationalisait » sans faire le détail ni s'inquiéter des nids d'oiseaux, pour le plus grand profit des grands exploitants agricoles.

Et pendant tout ce temps, j'ai siégé chaque semaine au tribunal correctionnel de Melun. Ce fut, hélas, sous la présidence d'un juge gravement caractériel. Paix à son âme et à son nom : il est mort en scène, comme Molière, terrassé en pleine audience ; son cœur finit par le lâcher, là où, précisément, il en avait manqué. Hautain et méprisant, il traitait les témoins en coupables et, dans son arrogance, il ne consultait jamais ses assesseurs. C'en était à se demander ce que nous faisions là.

Lors de ma quatrième audience, un cas, surtout, m'a bouleversé. Celui d'un couple de petits vieux, recroquevillés derrière la barre. Ils étaient poursuivis pour avoir dérobé dans un grand magasin trois boîtes de conserves pour chat. Ils agaçaient le président, qui s'énervait, criant sur eux : « Mais combien avez-vous de chats ? » Ils n'osaient répondre. « Vous êtes sourds, ou quoi ? Vous ne comprenez pas ce que je dis ? Combien de chats ? Combien ? » La vieille dame se mit à sangloter, puis son mari souffla, à voix très basse, honteux de cet aveu à livrer au public qui jasait dans son dos : « Mais... On n'a pas de chat... » Ne réalisant pas, l'autre insistait encore, inaccessible à leur misère noire et haussant les épaules : « Alors, pourquoi voler des boîtes pour chat ? » Il n'eut de cesse qu'ils ne lui avouent, explicitement, être si démunis qu'ils mangeaient des pâtées pour chat, quitte à les voler...

Trop, c'était trop. À l'audience suivante, non sans avoir vérifié que le journaliste localier du *Parisien* était bien à son poste pour suivre les débats, je me suis rebellé. Le président venait de conclure sur un cas, sans plus consulter ses assesseurs que pour les autres. Sans même nous jeter un regard, il avait décrété : « Deux mois de prison ferme. Affaire suivante ! » Là, j'ai lancé, furieux et en feignant de me lever : « Comment ça, deux mois ? Puisque c'est ça et que je ne sers à rien : je m'en vais ! » Lui, un peu affolé, m'agrippa par ma robe pour me forcer à me rasseoir. Je lui ai mis le marché en main : « Dorénavant, chaque fois que nous aurons à prononcer une peine de prison ferme, je demande que le tribunal se retire pour en délibérer. Et sinon, ce sera sans moi. » Il ergota un minimum. Je voulus bien lui concéder qu'on regroupe ces cas en fin d'audience, mais je lui imposai un vrai délibéré. Résultat : au bout de peu de temps de ce nouveau régime, les peines de prison ferme avaient diminué de moitié...

1972 : je débarque dans le nouveau monde de l'informatique

Fin septembre 1972, j'achevais donc mes deux années dans ce tribunal de Melun, en excellente condition pour « rempiler » à la Chancellerie. J'y pris alors en charge un domaine de pointe, aussi peu recherché que ne l'était, six ans avant, le droit immobilier, mais pour d'autres raisons : l'informatique.

C'était une « cellule de recherche ». J'y étais seul, en fait, mais j'y travaillais en liaison avec des informaticiens et des sociologues qui m'aidaient à découvrir ce nouveau monde, au potentiel incroyable. J'y ai rencontré notamment Philippe Lemoine, enseignant à l'Institut de recherches en informatique et en automatique (IRIA, qui deviendra en 1979 l'INRIA), toujours prêt à surfer sur la dernière vague technologique, avec sa façon impayable de réfléchir à cent à l'heure. Nous étions tous alors encore dans la dynamique du « Plan Calcul », cette belle intuition lancée en 1966 par de Gaulle, malheureusement plus chère que le Concorde : à ce titre, Valéry Giscard d'Estaing allait y mettre fin dès son élection à la présidence de la République en 1974, tournant ainsi le dos aux véritables modernités. Mon stage d'initiation, assez rapide, se déroula à l'IRIA. Son premier site, à Rocquencourt, s'était alors logé à la place laissée vide par le départ, gaullisme oblige, du QG de l'OTAN.

Le ministère de la Justice s'était donc investi dans les questions informatiques, mais par le petit bout de la lorgnette : j'étais alors censé m'en tenir aux effets de ces nouvelles technologies sur les évolutions du droit. J'ai ainsi consacré pas mal de temps, dans les débuts, aux banques de données juridiques ou à certaines techniques, assez rudimentaires à cette époque, comme la photocopie : un fac-similé ou un microfilm pouvaient-ils avoir fonction de preuves dans un procès ? Mais je suis vite tombé sur le grave problème du fichage, à l'orée de son « âge d'or », qui menace aujourd'hui de devenir un âge de fer. Passer des vieilles méthodes de fichage « papier », par écriture manuelle sur des fiches cartonnées, au fichage mécanique des cartes perforées, puis aux « fichiers » – mot ô combien ambigu – informatiques, accumulés sur des serveurs à la mémoire de pyramides, c'était comme passer, en ces quelques années, des scribes de l'Égypte ancienne à la cavalcade des téléscripteurs.

Signe sûr d'accélération de la mondialisation, pour des raisons économiques aussi bien que technologiques, ce domaine fut immédiatement à référence internationale. Nous n'étions alors qu'une poignée de juristes en Europe à explorer ce nouveau domaine. Nous nous sommes donc vite coordonnés, formant un petit club d'experts au Conseil de l'Europe, puis à la CEE et à l'OCDE : il y avait là notre pionnier, le Suédois Ian Frees, ainsi que le Belge Claude Debrule, l'Allemand Spiros Simitis, l'Italien Stefano Rodota, le Britannique Paul Sieghart, l'Australien Justice Kirby et Sandra Pratt, de la Fondation européenne de la science.

Le procès théâtral des taulards de Nancy en 1972 : bienvenue au Théâtre du Soleil !

Parallèlement, dans la foulée du MAJ, je donnais toujours de mon temps pour divers mouvements militants, dont le Groupe d'information sur les prisons (GIP), créé en février 1971 à l'initiative de Michel Foucault. Y participaient Jean-Marie Domenach, Pierre Vidal-Naquet et Philippe Meyer – mes amis de la revue *Esprit* –, ainsi que d'autres, dont Gilles Deleuze et Daniel Defert. Le GIP faisait écho aux revendications des détenus, comme dans l'affaire spectaculaire de la mutinerie de Nancy, intervenue le 15 janvier 1972.

Un mois après les taulards de Toul, qui avaient crié depuis les toits à la face de toute la France, la vieille prison Charles-III de Nancy connut une longue journée de mutinerie. Le ministre de la Justice, René Pleven, avait cru bon, cette année-là, de « punir » les détenus en supprimant leurs cadeaux de Noël. À Nancy, la révolte était partie, à l'aube, de la lavasse servie en guise de café. Cette révolte sans leader, collective et spontanée, s'était rapidement répandue, les détenus se partageant, « pour faire la fête », tout un stock de canettes de bière ! Les destructions avaient suivi l'intervention des gardes mobiles. Se refusant à toute prise d'otages, les mutins avaient manié l'arme de la dérision vis-à-vis des « matons ». (Ce qui poussa Pleven à dénoncer une « révolte sans cause sérieuse », manipulée par des « subversifs » ! Toute une époque...)

Après quoi de nombreux détenus furent transférés dans d'autres prisons et six d'entre eux inculpés comme « meneurs » au titre de la scandaleuse loi de juin 1970, dite « anticasseurs ». Leur procès en correctionnelle intervint le 8 juin 1972 à Nancy. Sous la pression du GIP et grâce aux témoignages recueillis auprès des détenus sur leurs insupportables conditions de vie, ce procès se transforma en une démonstration antiprison à grand spectacle, menée par Me Henri Leclerc. Enregistré clandestinement sur un magnétophone, le procès fut diffusé par les militants du GIP, en démultipliant le principe de base de la « publicité des débats ». *Esprit* en publia le texte, avec une introduction du journaliste Philippe Meyer. L'idée vint à ce dernier d'en établir une version dramaturgique, dont s'empara Ariane Mnouchkine, qui avait fondé en 1964 la troupe du Théâtre du Soleil. Son scénario respectait à la lettre le rituel judiciaire.

Le Procès de Nancy devint donc une pièce de théâtre, mise en scène et jouée par le Théâtre du Soleil (à l'époque de sa grande fresque sur *1793*). Michel Foucault me demanda d'intervenir en tant que conseiller technique : je devais, comme magistrat, assister au « filage » prévu, pour vérifier sa conformité avec les pratiques judiciaires. C'est ainsi que j'ai débarqué dans les coulisses de la Cartoucherie de Vincennes – qui abritait le Théâtre du Soleil –, où je n'allais pas tarder à être un peu comme chez moi. Et là, stupéfaction : sur la scène, Michel Foucault, Gilles Deleuze, Philippe Meyer et autres « amateurs » jouaient des rôles de flics ou de greffiers... Seuls les rôles principaux avaient été attribués à des comédiens professionnels. Ariane Mnouchkine s'était gardé le rôle de l'« avocat(e) », portant haut la parole des sans-parole.

De cet été 1972 date ma rencontre avec Ariane Mnouchkine et la Compagnie du Soleil, dont je suis resté depuis le fidèle compagnon de route. Leurs spectacles magnifiques et leur théâtre d'intervention sont trop connus pour que j'aie à en rajouter dans la louange. Mais leur rôle dans le combat pour les droits de l'homme vaut d'être souligné. J'ai eu à m'impliquer dans plusieurs initiatives de l'association qu'ils animaient, l'Association internationale de défense des artistes victimes de la répression dans le monde (AIDA). En 1974, avec l'aide de Patrice Chéreau, l'AIDA mettra en scène, sur le même mode, *Le Procès de Prague*, pour soutenir les dissidents tchèques, dont Vaclav Havel, victimes d'un procès néostalinien.

Que la justice soit aussi un théâtre, passant par des cérémonies rituelles et aménageant des espaces et des temps où se joue la dramaturgie des procès, est certainement incontournable. Pour autant, il ne faut pas en rajouter sur une théâtralité mystifiante, notamment vis-à-vis de ceux que leur position sociale ou leur bagage culturel tiennent éloignés de ce monde étrange. Ni la « toge » qu'évoquait de Gaulle ni la perruque des magistrats anglo-saxons n'ont jamais été ma tasse de thé, même si je me suis arrangé du port de la robe. Je n'ai donc jamais hésité à organiser, en tant qu'éducateur de rue avec de jeunes délinquants, puis comme magistrat avec des militants, des « répétitions » pour les familiariser avec les usages de la justice et, en partie, les démystifier.

Mais mon rapport au théâtre ne se réduit évidemment pas à cette scène institutionnelle : le théâtre pratiqué par la Compagnie du Soleil, ou par les meilleures troupes d'un « théâtre de rue » que j'ai tant apprécié, m'a valu des moments autrement plus intenses.

Mes années à « tricoter » l'imbroglio foncier du Larzac

C'est aussi à cette époque, celle de mes premiers pas dans le monde de l'informatique, que des brebis s'invitèrent chez moi sans crier gare. Déclenchée en 1971 par la volonté têtue du ministère de la Défense d'étendre à tout le causse cévenol ses installations militaires, la question du « camp du Larzac » n'allait pas me lâcher durant plus de douze ans. Ce fut, en quelque sorte, un « tricot infernal ». Ayant été de ceux qui en ont compliqué les mailles, j'aurai à le détricoter comme conseiller du Premier ministre, à partir du 22 mai 1981.

Tout avait commencé par un coup de fil inattendu de Me Jean-Jacques de Felice, le 15 avril 1972, dix-sept jours après le serment solennel des « 103 du Larzac », dont la presse s'était fait l'écho. « Louis, me dit-il, je suis l'avocat des paysans du Larzac. Par leur "serment des 103", sans doute sais-tu qu'ils viennent de décider de refuser toute cession de leurs terres et de s'opposer à toute extension du camp militaire par toute forme d'action non violente et de désobéissance civile. Ils envisagent de renvoyer leurs livrets militaires en signe de protestation. Ils prendront cette décision à la fin de la semaine. Mais ils aimeraient, auparavant, pouvoir en discuter avec un magistrat du syndicat. Peux-tu venir ? »

J'avais déjà transmis la présidence du SM, mais il ne s'agissait que d'une consultation très informelle, ou plutôt d'un « échange d'expérience » militante. J'ai donc tout de suite répondu présent, séduit par ce mouvement très inventif – et, de plus, intéressé au problème de ces paysans par mes quelques connaissances en matière de droit foncier. Voilà comment, trois jours plus tard, je me suis retrouvé sur le causse du Larzac, au fond d'une grange des plus rustique. Une centaine de paysans l'investirent à la nuit tombée pour tenir cette concertation autour de leur leader charismatique, Guy Tarlier – son ascendant était si grand que nous l'appellerons plus tard le « préfet du Larzac ».

Ils me posèrent très vite la question qui les taraudait : « En renvoyant nos livrets militaires, refusant désormais d'être considérés comme citoyens mobilisables en cas de guerre et devenant des "insoumis", que risquons-nous vraiment ? » J'étais questionné comme magistrat et comme juriste. Ma réponse, je l'avoue, fut bien plus politique que juridique. Elle tenait en quelques mots, qui emportèrent la conviction : « Quand on est seul à renvoyer son livret militaire, on prend un vrai risque. Si on est 103 à les renvoyer ensemble, les risques ne disparaissent pas, mais ils sont surtout pour le gouvernement… »

Ce qui se vérifia. Les 103 renvoyèrent leurs livrets militaires et ils furent donc inculpés pour ce geste. Mais alors qu'ils avaient renvoyé leurs premiers livrets dès le printemps 1972, c'est seulement fin 1976 qu'eut lieu leur premier procès pour « insoumission », dans une ville de Millau totalement survoltée. La présence massive de centaines de brebis au sein du tribunal aura certes influé sur le cours du procès : les hommes du Larzac ne furent jamais en reste d'inventions emblématiques pour incarner leur volonté de résistance passive.

Grâce aux « comités Larzac » qui se multiplièrent alors dans toute la France, l'opération « renvoi des livrets militaires » connut plusieurs étapes. Au-delà des « 103 », 1 030 livrets militaires furent remis solennellement, à Strasbourg, à la présidence du Parlement européen. Cette opération non violente devint dès lors un sérieux problème pour les autorités. Au total, par la suite, 3 000 citoyens français rejoindront ce mouvement des « insoumis » au nom du Larzac. Et cette forme de désobéissance civile neutralisera la stratégie judiciaire du parquet, protégeant ainsi les « 103 » : plus les procès se multipliaient, plus la mobilisation s'amplifiait. Cela permit de tempérer les condamnations, de freiner de nouvelles poursuites et de gagner du temps, dans l'attente tant espérée de l'arrivée de la gauche au pouvoir.

Cet espoir vint renouveler un slogan de Mai 68 : « L'imagination au pouvoir ! » Cette imagination, exprimée dans les initiatives multiformes de la mobilisation, habitait au plus haut point la stratégie des gens du causse. Pour revenir à mon point de départ, en avril 1972, dans la pénombre chaleureuse de cette grange primordiale, je peux témoigner de l'alliance qui s'est alors forgée entre les paysans et leurs nouveaux amis juristes. Elle reposait sur une utopie très concrète : dans cette affaire foncière, nous rêvions de créer un « office foncier ».

Ce sera l'une des cent dix propositions (la quarante-troisième) du candidat élu en 1981, mais qui n'a malheureusement pas abouti, malgré son origine prestigieuse dans les débats de Juin 36 et l'héritage historique de la gauche : dissocier la propriété de la terre de son exploitation, vouée à « ceux qui la travaillent ». Le mouvement du Larzac tout entier, outre ses dimensions antimilitaristes et écologistes, reposa essentiellement sur cette revitalisation de la vieille question de la « terre ». Si la solution en était, à l'évidence, très politique, le combat juridique, mis au service de l'action non violente, en a ouvert la voie. Nous, juristes, dans cette affaire, devions rejoindre ce mouvement de désobéissance civile, au nom de cette légalité future.

Pour défendre cette « utopie » très pragmatique, notre idée directrice fut de compliquer au maximum la tâche de l'administration, qui s'acharnait à vouloir étendre son camp militaire en « grignotant » les propriétés du causse. Nous devions retarder l'échéance menaçante des expropriations par un subtil combat juridique, parallèle à la « guérilla » qui se livrait sur le terrain entre paysans et gendarmes. « Durer, durer, durer » fut le mot d'ordre des paysans. « Piéger et compliquer » la situation légale vis-à-vis du gouvernement fut le nôtre, pour les aider.

La clé de cet imbroglio juridique volontaire fut l'institution de groupements fonciers agricoles (GFA). Outre les nouveaux « installés », cooptés par les paysans du lieu, l'astuce consista à mobiliser les sympathisants, par le biais des comités Larzac, pour qu'ils achètent de petites parcelles, sous forme de parts non rémunérées, en priorité sur des parties d'un seul tenant, particulièrement convoitées par les « accapareurs » du ministère de la Défense. Succès total de cette tactique : de 1973 à 1981, 3 500 militants ont souscrit pour 6 180 parts ! L'opération avait un double objectif : tenir en échec les ventes « à l'amiable » proposées par l'administration, qui avait espéré limiter ainsi au maximum les expropriations, mal perçues par l'opinion ; complexifier le plus possible la procédure d'expropriation – « façon puzzle » aurait dit Michel Audiard – en multipliant le nombre des propriétaires-militants que l'administration aurait, *in fine*, à faire convoquer par le juge.

Nous avons « tricoté » sans nous lasser, parcellisant à qui mieux mieux. La manœuvre tourna au cauchemar pour l'administration : elle constata que 1 200 hectares avaient ainsi été « neutralisés ». Cette parcellisation lui créait un tel casse-tête que la moindre procédure n'en finissait jamais. Notre effort pour gagner du temps repoussa au plus loin l'horizon du camp militaire [1].

Le sursaut autogestionnaire et le trésor de guerre des « Lip »

Dès la deuxième année du combat de longue durée des « 103 » du Larzac – j'évoquerai plus loin ma participation à son issue victorieuse –,

1 Voir Solveig Letort, *Le Larzac s'affiche*, Seuil, Paris, 2011.

un renfort d'importance leur vint de la mobilisation autogestionnaire des ouvrières et ouvriers de l'usine Lip de Besançon, au logo bien connu à trois traits empâtés. C'est le 20 avril 1973 que se forma le « comité d'action » de la fabrique d'horlogerie, refusant de disparaître après un dépôt de bilan. Il était animé par Jean Raguenès, Marc Géhin et Charles Piaget. Il se trouve que Raguenès était un activiste de l'ordre des Dominicains, devenu prêtre-ouvrier, que j'avais déjà rencontré au Centre Saint-Yves de la faculté de droit, lors de mes années d'étudiant.

Pas plus que l'histoire du Larzac, je n'ai vocation à faire ici celle de Lip. Rappelons seulement qu'elle se prolongera bien au-delà de 1974, malgré la forfanterie du Premier ministre Pierre Messmer, qui déclara en octobre 1973 : « Lip, c'est fini ! » Le 18 juin 1973, dans l'usine placée sous le contrôle de ses ouvriers, fut lancé le grand slogan autogestionnaire « C'est possible : on fabrique, on vend, on se paye ! » Ce programme d'action s'appuyait sur le travail qui se poursuivait dans les ateliers de Palente et sur le « trésor » des Lip : les ouvriers s'étaient emparés d'un stock mirobolant de montres, le fruit de leur travail, d'une valeur de 10 millions de francs de l'époque, qui étaient revendues par des réseaux militants à travers toute la France, assurant l'intendance du comité d'action. (J'ai encore une de ces montres, dites « à mouvement perpétuel », parmi les « madeleines » récoltées au fil de ma vie.)

Jean Raguenès le coordonnait, en homme respecté s'il en est : il était donc le « receleur » en chef ! Ou du moins un « pirate » de ces « ventes sauvages », mais des plus légitimes, que personne, bien sûr, n'aura envisagé sérieusement de poursuivre. Révéler les petits coups de main que j'ai pu lui donner me porterait jusqu'aux limites de mon obligation de réserve. Disons qu'il s'est agi de déjouer des menaces de perquisitions qui ont risqué de mettre en cause un peu trop tôt les caches secrètes du fameux trésor.

Mais, encore une fois, je marche trop vite dans mon récit rétrospectif, tant d'autres causes militantes et professionnelles m'ayant occupé, chemin faisant. Je n'avais pas perdu de vue les droits des peuples, qui me mobilisaient de voyage en voyage – j'y reviendrai. Et pendant tout ce temps, je continuais à m'investir dans les problèmes de protection des libertés que posaient les nouvelles technologies. Cette grande question avait mûri.

1974 : Le Monde *fait capoter le grand fichier Safari de « chasse aux Français »*

La problématique « informatique et libertés », à laquelle je travaillais depuis un an à la Chancellerie, fut portée en fanfare à la connaissance de l'opinion grâce à Philippe Boucher qui, le 21 mars 1974, publia à la une du *Monde* un article retentissant sur les nouveaux dangers du fichage généralisé permis par les progrès de l'informatique : il s'intitulait « Safari... ou la chasse aux Français ». Informé anonymement par certains informaticiens du ministère de l'Intérieur, le journaliste n'y était guère allé avec le dos de la cuillère.

Il révélait l'existence du projet « Safari », acronyme futé pour « Système automatisé pour les fichiers administratifs et le répertoire des individus ». Le principe en était simple, et complètement ravageur pour les libertés individuelles : il s'agissait ni plus ni moins d'interconnecter, sur la base du numéro de Sécurité sociale (ou « numéro national d'identité » de l'INSEE), tous les fichiers administratifs concernant chaque « individu » ! Certains policiers s'en léchaient déjà les babines, mais leurs informaticiens se méfiaient du « merveilleux joujou » qu'on les avait chargés de concevoir et ils en référèrent à l'éthique d'un homme de presse.

Le nouveau ministre de l'Intérieur, depuis un mois seulement, était un certain Jacques Chirac. Il venait de remplacer Raymond Marcellin, dont des agents avaient été pris « la main dans le sac », en décembre 1973, à installer leurs micros espions dans les locaux du *Canard enchaîné*. Malgré ses années musclées de champion de la répression, le ministère Marcellin n'avait pu survivre longtemps à cette affaire des « plombiers » et son grand projet « Safari » ne lui a survécu qu'un mois – tout au moins sous la forme intrusive qu'il avait pensé lui conférer. Dès le lendemain de l'article de Philippe Boucher, le président Georges Pompidou et son protégé Jacques Chirac suspendirent ce projet – ce fut une des dernières décisions de Pompidou, disparu dix jours plus tard. Il fallut donc revoir de fond en comble le grand dessein de Marcellin. Cela porta au moins un coup à l'interconnexion totale dont il avait rêvé – sans empêcher que, lors des décennies suivantes, de la loi Peyrefitte « Sécurité et liberté » de 1981 aux lois Lopsi (loi d'orientation et de programmation de la sécurité intérieure) de 2002 et Loppsi 2 de 2011, les fichiers policiers ne suivent leur pente naturelle : « Croître et se multiplier. »

C'est ainsi que, trois ans avant le fameux rapport de Simon Nora et Alain Minc publié en décembre 1977, *L'Informatisation de la société*, le pouvoir dut tenir compte du fait que la presse sonnait le tocsin sur les risques pour les libertés. En mai 1974, le gouvernement chargea un homme de grande stature, le conseiller d'État Bernard Tricot (1920-2000), d'établir un rapport sur la question « informatique et libertés ». Et celui-ci, aussitôt, me téléphona : sans doute un peu étonné de ne trouver comme magistrat, pour l'aider dans ce domaine alors si peu connu, qu'un militant du Syndicat de la magistrature, il m'a demandé de lui rédiger la partie internationale – diagnostic et perspectives – de son rapport. Je me sentis honoré d'avoir été choisi par l'ancien secrétaire général de l'Élysée sous le général de Gaulle. Obtenir cette caution du conseiller Tricot (après celle du doyen Carbonnier pour la réforme des études de droit) avait du poids, et pour moi et pour le SM. En tout cas, ce jour-là, Tricot m'avait cueilli à froid. À peine la mission acceptée qu'il me fit sortir mon agenda : « Notez : vous me rendrez votre part du rapport le mardi 12 octobre [1974] à 17 heures. » Peu soucieux d'orienter ce que j'allais lui concocter, il me donnait rendez-vous six mois plus tard, pour un travail réalisé sous ma seule responsabilité. Carte blanche !

J'ai travaillé d'arrache-pied à ce rapport (malgré les événements qui me tiraient à hue et à dia, jusque dans mes vacances familiales au Portugal, où une magnifique révolution avait commencé en avril 1974 sur l'air de *Grandola, villa morena, tierra de fraternidad…*). Et je suis revenu voir Bernard Tricot à l'heure dite pour lui remettre en mains propres ma partie du rapport. Il n'en a pas changé un mot [2]. Ce rapport conduira, en janvier 1978, au vote de la loi créant la Commission nationale de l'informatique et des libertés (CNIL), suivie de son explosion en vol (voir chapitre suivant).

L'affaire Ceccaldi : si les pétroliers font la loi, les magistrats font grève…

Nous abordions les années Giscard. C'était la fin des Trente Glorieuses, suite aux chocs pétroliers, et la première montée du chômage de masse. Ce fut aussi, dans leur prologue, un air de modernisation : avec Simone Veil, accéda au gouvernement, pour y légaliser enfin les IVG selon une loi votée grâce aux voix de la gauche, une femme courageuse qui avait d'abord adhéré au jeune Syndicat de la magistrature. (Naguère, à la Chancellerie, s'efforçant d'arrêter le tabac, elle passait, en voisine, taper dans

2 Bernard Tricot, *Rapport de la Commission Informatique et liberté*, La Documentation française, Paris, 1975.

mes Gauloises sa « dernière » cigarette. Nous nous sommes recroisés ensuite dans des ONG de défense des droits de l'homme...) Mais, pour le reste, ces années, qui heureusement ne furent que sept, furent de plus en plus celles de la pire des répressions contre les adhérents de notre syndicat.

En 1975, le nouveau garde des Sceaux Jean Lecanuet montra ainsi qu'il n'avait rien compris au besoin de justice dans la population et aux évolutions dans la magistrature : il intervint à la télévision sur un ton d'indignation très déplacé pour tancer Patrice de Charette comme un maître d'école. Ce juge de Béthune, membre actif du SM, avait « osé » placer en régime de détention préventive un patron impliqué dans un grave accident du travail. Ce coup d'éclat ne fut pas pour rien dans la baisse spectaculaire, intervenue les années suivantes, du total annuel des trop nombreux morts au travail.

Malgré les pressions permanentes, le SM a tenu bon, développant notamment son action et sa réflexion sur le front le plus difficile : celui des cas « à enlisement »... Nous appelions de ce nom spongieux les affaires de délinquance économique et financière, scandaleusement sous-estimées par la pratique judiciaire, comme le révéla *a contrario*, au printemps 1976, la fameuse « affaire Ceccaldi ». Étienne Ceccaldi était substitut près le procureur de Marseille. Il se trouva en charge d'une affaire qui fit grand bruit, à juste titre : celle des ententes illégales entre grandes compagnies pétrolières et sur le dos des plus petits distributeurs, qu'elles mettaient en faillite de façon systématique... Ces « majors » n'avaient pas bonne presse en cette première période des hausses brutales du prix de l'essence. Ou, plus exactement, elles avaient beaucoup plus l'oreille du gouvernement que celle de l'opinion des automobilistes... Cela explique aussi que le substitut Ceccaldi s'opposa à sa hiérarchie quand elle prétendit l'obliger à modifier, pour le « modérer », un rapport établi sur l'illégalité de ces ententes pétrolières.

Il refusa tout net. Ce refus fut-il pris pour une manifestation d'indépendance du parquet, créant un dangereux précédent ? On ignore par quels chemins fut prise cette décision de sacrifier un substitut aux intérêts des pétroliers, mais toujours est-il que Ceccaldi fut convoqué à la Chancellerie pour « se faire remonter la toge »... Et voilà le magistrat muté, comme dit le mensonge officiel, « dans l'intérêt du service » : on prétendit l'exfiltrer des bords de Méditerranée pour le nommer, du jour au lendemain, au fin fond du Nord-Pas-de-Calais, à Hazebrouck, tribunal le plus minuscule de l'Hexagone. Sur le modèle de « limoger » – verbe de la IIIe République, visant l'officier supérieur qu'on retirait du front pour l'encaserner à

Limoges –, ce mot a fait le tour des palais de justice : le ministre Jean Lecanuet avait « hazebroucké » Ceccaldi !

Malgré la presse qui crut bon de caricaturer Ceccaldi en « juge rouge », en l'accusant de préjugés anticapitalistes, son courage fut remarqué, face aux trusts pétroliers, et son statut de « hazebroucké » en fit une sorte de héros dans l'opinion publique. Comment pouvions-nous réagir ? Cette affaire dépassait le problème personnel d'un collègue malmené sur ordre de la Chancellerie. Nous avons décidé d'en faire un test. Par la création du Syndicat de la magistrature, nous avions, depuis huit ans, fait passer cette idée que le syndicalisme était légitime dans la magistrature comme dans toute la société, mais un léger doute subsistait : qu'en était-il pour le droit de grève ? Nous avions l'occasion, surfant sur l'opinion, d'aller prouver, une fois de plus, le mouvement en marchant.

Pour le 10 juin 1976, le Syndicat de la magistrature lança son tout premier mot d'ordre de grève des palais de justice ! Et le mouvement, dans toute la France, de Marseille jusqu'à Lille, sinon jusqu'à Hazebrouck, fut largement suivi... Assez largement, en tout cas, pour que la Chancellerie chancelle devant la solidarité manifestée par les magistrats et qu'elle remette en cause le « hazebrouckage » de Ceccaldi, quitte à le « placardiser » dans diverses fonctions de la Provence judiciaire profonde, durant les cinq années suivantes. Je me rappelle, soit dit en passant, que le ministère se flatta d'avoir déduit de nos salaires ce jour de grève. Par cette initiative, se voulant répressive, il a entériné sans même s'en rendre compte la légitimité du droit de grève des magistrats.

Les magistrats s'attaquent à la délinquance économique et financière

Outre le bénéfice d'avoir acclimaté le droit de grève dans la magistrature – ce que le grand mouvement de 2011 a su encore, plus récemment, activement capitaliser pour la défense d'un juge de l'application des peines –, cette affaire Ceccaldi a inauguré une nouvelle époque dans la responsabilité des magistrats vis-à-vis de la délinquance économique et financière. Une telle prise de conscience avait été largement préparée par le professionnalisme de Pierre Truche, procureur adjoint à Lyon. Grâce à lui, nous étions sortis des discours de façade et s'était affirmée la cause d'une « justice pour tous », qui ne viserait plus seulement le banditisme des faubourgs et les plus petits délinquants. Même si, jusqu'à nos jours, cette délinquance en col blanc, aux conséquences les plus graves, reste sous-estimée par certains magistrats, malgré le « pôle financier » et d'autres avancées.

Une telle sous-estimation n'est certes pas sans lien avec le rôle prédominant joué par le parquet, les procureurs restant bien trop liés, hiérarchiquement, aux volontés et aux penchants, laxistes en ce domaine, du pouvoir exécutif. Pierre Truche avait remarqué que, dans les rares affaires financières traitées par la justice, les peines de prison ne dépassaient jamais dix ans ; et qu'en pratique, la plupart de ces affaires se terminaient par ensablement, avec non-lieux en cascade, rattrapées trop souvent par le couperet des prescriptions (que la droite sarkozyenne trouvera le moyen d'aggraver). C'est pourquoi Pierre Truche influença toute une génération en prônant, dans ce genre d'affaires, d'aller très vite à l'essentiel et de transmettre le dossier le plus vite possible pour qu'au moins un procès ait lieu, une fois les faits établis sur des preuves suffisantes. Les juges d'instruction devaient avant tout éviter de s'enliser dans des délits annexes, ou connexes, ou des complicités difficiles à établir avec suffisamment de précision. Sinon, ces affaires échouaient dans les nombreux culs-de-sac savamment préparés par une défense légitime, mais bien payée pour « noyer le poisson ».

En matière de pratiques efficaces contre la grande délinquance économique et financière, le relais de Pierre Truche fut assuré, au parquet de Lyon, par François-Victor Colcombet. Ce magistrat (et quatrième président du SM) devint notre plus grand théoricien dans le maniement des méthodes permettant d'affronter cette délinquance retorse. Élu député socialiste dans la « vague rose » de 1981, il continuera de s'investir dans ces enjeux et sera le coauteur, en 1998, du célèbre rapport sur l'indispensable réforme des tribunaux de commerce. C'est une catastrophe nationale que ce rapport, au gré des aléas politiciens et d'une ambiance ultralibérale, soit depuis resté lettre morte, malgré l'urgence qui perdure.

Quant à Étienne Ceccaldi, sa sortie des « placards » giscardiens en 1981 grâce à Gaston Defferre devint une affaire marseillaise qui ne nous concernait plus... Je lui dois en tout cas une fière petite chandelle, que je n'oublierai pas : c'est lui qui m'aura fait cadeau, lors d'un stage à Goutelas, dans un geste très spontané, de mon premier accordéon. N'ayant pas réussi du premier coup de « hanches » à en tirer une valse-musette, il me donna cet instrument, qui ne m'a jamais plus quitté. J'ai composé sur lui le *Tango de l'ONU*, que j'ai interprété à chaque fin de session de mes dernières années de mandat aux Nations unies.

6

1978 : la tumultueuse création de la CNIL

À l'été 1977, à l'occasion du séminaire annuel de réflexion organisé par le syndicat dans les monts du Lyonnais, Michel Foucault vint à Goutelas. Le fait nouveau fut que, cette fois, il ne nous parla pas des structures du monde carcéral ou d'autres thèmes de sa critique de l'ordre social. Foucault creusait ses analyses et répondait à l'actualité. Or l'Union de la gauche – réunissant le Parti socialiste, le Parti communiste français et le Mouvement des radicaux de gauche – était alors donnée gagnante aux élections législatives toutes proches, même s'il fallut encore attendre cette victoire trois ans.

Avec Michel Foucault, de Goutelas à Vincennes

Des magistrats du syndicat avaient évidemment participé à la minutieuse mise au point du programme socialiste en matière de justice. Coaché par Robert Badinter, des universitaires et une demi-douzaine de juristes du SM, le livre intitulé *Liberté, libertés* en vulgarisait le projet [1]. Nous demandâmes à Foucault ses commentaires sur ce livre, aussi critiques seraient-ils. En toute liberté, ils le furent.

1 Robert BADINTER (dir.), *Liberté, libertés. Réflexions du comité pour une charte des libertés*, Gallimard, Paris, 1976.

Il ne le critiqua pas, bien entendu, en tant que feuille de route pour une réforme de la justice, urgente et nécessaire. Tout en restant prudent sur ce qui relevait de notre compétence « technique », Foucault partageait tout à fait nos objectifs quant à l'abolition de la peine de mort, celle de la Cour de sûreté de l'État, des tribunaux militaires, etc., c'est-à-dire le programme que je contribuerai partiellement à réaliser en tant que conseiller à Matignon, à partir de l'élection de François Mitterrand, en mai 1981.

Foucault visa seulement un risque de dérive du projet à long terme, dans laquelle nous risquions d'être embarqués à notre insu. Il souligna les dangers grandissants d'une société très normative qui ne trouverait de solutions à ses problèmes qu'en judiciarisant le moindre aspect de son fonctionnement. *Liberté, libertés* lui semblait être aussi un texte significatif d'une manière de « redéfinir le rôle du juge [...] en essaimant ses fonctions judiciaires dans tout le corps social ». Il craignait que cette multiplication du judiciaire n'entraîne le juge à ne plus seulement décider du licite et de l'illicite, mais du « nuisible » et du « souhaitable » en matière de consommation, au sens large, et pire encore d'information. Bref, Foucault évoquait le spectre d'une société oppressante où le juge serait chargé de faire régner un « optimum social fonctionnel », allant d'une normalisation biopsychique des individus à un calibrage infernal de leurs pratiques psychologiques et sociales.

Le pire n'est jamais sûr, mais j'ai alors été amené à partager cette inquiétude, tout en la relativisant et en apportant mon appui à la création de nouvelles autorités administratives indépendantes, dont la Commission nationale de l'informatique et des libertés (CNIL) pour commencer. Ma première expérience d'éducateur de rue n'était sans doute pas pour rien dans cette inquiétude partagée vis-à-vis des impasses des sociétés « normalisatrices ».

Ce débat passionné – et passionnant de bout en bout – eut le mérite de nous mettre en garde : nous devions nous engager dans cette réforme de la justice en gardant les yeux ouverts sur des dérives possibles de nos propres réformes en matière d'ordre social. Nous ne devions pas céder à la tentation de « faire le bonheur du peuple malgré lui », en lui collant « des juges partout ». Une telle distanciation me paraît inscrite dans les gènes de notre projet initial de syndicalisme réformateur. En tout cas, si faible qu'ait été alors l'impact de ces propos de Michel Foucault, ce débat aura des retombées positives dans les années qui suivront le basculement de 1981 ; elles ne pourront qu'aider le jeune Syndicat de la magistrature à ne pas se transformer en un « syndicat godillot » vis-à-vis du pouvoir « de gauche ». Je dis cela avec une reconnaissance sincère vis-à-vis des équipes qui eurent le courage de ne pas s'aligner sur nous – ceux qui allaient passer massivement « de l'autre côté », celui des cabinets ministériels –, notamment Simone Gaboriau, responsable du SM à cette époque, qui a eu le courage de ne pas le laisser céder aux sirènes du pouvoir.

Cette expérience m'amena, un peu plus tard, en mars 1979, à intervenir comme magistrat (et déjà directeur de la CNIL), aux côtés de Foucault et Casamayor, à un colloque organisé par la faculté « expérimentale » de Vincennes (matrice de Paris-VIII) sur le « nouveau contrôle social ». Un colloque épique, dont il reste heureusement une vidéo témoin [2]. Vincennes était alors le dernier refuge des activistes soixante-huitards les plus dogmatiques, en combinant le meilleur et le pire, puisque des sociologues, psychanalystes, géographes et philosophes de premier plan continuaient également à y dispenser leurs enseignements de pointe.

Envahi à la fois par une marée d'étudiants assoiffés de savoirs critiques et des braillards décidés à y « faire leur cirque », ce colloque tourna court. Dès la première minute à la tribune, Foucault prit le parti d'en rire, proposant de tout interrompre immédiatement. Mais la salle le réclamait comme une rock star. Elle imposa à Hubert Dalle, qui présidait cette séance au nom du Syndicat de la magistrature, d'introduire son diagnostic sur la montée des thèmes sécuritaires. Et Casamayor, vaillamment, lui emboîta le pas. Puis je tentai d'intervenir, au fil d'interruptions loufoques, provocatrices et narcissiques. J'avais certes deux ou trois choses à articuler sur le rôle de l'informatique dans le nouveau contrôle social : attaquant le fichier « Gamin » (Gestion automatisée de médecine infantile), qui risquait déjà de déborder sur une prétendue détection des délinquants dans leur berceau, je remarquai notamment que les pires applications de l'informatique prenaient prétexte de « santé sociale » autant que de police... Face aux interruptions, j'en vins à plaider pour le droit à la différence et pour un respect de l'État de droit qui préserve, coûte que coûte, ses potentialités de mutations démocratiques. Au passage, je signalai, contre toute vision fataliste, la vulnérabilité des systèmes informatiques, de plus en plus accessibles à de nouvelles méthodes de résistance – pratiquées par ceux qu'on appelle aujourd'hui les « lanceurs d'alerte » –, voire de sabotage (les futurs « hackers »).

Mais de ce colloque interrompu par une rafale de stupidités, on peut retenir surtout un genre de « bras d'honneur » de Michel Foucault, qui

---

2 Colloque « Le nouvel ordre intérieur », partie 3 : « Le nouveau contrôle social », avec les interventions de Hubert Dalle, Casamayor, Louis Joinet et Michel Foucault, 23 mars 1979, université de Vincennes, <www.archives-video.univ-paris8.fr>.

nous servit de conclusion. Foucault avait tenté d'expliquer aux participants la crise de l'État-providence qui allait les laminer, et de les prévenir que le nouvel ordre intérieur ne se chercherait plus du côté d'un « fascisme », mais d'une série de dérégulations terrorisantes. Poussé à bout par cette salle surchauffée, où certains prétendaient l'interpeller sur la légitimité de ses recherches, Foucault se lança, au final, en forme d'adieu définitif à toute forme de gauchisme, dans un condensé en trois points de son parcours : « Si j'ai parlé de l'"enfermement des fous", c'est parce qu'il existait et que je souhaitais qu'il n'existe plus. Si j'ai parlé du système carcéral, c'est parce qu'il existait et que je souhaitais qu'il n'existe plus. Et maintenant, si vous me demandez pourquoi je parle de ce dont je parle, je vous dirai que c'est parce que ça me fait plaisir ! Et qu'il n'y a aucune loi, aucun pouvoir, aucun flic – pas même mes amis les juges – qui m'empêchera de dire ce que j'ai envie de dire ! Personne n'est forcé de me lire, ni de m'entendre ! »

Sur ce, Foucault s'interrompit et le vacarme se déchaîna. Nous nous levâmes avec lui pour quitter la tribune, abandonnant cette « nef des fous ». La symétrie aurait voulu qu'il se prononce, au troisième temps de son raisonnement où il évoquait son analyse du nouveau pouvoir d'État en gestation, pour un genre de « fin » des pouvoirs de l'État, ou du moins pour une transformation radicale de ses structures, accordant à la salle une communion de façade dans une vulgate « révolutionnaire ». Mais il s'y refusa, traitant même de « flics » ceux qui l'exigeraient ! Foucault n'en était plus là, sans avoir cessé pour autant de travailler à débusquer les racines et tentacules de l'État comme « monstre froid ».

De la loi Informatique et Libertés à la direction de la CNIL

Depuis 1972, mon rôle à la Chancellerie dans la défense des libertés face aux nouvelles menaces liées à la montée en puissance des techniques informatiques s'était accru. Après le rapport Tricot de 1974, auquel j'avais participé intensément, le ministre Jean Lecanuet avait d'abord renvoyé le problème à une commission qui se donna six mois de réflexion – un délai qui, en l'occurrence, n'avait rien d'exceptionnel –, puis il entérina largement ce rapport, dont sa proposition de créer pour l'informatique une « haute autorité » *ad hoc*. Le garde des Sceaux demanda donc à la Chancellerie de préparer une loi définissant cette autorité indépendante (la future CNIL) et fixant un cadre légal aux usages légitimes de l'informatique « dans le respect de la vie privée, des libertés individuelles et des libertés publiques ». Je fus chargé de ce dossier, appuyé désormais par les meilleurs spécialistes.

C'est ainsi que la loi « Informatique et Libertés », déposée fin 1977 au Parlement, trois ans et demi après la suspension du projet Safari, fut adoptée le 6 janvier 1978. Non seulement j'ai eu à en peser chaque article et chaque mot, mais j'ai assisté « mon » ministre – Alain Peyrefitte, depuis mars 1977 – devant le Parlement, durant toute la discussion du projet de loi à l'Assemblée et au Sénat. Le sénateur du Loir-et-Cher Jacques Thyraud (1925-2005), membre du Parti républicain (droite), rapporteur de la loi, fournit alors un travail remarquable pour empêcher que soient rabotées les protections qu'elle entendait offrir contre les empiétements informatisés de l'État et de toute entreprise privée – au point que nous l'appelâmes la « loi Thyraud ». Seule la Suède, dès 1973 (et le Land de Hesse, en Allemagne), s'était déjà dotée d'une telle loi sur l'informatique, qui deviendra la base de toutes les législations européennes en la matière. Notre petit club d'experts européens, emmené par le Suédois Ian Freese, y sera à la manœuvre dans les années suivantes.

Dès lors, il fallut mettre en place cette Commission nationale de l'informatique et des libertés, dont j'avais fait inscrire dans le marbre de la loi que ses membres, quelle que soit leur provenance, devenaient totalement indépendants, une fois désignés, de leurs anciennes autorités de tutelle. Contrairement à la tradition gaulliste, le président de cette commission ne serait pas nommé par le président de la République, mais élu en son sein, et son collège pluraliste de dix-sept personnalités (choisies pour cinq ans) en comptait douze élues par les diverses assemblées et juridictions concernées. Son pluralisme aura permis, dès les débuts de la CNIL, que l'opposition socialiste de l'Assemblée y soit représentée par l'avocat Raymond Forni, le jeune et dynamique député de Belfort, avec qui je nouerai très vite des liens d'intense collaboration.

Son premier président fut mon ancien « maître d'école » à l'ENM, Pierre Bellet. À peine élu, il me nomma comme directeur et réclama du ministère de la Justice, le 18 janvier 1978, que je sois détaché et mis à la disposition de sa commission nationale. Sur quoi nous travaillâmes à l'installation de cette nouvelle autorité, pour laquelle tout était à faire et inventer. Le président suivant, élu au sein de la CNIL en 1979, fut le sénateur Jacques Thyraud. Le 12 juillet 1979, sa première décision fut de me nommer comme son « directeur des services ». On pouvait s'attendre de sa part à cette loyauté, sincère et pragmatique, qui le poussa à me confirmer comme directeur, bien que certaines bonnes âmes de son parti lui avaient suggéré que mon « profil » posait problème... D'où cette appellation, espérant contourner des préventions à la Sadon : Jacques Thyraud ne me nomma pas comme « directeur » (avec le salaire afférent), mais seulement directeur « des services ». En fait, la place Vendôme n'avait jamais cru bon de répondre à la lettre de Pierre Bellet ! Elle attendit le 6 août 1979 pour me signifier personnellement que la demande de détachement auprès de la CNIL ne pouvait être validée, faute de précision suffisante quant au poste concerné. Furieux de ma nomination, Sadon avait choisi de me maintenir, coûte que coûte, « à sa main », en tant que magistrat attaché à la Chancellerie et avec le traitement d'un substitut de base.

Cette situation poussa le président Thyraud à renouveler la demande de mon détachement à la CNIL et même, le 29 janvier 1980, pour forcer la main à Sadon, à m'établir un nouveau contrat avec la CNIL. Ce sénateur de droite ne pouvait pas concevoir que ce gouvernement – le sien ! – bafoue ainsi les prérogatives d'une commission indépendante qu'il avait été chargé de présider dans le cadre le plus constitutionnel qui soit. Outre mes compétences, dont il ne voulait pas avoir à se passer si vite, il se battait, au-delà de mon cas, pour que sa commission ne devienne pas d'emblée une chambre d'enregistrement et ne soit pas comptée, progressivement, comme aux ordres des ministères.

La CNIL dans le collimateur du pouvoir et la longue traque du « fichier des Juifs »

Au fil des mois de l'année 1980, la pression, cependant, se fit sur nous de plus en plus forte. Faute de pouvoir relancer le fichier Safari, Alain Peyrefitte, au ministère de la Justice, et son collègue de l'Intérieur Christian Bonnet pressèrent la CNIL d'avaliser leur grand projet d'une carte d'identité « infalsifiable », c'est-à-dire informatisée. Nous avions été saisis de ce lourd dossier et j'ai donné à ce sujet des avis très techniques : certaines des numérisations prévues dans ce projet n'étaient pas du tout nécessaires, sauf à vouloir d'avance déborder de son cadre, et j'ai convaincu les membres de la CNIL de leur opposer, point par point, des avis négatifs très motivés.

L'ambiance était alors celle de la loi répressive dite « Sécurité et liberté », votée en février 1981 et de longue date préparée en double commande par l'Intérieur et la Justice, avec Paul-André Sadon aux manettes du cabinet du garde des Sceaux (puis procureur général près la cour d'appel de Paris à partir d'octobre 1976). L'échéance de l'élection présidentielle se profilait à l'horizon et la droite avait besoin de mobiliser tous ses épouvantails sécuritaires. L'épreuve de vérité s'annonçait pour la CNIL et « on » avait visiblement décidé en haut lieu que je n'aurai pas l'occasion d'y faire entendre ma chanson. Mais ce ne fut pas aussi simple...

En attendant le couperet, la CNIL s'attelait à de nombreux dossiers assez techniques. Et, en tant que directeur, j'ai aussi été amené à travailler sur une énigme : la longue recherche du « fichier juif » établi lors des années noires de l'Occupation par la Préfecture de police et qui servit à programmer les rafles et les déportations dans les camps d'extermination nazis à partir du printemps 1942. J'ai visité nombre de services d'archives des diverses administrations pour tenter de retrouver ce fichier, que des experts et historiens traquaient aussi de leur côté. En vain. Dans l'énorme réserve des anciens fichiers policiers que le ministère de l'Intérieur avait archivés, je n'ai pu savoir si ce fichier, en tout ou partie, ne se dissimulait pas derrière un ou plusieurs autres.

Ce n'est qu'en 1991 que l'obstiné « chasseur de nazis » Serge Klarsfeld débusquera ce qu'il en restait au ministère des Anciens Combattants. Car, après la Libération, l'administration chargée des pensions des anciens déportés survivants était notamment allée vérifier leurs droits à toucher un maigre pécule dans une partie de ce fichier, qui avait servi à envoyer 76 000 Juifs de France vers la mort ! Ayant été appelé à visiter les rayonnages de ce fichier « tronqué/recomposé », je fus surtout saisi par l'horreur programmée de cette « banalité (étatique) du mal » : outre les Juifs ainsi promis par les nazis à la Solution finale, d'autres secteurs visaient des Roms (dénoncés comme gitans ou tziganes), ainsi que des homosexuels... Je me souviens en particulier d'une note « ordinaire », découverte dans les archives du Commissariat général aux questions juives, accompagnée d'un jeu de bristols : un employé y demandait à son chef de bureau de décider hiérarchiquement de la couleur des fiches pour les diverses catégories. Et ces fiches s'alignaient selon les coloris choisis par un triste rond-de-cuir, qui n'eut jamais à rendre compte...

Mon éviction de la CNIL

Je ne sais pas exactement quelles pressions mirent le président de la CNIL, Jacques Thyraud, dans l'obligation de céder « à moitié » après le 5 avril 1980, date de l'investiture du nouveau gouvernement de Raymond Barre, dit « Barre 3 », avec la reconduction d'Alain Peyrefitte à la

Justice. Je connaissais déjà trop bien les mœurs politiques pour lui en tenir rigueur. Je lui ai adressé, pourtant, le 14 avril, une lettre circonstanciée, histoire de prendre date : je venais de recevoir un nouvel organigramme des services de la CNIL, où figuraient tous les postes… sauf celui de directeur des services. C'est-à-dire le mien. De ce jour-là, je décidai d'entrer en résistance et d'user de tous les moyens légaux pour rester à mon poste. En attendant, puisque Sadon « faisait le sourd », je jouerai à plus sourd que lui et je m'efforcerai de travailler comme si de rien n'était et d'être à la hauteur des responsabilités que la CNIL m'avait confiées.

Une bonne âme du lieu, devenue attachée de presse de la CNIL pour se refaire une virginité après avoir été pigiste à *Minute*, l'hebdomadaire d'extrême droite, me visita alors dans mon bureau pour s'inquiéter de ma santé ! Elle me trouvait l'air souffreteux, accablé de soucis personnels et professionnels, à tel point qu'elle me conseilla de « prendre des vacances », voire de démissionner. Je l'entretins dans l'illusion que j'étais découragé par la façon dont on me traitait, voire légèrement déprimé, et j'enregistrais l'information que le groupe « anti-Thyraud », parmi les membres de la CNIL, estimait qu'il était enfin temps de se débarrasser de moi.

Le 9 août 1980, le ministère me fit savoir que ma situation de « détaché » n'était toujours pas validée. La corde qui retenait leur épée de Damoclès ne tenait plus qu'à un seul brin, mais ce brin les retint six mois. J'effectuais ma rentrée dans mon bureau directorial, où la « guérilla » contre moi se fit de plus en plus mesquine : on « oubliait » de m'informer de certaines décisions ; on ne renouvelait qu'au compte-gouttes mes besoins en matériel de fonctionnement, jusqu'à mes ampoules électriques, pour plonger mon bureau dans une ambiance de demi-deuil.

Mais entre ma situation et celle d'un cadre du privé ainsi harcelé pour qu'il démissionne, la grande différence était ma conviction que mon travail pour la CNIL était toujours utile à l'intérêt général. J'y puisais de quoi m'obstiner. Pas question de démissionner, quand je pouvais les obliger à me destituer, donc à devoir s'en expliquer. Qui plus est, en tant que fonctionnaire, je ne risquais pas que cela se termine par une phase de chômage. Et puis, comme militant (et déjà expert de l'ONU), j'avais très largement à m'occuper, au-delà du suivi des dossiers de la CNIL.

1981 : quand mon limogeage, à moitié raté, devient l'« affaire Joinet »

Mes tristes « harceleurs » hésitèrent longtemps à abattre leurs cartes, ce qu'ils firent le 20 décembre 1980 par un décret publié au *Journal officiel*, signé du président Giscard d'Estaing, annonçant ma mutation d'office, maquillée en nomination comme substitut près le procureur du tribunal de grande instance de Paris. N'appartenant plus à la Chancellerie, je n'étais plus censé travailler pour la CNIL en tant que détaché du ministère ni comme magistrat en charge du domaine « informatique ». À la veille de Noël, Paul-André Sadon avait sans doute compté sur la trêve des confiseurs. Il eut même la goujaterie d'envoyer à mon domicile un motard de gendarmerie pour me signifier que je devais dès le lendemain, « toute autre affaire cessante », me mettre à la disposition du procureur ! En notre absence, c'est ma petite fille Claire qui le reçut, affolée de voir la « police », pétaradante et bardée de cuir, lancée à la recherche de son père.

Prévenu de l'incident, je passais voir le président Thyraud, qui refusait toujours de me lâcher. Il soutenait que la CNIL avait toujours besoin de moi, au moins dans le domaine des liaisons internationales, donc « à mi-temps ». Si bien que je me rendis le lendemain chez le procureur de Paris pour lui faire état de l'« arrangement » passé avec Jacques Thyraud. Il décrocha aussitôt son téléphone pour appeler son supérieur hiérarchique, Paul-André Sadon : « Commencez par vous mettre d'accord avec le président de la CNIL, puisque apparemment un nouvel accord est intervenu avec lui, avant de m'envoyer M. le substitut Joinet... »

La situation resta du coup dans un drôle d'entre-deux lors des six mois suivants. D'autant que mon « débarquement » avait fait scandale, au point qu'on parlait de l'« affaire Joinet ». Le premier que je mis au courant se trouva être l'écrivain colombien Gabriel Garcia Márquez. Me rendant à la CNIL, je le croisais à la terrasse des Deux Magots. Au fil de mes missions pour les droits de l'homme en Amérique latine, nous avions tissé des liens, comme avec d'autres artistes et écrivains latino-américains – je reçus d'ailleurs aussi dans cette affaire le soutien appuyé de Julio Cortázar. Garcia Márquez, apprenant par *Le Monde* le détail de ce qu'Alain Peyrefitte me faisait subir, lui écrivit à l'Académie française, plongeant sans doute le normalien Peyrefitte, si fier du style de ses essais, dans sa « cent unième année de solitude ».

Il ne fut qu'un sur les centaines qui se portèrent alors à mon secours. Magistrats, intellectuels, artistes et informaticiens signèrent moult pétitions pour condamner mon limogeage. Des comités de soutien se mirent en place à l'initiative de Bernard Wallon, de la Ligue des droits de l'homme, et du journaliste Philippe Boucher. Des techniciens de l'informatique, inquiets du risque que leur travail tombe dans de mauvaises mains, y étaient aux avant-postes pour réclamer qu'on se méfie de leurs « outils ». Et ce fut pour moi une sacrée surprise de voir Simone Signoret et Yves Montand, Guy Bedos ou Pierre Emmanuel, des chercheurs du CNRS et même des académiciens pétitionner et m'écrire leurs encouragements. La presse s'en donna également à cœur joie. Philippe Boucher ne fut pas en reste dans *Le Monde* et nombre de journalistes lui emboîtèrent le pas, de *Libération* au *Parisien*, ainsi que mes amis de la revue *Esprit*. Ariane Mnouchkine fit très fort : elle emmena une délégation d'artistes jusqu'à la CNIL. Jacques Thyraud les reçut, mais il n'en pouvait mais.

Le clou de cet épisode étonnant fut le 20 heures de TF1 du 21 décembre 1980 : Claude Sérillon m'interviewa en ouverture du Journal, lancé avec fracas par Patrick Poivre d'Arvor, annonçant à toute la France que venait d'éclater l'« affaire Joinet ». La « messe » du 20 heures n'avait pas encore été érodée par Internet et les télévisions en continu. Les oreilles de Sadon en auront sifflé tout le premier trimestre de 1981, prélude parmi d'autres à la victoire électorale de François Mitterrand en mai, que beaucoup vivront comme la fin d'une époque.

Le comité de soutien qui m'émut le plus fut celui de São Paulo, présidé par Dom Paulo Evaristo Arns, l'archevêque de cette grande ville brésilienne : en réponse à l'aide que je leur avais apportée contre la dictature, des dizaines de militants se mobilisèrent au Brésil pour le maintien d'un Parisien à la direction de la CNIL ! Mais mon « réseau international », si je puis dire, reposa surtout, en Europe, sur les experts pionniers avec lesquels je travaillais depuis des années à la protection des données. De Bruxelles à Strasbourg et à l'OCDE, tous répondirent présents. Je leur dois ma « victoire » sur Peyrefitte et Sadon : mon maintien à mi-temps au service international de la CNIL.

J'ai gardé, non sans nostalgie, des centaines de ces lettres de soutien qui espéraient que je continue à être l'« empêcheur de ficher en rond ». Peyrefitte et Sadon s'en remirent mal, incarnant longtemps l'image du Big Brother d'Orwell, avec les mesures liberticides introduites par leur loi Sécurité et liberté – lesquelles reviendront, hélas, dans les années 2000 avec Nicolas Sarkozy, qui les a laissés, sur ces deux plans, loin derrière lui.

Mais ces années 1970 ne furent pas seulement pour moi des « années CNIL » ou « lancement du SM » : comme je l'ai déjà évoqué, parallèlement à ces engagements professionnels, elles furent aussi celles d'engagements militants pour la défense des droits de l'homme en Amérique latine, qui me vaudront des rencontres inoubliables.

7

1974-1976 : mes missions pour les droits de l'homme en Uruguay et en Argentine

Je me souviens d'un soir de janvier 1973 à Santiago du Chili. Nous étions quelques-uns à commenter autour d'une bière la dernière séance du colloque juridique qui nous réunissait. Parmi nous figuraient deux juristes de nos aînés : l'avocat communiste Joë Nordmann (1910-2005), à l'action courageuse dans la résistance aux nazis (il y fut responsable d'une revue clandestine intitulée *Le Palais libre* – un Palais « de justice » dont il avait été exclu en tant que juif), et un autre résistant de sa génération, italien et socialiste, quant à lui antistalinien de toujours. J'ai nommé Lelio Basso (1903-1978), que je découvrais ce soir-là et avec qui j'allais collaborer étroitement lors des cinq années suivantes.

La création du Tribunal permanent des peuples

J'avais été invité au Chili (où j'étais accompagné par ma femme, à nos frais) pour un colloque international sur « L'État et le droit dans un régime de transition ». Je découvrais alors ce problème spécifique, qui ne me lâchera plus jusqu'à l'élaboration, dans le cadre de l'ONU, des principes de la lutte contre l'impunité que j'ai contribué à faire adopter en 1997. À l'opposé du Brésil et de l'Uruguay, sans parler d'autres dictatures d'Amérique latine, la gauche chilienne vivait alors dans la phase euphorique de la présidence de Salvador Allende, élu en novembre 1970.

Ce leader de la gauche unie n'était arrivé au pouvoir que grâce à la fracture des droites, mais son programme de réformes structurelles avait le vent en poupe. Et sa loi de nationalisation des mines de cuivre avait été votée en juillet 1971 par l'éventail entier de l'Assemblée (contrairement à d'autres mesures de nationalisation). La « voie chilienne [1] » offrait une alternative complète aux efforts de la gauche dans les pays voisins, partout contrainte à se cacher, en opposant tant bien que mal des formes de résistance armée aux régimes de dictature. Les mouvements guévariste et communiste dissidents s'époumonaient à jouer les Cassandre, mais ils s'émerveillaient aussi des succès d'Allende.

Quant à la gauche française, en route vers son « programme commun », elle avait pour Allende les yeux embués d'une Chimène... C'est dire le traumatisme qu'allait représenter, des deux côtés de l'Atlantique, le putsch des généraux chiliens, le 11 septembre 1973. L'urgence de « transitions » vers des régimes respectueux des droits de l'homme nous mobilisera ensuite pour douze ans.

C'est en marge de cette conférence encore pleine d'espérance, à Santiago, neuf mois avant que Pinochet n'en remplisse le stade et ses salles de torture, que j'entendis Lelio Basso développer son projet de Tribunal permanent des peuples (TPP). Il voyait beaucoup plus loin qu'une simple pérennisation des tribunaux d'opinion sur le modèle du Tribunal Russell. Son projet était celui d'une fondation globale, qui marcherait sur deux jambes : d'un côté, le tribunal d'opinion, aussi incontestable que possible, qui se prononcerait de la manière la plus rigoureuse possible sur les cas portés à sa connaissance ; et, de l'autre, une ligue internationale, qui populariserait les « jugements » rendus par les sessions de ce tribunal.

Dans ce but, Lelio Basso confia la rédaction du règlement de procédure du TPP à un trio de juristes parmi les plus proches de lui : Salvatore Senese, magistrat qui avait initié l'équivalent italien du Syndicat de la magistrature (Magistratura Democratica), Antonio « Nino » Cassese (1937-2011), un professeur de droit qui sera en 1993 le premier président du Tribunal pénal international pour l'ex-Yougoslavie, et moi-même, seul Transalpin en l'occurrence. Nous tombâmes vite d'accord pour que soit respecté le principe clé du débat contradictoire : en cas de carence prévisible de l'État mis en cause, sa position serait représentée par la désignation d'un rapporteur *ad hoc*, chargé de restituer au mieux ses arguments, à partir de déclarations et documents officiels. Quant à la Ligue

1 Voir Patrick Castex, *Voie chilienne au socialisme et luttes paysannes. Approche théorique et pratique d'une transition capitaliste non révolutionnaire*, Maspero, Paris, 1977.

internationale pour les droits et la libération des peuples (LIDLIP), elle recueillerait les plaintes des ONG et assurerait la publicité des « sentences » du Tribunal permanent des peuples.

Lelio Basso, dans les cinq ans qui lui restaient à vivre, appliqua son programme en obstiné charismatique. Il prépara de façon très rigoureuse des sessions de son « tribunal ». Quant à la Ligue internationale, créée en 1976, elle fut admise en 1979 à l'ONU avec statut consultatif, de façon que ses positions soient relayées devant la commission des droits de l'homme de Genève. Les deux temps forts de ce processus de construction furent la grande conférence internationale réunie en Algérie en 1976, qui adopta la « Déclaration universelle des droits des peuples » ou « Charte d'Alger », et la session inaugurale du TPP tenue à Bologne en juin 1979, six mois après la mort de Lelio Basso.

La leçon de Lelio Basso

Né en 1903, il était la mémoire du siècle. Il n'avait que quinze ans lors de l'assassinat de Rosa Luxemburg et il s'en fit jusqu'à sa mort le plus fervent propagandiste. À peine mis en confiance, Lelio se lançait si volontiers dans son panégyrique de Rosa Luxemburg que des proches le taquinaient en chantonnant « *Rosa, rosae, rosam...* ». Ce juriste philosophe vantait Rosa pour ses positions marxistes révolutionnaires, mais aussi pour sa critique précoce du léninisme et sa défense fondamentale des libertés « formelles » de la démocratie. En 1919 encore, elle avait écrit et signé, à la veille de son assassinat, à l'intention de ses amis russes : « La liberté accordée aux seuls partisans du gouvernement ou aux membres d'un seul parti – quel que soit leur nombre – n'est pas une vraie liberté. La liberté (de tous) sera toujours la liberté de l'homme qui pense différemment. »

Emprisonné à plusieurs reprises par le régime de Mussolini, promoteur de l'union antifasciste de la gauche italienne dans ses années de partisan, Lelio Basso avait été, à la Libération, un des rédacteurs de la Constitution de la République italienne. Il anima dès lors de longues années la « gauche de la gauche » non communiste de son pays, prônant avec le PCI une alliance très critique, sans jamais perdre de vue la défense des droits des peuples contre tous les impérialismes. Tous ? Par temps de guerre froide ? Oui, car Lelio Basso fut toujours clair sur les illusions « soviétistes » et quand nous rédigeâmes la Charte d'Alger, en 1976, malgré le poids des partis communistes dans les mouvements de libération nationale de cette époque, nous ne nous en sommes pas tenus à la condamnation de l'impérialisme américain ou occidental.

Notre préambule se prononça ainsi solennellement contre toutes les formes d'impérialisme : « Nous vivons des temps de grandes espérances, mais aussi de profondes inquiétudes [...], des temps de frustrations et de défaites où de nouvelles formes d'impérialisme apparaissent pour exploiter et opprimer les peuples. [...] Persuadés que le respect effectif des droits de l'homme implique le respect des droits des peuples, nous avons adopté la Déclaration universelle des droits des peuples. Article 1 : tout peuple a droit à l'existence. [...] Article 3 : tout peuple a droit à la possession paisible de son territoire et à y retourner en cas d'expulsion. Etc. » La Charte d'Alger a consacré une liste raisonnée des « droits des peuples », jusqu'à leurs droits économiques, sociaux et « environnementaux » (déjà), en passant par trois articles sur le « droit à l'autodétermination », qui impliquait celui à un « régime démocratique ». Dans ce sens, trois articles de la Charte affirmaient le nécessaire respect par les États centralisés de toute minorité, de sa langue et de ses traditions. (En novembre 1992, la session du TPP sur le Tibet mettra ainsi logiquement le régime chinois au pied du mur.)

Pour mieux lier les indépendances nationales et la démocratisation de leurs institutions, j'ai alors développé, en marge de cette charte, la notion émergente d'« autodétermination interne » : le principe d'autodétermination était reconnu par l'ONU comme le premier droit de tout « peuple », mais cette autodétermination « externe » devait s'articuler sur un droit à l'autodétermination « interne », par lequel, une fois l'indépendance acquise, le peuple devrait être en droit d'exiger de son État une progression des libertés et des droits de l'homme, dans tous les domaines.

En tant que juriste, tel est le cadre dans lequel j'ai opéré, durant toutes mes années de travail pour les ONG. Lelio Basso ne nous réclamait surtout pas une adhésion à ses choix idéologiques. Ce marxiste appréciait d'ailleurs des collaborations approfondies avec des gens parfois très loin de lui, prix Nobel de tous horizons (dont le physicien Alfred Kastler), bouddhistes démocrates et, de plus en plus, théologiens catholiques « de la libération ». Mais son « luxemburgisme » non dogmatique a fait partie de notre oxygène.

Cela constitua une source de « nuances » vis-à-vis de l'Association internationale des juristes démocrates (AIJD). Alors largement dominée par les pays du bloc soviétique (car tous les juristes de ces pays étaient contraints d'y adhérer et la masse de leurs « cotisations » pesait lourd sur certains choix), elle était, de mon point de vue, plus portée à défendre les autodéterminations « externes » que les « internes ». Mais il est vrai que ses animateurs français, à force, devinrent moins staliniens. Et sans parler ici de Me Léo Matarasso (1911-1998), plus lucide que beaucoup d'autres ou bien avant eux, qui se fit aussi l'avocat de dissidents de l'Est et rejoignit très tôt le combat international de Lelio Basso : il fut le premier président de la Ligue internationale pour les droits et la libération des peuples.

L'engagement de Germaine au PSU et au Cedetim

Mon attitude de retrait vis-à-vis de certains débats qui animaient la gauche était un peu à double détente. Fidèle compagnon de route de nombreuses causes, j'ai toujours refusé d'adhérer à un parti, quel qu'il soit. Je tenais que ma position de magistrat et de syndicaliste m'interdisait de laisser place au moindre doute quant à mon indépendance.

Ma femme, de son côté, n'avait aucune raison de se sentir tenue par ma conception personnelle d'une obligation de réserve. De retour d'Algérie, Germaine milita dans des mouvances proches du PSU puis, après 1972, dans sa scission de gauche (la GOP, Gauche ouvrière et paysanne). J'étais ainsi en communication intime avec les grands débats qui traversaient alors la gauche française, sans avoir à me mêler à ses « règlements de comptes ». Cela valait au niveau national comme sur le plan international. Après Mai 68, des militants du PSU, dont Manuel Bridier, Gustave Massiah et d'autres, très engagés dans les luttes anticolonialistes, s'était recentrés sur le Cedetim (Centre d'études anti-impérialistes), créé en 1966.

Associés à la fois au soutien des militants immigrés en France et au lancement en 1973 des « comités Chili », ils ressentirent le besoin d'une structure globale plus efficace. Gustave Massiah, Me Henri Leclerc et d'autres lancèrent alors une souscription pour créer le Centre international de culture populaire (CICP), qui s'installa en 1976 dans un pavillon accueillant de la rue de Nanteuil à Paris. (Ce nom anodin de CICP avait été choisi pour ne pas attirer trop vite l'attention du ministre de l'Intérieur, Michel Poniatowski, mais il s'agissait bel et bien d'une infrastructure vouée à toutes les causes anti-impérialistes, qui fonctionnait aussi comme une « maison des associations » aux horizons très planétaires.) Cette adresse, avec son grand marronnier dans la cour, témoin de nombreuses fêtes de solidarité, devint un lieu connu de militants du monde entier. Après son premier président François Gèze, le futur directeur des

Éditions La Découverte, Germaine en assuma la présidence en 1982. Qui n'a pas connu l'ambiance militante, toujours affairée et chaleureuse, de (la rue de) « Nanteuil » ignore ce que furent ces grandes années de solidarité internationale.

Du rôle de la poésie et du poisson dans le financement clandestin des résistants chiliens

Je me souviens à ce propos, en novembre 1973, d'une mise « en Seine » un peu lunaire par laquelle était passée notre active solidarité avec les détenus et résistants chiliens : c'est sur un bateau-restaurant amarré aux quais de Boulogne, noyés dans le flot des touristes, qu'avec le journaliste et chroniqueur radiophonique de haut vol Philippe Meyer, j'avais eu à rencontrer Jean Mazoyer, un commerçant français marié à une actrice chilienne. C'était le patron de la Sorimex, société de Renault chargée des « paiements par compensation », c'est-à-dire des procédures de troc dans les pays à monnaie faible : on pouvait s'y acheter des automobiles Renault si on les payait en marchandises : café, sucre ou minerai de cuivre.

Dans le cadre du « Comité de soutien à la lutte révolutionnaire du peuple chilien », nous collections des sommes d'argent, mais nous avions toutes les peines du monde à les acheminer vers le Chili, verrouillé par Pinochet. L'affaire avait d'ailleurs été mal engagée du fait d'un premier émissaire par trop improvisé. Je n'ai rien voulu savoir de ces premières embrouilles, mais j'ai dû m'intéresser aux moyens de mettre en œuvre une filière fiable de financement. Évoquant cette époque avec Philippe Meyer, je me suis remis en mémoire ce qui nous amena à rencontrer Jean Mazoyer.

La poésie, me rappelle-t-il, s'en était mêlée : c'est Dominique Éluard (la « muse » de Paul) qui lui présenta Mazoyer. Elle-même participait à la défense des droits des détenus et celui qui était nouveau compagnon (un ancien communiste, aussi) était dans le staff de Renault. C'est pour mieux préparer son voyage au Chili que Philippe Meyer l'avait rencontré avec moi sur ce restaurant flottant. Nous étions convenus, avec mon collègue italien Salvatore Senese, de Magistratura Democratica, de l'envoyer en mission au Chili pour enquêter auprès des opposants sur leurs besoins prioritaires et pour choisir sur le terrain les meilleures voies d'acheminement de nos aides financières. On n'était guère plus de deux mois après le putsch de Pinochet ; le couvre-feu était sévère et le contrôle des étrangers extrêmement strict.

Philippe s'envola pour Santiago sous un prétexte que lui fournit Jean Mazoyer : il le fit embaucher par un industriel français de l'agroalimentaire pour réaliser une étude de marché sur la pêche au Chili. Un élément imprévu vint pimenter cette affaire halieutique : le patron français de Philippe Meyer, complice involontaire de son action pour la résistance, était très favorable à Pinochet ! Dans ces conditions, Philippe fut si soucieux de sauvegarder sa « couverture » et il déploya un tel zèle dans son étude que son patron d'un mois fit des pieds et des mains pour l'embaucher définitivement ! Cette couverture impliqua pour Philippe de passer ses journées au marché aux poissons, avant de se doucher pour aller honorer ses discrets rendez-vous entre deux couvre-feux. De ses contacts, il ressortit qu'il fallait établir les circuits financiers les plus « tordus » possibles. Ils furent mis au point grâce à Luis Alberro (frère du rédacteur en chef d'alors de *Tribune socialiste*, la revue du PSU). Luis était le *boss*, au Mexique, du Banco Atlantico... Ainsi purent s'établir des liaisons clandestines, allant des Comités Chili et d'autres organisations de solidarité jusqu'au Comité « Pro Paz », au Chili, qui se chargeait de répartir l'ensemble de ces fonds entre les détenus et les autres victimes du régime militaire.

Un « quartier général » anti-Condor dans notre chambre de bonne

Mais c'est bien sur mes propres fonds, si j'ose dire, que j'aurai hébergé le QG sud-américain en exil de la lutte « anti-Condor » ! Je dois cette bizarrerie à Carmen Castillo. Compagne du leader du MIR (le Mouvement de la gauche révolutionnaire), Miguel Enriquez, tombé en octobre 1974 les armes à la main lors de leur arrestation dans leur cache clandestine des faubourgs de Santiago, Carmen est une femme comme il y en a peu. Après plusieurs jours de tortures dont elle gardait alors des traces lugubres sur le corps, Pinochet l'avait comptée comme trop encombrante (sur de fortes interventions, notamment du Quai d'Orsay...) et il l'avait fait expulser. Cette cinéaste et romancière de haute culture se trouva ainsi condamnée à son long exil parisien, où son statut d'« icône » ne prit pas le pas sur la vie, ni sur la lutte qu'elle continua...

Nous fûmes de ceux qu'elle côtoya à cette époque, et quand elle vint me demander de lui trouver un local pour héberger les réunions de membres d'une « junte » de résistance, je lui ai proposé, faute de mieux, de mettre à sa disposition la minuscule chambre de bonne de notre appartement. L'alliance en question s'appelait Junta de Coordinación Revolucionaria (JCR), créée en novembre 1974 et qui fut démantelée en 1976. Elle tentait tant bien que mal de coordonner des mouvements révolutionnaires du Chili, d'Argentine, d'Uruguay et de Bolivie dans le but de contrer le dispositif répressif des dictatures du Cône Sud qui deviendrait en 1975 le « Plan Condor [2] ». Les militants de la représentation en France de cette JCR en exil étaient trop nombreux pour être assez discrets quand ils se réunissaient dans notre chambre de bonne. C'est ainsi que, ces années-là, notre cuisine de la rue Meslay résonna certains soirs de leurs palabres indistincts, entre exilés des quatre nations martyrisées, placées dans le viseur du « Plan Condor »...

Il faut dire que, depuis mon séjour à Santiago en janvier 1973, j'avais alors eu à connaître de près la réalité de ces dictatures, grâce aux missions effectuées sur place à la demande de la Fédération internationale des ligues des droits de l'homme (FIDH), à commencer par celle effectuée en Uruguay en novembre 1974.

1974 : mission pour la FIDH à Montevideo

C'est Me Edgardo Carvalho, avocat au barreau de Montevideo, qui m'a donné à cette occasion ma première leçon de « James Bond de la liberté ». Il était le « cerveau » de cette opération. La FIDH nous avait mandatés, l'avocat Jean-Louis Weil – membre de Mouvement international des juristes catholiques – et moi-même, pour une mission exploratoire sur les violations des droits de l'homme en Uruguay. Nous avions d'abord fait étape en Argentine, sur l'autre bord du Rio de la Plata. De l'aéroport de Buenos Aires, nous avions été aiguillés vers un rendez-vous clandestin avec Me Carvalho. C'est là qu'il nous mit au courant des techniques d'écoutes des services de renseignements et de la façon d'y échapper. Puis on nous a fourni quelques brins d'un fil « invisible », très fin et quasi translucide, à fixer, à chaque bouclage de nos valises, entre le fond et le couvercle. Nous pourrions ainsi vérifier si la police politique les avait ouvertes en notre absence. Je n'ai pu m'empêcher de sourire *in petto* de cet apprentissage si mélodramatique.

2 Voir John Dinges, *Les Années Condor. Comment Pinochet et ses alliés ont propagé le terrorisme sur trois continents*, La Découverte, Paris, 2005.

Arrivés le soir même à Montevideo, nous nous sommes rendus au consulat général de France. À chacune de mes missions – j'en mènerai ensuite beaucoup d'autres dans de nombreux pays –, je n'ai jamais manqué ce premier rendez-vous à l'ambassade ou au consulat. Histoire que ma présence soit ainsi constatée : personne n'est à l'abri d'un accident, d'une expulsion ou d'un retard inattendu qui se prolonge bizarrement. Un gendarme français du consulat compléta mon initiation par ce précieux conseil, que je suivrai en bien des occasions. Comme nous nous apprêtions à héler un taxi, il me glissa, sur le ton de la confidence : « À chaque fois qu'à l'hôtel vous prendrez un taxi, n'indiquez au chauffeur qu'une adresse décalée d'une bonne dizaine ou d'une vingtaine de numéros : chaque soir, la police recueille auprès des chauffeurs de taxi la série des adresses où ils vous ont conduits. »

Et quant à ma valise, de retour à l'hôtel et dès ce premier soir, le fil brisé vint me confirmer qu'elle avait été « visitée ». Me Carvalho ne nous avait pas inoculé une obsession personnelle déplacée. Face à la montée de la gauche et de la guérilla inventive des Tupamaros, c'était l'Uruguay tout entier, ce pays encore présenté comme la « petite Suisse de l'Amérique latine », qui avait alors basculé dans la paranoïa du régime « civico-militaire » de Juan María Bordaberry. Mis en place en mars 1972 après une élection frauduleuse, ce président avait fait acter, le 16 avril 1973, un état de guerre interne qui permettait de déférer tous les prisonniers politiques, systématiquement torturés, à des « tribunaux » militaires ; il ne pouvait rien refuser aux militaires, lesquels le mirent ouvertement sous leur tutelle lors du coup d'État du 27 juin 1973, au profit d'une dictature sans « cache-sexe », maintenue, comme celle du Brésil, jusqu'en 1985.

À Buenos Aires, Me Carvalho nous avait mis en garde contre le haut degré de sophistication des services de renseignements uruguayens. Pour ne pas exposer tous nos contacts, nous devions partir du principe que nos communications téléphoniques étaient en permanence sur écoute, que nos chambres d'hôtel étaient « sonorisées » et fouillées régulièrement. Au-delà des précautions de base, nous devions donc tenter de déjouer des techniques de pointe, dont des micros directionnels très efficaces et à très longue portée.

Durant ce rendez-vous préparatoire en Argentine, Me Carvalho nous avait précisé qu'à Montevideo, son relais serait pris par une de ses consœurs sur place, Me Maria Elena Martinez. C'est elle qui, courageusement, nous servirait d'agent de liaison avec les militants des droits de l'homme et les familles des victimes. Elle y serait en quelque sorte notre « avocate traitante ». Pour la mettre au courant du déroulement de la mission, nous devrions absolument éviter de lui téléphoner ou de nous rendre à son cabinet. Pour la contacter, il nous faudrait suivre une longue procédure, passant par certains de ses confrères du barreau, moins exposés qu'elle ne l'était. Ces chaperons, informés du minimum, prendraient rendez-vous pour nous, aux jours fixés, dans un bon restaurant du bord de mer, avec fruits de mer et crustacés, et même orchestre et piste de danse.

Avec surtout piste de danse, car il n'était pas question que nous parlions à table, en savourant le crabe, de rien qui trahirait notre mission, pas même par apartés furtifs. La procédure, originale et romantique, exigeait que j'attende le premier slow pour inviter galamment mon « avocate traitante » à m'accorder quelques pas de danse. Là seulement nous pouvions, escomptant que l'orchestre neutralise d'éventuels micros, échanger des informations que nous nous susurrions dans le creux de l'oreille. Arborer des sourires timides mais engageants faisait partie de ce jeu de rôle, grâce auquel je pouvais lui rendre compte de nos démarches et recevoir d'elle, en retour, ses conseils et suggestions sur de nouvelles initiatives.

Notre mission avait trois objectifs prioritaires : visiter la prison centrale de Montevideo, où étaient détenus de très nombreux prisonniers politiques ; enquêter sur les mesures liberticides présentées comme *medidas prontas de seguridad*, nom légal de cette sorte d'« état de siège » (titre du film que le cinéaste Costa-Gavras tira dès 1973 de la saga des Tupamaros) ; rencontrer le général en retraite Liber Seregni, leader de l'opposition, récemment libéré de prison mais assigné chez lui à résidence.

Le premier de mes slows avec Maria Elena fut décevant, je l'avoue, car je dus l'informer de notre échec total quant à notre objectif numéro un : pas moyen de mettre pied dans la moindre cellule de la prison centrale, baptisée de longue date… Penal Libertad (Prison Liberté). Nous avions obtenu, au nom de la FIDH, un accord du bout des lèvres du cabinet du ministère de la Justice. Mais, une fois sur les lieux, il apparut que c'était un faux-semblant : le directeur de la prison ne nous reçut que pour jouer, de la manière la plus têtue, la politique du sourd. Ne voulant rien entendre, ni rien laisser percer qui inquiéterait sa hiérarchie ou ses référents dans l'armée, il n'écouta aucune de nos questions.

Lui annonçant que nous venions pour visiter certains « prisonniers politiques », je lui tendis une liste de noms. Il joua les étonnés et me répondit, faussement naïf, par son mensonge préparé d'avance : « Ici, il n'y a aucun "prisonnier politique"… » Je modifiai alors mon vocabulaire pour tenir compte de l'« état de siège » en vigueur, lui présentant à nouveau la même liste, en réclamant de pouvoir rencontrer ces « prisonniers de guerre ». Mais il doubla la mise : « Ici, il n'y a ni prisonniers politiques ni prisonniers de guerre ! » Je me repliai alors sur la dernière fiction possible : « Monsieur le directeur, nous demandons à visiter les prisonniers de droit commun qui figurent sur cette liste. » Pris au dépourvu, il s'enfonça dans un ridicule kafkaïen : « Ici, il n'y a ni prisonniers politiques, ni prisonniers de guerre, ni prisonniers de droit commun ! Il n'y a que des prisonniers ! Me suis-je bien fait comprendre ? Veuillez, je vous prie, vous retirer ! »

Le « Penal Libertad » fut pourtant bel et bien le pire lieu de détention de la dictature uruguayenne et certains de ses détenus y arrivaient, après être passés par telle caserne ou tel centre d'interrogatoire, où ils avaient subi la torture lente et déshumanisante des mitards souterrains. Parmi ceux que ces traitements n'ont pas tués ni rendus fous, le poète et dirigeant des Tupamaros Mauricio Rosencof racontera en 1987, dans son livre *Mémoire du cachot*[3], ce calvaire interminable et comment la Croix-Rouge ne put le visiter qu'au terme de dix années d'une détention exténuante. En aggravant les conditions de détention de ceux dont les ONG demandaient des nouvelles, les tortionnaires firent longtemps pression sur les familles, pour qu'elles retirent leurs noms des demandes de visite...

Ma seconde « danse des murmures » avec Me Maria Elena Martinez ne fut pas plus joyeuse que la première. Notre objectif numéro trois capota lamentablement, de façon ubuesque : on ne s'improvise pas « missionnaire » de la liberté sans expérimenter quelques faux pas.

Les risques de l'improvisation...

La principale différence entre les missions que j'ai menées de 1974 à 1977, mandaté par la FIDH, et celles que je conduirai pour le compte de l'ONU de 1993 à 2007 réside dans l'improvisation. L'expérience venant, cette « improvisation » devint plus efficace et mieux préparée en amont, mais le statut des ONG implique toujours une part d'adaptation et d'initiatives prises au dernier moment, profitant d'opportunités ou déjouant des écueils que l'on découvre sur le terrain. Le plus souvent, dans ce genre de mission, on débarque le vendredi pour pouvoir consacrer le week-end à parfaire sur place sa préparation. Le samedi et le dimanche (le vendredi et le samedi en pays musulman) permettent de prendre des contacts avec des milieux militants ou des familles de

3 Mauricio ROSENCOF, *Memorias del calobazo*, Tae, Montevideo, 1987.

victimes, de façon que le lundi, passée l'ouverture des bureaux et des ministères, on puisse commencer à prendre rendez-vous avec diverses autorités.

À l'ONU, au contraire, aucune improvisation. Les États qui la composent détestent cela, toujours prêts à considérer tout événement non programmé comme une atteinte à leur souveraineté. Ce qui ne veut pas dire qu'il n'y a jamais d'imprévu, ni de révélations, comme on verra… En principe, tout est minutieusement préparé à l'avance, c'est-à-dire, dans mon cas, longuement programmé par des rencontres de travail, à Genève, sous les auspices du Haut Commissariat des Nations unies aux droits de l'homme (HCDH), avec l'ambassadeur du pays concerné. Le tout dans un langage diplomatique codé dont je donnerai les clés : on n'y parle pas de « mission » mais de « visite » pour éviter toute notion intrusive d'« enquête » ; la « plainte » qui l'a déclenchée devient une « communication » et la « victime » concernée est dite la « source »… Ces préparatifs, de durée variable, peuvent s'enliser plusieurs années. Pour ma première mission en Chine en octobre 1997, cette concertation dura près de trois ans, alors que l'ambassadeur chinois s'était montré d'emblée très favorable à ma « visite » (voir *infra*, chapitre 20).

Rien de tel en 1974 en Uruguay, alors que nous devions, au cours de cette mission de la FIDH, visiter à son domicile le général Seregni, assigné à résidence. Ce militaire renommé pour ses positions courageuses, aux antipodes de ses collègues (il venait à peine d'être libéré de seize mois de prison), était devenu le leader incontesté de l'opposition regroupée dans le Frente Amplio (Front élargi). Après quelques pas au-delà du numéro où le taxi nous avait déposés, nous sommes montés au troisième étage de l'immeuble indiqué. Porte gauche, coup de sonnette. Une brave dame en robe de chambre et bigoudis nous accueillit aimablement et nous lui avons demandé des nouvelles de son mari : le pauvre n'allait pas bien du tout… Nous lui avons demandé de le saluer, même brièvement. Une fois dans sa chambre, perplexité : cet homme alité ne ressemblait pas du tout aux photos de Seregni dont nous disposions… De fait, ce n'était pas lui. En nous raccompagnant gentiment, son épouse, très déçue elle aussi, s'exclama : « Vous n'êtes donc pas des mormons ? »

On nous avait donné une adresse inexacte. La bonne était en face. Suffisait-il de traverser l'avenue ? C'est là où la méprise tourna au fiasco, car nous nous étions laissé imposer deux rendez-vous trop rapprochés. Nous avions perdu trop de temps avec la dame aux bigoudis et celui qui nous attendait impatiemment n'était autre que le colonel Federico Silva Ledesma, le redoutable président du Tribunal militaire suprême.

Un juge... au garde à vous

Dans cet « état de siège », il détenait les manettes. Ce rendez-vous « entre juristes » n'était pas de ceux que nous pouvions manquer, tant pour des raisons de sécurité que pour remplir, au moins, le troisième de nos objectifs : alerter l'opinion publique internationale en dressant un état des lieux des mesures engagées par le régime Bordaberry. Ce juge/colonel, patron du Tribunal militaire suprême qui piétinait les droits de l'homme à travers le pays, se montra avec nous un interlocuteur peu convaincant, mais très coriace. J'avais commencé par intervenir en faveur de l'un des leaders des Tupamaros victime de tortures, emprisonné au fond d'un puits, José Mujica, dit « Pepe » – lequel sera élu, en 2009, président de l'Uruguay.

Silva Ledesma me coupa immédiatement : « Ainsi donc, cher collègue, en France les juges défendent les criminels terroristes ? » Je lui ai rétorqué que, juridiquement, il s'agissait d'un « combattant de la liberté » au sens de la Déclaration universelle des droits de l'homme dont le préambule est sans ambiguïté : « Considérant qu'il est essentiel que les droits de l'homme soient protégés par un régime de droit pour que l'homme ne soit pas contraint, en suprême recours, à la révolte contre la tyrannie et l'oppression. » Espérant le prendre à défaut, je me suis lancé dans une démonstration sur ce monstre juridique qu'était, au regard d'un État de droit, l'article 168 de la Constitution uruguayenne. Il permettait aux forces de répression de s'arroger les pleins pouvoirs contre tous les suspects d'activisme de gauche. C'est sur le fondement de cet article 168 qu'avaient été promulguées les mesures les plus drastiques, dites *medidas prontas de seguridad.*

Il m'écouta très attentivement, ne laissant apparaître aucun signe d'agacement. Puis, après un temps de silence, mimant une réflexion profonde, il rétorqua : « Mon cher collègue, j'ai longuement étudié la Constitution de votre Ve République et en particulier cet état d'exception qu'elle prévoit expressément dans son article 16. Je dois vous dire que, pour l'essentiel, je ne le trouve pas très différent de notre article 168. Qu'en pensez-vous ? » Le prenant à son jeu, je lui ai répondu : « Monsieur le président et cher collègue, je ne représente pas ici la France, mais une organisation non gouvernementale. Vous saurez que la Ligue et la Fédération internationale des ligues des droits de l'homme se sont toujours opposées à cet article 16 et qu'elles réclament son abrogation, tout comme moi-même, d'ailleurs, en tant que citoyen français. »

Après cette passe d'armes, Silva Ledesma nous donna congé, visiblement satisfait d'avoir paru mettre dans son camp le général de Gaulle

– lequel n'aura pourtant appliqué l'article incriminé qu'assez symboliquement, face au putsch avorté des « généraux félons » en 1961, et non pas face aux contestations culturelles et sociales de Mai 68.

1975 : la terreur argentine à l'heure de la « Triple A »

Quelques mois plus tard, en mai 1975, je fus embarqué, avec les avocats Daniel Jacoby, Étienne Jaudel et Léopold Alsentstein, dans une autre mission de la FIDH chargée d'enquêter en Argentine sur les exactions commises par les escadrons de la mort de la sinistre « Triple A » (Alliance anticommuniste argentine). L'Argentine était alors présidée par Isabel Martínez de Perón, dite « Isabelita », qui avait pris le relais de son mari Juan Domingo Perón, le fameux leader populiste des années 1945-1955, revenu au pouvoir en mai 1973 et décédé en juillet 1974. Isabelita était tombée sous le joug de son âme damnée José Lopez Rega (1916-1989), le ministre du Bien-Être social – dit *El brujo* (le sorcier) à cause de son goût pour l'occultisme – et terrible praticien de la terreur d'État. De 1973 à 1976, cet ancien policier, homme à tout faire du caudillo puis de sa veuve, fut l'organisateur secret de centaines d'assassinats d'Argentins de gauche et de militants réfugiés des dictatures voisines.

En 1974, les péronistes de gauche du mouvement des Montoneros avaient révélé que ce ministre d'Isabelita dirigeait en secret les commandos d'extrême droite de la Triple A, bénéficiant de mille complicités dans les organes d'État, comme leurs équivalents en Uruguay quelques années auparavant (on ignorait alors que Lopez Rega avait été lié, lors de son séjour à Madrid aux côtés de Perón, avec la fameuse Loge P 2 italienne et avec certains truands de la French Connection). L'année suivante, face à l'insurrection dans la région de Tucuman de l'ERP (Armée révolutionnaire du peuple, une organisation guévariste trotskisante), le premier décret signé le 5 février 1975 par Isabel Perón pour « éliminer la subversion » prolongea l'action de la Triple A et étendit à toutes les armées ses méthodes d'exécutions sommaires et de torture : ce fut l'ouverture d'une période d'« anéantissement de tous les subversifs », systématisée à partir du coup d'État de mars 1976, quand les généraux reprirent tous les pouvoirs pour exercer sept ans durant une redoutable dictature.

Notre mission de 1975 se situa juste avant ce basculement, à la fin de la période de ce terrorisme d'État « mitigé », si j'ose dire. Elle avait été inaugurée en mars 1971, sous la junte du général Alejandro Lanusse

(1918-1996) et avant le grand malentendu du retour éphémère d'un Perón au bord de la mort, par le massacre de Trelew, perpétré de sang-froid par des officiers de la Marine, le 22 août 1972.

Ma visite clandestine à la « madone » rescapée de Trelew

Au cours de cette mission, en gage de remerciement, les Montoneros décidèrent de me faire un honneur insigne, quasiment mystique de leur point de vue : ils m'invitèrent à rencontrer, dans le secret le plus hermétique, celle qu'ils appelaient l'« héroïne de Trelew ». Le massacre de Trelew, ville du désert de Patagonie, était l'événement emblématique de l'époque, divisant les Argentins en deux camps inconciliables. Le poète argentin Juan Gelman a écrit ces vers célèbres dans ses *Gloires*, repris dans la *Cantate du chant du coq* du Cuarteto Cedrón : « On pourrait en parler pendant des heures, de cette histoire/ [...] Pensez-vous qu'il ne coule plus, le sang des seize fusillés de Trelew ?/Dans les rues de Trelew et les autres rues de ce pays/Est-il un seul endroit où ce sang ne coule plus ? »

Dans la prison de Rawson, proche de Trelew, le régime détenait ses « pires » prisonniers politiques. Le 15 août 1972 résonna donc comme un coup de tonnerre pour tous les Argentins. Ce jour-là, l'ERP et les Montoneros déclenchèrent ensemble une action spectaculaire : l'évasion générale d'une centaine de détenus. Mais l'opération tourna au fiasco, par un défaut loufoque de coordination. Seuls vingt-cinq prisonniers parvinrent à rejoindre Trelew, dont dix-neuf en taxi ! L'armée encercla la zone et reprit le contrôle de la prison de Rawson, sans pouvoir empêcher six évadés de marque de gagner le Chili d'Allende, puis Cuba, en détournant un avion sur l'aéroport de Trelew.

Le 22 août, les dix-neuf évadés qui avaient « manqué » cet avion finirent par se rendre aux fusiliers-marins dans la zone de l'aéroport, au terme de négociations menées avec le juge Alejandro Godoy, au vu et au su de nombreux journalistes. Et la nuit même, ils furent abattus au fusil-mitrailleur sur la base de Trelew ! Trois d'entre eux survécurent à leurs blessures : Alberto Miguel Camps (qui sera tué dans un affrontement en 1977), Ricardo René Haidar (« disparu » en 1982) et María Antonia Berger (« disparue » en 1979). Transférés à Buenos Aires, à la prison centrale de Villa Devoto, ils furent libérés fin 1972, grâce à leurs avocats, suite à l'effondrement de tous les faux-fuyants affichés par l'armée pour justifier un tel massacre.

Mais les escadrons de la mort adoptèrent alors le slogan « Le sang versé n'est pas négociable », qui revenait à mettre un « contrat » prioritaire sur les trois rescapés et sur les avocats qui les avaient défendus, ainsi que les familles des seize assassinés. Inutile de dire les précautions extrêmes que m'imposèrent mes correspondants pour m'emmener voir « la » Berger, cible affichée de la Triple A. Une visite exceptionnelle que je n'avais pas réclamée, mais dont je mesurais ce qu'elle représentait pour eux. María Antonia, disait-elle d'elle-même, était une « têtue », jusqu'à avoir écrit plusieurs fois de son propre sang, sur un mur de la base où elle gisait après le massacre, le slogan « LOMJE » (« Libres ou morts, jamais esclaves »).

Dans la pénombre très secrète d'un studio de Buenos Aires, j'ai donc pu parler avec cette jeune femme de trente-trois ans, qui incarnait pour les Montoneros la « révolution argentine ». Il lui restait quatre ans à vivre. Et, pour essayer d'y voir plus clair sur ce massacre, j'ai aussi rencontré clandestinement Me Eduardo Duhalde, le second avocat du procès de Trelew. Le premier n'était plus là pour témoigner : mon ami Rodolfo Ortega Peña était tombé victime de la Triple A, le 31 juillet 1974, mitraillé sans merci en plein cœur de Buenos Aires.

En 1975, nous avons pu ramener, déjà, une liste de quatre-vingt-deux noms de militants « disparus », en fait exécutés par la Triple A. Les enquêtes suivantes évalueront à plus de trois cents le total des exécutions, rien que pour cette période de prélude au déchaînement des militaires après le coup d'État de l'année suivante.

Les « jaunes » démasqués de Villa Devoto

Grâce à l'« entre-deux » du régime d'Isabelita, nous avons obtenu, avec une latitude assez exceptionnelle, d'effectuer une visite approfondie de la prison de Villa Devoto, laquelle fut pour moi la première d'un lieu de détention à l'étranger. Avec cette expérience, j'ai commencé à comprendre les règles du jeu de ce type d'enquête très spéciale. Elle me permettra de jeter les bases de ce qui deviendra bien plus tard le vade-mecum du « parfait enquêteur carcéral ». Dans le cadre de l'ONU, j'établirai en 2002 ce document à usage interne pour initier d'autres enquêteurs aux contraintes et aux pièges de cet exercice difficile. Encore faut-il pouvoir accéder aux prisonniers.

Cette fois-là, le directeur de la prison nous a permis d'opérer, sans guère de précautions, dans le quartier des « politiques ». C'était une immense salle, flanquée latéralement d'une série de cellules spéciales. Il nous a laissé interviewer, dans ce genre d'atrium, toutes cellules ouvertes, des dizaines de détenus qui discutaient entre eux sans contraintes visibles. J'ai eu la chance d'y repérer immédiatement un prisonnier que je connaissais. Je l'avais croisé à Paris comme étudiant en sociologie de l'École des hautes études en sciences sociales. Il avait alors dîné chez nous avec son professeur, Alain Touraine.

Je l'abordai donc le plus naturellement du monde : il gardait un souvenir très vif de la soirée chez nous. Passant très vite à l'étape suivante, je lui ai expliqué brièvement que j'étais en mission pour la FIDH et je lui ai posé une question urgente : « Y a-t-il des "jaunes" parmi vous ? » C'est-à-dire de faux prisonniers, glissés parmi les autres pour biaiser notre enquête, voire pour nous piéger par de fausses « révélations ». « Oui, me dit-il : cinq ou six. » « Alors, convenons de ceci : quand je choisirai des prisonniers pour les interroger, si c'est un "jaune", tu passeras ta main dans le col de ta chemise pour me le signaler. »

Tout au long de l'après-midi, nous en avons interrogé une bonne trentaine sur les motifs de leur arrestation, la manière dont la police les avait traités et leurs conditions de détention. À chaque nouveau détenu, je jetais un œil discret sur mon jeune ami sociologue et lorsqu'il s'agissait d'un « jaune », comme convenu, il remettait en place, d'un geste très furtif mais naturel, le col de sa chemise. Deux de ces « jaunes » me firent le numéro de la prison modèle. Deux autres crurent pouvoir me piéger : ils me déclinèrent des tortures qu'eux-mêmes avaient prétendument subies, ainsi que d'autres détenus, dont les noms étaient inventés. Si nous les avions tenus pour avérés, ces cas auraient gravement décrédibilisé notre rapport. Et c'est avec un certain plaisir, je l'avoue, que j'ai ainsi manipulé, par mon silence faussement crédule, ceux qu'on avait chargés de me manipuler ! Cette expérience me servira notamment en Iran en 2003, où je saurai subodorer, aux regards entre elles des autres prisonnières, la présence imposée d'une manipulatrice : j'en interromprai la mission en provoquant un miniscandale (voir *infra*, chapitre 20).

J'ai eu connaissance après coup d'un autre type de manipulation, réussi celui-là. Après le retour de la démocratie en Argentine, lors d'une réception chez des amis à Buenos Aires, un de leurs invités s'approcha de moi, l'air intrigué : « Excusez-moi, vous êtes Louis Joinet ? » « Certes », lui répondis-je. « Ce n'était donc pas vous qui êtes venu me voir quand j'étais prisonnier à Villa Devoto ! » Trois ans après notre mission, un « visiteur » s'était fait passer pour moi. J'ai appris par la suite que ce « pseudo-Joinet » était un Argentin employé en toute bonne foi par le consulat de France :

les services secrets argentins l'avaient utilisé pour diverses missions d'infiltration, à l'insu des autorités françaises.

Dans la cellule-chapelle d'un syndicaliste inspiré, Raimundo Ongaro

Le 7 mai 1975, la police avait arrêté à Buenos Aires le grand syndicaliste Raimundo Ongaro. Il était le leader des *graficos*, les typos du syndicat « du livre », comme on dirait en France. Et comme souvent parmi les typos, dans tous les pays au XXe siècle, il était autant un syndicaliste qu'un homme de culture, artiste et musicien (pianiste en l'occurrence). Grand orateur et personnalité charismatique, non dénué de passion mystique. Je me devais de le rencontrer, ce que j'obtins facilement. Pourtant, le jour même de son arrestation, son propre fils avait été abattu par les tueurs de la Triple A, pas loin de l'hôtel où nous logions.

Dans la prison centrale de Villa Devoto, on l'avait installé dans une cellule très à part. Quand le gardien m'y fit entrer, je découvris qu'Ongaro y avait édifié une sorte d'autel, avec une statue de la Vierge chargée d'*ex-voto*, montant jusqu'à la voûte. Il avait fait de sa cellule une cathédrale illuminée de cierges, où les gardiens ne se risquaient pas à interrompre ses prières. À la fin de l'entretien, sa parole étant à l'avenant des « lumières » de l'Esprit dont il se réclamait, il nous a raccompagnés dans le couloir comme s'il était chez lui... Et là, huit surveillants formèrent une haie d'honneur, se mettant au garde-à-vous pour le saluer avec respect !

Dans ma vie, je n'ai connu un tel charisme qu'avec Otelo de Carvalho, l'homme de la « mutinerie des capitaines » qui réveilla le Portugal en avril 1974. Ou en 1999 avec Xanana Gusmão, le leader indépendantiste de Timor-Est qui deviendra en 2002 le président de cette République : quand je l'ai visité dans sa prison indonésienne de Djakarta, le directeur manifestait à son égard un respect si démonstratif qu'il le traitait déjà en chef d'État.

Qu'on sache au moins de Ongaro, libéré le 29 août 1975 puis exilé au Pérou, que je l'ai entendu lancer en 1976, en guise de conclusion époustouflante, du haut de la tribune d'un meeting auquel je participais à Madrid : « Si le Christ était argentin, il serait Montonero ! »

À l'Hôtel Presidente, le fantôme du « Grand Blond »...

À l'Hôtel Presidente, où nous avions pris des chambres très classiques de voyageurs internationaux, l'ambiance était lourde et inquiétante. Le hall était rempli de personnages patibulaires qui ressemblaient à des espions de comédie, embusqués derrière des journaux qu'ils ne lisaient jamais. Si je n'avais pas su que les tueurs couraient les rues de Buenos Aires à la chasse aux « subversifs », je me serais vraiment cru dans un mauvais remake du film *Le Grand Blond avec une chaussure noire* (1972).

Et pourtant, c'était bel et bien le temps des assassins, en complicité avec toutes les polices. La police de Buenos Aires était à cette époque équipée de Ford Falcon vertes avec des plaques rétractables. Elle montait des opérations de rafles en faisant converger des dizaines de ses « Falcon » banalisées sur la même rue pour refermer la nasse comme une tenaille. Plusieurs des organisations de soutien aux Montoneros et à l'ERP avaient loué un salon particulier dans cet hôtel très surveillé, pour être auditionnées par notre mission sur les violations des droits de l'homme dont ils étaient l'objet. Les libertés publiques, dont celle de réunion, n'avaient pas été abolies, mais on ne pouvait pas se réunir sans tenir le plus grand compte de la terreur ambiante.

Chaque participant n'avait pénétré dans la salle qu'en ayant été préalablement informé, non pas tant de l'ordre du jour que du « plan d'évacuation d'urgence »... Je l'ai testé comme à l'exercice : il y a eu une fausse alerte et, en quelques secondes, je me suis retrouvé tout seul dans cette salle de conférences, tous les intervenants, très entraînés à la manœuvre, s'étant immédiatement mis à l'abri.

Le souvenir du « Cordobazo »... ou comment s'en débarrasser

À la fin de cette mission, on m'a fait un autre cadeau. Le matin de notre départ, une jeune « montonera » vient me serrer la main dans le hall de l'hôtel pour encore me remercier « au nom de tous les camarades ». Là, je sens que subrepticement, elle me glisse dans la main un petit objet froid. Elle me déclare, avec des étincelles dans les yeux : « Recevez ce petit souvenir du Cordobazo ! » C'était la grande « Commune » ouvrière qui se déclencha à Cordoba le 29 mai 1969, menant à une grève générale dirigée par les péronistes, face à laquelle les généraux durent passer d'une junte à l'autre, avant de se résoudre au retour du vieux Perón.

Moi, je reste la main serrée sur ce *regalo* mystérieux, oblong et métallique... Puis, j'effectue très vite un détour par les toilettes, où je constate ce que je craignais : c'est bien une cartouche, une vraie, qui plus est, non percutée ! Pas question de prendre l'avion avec ce genre de « cadeau » qui me mettrait derrière les barreaux à la moindre fouille policière ! Je tente de m'en débarrasser en la jetant dans les WC. Sauf que la balle résiste à la chasse d'eau ; rétive, façon « cordobazienne », elle me nargue depuis le fond de la cuvette, où je dois la repêcher ! Me voilà dans le taxi avec la cartouche dans la poche, que j'espère bien pouvoir jeter très rapidement. Mais nous sommes évidemment suivis par une voiture banalisée de la police. J'ai dû attendre le premier grand tournant à angle droit pour sortir du champ de vision de ces suiveurs très collants et pour me séparer enfin de la balle baladeuse, cueillie à Cordoba en son temps des cerises.

L'irruption tonitruante du commandante *Vaca Narvaja*

On comprend que les Montoneros ont été très déçus, quelques années plus tard, quand ils sollicitèrent mon expertise pour une consultation de droit international sur le statut juridique de leur lutte. Leur objectif était de savoir s'ils pouvaient être reconnus, officiellement, en tant que mouvement de « libération nationale ». Ils espéraient à ce titre revendiquer certains droits dans la communauté internationale... Je pris la chose très au sérieux, allant jusqu'à leur demander la communication de documents internes, dont le « règlement de procédure » de leur « tribunal militaire ». Et je leur rendis un rapport qui concluait... négativement.

Il leur manquait en effet un critère essentiel vis-à-vis des conventions de Genève de 1949 fixant le droit de la guerre : celui d'administrer une « zone libérée », si petite soit-elle, sur le territoire argentin. Il s'agissait d'un raisonnement strictement juridique : introduire dans ce cas des raisonnements politiques aurait conduit à se fourvoyer gravement. Les mouvements type Montoneros ne peuvent se réclamer que de l'article 3 commun aux quatre conventions de Genève, un article applicable aux conflits « non internationaux ». Il énumère les dispositions humanitaires de base censées s'appliquer dans ce type de conflit, mais il précise explicitement : ces dispositions « sont sans effet sur le statut juridique des parties en conflit ».

Il est vrai que j'avais eu à exprimer par ailleurs aux Montoneros, hors consultation, mon profond désaccord avec certaines de leurs pratiques d'« argent facile » : ils rançonnaient des entrepreneurs, souvent en toute complicité avec leurs victimes ! Car la loi argentine de l'époque autorisait les P-DG à déduire leurs rançons de l'impôt sur les sociétés ! (Un grand patron, en Argentine, avec qui j'étais en confiance, m'avait expliqué la « combine ».) Cela m'avait conduit à déclarer à des Montoneros : « Je regrette que vous confondiez militantisme et fraude fiscale ! » L'entretien en resta là.

Ils étaient prisonniers, dans leurs symboliques, d'une pensée symétrique du militarisme, s'alignant sur les grades, insignes et rituels de leurs adversaires avec un mimétisme rebutant. Comme si ce démarquage allait leur assurer l'application d'une des conventions de Genève... Dans leur décalque de l'armée, ils allèrent jusqu'à nommer un « aumônier général » de l'armée des Montoneros. Je le sais pour avoir été consulté par l'ordre religieux auquel appartenait cet « aumônier », alors exilé à Paris. Je les ai prévenus qu'il courait de grands risques. Il avait le projet de rentrer en Argentine par la filière du Paraguay, laquelle était très surveillée : les habitants de la région étaient infiltrés par le « bataillon d'intelligence 611 », spécialisé dans l'enlèvement des exilés qui tentaient, par cette voie, le retour au pays. Mais cet « aumônier » passa la frontière du côté des chutes d'Iguaçu, dans la jungle la plus profonde, où il disparut à jamais, probablement tombé dans les filets de ses tortionnaires.

Le ridicule de leur mimétisme se manifesta, un jour, jusque devant ma porte ! Quand le représentant des Montoneros se présenta chez moi, à Paris, pour prendre connaissance des conclusions de mon expertise, il se crut obligé de me saluer démonstrativement, en claquant les talons : à peine avais-je ouvert la porte, que résonna, comme un coup de clairon, son viril et vibrant « *Commandante* Vaca Narvaja ! De l'armée montonera ! ». Je le fis prestement pénétrer dans l'appartement, tout en lui demandant de baisser la voix d'un ton. Ce qu'il fit sur le mode le plus maussade, au fur et à mesure que je lui exposais mes conclusions juridiques négatives. Malgré mes arguments d'un juridisme strict, il me tint visiblement pour un « traître à la cause ».

Par la suite, j'ai été très choqué par le « procès » que les Montoneros instruisirent en 1979 contre leur plus merveilleux poète. Ravageant douloureusement son exil madrilène, ils ont traduit le poète Juan Gelman devant leur « tribunal » militaire révolutionnaire, sous le prétexte de « désertion sur le front idéologique » ! J'ai bien connu Gelman et j'ai pour lui beaucoup d'admiration. Il aura consacré une partie de sa vie à la recherche de sa belle-fille, « disparue » en 1976 en Uruguay, alors même qu'elle était enceinte. Ce n'est qu'en 2008 qu'il retrouva sa petite-fille, Macarena, devenue depuis une amie. Elle avait été adoptée de force en Uruguay, dans le cadre du Plan Condor, par une famille « bien sous tous rapports » qui était censée en faire une « bonne » petite nationaliste, selon le sort que la dictature réservait, ignoblement, aux enfants des disparus.

La bouée de sauvetage d'un simple numéro de téléphone et l'interminable calvaire des marins de Valparaiso

Pour en revenir à cette mission de 1975, j'ai pu mesurer alors le courage exemplaire de juristes de Buenos Aires (alors que certains magistrats prêtèrent activement la main aux crimes de la dictature ; certains d'entre eux seront condamnés pour ces motifs par leurs collègues après le lent retour vers un régime démocratique...). J'ai notamment rencontré une femme exceptionnelle, la première Argentine à être devenue magistrat : María-Luisa Walger. Elle présidait une chambre de la cour d'appel de Buenos Aires. Maria-Luisa m'avait longuement interrogé sur le Syndicat de la magistrature et nous avions dressé des plans pour commencer à lui donner un équivalent argentin, sous une forme semi-clandestine.

La juge Walger fut arrêtée sous la dictature, de façon brutale, en pleine rue. Avant d'être emmenée, elle avait eu le temps de crier à la cantonade, à pleins poumons, à plusieurs reprises... un numéro de téléphone. Un témoin anonyme recueillit ce numéro et, finalement, quelqu'un l'appela ; il put prévenir ainsi la FIDH de cette arrestation. Laquelle put envoyer un émissaire pour repérer le lieu de détention de María-Luisa et réclamer sa libération. Après négociations, elle fut expulsée vers l'Allemagne de l'Est, où elle eut à souffrir d'un autre type de régime policier qui lui devint très vite insupportable. Elle a fini, je crois, par passer en Espagne avant de rejoindre l'Argentine avec le retour de la démocratie.

D'où une petite digression : cette bouée de sauvetage ultime qu'offre parfois un simple numéro de téléphone dans des cas d'arrestation menaçant de se transformer en « disparition » me rappelle un autre cas, concernant la Bolivie. Le numéro en cause, en l'occurrence, c'était le mien. Je l'avais toujours diffusé largement autour de moi, dans mes diverses missions. Ne serait-ce que pour ce seul cas, je n'ai pas à le regretter.

Un jour de 1981, le téléphone sonne à la maison. Au bout du fil s'exprime, tant bien que mal, une réfugiée bolivienne complètement désemparée et dont la Police de l'air et des frontières (PAF) ne sait que faire. Elle vient de débarquer à l'aéroport de Roissy sans le moindre papier et dans un état lamentable : la dictature bolivienne l'a extraite de sa prison et jetée dans l'avion comme un sac de linge sale ! Au terme d'une longue grève qui avait embrasé toute la Bolivie, elle se trouve faire partie d'une douzaine de syndicalistes, libérés ainsi à l'improviste. La pression internationale avait fini par obtenir quelques libérations, mais la junte du général Luis García Meza les avait concédées sans respecter aucun usage. Comme si, la décision prise, elle n'avait eu que le souci de s'en débarrasser le plus vite possible. Heureusement que cette militante avait sur elle ce papier chiffonné où l'aumônier de la prison lui avait griffonné, juste avant son expulsion, mon numéro de téléphone. Ce qui m'a permis de la tirer d'affaire.

On mesure mal l'importance vitale, pour les emprisonnés des dictatures, que représente le moindre signe de solidarité. En 1973, j'en ai appris un témoignage terrible et magnifique par des marins de Valparaiso. J'étais arrivé en retard à une conférence de presse qui s'était tenue à Paris pour annoncer la création d'un Comité de soutien aux marins de Valparaiso. Ces marins du Chili avaient eu l'audace de s'opposer au putsch de Pinochet... avant même qu'il n'ait lieu : ils s'étaient mutinés contre leurs chefs pour soutenir le régime démocratique d'Allende, au cours d'un des préludes au coup d'État qui s'était déroulé dans la grande base navale de Valparaiso. Ils étaient depuis aux arrêts, enfermés dans un effroyable bateau-prison, et le fait que tout le pays était tombé ensuite aux mains des généraux et des amiraux félons ne présageait rien de bon pour ces « mutins » légitimistes.

J'arrive donc en retard à cette conférence, mais pas assez pour ne pas y croiser un journaliste de Radio Suisse Internationale, dont j'ignorais l'impact. Il m'apprend que la conférence est terminée, mais qu'il souhaite quand même m'interviewer. Je lui annonce la création de ce Comité de soutien aux marins de Valparaiso. Or cette radio est relayée à New York et à Miami par diverses radios... Que ces marins de Valparaiso finiront par capter sur leur bateau-prison. Eux qui croient, dans leur isolement terrifiant, que le Chili et le monde entier les ont abandonnés depuis des mois, jusqu'à les oublier, découvrent qu'à Paris on se préoccupe de leur sort ! Cela les encourage à engager un minimum de résistance clandestine qui les aidera, au final, à tenir le coup. C'est ce que l'un de ces marins me racontera trois ans après. Conclusion : obstinez-vous à vous mobiliser pour les victimes des dictatures, fussent-elles du bout du monde et même si leur cause paraît pire que désespérée !

Témoignages à Rome contre les barbares galonnés de Montevideo

En 1975, j'ai été contacté par le « Tribunal Russell II sur la répression au Brésil et en Amérique latine » pour devenir son rapporteur sur l'Uruguay. Cette nouvelle édition du « tribunal » international fut lancée à l'initiative du sénateur italien Lelio Basso, non pour « juger » mais pour « soumettre à l'opinion internationale » les crimes des dictatures d'Amérique latine (c'est sur sa lancée que la Fondation Lelio Basso prendra le relais en 1979 avec son Tribunal permanent des peuples). Entre 1974 et 1976, il tint trois sessions sur les violations des droits de l'homme dans les pays du Cône Sud – Argentine, Bolivie, Brésil, Chili, Paraguay, Uruguay –, dont la dernière, consacrée notamment à l'Uruguay, se tint à Rome en janvier 1976. Dans ce cadre, je pris en charge deux témoins décisifs sur les crimes de la dictature uruguayenne : le sénateur Zelmar Michelini et l'éblouissante militante que fut la jeune Norma Scopise de Couchet.

Michelini, cinquante et un ans, était un homme politique et journaliste uruguayen engagé, dirigeant du Frente Amplio. Ayant échappé à plusieurs tentatives d'assassinat montées par les « escadrons de la mort » d'extrême droite, dont une au bazooka contre son domicile, il avait dû s'exiler en 1973 en Argentine, où son espérance de vie restait conditionnée par l'état des relations entre services de renseignements du Cône Sud, coordonnés depuis la fin 1975 par le « Plan Condor [4] », même si la coopération transnationale entre les divers escadrons de la mort de ces six pays venait de loin, *via* la CIA. Il en allait de même pour tous les militants uruguayens passés au Brésil ou en Argentine, et aussi, après le coup d'État du général Pinochet du 11 septembre 1973, pour ceux réfugiés au Chili. Parmi les réfugiés en Argentine, j'avais demandé que soit citée comme principal témoin Norma Scopise, alors âgée de vingt-quatre ans. Son mari tué devant elle lors de leur arrestation, elle avait passé des mois dans les mains de ses tortionnaires. Conscients des risques qu'elle courait, nous avions prévu, par précaution, de filmer à Paris son témoignage sur la torture, afin de le projeter sur écran lors de la session sur l'Uruguay au « tribunal » de Rome, son nom étant anonymisé et son visage dûment flouté.

Face à la caméra, elle entama son témoignage, de plus en plus poignant. Au bout de dix minutes, elle craqua et interrompit le tournage. Quand elle revint, rassérénée et pleine d'énergie, ce fut pour nous

---

4 Voir John Dinges, *Les Années Condor*, *op. cit.*

expliquer qu'en témoignant de cette façon, elle aurait fait le jeu de la dictature ! Ce qu'elle voulait dire par là, en quelques mots d'une rare intensité, c'était que la torture n'était pas seulement destinée à arracher des informations afin de démanteler des structures clandestines : c'était aussi et surtout une arme de terreur de masse. Les militaires tenants des méthodes de « contre-insurrection » n'hésitaient pas à continuer de torturer des hommes et des femmes dont ils n'attendaient plus rien, ni à prolonger les pires humiliations bien au-delà de toute logique de « renseignement ». Ils visaient ainsi à terroriser la population, pour provoquer des réactions de peur et d'adhésion fataliste à l'ordre établi. Le floutage lui paraissait donc comme une façon d'emmener sa prison avec elle et d'apporter ainsi de l'eau au moulin de la terreur. Elle décida donc de témoigner à Rome à visage découvert, en femme libre, jouant le jeu de ce « tribunal » qui pourrait « condamner » publiquement ses tortionnaires.

À Rome, son témoignage et celui de Michelini tétanisèrent la salle. Le silence qui se fit durant leurs interventions accabla les barbares galonnés de Montevideo, chaque phrase de Norma et Zelmar y résonnant comme un défi lancé par des Uruguayens à la face de la dictature. Joignant sa voix à celle de Norma, Michelini conclut ainsi : « Devant ce tribunal, nous représentons tous ceux qui n'ont pas pu venir, parce qu'ils ont disparu de la face de la Terre, assassinés par ce régime, ceux qui n'ont pu se déplacer parce qu'ils ont été mutilés, ceux qui ne pourront plus se faire entendre parce qu'ils ont perdu la raison, victimes des tourments qu'ils ont dû endurer... Notre voix est celle de tous ceux qui ont souffert au point de ne même plus pouvoir crier toute leur révolte. Mais leur voix n'est pas seulement une voix d'accusation et de condamnation : elle est aussi la voix de l'espérance. »

Nous pensions, bien à tort, que son statut de sénateur et sa renommée à travers l'Amérique latine, accrue par son discours de Rome, le protégeraient des complots des militaires. Norma nous paraissait plus exposée que lui. En la raccompagnant à son hôtel romain, ce soir-là, je ne pus m'empêcher de lui faire part de mes graves craintes pour son retour à Buenos Aires, où ma mission de 1975 m'avait fait découvrir la violence répressive du régime d'Isabelita. Sa réponse, prémonitoire, fut sans détour : « S'ils viennent pour m'arrêter, me dit-elle, je prie le ciel qu'ils me laissent le temps de me supprimer... Plutôt mourir que d'être à nouveau torturée ! »

Ultime fuerte abrazo *avec le sénateur Zelmar Michelini*

Ma seconde mission en Argentine, menée six semaines après le coup d'État militaire du 24 mars 1976, avec le juge Philippe Texier pour le compte de la FIDH, ne put que constater l'étendue des dégâts commis par le général Jorge Rafael Videla et ses complices dans leur sale guerre « civilisatrice », consistant à éliminer de la société argentine « tous les subversifs, puis leurs sympathisants, puis leurs amis, etc. ». Un projet terroriste fou. De 1976 à 1983, on comptera quelque 100 000 torturés et 10 000 exécutés ouvertement pour 30 000 « disparus » (sans retour), dont nombre d'entre eux jetés d'un avion en haute mer.

Face à cette junte issue d'une droite catholique classique, rangée derrière un nonce apostolique favorable à la dictature comme « rempart au communisme », des membres influents de la communauté juive l'avaient d'abord vue comme un moindre mal vis-à-vis de l'extrême droite. Mais ils constateraient bientôt qu'ils s'étaient tragiquement trompés. Philippe Texier avait obtenu que nous rencontrions un grand patron de presse de Buenos Aires, Jacobo Timerman (1923-1999), fondateur du quotidien *La Opinión*, qui défendait alors ce point de vue du « moindre mal ». Il ne voulut pas en démordre. Mais un an plus tard, le 14 avril 1977, il fut enlevé et torturé par des agents de la dictature et ses journaux furent fermés. Détenu clandestinement pendant deux ans, il témoignera de son calvaire dans un livre douloureux : *Prisonnier sans nom, cellule sans numéro* [5].

À Buenos Aires, avec les précautions qu'on imagine, je pus alors rencontrer à nouveau, avec une joie intense, mes deux amis uruguayens, Norma et Zelmar. Ce fut la dernière fois. Quelques jours plus tard, le 18 mai 1976, Zelmar Michelini fut enlevé à sa résidence habituelle de l'Hôtel Liberty, où je l'avais déjà rencontré un an avant. Même non revendiqué, le rapt était signé. Quelques jours plus tard, son corps fut retrouvé, abandonné sur la voie publique. J'avais pour lui une piété filiale. À chaque fois, depuis lors, que j'ai eu à repasser par Buenos Aires, je n'ai jamais manqué d'aller me recueillir devant la plaque apposée en sa mémoire sur cet Hôtel Liberty, où nous échangeâmes notre ultime *fuerte abrazo*.

5 Jacobo Timerman, *Prisoner without a Name, Cell without a Number*, Weidenfeld & Nicolson, Londres, 1981.

Requiem pour Norma, défenestrée du Plan Condor

Pour Norma, le pire advint. Le 23 novembre 1976, jetant un coup d'œil dans la rue, elle constata que son immeuble était cerné par les soldats. Comme annoncé à Rome, elle décida de se suicider, se jetant par la fenêtre du troisième étage. Mais ce jour-là, la mort ne voulut pas d'elle. En me remémorant la soirée où Norma, à Paris, était sortie du champ afin de nous convaincre qu'elle témoigne à visage découvert, je n'ai jamais cessé, depuis lors, de tenter de savoir ce qu'elle était devenue.

À titre personnel et confidentiel, un de mes amis, représentant du Comité international de la Croix-Rouge, m'a aidé dans mes recherches. Après trois ans d'investigations, nous avons réuni quelques rares éléments : selon ses voisins, Norma était encore vivante après sa défenestration, bien que souffrant de très graves fractures sur tout le corps ; elle aurait été évacuée vers l'un des hôpitaux militaires de la région de Buenos Aires. Plusieurs mois après, un militaire s'est présenté à sa famille en promettant, contre rémunération, de lui donner des nouvelles d'elle. Il a fini par leur lâcher des détails invérifiables, puis il a refait surface une autre fois, porteur d'un morceau de papier où étaient griffonnés ces trois mots : « *Papa, todo bien.* » Ce « tout va bien » laconique ne constituait pas une preuve de vie datée ; mais selon ses proches, ce papier semblait authentique, écrit de la main de Norma. Depuis, plus rien. Norma Scopise de Couchet a ainsi rejoint la longue et terrible cohorte des milliers de disparus des années 1970 en Argentine.

8

Dans le combat pour la fin des dictatures latino-américaines

En février 1977, j'eus à me rendre en urgence au Brésil, avec Me Mario Stasi (1933-2012), du barreau de Paris, afin d'enquêter pour le compte de la FIDH sur les événements du quartier Lapa, à Rio : le 16 décembre 1976, la police de la junte militaire y avait donné l'assaut, à grand fracas, dans la rue Pie-IX, à un local secret du PCdoB (Parti communiste du Brésil, très marqué par le maoïsme) où son comité central clandestin était réuni au complet. Trois militants y avaient été tués et plus d'une trentaine arrêtés, à cette adresse ou les jours suivants dans Rio, dont dix-huit de leurs dirigeants. Leur défense était assurée par un ténor du barreau de Rio, Me Luiz Eduardo Greenhalgh. Sur place, je faisais équipe avec une avocate brésilienne dont le pseudo était « Juliana ». Nous entreprîmes notre enquête sur cet assaut sanglant et ses suites désastreuses.

Brésil, 1977 : la fouille à corps de Mario Stasi et la vieille dame très digne

Très vite, survint un incident de mauvais augure. Nous avions rendez-vous à São Paulo dans une communauté de base, un de ces groupes de militants catholiques en milieu populaire se réclamant de la théologie de la libération. Une averse soudaine nous avait retardés, se changeant brutalement en déluge. Quand nous arrivâmes enfin sur le lieu du rendez-vous, ces ateliers étaient cernés par la police ! Nous rentrâmes à l'hôtel sans nous faire repérer, mais Juliana était très inquiète. Elle se demandait avec angoisse si cette descente de police n'était pas destinée à nous piéger « en flagrant délit » et quelle surveillance rapprochée avait pu « les » conduire à nous devancer !

Au milieu de la nuit, des hurlements provenant de la chambre voisine me réveillèrent brutalement. Je me précipitai. Juliana, assise dans son lit, les yeux hagards, ruisselait de sueur. Son mari m'avait prévenu : certaines nuits, il lui arrivait de faire d'affreux cauchemars, hantés par les fantômes de ses tortionnaires. Il m'avait indiqué la conduite à tenir : je lui ai passé un linge humide sur le front et l'ai aidée à s'allonger. Assis à ses côtés, tout en lui caressant le front et les cheveux, je lui ai parlé sans arrêt, de ma voix la plus paisible, comme si je lui chantais une berceuse sans musique. Elle s'est finalement endormie comme un enfant calmé. L'aube d'un jour d'été se levait sur São Paulo, irisant les rideaux de la chambre 33 de ce petit hôtel.

Son soupçon lancinant parut se vérifier : j'étais convenu avec Mario Stasi, qui devait repartir le premier pour Paris, d'un rendez-vous téléphonique ; j'avais repéré, pour l'appeler à l'heure dite, une cabine d'où j'ai pu joindre discrètement son bureau parisien. Là, il m'apprit qu'à l'aéroport de Rio, la police brésilienne avait passé au peigne fin ses vêtements et bagages et pratiqué sur lui une fouille à corps intégrale, persuadée qu'il rapportait des documents compromettants pour le régime brésilien. Ce n'était pas le cas, fort heureusement, car nous avions décidé qu'il valait mieux que je sois seul à transporter ces documents.

Nous fîmes le point avec les avocats et décidâmes de mesures d'urgence : je quitterai mon hôtel, où j'étais surveillé de trop près, pour gagner discrètement la maison tranquille, en banlieue de Rio, du mari de Juliana, avocat lui aussi. Nous y ferions disparaître toute trace des documents que la police recherchait ; je demanderai, pour mon départ à l'aéroport de Rio, une aide consulaire à l'ambassade de France, qui puisse m'épargner le même traitement que Me Stasi. Mais comment faire sans broyeuse, en sachant que le feu attirait l'attention dans un tel voisinage ? Nous avons passé la nuit à déchiqueter tous ces papiers, puis nous les avons laissés macérer dans l'eau assez longtemps pour en tirer une bouillie que nous avons moulée en boules. Quiconque a eu à fabriquer des marionnettes de papier mâché saisira de quoi il retourne. L'opération nous mena vers l'aube, à discuter des arts de la rue et de la fabrication des guignols de carton bouilli. Finalement, dès potron-minet, nous avons effectué un petit tour discret des poubelles de ce quartier résidentiel.

Malgré ces précautions extrêmes, l'étau se resserrait autour de nous. Il fut donc décidé d'écourter cette mission, non sans avoir auparavant donné une conférence de presse pour alerter l'opinion publique. Juste avant de prendre l'avion, je devais réunir au moins quelques journalistes de confiance, opposés à la dictature. Fournir un lieu d'accueil à cette petite réunion était fort risqué. Contactée par un avocat, une vieille dame d'un âge canonique offrit de la tenir chez elle, dans sa cuisine. Cette veuve très âgée – dont on me tut le nom, par sécurité – était une militante jusque-là discrète, qui opérait ainsi un audacieux *coming out.* La conférence terminée (sans descente de police), je pris congé avec émotion de cette merveilleuse vieille dame. Embrassant son visage sillonné de mille rides, je la remerciai à nouveau pour son courage. « Rentrez tranquillement, mon fils, me dit-elle. S'ils viennent perquisitionner, ils ne trouveront rien du tout. Vous pensez bien qu'ils n'oseront pas torturer une femme de quatre-vingt-douze ans ! » Un tel sourire ne s'oublie pas.

Escapade conjugale au « paradis » d'Enver Hodja

Pour ce qui est des pays gérés sur le modèle soviétique, une visite tardive mais décisive, à l'été 1978, du plus petit de ces pays, mais le plus stalinien de tous, vérifia *in vivo* toutes les appréhensions que j'avais pu nourrir à leur égard. Je me suis trouvé embarqué dans une « visite » en Albanie. Il ne s'agissait en rien d'une mission d'ONG, ni d'une véritable enquête sur sa situation judiciaire : des amis d'un comité France-Albanie, qui avaient négocié cette invitation, avaient sans doute eu dans l'idée que j'en ramène une sorte de reportage militant.

Si j'ai finalement accepté, après bien des hésitations, c'est sans doute par curiosité vis-à-vis de ce concentré de « démocratie populaire », après avoir obtenu que je m'y rende avec ma femme et intégralement à nos frais. J'avais déjà eu ce réflexe, lors de mon aller-retour en 1973 dans le trop bref Chili d'Allende, de faire le voyage avec Germaine : suite à notre expérience commune en Algérie, il me semblait que notre couple, de plus en plus politisé, se devait de continuer, pour son propre équilibre, à partager certaines expériences majeures.

Il se trouve que les Albanais recherchaient alors désespérément des « amitiés » à l'étranger : après avoir rompu avec leur « grand frère » yougoslave dès 1953, puis avec le soviétique en 1957, ils venaient de rompre aussi avec leur « grand frère » chinois, fin 1977. Enver Hodja se retrouvait seul à construire son « socialisme » national et frugal, dans ses quatre vallées isolées sur l'Adriatique. Comme quoi toute « obstination » n'est pas bonne à soutenir, selon sa source et ses motifs. Il faut un peu d'ouverture aux autres, en se méfiant des paranoïas.

Pour la paranoïa, nous fûmes servis. On nous avait promis monts et merveilles quant à l'accueil qu'on nous préparait et aux moyens que l'on mettrait à ma disposition pour m'initier à la « justice populaire » albanaise. L'accueil fut avenant, dans les débuts, mais assez vite plus mitigé, et toujours policier à souhait. À peine étions-nous installés dans un hôtel de Tirana, que ma femme s'en « évada » ! Distraction ou provocation ? Sans doute un peu des deux, se renforçant l'une l'autre spontanément, dès qu'un cerbère prétendait limiter sa liberté d'action ou de pensée. Germaine fut rattrapée sur un marché, visité seule en toute innocence, et ramenée *manu militari*. Là, le maître d'hôtel qui la chapitra, lui répétant véhémentement les « consignes de sécurité », se révéla manifestement un agent patenté de la police secrète, la Sigurimi.

J'ai eu droit à un exposé idyllique sur les vertus du système albanais. Mais toutes mes questions sur les chiffres de la délinquance et le statut des prisonniers, sur les procédures judiciaires et l'indépendance des juges se heurtèrent à une surdité totale. Aucune statistique n'était disponible, y compris au niveau local, sur les moyens de cette « justice » ni sur ses résultats. Tout chiffre sur la délinquance disparaissait par « accident », tout comme la délinquance elle-même, disparue par enchantement ! Pas question de rencontrer aucun prisonnier d'opinion, ni « droit-commun » le plus ordinaire. Les digressions sur Enver Hodja et son amour pour la culture française tenaient lieu de réponses à toutes les questions.

Dans l'attente de nos « guides », nous étions confinés dans notre chambre d'un hôtel réservé aux étrangers, une *guest house* très contrôlée. Les routiers internationaux qui y étaient aussi cloîtrés le temps de leur transit par l'Albanie commencèrent à nous « initier » à demi-mot. Que faisaient-ils dans cette galère ? Ils venaient prendre en charge leurs cargaisons de cuisses de grenouilles – la grande ressource naturelle de l'Albanie d'alors, très *frenchy*, on le voit –, toutes vouées à l'exportation.

Tirana, en ces temps-là, était une capitale étrange. Si cette ville était sans automobiles, sauf de très rares voitures officielles, ce n'était pas vraiment pour des raisons écologiques... La nuit tombée, des milliers de cyclistes circulaient en tous sens, phares éteints. Nous nous enquîmes des motifs de cette carence bizarre. Un « interprète » osa nous répondre : « C'est pour mieux économiser nos réserves d'électricité. » Comme si les dynamos actionnées à l'huile de genou étaient comptées par le régime comme un confort individualiste, qui privait l'État socialiste de son absolu monopole sur toute forme d'énergie !

Invités à voyager à travers l'arrière-pays, nous rencontrâmes, bien sûr, quelques Albanais sympathiques, bien que triés sur le volet et chargés de nous présenter leur vie « à la Potemkine ». On nous a fait le coup de la visite du kolkhoze modèle : déjeuner à la ferme avec spécialités locales, après avoir « touché le cul des vaches ». Mais le Politburo n'avait pas compté avec... l'accordéon. À la fin d'agapes villageoises en l'honneur de « nos amis français », des militants-musiciens locaux sortirent leur guitare, leur violon ou leur accordéon. Et quand je m'emparais de l'instrument, tous s'extasièrent poliment devant mes « interprétations ». L'orchestre improvisé par la vertu de l'accordéon rendait un peu plus réelle la convivialité jusque-là télécommandée, même si la sincérité ne s'insinua pas vraiment entre nous pour autant. Mais comme l'accordéon, dans les montagnes des Balkans, ne va pas sans la slibovitch ou le raki, au bout de quelques verres, le discours qui perça n'avait plus rien à voir avec la langue de bois officielle. Au point que nous en vînmes à craindre pour nos interlocuteurs, quand ils se laissèrent aller à des blagues salées brocardant les apparatchiks.

Cet épisode sympathique ne fut, malheureusement, qu'un arbre de plein champ : il ne put nous cacher la forêt du mensonge. Nous en sommes revenus, s'il en était besoin, définitivement « vaccinés » contre les illusions du « socialisme réel ». Nos amis français pro-albanais, édifiés rapidement par nos premiers témoignages oraux, s'abstinrent prudemment de me réclamer un rapport, ni aucun reportage écrit, sur ce simulacre d'enquête. Il aurait été ravageur.

Où la « diva » de São Paulo me kidnappe à l'aéroport

En 1978, c'est encore Lelio Basso qui me parla pour la première fois, à Rome, du socialiste brésilien Miguel Arraes (1916-2005). Avec son allure renfrognée et sa carrure de taureau, cette figure historique du centre gauche brésilien vivait depuis mai 1965 en exil à Alger (suite à un refus de la France d'accueillir ce grand démocrate), après avoir été embastillé pendant plus d'un an par la junte brésilienne qui avait confisqué le pouvoir en avril 1964.

Miguel Arraes avait relancé ses contacts, de capitale en capitale, avec les très nombreuses communautés d'exilés brésiliens. C'était une gageure :

sous les coups de la répression, mais aussi sous l'influence du contexte international, les oppositions brésiliennes étaient éclatées en mille chapelles. La richesse historique et les aventures fantastiques des mouvements socialistes, travaillistes et communistes de cet immense pays qu'est le Brésil semblaient se difracter à l'infini. Arraes vint donc à Rome pour nous soumettre cette idée forte : après quatorze ans de dictature et d'étouffement des oppositions, il était temps qu'elles s'unifient sur un mot d'ordre fédérateur. Un seul lui semblait possible : l'amnistie immédiate pour tous les prisonniers politiques brésiliens. Quel parti ou mouvement, si groupusculaire soit-il, pouvait-il ne pas partager cet objectif commun ? Arraes pressentait surtout que l'opinion publique, au Brésil même, était prête à s'emparer de ce mot d'ordre humanitaire pour réclamer ce premier pas vital vers la démocratie.

Avocat et économiste, Arraes était une forte personnalité, il avait été élu maire de Recife en 1960, puis gouverneur de l'État de Pernambouc en 1963, au nom de son petit parti socialisant, soutenu un temps par les communistes brésiliens (canal historique). À la fin de son exil, en 1979, 50 000 personnes viendront l'accueillir à Recife ; il passera ensuite du Partido do Movimento Democrático Brasileiro (PMDB) au Parti socialiste brésilien et il accomplira de nombreux mandats électifs, soutenant *in fine* Luiz Inácio Lula da Silva, du Parti des travailleurs, lors de son élection à la présidence, le 27 octobre 2002.

Depuis 1969, suite à une discrète visite en France du guérillero Carlos Marighella (1911-1969), militait à Paris un Comité de défense des prisonniers politiques brésiliens (présidé par Paul Ricœur à la demande de la Cimade). Mais Arraes nous proposait de changer de braquet et de développer un mouvement qui serait intégralement unitaire. En 1978, sa proposition fit consensus. La nouvelle Fondation Lelio Basso assuma l'opération, appuyée par les ONG. Nous nous engageâmes dans la préparation d'une « Conférence internationale pour l'amnistie générale et sans restriction et pour la liberté démocratique au Brésil », tenue à Rome en juin 1979 dans les locaux de la Chambre des députés. De nombreux exilés brésiliens de toutes tendances y participèrent. J'y présentais le rapport général sur l'urgence de cette amnistie – qui me fournit aussi la base, quelques années plus tard à l'ONU, de mon *Étude sur la législation d'amnistie et sur son rôle dans la protection et la promotion des droits de l'homme*[1].

---

1 Louis Joinet, *Étude sur la législation d'amnistie et sur son rôle dans la protection et la promotion des droits de l'homme*, E/CN.4/Sub.2/1985/16, ONU, 1985.

Comme convenu à Rome, je fus donc mandaté par la Fondation Lelio Basso pour aller aussitôt en rendre compte au Brésil même. Une conférence était organisée à São Paulo. Ce serait le premier test pour vérifier si cette campagne pour l'amnistie, lancée à l'étranger, allait trouver de vrais relais et monter en puissance dans le pays. Si le pronostic était bon, ce mot d'ordre à première vue minimal ferait très vite boule de neige.

Au moment d'embarquer à l'aéroport de Roissy, je m'arrêtai devant la batterie des téléphones publics et je passais, comme d'habitude avant chacune de mes missions, mon coup de fil rituel à ma femme, histoire de vérifier si je n'avais pas raté une information de dernière minute. (On était avant les portables et les chaînes d'infos continues...) Ce jour-là, c'était le cas. Germaine m'apprit qu'un avocat brésilien avait téléphoné pour me prévenir que je risquais de sérieux ennuis à l'atterrissage : le Brésil interdisait toute entrée sur son territoire aux voyageurs munis d'un passeport porteur d'un visa albanais. Notre équipée à Tirana me rattrapait pour faire de moi, automatiquement, une *persona non grata*... Je risquais d'être refoulé d'entrée, mais l'interlocuteur de mon épouse lui avait précisé, ce qui était très brésilien : « Qu'il s'envole quand même ; nous nous débrouillerons sur place ! » J'embarquais donc, fort inquiet de ce qui m'attendait.

À l'arrivée, je me dirige vers les contrôles de la douane et de la police des frontières brésilienne. J'y distingue, de loin, une grande dame sculpturale, habillée comme une star de cinéma d'une élégance rare, au chapeau fracassant et qui fait de grands signes... Je me retourne : personne derrière moi. Pas de doute, ses signes de bienvenue s'adressent à moi ! Entrant dans la zone de contrôle, comme si tout lui était permis, elle s'approche de moi, ses yeux de braise en position « pleins phares », et me déclare avec sang-froid : « Bienvenue au Brésil ! Restez serein et naturel. Tout ira bien. » Bras dessus, bras dessous, nous atteignons les comptoirs fatidiques... que nous passons sans la moindre question, car tous les douaniers et policiers présents tendent à la star leur carnet d'autographes ou un bristol *ad hoc*. Elle les signe avec panache, me reprend le bras et nous traversons sans coup férir tous les contrôles de police.

À la sortie de l'aéroport, elle profite de trois marches qui lui font comme un piédestal pour se présenter : « Ruth Escobar, pour vous servir ! » La plus grande diva brésilienne, comédienne, metteuse en scène et directrice de théâtre, connue de tous les Brésiliens, en mission très risquée pour la défense des droits de l'homme ! Attaquant royalement ce petit escalier, façon Cécile Sorel sur l'escalier monumental du Casino de Paris, elle s'enquiert en riant de ce cliché français connu de tous les cabotins : « L'ai-je bien descendu ? »

São Paulo, juillet 1979 : conférence homérique pour l'amnistie

Tous ses « groupies » – j'en suis – peuvent lire son autobiographie [2]. Ils y apprendront comment la vie culturelle sous la dictature brésilienne fut riche et diverse. En 1968, c'est notamment dans les théâtres qu'on s'y mobilisa aux cris de « *Libertade !* », alternant grève des théâtres contre la censure et représentations à double sens... Le 16 juin 1968, le bâtiment moderne du Teatro Ruth Escobar à São Paulo avait été assailli par des agents de la dictature (les « commandos de chasse aux communistes »), molestant les acteurs et détruisant tous ses décors... Il avait pourtant survécu et prospéré toutes ces années. Cela faisait déjà quinze ans que Ruth Maria dos Santos était aux avant-postes de la création culturelle. Née au Portugal, elle avait épousé le dramaturge Carlos Escobar et suivi avec lui plusieurs stages en France. Ses mises en scène de *L'Opéra de quat' sous* de Kurt Weill et du *Balcon* de Jean Genet avaient fait courir le tout São Paulo. Et en cette année 1979, dans cette vie dédiée au théâtre et à la liberté, Ruth Escobar allait jouer un grand texte tragique dénonçant la torture, alors que l'affaire Vladimir Herzog, journaliste torturé à mort en 1975 par la police politique, était devenue le symbole de la lutte antidictature, avec l'appui de l'archevêché.

C'est donc en présence émue de cette légende vivante que je fus parachuté dans la mégalopole de São Paulo. Mais à peine confié par elle à mes correspondants, ceux-ci m'annoncèrent que la police avait fait interdire la réunion pour l'amnistie. La situation était critique, car bien des délégués arrivaient de villes lointaines, parmi eux des clandestins. Certains se prononcèrent pour tenir la réunion dans la salle prévue, coûte que coûte, en allant à l'affrontement avec les forces de police. Dans un comité de crise tenu en urgence, je soutins plutôt la tendance qui préconisait de se réunir dans une autre salle plus privée, fût-elle moins commode. J'ai plaidé pour l'objectif fixé à Rome : peu importait la salle et cette censure d'un jour, il était grand temps de lancer ces comités pour l'amnistie à travers tout le pays, afin de produire un nouveau maillage du Brésil démocratique.

Les discussions « à la brésilienne » se firent alors interminables, pleines de sous-entendus qui m'échappaient. Mais, au terme de ces palabres, Ruth Escobar nous a sauvé la mise. Déployant une habileté diplomatique florentine, elle obtint un consensus en mettant en jeu son

2 Ruth ESCOBAR, *Une vie de serpent. Une vie de courage*, Sylvie Messinger, Paris, 1989.

théâtre : elle nous invita à tenir notre conférence dans sa salle de Bella Vista, au risque de la faire fermer par la police de la dictature. Ce ne fut certes pas sa plus belle mise en scène, mais bien une des plus courageuses. La réunion se tint donc au Teatro Ruth Escobar, considéré ce jour-là comme domicile privé, et la campagne pour l'amnistie se diffusa dans tout le pays, au nez et à la jugulaire du pouvoir militaire !

Si bien que cette campagne contribua effectivement à la décision de la junte, dès le 28 août 1979, d'une amnistie et d'un retour des exilés. Mais il faudra encore cinq ans de longues négociations pour que s'amorce un processus de transition vers un pouvoir civil qui reçoive l'onction d'élections démocratiques.

1978 : le boycottage du Mundial *de football en Argentine et la flamboyante solidarité du Théâtre du Soleil*

En Argentine, on n'en était pas là, loin s'en faut. À l'été 1978, malgré la dictature qui martyrisait ce pays, s'y déroula le *Mundial* de football. Au sein de l'équipe de France, seul Dominique Rocheteau osa dire son opposition au régime argentin et l'équipe néerlandaise fut la seule à refuser de monter sur un podium poisseux de sang. Même si elle n'eut pas gain de cause, la campagne lancée en France par le Comité pour le boycott de la Coupe du monde de football en Argentine (COBA), créé à l'initiative de militants du Cedetim, dont François Gèze, et de la revue *Quel corps ?*, animée par Jean-Marie Brohm, eut un fort impact. Avec le slogan « On ne joue pas au football à côté des centres de torture », ses animateurs suscitèrent la création de dizaines de comités locaux et lancèrent des actions marquantes pour faire connaître les crimes de la dictature.

Pour ma part, je fus alors surtout partie prenante des actions de solidarité de l'Association internationale de défense des artistes victimes de la répression dans le monde (AIDA), créée en 1979 à l'initiative notamment de l'infatigable Ariane Mnouchkine et de son Théâtre du Soleil, du soutien au Théâtre Aleph au Chili et à son directeur Oscar Castro, jusqu'aux manifestations animées par Ariane Mnouchkine en faveur du pianiste argentin Miguel Angel Estrella, détenu en Uruguay au Penal Libertad. Ce fut d'abord, en avril 1980, le « concerto pour piano libre et artiste emprisonné » : ce grand concert itinérant, monté sur un plateau roulant, parcourut les Grands Boulevards parisiens. En novembre 1981, l'AIDA organisa ensuite l'opération spectaculaire « Cent bannières pour cent artistes disparus en Argentine » [3] : du Panthéon à la Concorde, la manifestation déroula ses grandes bannières, superbement décorées, ainsi qu'une gigantesque écharpe blanche, en signe de solidarité avec la mobilisation des admirables mères de disparus qui, depuis avril 1977, se réunissaient chaque jeudi sur la place de Mai à Buenos Aires, face au palais présidentiel de la *Casa rosada* – dont je garde depuis précieusement le célèbre fichu blanc. Des dizaines de musiciens du groupe Urban Sax, disséminés le long du cortège, le rejoignaient progressivement, créant un effet de montée en puissance tout à fait sidérant.

De plus, chaque jeudi, devant l'ambassade d'Argentine à Paris, des ONG organisaient une mobilisation parallèle à celle des Mères de la place de Mai. François Mitterrand et d'autres personnalités participèrent parfois à ces « jeudis de la liberté », où nous assurions des relèves avec une grande régularité. Cela rendit assez décevant le fait que lors de la première visite en France du nouveau président argentin Raúl Alfonsin en octobre 1984, sous la présidence Mitterrand, la police prétende interdire, pour raisons d'« ordre public », cette mobilisation démocratique devant l'ambassade d'Argentine. La Préfecture de police avait-elle classé à jamais l'Argentine comme « intouchable » ? Depuis mon poste à Matignon, je dus alors appeler le cabinet du préfet de police pour que ces consignes routinières soient enfin rapportées.

Le volet français de l'affaire Astiz et le « Nuremberg » argentin

Je voudrais surtout évoquer un infiltré d'une autre ampleur que les tristes « moutons » de Villa Devoto. À savoir Alfredo Astiz, l'« ange blond de la mort ». Il avait été chargé d'infiltrer, sous le pseudonyme d'Alfredo Niño, les Mères de la place de Mai. Je ne développerai pas le rôle qu'a joué le lieutenant Astiz, élevé ensuite au grade de capitaine de frégate pour ses services d'espion et de bourreau au bénéfice de la Marine – il le joua surtout à l'ESMA, l'École supérieure de mécanique de la Marine, principal centre de torture de la dictature. J'évoquerai plutôt ici les poursuites judiciaires engagées contre lui, auxquelles je fus mêlé à divers titres.

---

3 Voir AIDA, *Argentine, une culture interdite*, Maspero, Paris, 1981.

Parmi ses victimes, ont figuré deux religieuses françaises, Alice Domon et Léonie Duquet, ainsi qu'une adolescente argentino-suédoise, Dagmar Hagelin, toutes trois enlevées et assassinées à Buenos Aires en décembre 1977. Dès la fin de la guerre des Malouines en juin 1982, la France et la Suède, non concernées par les scandaleuses lois d'autoamnistie que firent alors voter les militaires argentins, réclamèrent l'extradition d'Astiz. C'est Jean-Pierre Lhande, président de l'Association des parents et amis des Français disparus en Argentine (APAFDA), qui anima avec détermination cette campagne anti-Astiz. Un juge d'instruction fut saisi. Au départ, Philippe Texier, puis sa collègue Claudine Le Chanu-Forkel.

J'étais alors à Matignon comme conseiller du Premier ministre. La juge a délivré une commission rogatoire et demandé à pouvoir se rendre en Argentine. L'idée était de mettre le gouvernement argentin au pied du mur et s'il persistait à maintenir l'autoamnistie qui protégeait des criminels de l'envergure d'un Astiz, de demander son extradition. L'Argentine refusa alors à la juge française toute enquête « sur les scènes de crime ». Mais la loi française permet, quand les victimes sont d'origine française, d'enquêter sur un crime commis à leur encontre à l'étranger. En mars 1990, Astiz a ainsi pu être jugé par contumace devant la cour d'assises de Paris, qui l'a condamné à la réclusion criminelle à perpétuité. J'étais vraiment heureux, même devant ce box vide, de pouvoir assister enfin à son procès.

Mais Astiz n'avait pas seulement infiltré le mouvement des Mères de la place de Mai en Argentine. Il avait opéré en France même, à partir d'un centre argentin de la dictature situé en plein Paris, le Centro piloto. Ce que ce centre « pilotait », sous couverture pseudo-diplomatique, c'était en fait l'antenne française du Plan Condor. Je me souviens ainsi d'une réunion de solidarité avec l'Argentine, en mars 1978 à l'AGECA, rue de Charonne à Paris, où Astiz, se faisant passer pour un militant exilé, était présent. Sous le coup de la surprise, une militante qui le reconnut l'a bruyamment dénoncé. Ce qui lui a malheureusement permis, avant que nous réagissions, de décamper comme un lapin.

Avec le retour à la démocratie en Argentine, la situation a progressivement évolué, même si les gouvernements successifs s'y reprirent à trois fois pour juger sérieusement les militaires les plus coupables, longtemps protégés par diverses lois d'amnistie. Astiz n'avait pu être condamné en France qu'*in absentia*, mais, dès 1985, j'ai été cité comme témoin au premier grand procès de la junte argentine devant une cour de Buenos Aires. Et je me suis retrouvé dans une salle d'audience où le box était occupé, en chair, en os et en médailles, par la brochette des généraux mis en accusation. Cinq généraux ou amiraux furent alors reconnus coupables des pires crimes et condamnés.

Lors de ce procès, le substitut du procureur, qui m'interrogea à la barre à propos de nos enquêtes sur les violations des droits de l'homme en Argentine, était Luis Moreno Ocampo, qui deviendra plus tard procureur de la Cour pénale internationale. Les sacrifices de « la » Berger, d'Ortega Peña et de bien d'autres de mes amis ne seront donc pas oubliés. Parmi d'autres, un nouveau procès en Argentine, cette fois pour « crimes contre l'humanité » imprescriptibles, a abouti en octobre 2012 à la condamnation à perpétuité de trois des officiers de la Marine responsables du massacre de Trelew. Et en octobre 2011, c'est Astiz qui a été condamné à la même peine, dans le cadre d'une série de procès exemplaires par lesquels la justice argentine a instruit les crimes des responsables de la dictature des années 1970, à l'image du fameux procès de Nuremberg contre les criminels nazis en 1945 et 1946.

1987 : ma mission chez les sans terre et les torturés « ordinaires » au Brésil

À partir de 1981, mes fonctions à Matignon (voir *infra*, deuxième partie) ne me permirent plus, évidemment, d'effectuer comme auparavant des missions pour les ONG. Mais en mars 1986 survint la première cohabitation, Jacques Chirac devenant Premier ministre. Nommé procureur à Créteil, je fus ensuite légitimement débarqué de ce poste, la procédure de transparence pour laquelle je m'étais tant battu n'ayant pas été respectée. Ce qui me permit à mes dépens – et à la satisfaction de mon épouse – de démontrer l'utilité de cette procédure. « Mis au placard » dans un petit bureau sous les combles de la cour d'appel de Paris, j'ai pu alors me mettre à la disposition d'Amnesty International pour une mission au Brésil, avec la Britannique Patricia Feeney, pour enquêter sur la situation des paysans sans terre et de leurs militants détenus par les autorités.

En juin 1987, nous débarquâmes donc dans la région orientale de l'Araguaia dite *Bico do Papagaio* (Bec du perroquet, État du Para), la plus pauvre du pays, où les mouvements de paysans sans terre concernaient la majorité de la population. C'était plus de dix ans après l'échec total des guérillas qui y avaient été actives de 1972 à 1976, laminées par l'armée et ses auxiliaires, mercenaires des latifundiaires. Ces grands propriétaires fonciers avaient repris de manière sanglante le juteux contrôle de toutes ces « terres brûlées ».

Nous eûmes un avant-goût de leurs *pistoleros* dès l'avion qui nous amenait de Rio à Belém, où nous voyageâmes en compagnie d'une espèce de cow-boy, revolvers en bandoulière, qui remplit la cabine de ses exhibitions, sans doute sous l'effet d'une drogue un peu plus dure que les alcools locaux. Nous allions à la rencontre d'un prêtre brésilien de haute stature, le père Ricardo Rezende, défenseur obstiné des paysans sans terre qui venaient de subir une série de rafles majeures. (Outre le soutien de ce dernier, les paysans recevaient alors celui du très actif dominicain – et avocat – Henri Burin des Roziers, lequel sera rejoint en 1994 dans cette mission par son collègue Jean Raguenès, celui du Centre Saint-Yves et de Lip.) Le père Rezende nous reçut dans son presbytère de Rio Maria, à l'atmosphère militante.

En remontant la grande allée, tracée dans cette terre rouge si particulière qui conduisait à sa demeure, nous avons pensé un instant être tombés dans une scène du film *Autant en emporte le vent*. Mais, une fois installés dans le salon en belvédère qui donnait sur l'allée, quelle ne fut pas notre surprise d'y voir surgir le *pistolero* de l'avion ! Réflexion faite, c'était plutôt une séquence typique du *Bon, la Brute et le Truand*... À sa vue, notre hôte disparut. En un clin d'œil, il avait rejoint la cachette prévue pour une telle situation. On nous avait prévenus : nous arrivions dans une région où il fallait se méfier des « contrats » qu'un latifundiaire pouvait mettre sur un opposant gênant, chargeant ce genre de tueur de l'en débarrasser. Après une rapide inspection autour de la maison, n'ayant pas repéré sa cible, le *pistolero* s'éloigna sans un mot. Et le père Rezende réapparut.

Le mandat de notre mission comportait un second volet. C'était en effet le temps où Amnesty International réfléchissait à un élargissement de son champ d'action, celui des seuls prisonniers d'opinion, à tous les détenus, quels que soient les délits ou crimes qu'on leur reprochait. Il s'agissait d'une sorte de test, lors duquel j'ai travaillé en collaboration avec le grand magistrat brésilien Hélio Bicudo, dont j'avais préfacé en 1977 le livre réquisitoire sur les « escadrons de la mort » au Brésil [4].

Cette expérience comparative entre détenus politiques et de droit commun fut riche d'enseignements. Tous les prisonniers politiques, parmi les paysans sans terre, comprenaient immédiatement de quoi il retournait quand je les interrogeais sur leur détention et les tortures ou mauvais traitements qu'ils avaient subis. Leurs témoignages de dénonciation prolongeaient une lutte pour la dignité qu'ils avaient commencée au

4 Hélio Bicudo, *Mon témoignage sur l'escadron de la mort*, Gamma, Paris, 1977.

sein de leur village. Et quand, par crainte de micros espions et hors de la vue de l'œilleton des gardiens, je leur tendais discrètement un morceau de papier pour qu'ils osent aborder les questions les plus délicates, ils réagissaient au quart de tour. C'était, à chaque fois, comme une complicité implicite entre nous.

Les droit-commun, au contraire, peinaient toujours à comprendre le sens même de notre présence. Ils paraissaient très étonnés des questions que nous leur posions sur d'éventuels mauvais traitements, les tenant pour allant de soi... Sans parler des gardiens qui ne se sentaient guère concernés par nos questions : qui pourrait s'inquiéter de tous ces « gens de rien » ? « Il arrive en effet trop souvent, me déclara ainsi très naïvement un des directeurs de prison rencontrés, que certains nous arrivent après avoir été frappés lors de leur arrestation. Vous savez, c'est une tradition de la police, mais ce n'est pas de notre fait. »

J'ai vu, de mes yeux vu, revenir la liberté dans l'ensemble du Cône Sud

Toutes ces années militantes consacrées à la défense des droits de l'homme dans le monde m'ont marqué à jamais. Début 1984, à Buenos Aires, j'accompagnais le Premier ministre Pierre Mauroy qui avait été invité à assister aux célébrations du retour officiel de la démocratie. À la sortie de l'aéroport, on a pu discerner une banderole un peu trop voyante, qui mit ma modestie à rude épreuve : « Bienvenue Monsieur Joinet ! » J'y avais, il est vrai, habitué mon Premier ministre : l'année d'avant, invités à Athènes pour fêter le retour de la démocratie après le « régime des colonels », nous défilions sur le tarmac dans l'ordre le plus protocolaire, mais « la » Mélina Mercouri, en grande comédienne devenue ministre de la Culture, n'avait pu s'empêcher de monopoliser l'attention officielle sur ses retrouvailles exaltées avec son ami « Louiiis » ! Je l'avais connue au cours de réunions de la Ligue grecque des droits de l'homme (en exil) qui s'était tenue chez moi, bien des années avant. Pierre Mauroy fut un peu surpris quand même par la priorité spontanée d'embrassades franco-grecques.

À Buenos Aires, lors de la cérémonie de passation du pouvoir, le général Bignone – un rescapé provisoire des juntes militaires – remit au président élu, Raúl Alfonsin, le parchemin officiel de la Constitution de la République d'Argentine, que lui et ses collègues avaient si longtemps confisquée. Je me souviens que Pierre Mauroy donna alors à des ONG argentines quelques-unes des bannières du Théâtre du Soleil que les musiciens d'Urban Sax avaient si bien accompagnées sur les quais de Paris... Par-dessus tout, je me souviens de la *Ola* de Buenos Aires, ondulant sur sa grande avenue ; un « récitant » improvisé se mettait à crier : « Qui ne saute pas est un militaire ! » Et à chaque fois les gens sautaient, chaque rangée après l'autre ; la foule entière formait la « vague », qui s'amplifiait tout au long de l'avenue et nourrissait ces déferlantes de la liberté retrouvée.

En Uruguay, j'eus aussi la chance d'être invité officiellement à fêter en grande pompe le retour des libertés, en 1985, soit la même année qu'au Brésil. Elles revenaient alors sous la pâle figure du président Julio María Sanguinetti, mais la roue de l'histoire tournera jusqu'à voir l'élection en 2009, comme président de l'Uruguay, de José Mujica, dit « Pepe », ancien leader des Tupamaros. Car les « Tupas », une fois passée leur défaite militaire face à la dictature, ont su devenir un secteur dynamique d'une gauche unie et démocrate, grâce à leur nouveau Mouvement de participation populaire (MPP), créé en 1989. Ce « Front large » m'assura de la présence toujours vivante de Norma et Zelmar.

Mais le moment le plus émouvant fut le grand retour du Chili à un régime démocratique, en mars 1990. La cérémonie eut lieu dans le stade même de Santiago où il avait été si terriblement mis à mort. Dans un silence impressionnant, nous étions 10 000 à voir défiler, sur le panneau prévu pour afficher les scores des matches de foot, la longue liste des noms des disparus, psalmodiés l'un après l'autre. Le stade Victor Jara – du nom du chanteur populaire torturé à mort par la junte, que j'avais pu entendre avant le coup d'État – s'en était doublement rempli. Et, surprise des surprises, si j'ose mettre en avant une raison plus intime, j'ai vu ensuite pénétrer sur la pelouse du stade, parmi les troupes d'artistes qui venaient fêter là le retour de la liberté, la troupe de théâtre de rue de mes propres enfants, El Teatro del silencio, en tournée à Santiago ! Ce « silence », ce jour-là, en communion d'esprit avec tous nos amis chiliens, fut le plus bouleversant que m'ait jamais valu un spectacle de rue.

Cette émotion, fruit de mes « années latino-américaines » de la décennie 1970, se doublait alors d'un autre regard, celui forgé dans mon expérience, depuis 1978, d'« expert » onusien des droits de l'homme (voir *infra*, troisième partie).

9

1978 : mes premiers pas d'expert de l'ONU à la sous-commission de Genève

Tout commença, dans cette affaire, par la volonté obstinée d'une femme admirable et par l'intelligence d'un homme au nom de qui le monde entier, depuis 2010, a réappris à s'« indigner ». Elle a voulu peser sur le choix de son successeur. Il a su l'appuyer, avec son habituel doigté diplomatique et un zeste de rouerie. Car c'est grâce à Nicole Questiaux et à Stéphane Hessel que j'ai pu intégrer en 1978, à Genève, le « groupe collégial d'experts indépendants » que constituait la sous-commission de la promotion et de la protection des droits de l'homme de l'ONU, organe chargé d'assister la commission des droits de l'homme, composée quant à elle de représentants des États. Je préciserai plus loin ce que fut cette commission (transformée en « conseil » par une décision de 2006, genre étouffoir diplomatique) et sa sous-commission d'experts indépendants, et ce que j'ai pu y vivre et y faire avancer à travers la logique des États-nations. Mais je dois d'abord dire comment j'y fus nommé, grâce à cette exceptionnelle paire de parrains.

Où Nicole Questiaux et Stéphane Hessel « doublent » le Quai d'Orsay

On ne présente plus Stéphane Hessel, né à Berlin en 1917 du côté de *Jules et Jim* et devenu diplomate français par son entrée dans la France libre, son passage par Buchenwald et ses débuts diplomatiques dans la délégation française à l'ONU, à l'époque où René Cassin participait au groupe restreint qui rédigeait la Déclaration universelle des droits de l'homme. Ce « prophète » des indignés [1], disparu en février 2013, était en 1978 ambassadeur de France à Genève : il la représentait dans les instances de l'ONU basées en Suisse.

Nicole Questiaux est à peine moins connue, depuis son passage remarqué comme ministre de la Solidarité nationale du gouvernement Mauroy en 1981-1982. Née en 1930 à Nantes, elle était entrée au Conseil d'État en 1955. Première femme à être nommée maître des requêtes, en 1962, ce haut fonctionnaire de gauche, comme il y en avait peu aux sommets des rouages de l'administration, allait être nommée conseillère d'État en 1980, alors qu'elle remplissait déjà sa charge d'expert indépendant à la commission de Genève. C'est ce qui la poussa à se désengager de son rôle à l'ONU, entre 1978 et 1980, non sans peser sur le choix de son successeur. Son choix tomba sur moi, un magistrat « ordinaire », alors que le Conseil d'État monopolisait jusque-là cette fonction très à part d'expert indépendant de la sous-commission de la promotion et de la protection des droits de l'homme. Depuis que René Cassin avait mis le point final à la Déclaration universelle de 1948, des membres du Conseil d'État s'y étaient cooptés pour y représenter l'expertise « à la française », comme si une galerie secrète des jardins du Palais-Royal débouchait directement dans les couloirs ouatés du Palais des Nations de Genève. Mais Nicole Questiaux se situait très au-delà des privilèges de son corps d'attache. De plus, ma spécialisation dans la problématique Informatique et Libertés, aux niveaux national et international, l'intéressait au plus haut point, ainsi que d'autres membres éminents de la commission de Genève, qui voulaient que les droits de l'homme puissent vivre avec leur temps.

Le seul obstacle à contourner pour qu'elle me fasse admettre comme son suppléant, puis comme son remplaçant, était que le gouvernement français, y compris la Chancellerie dont je dépendais et où Paul-André Sadon me guettait au moindre pas pour me glisser un croche-pied, ne soit pas trop tôt au courant. C'est ce qui fit l'objet de ce « complot » Hessel-Questiaux.

L'affaire s'amorça un vendredi (à la veille du week-end), dans les coulisses de Genève, où Nicole Questiaux proposa que la sous-commission entende un exposé, « présenté par son suppléant », sur la question des

1 Stéphane Hessel, *Indignez-vous !*, Indigènes Éditions, Montpellier, 2010.

droits de l'homme face à l'informatique, sans que le Quai d'Orsay soit mis au courant. Lorsque Hessel, le lundi suivant, prévint le Quai de cette bonne « surprise » que la France disposait désormais d'un nouvel expert indépendant, reconnu officiellement par cette instance de l'ONU devant laquelle il avait déjà eu à « plancher » et qui l'avait inscrit dans son *verbatim*, il était trop tard pour que le gouvernement y oppose un veto formel sans que cela soit interprété comme un limogeage, au risque de déclencher un petit scandale diplomatique, que mon seul cas ne justifiait pas...

Dans son autobiographie, Stéphane Hessel a ainsi rendu compte de cet épisode : « C'est avec Nicole Questiaux que j'ai réussi un petit complot visant à mettre le gouvernement [de Raymond Barre] devant le fait accompli d'une nomination qui devait se révéler bénéfique pour le prestige international de la France : celle d'un jeune magistrat, Louis Joinet, que Nicole appréciait pour son courage et sa combativité, mais que son orientation à gauche ne désignait pas à la faveur de Matignon. Profitant d'un moment propice pour simuler l'accord du Département [des Affaires étrangères], je le fis nommer comme substitut à Nicole Questiaux, avant que d'autres instances gouvernementales ne soient consultées. Il devait jouer un rôle décisif dans la protection internationale des droits de l'homme au cours des quinze années suivantes. Ce sont de ces petites embrouilles dont on reste longtemps fier [2]. »

Une (sous-)commission de l'ONU... que l'ONU avait voulu tuer dans l'œuf

Pour les profanes des arcanes des Nations unies, il importe de bien distinguer les instances historiquement impliquées en son sein dans la défense des droits de l'homme : 1) la commission des droits de l'homme qui fut réunie à New York, à partir du 16 février 1946, pour rédiger la déclaration solennelle de ces droits « universels », laquelle était surtout un engagement moral des États membres de l'époque ; 2) la commission des droits de l'homme qui, en 1948, suite à l'adoption de cette déclaration, s'installa au Palais des Nations de Genève (et qui sera remplacée, en 2006, par le Conseil consultatif des droits de l'homme) ; 3) l'organe subsidiaire de cette commission, la sous-commission de la promotion et de la

2 Stéphane Hessel, *Danse avec le siècle*, Seuil, Paris, 1997.

protection des droits de l'homme siégeant également à Genève, chargée d'effectuer pour elle des études, d'établir des rapports et de formuler des recommandations, qui fut un organe technique (disparu en 2006), composé de vingt-six experts indépendants.

Cette idée d'un « groupe collégial d'experts indépendants » issus de différents pays, en charge de « la promotion et la protection » des droits universels de la personne, qui contrebalançait la pure logique onusienne des États, fut vite considérée par de nombreux États comme inappropriée, voire inopportune, une fois ces Nations unies lancées en vitesse de croisière, c'est-à-dire bien trop souvent paralysées par de sévères contradictions géopolitiques.

Sans faire une leçon d'histoire, fixons brièvement le cadre qui fut durant trente-trois ans celui de mes activités internationales. L'histoire de cette sous-commission fut mouvementée [3]. Dès 1950, l'URSS et les États du bloc soviétique cherchèrent à la supprimer purement et simplement, mais ils n'obtinrent pas gain de cause auprès de l'Assemblée générale de l'ONU. En 1948, une autre commission d'experts sur la liberté d'expression avait été créée par l'ONU et les deux sous-commissions auraient pu s'épauler l'une l'autre. Comment défendre en effet les droits de l'homme contre les États qui les bafouent sans recourir aussi à l'opinion publique ? Malheureusement, cette autre commission, prise en tenaille entre les pays « socialistes » – où la seule information était celle de la propagande d'État – et les pays « capitalistes » – qui connaissaient une information pluraliste, mais dominée par des médias contrôlés par les grands intérêts privés –, ne sut pas se défendre et elle passa très vite à la trappe. La sous-commission de la promotion et de la protection des droits de l'homme survécut en revanche *in extremis* à ce coup de froid, mais à la condition d'en faire publiquement le moins possible pour ne fâcher aucun des États membres de l'ONU. Suivirent de longues années très routinières.

Au tournant des années 1970, la plupart des décolonisations étant achevées, le travail de la sous-commission se fit progressivement plus incisif. Parmi les experts de Genève, Nicole Questiaux et l'Italien Antonio Cassese furent deux acteurs majeurs de ce changement. Ils avaient constaté que de nombreux persécutés du monde entier adressaient leurs plaintes à l'ONU, où elles s'entassaient sur des rayonnages – mis à part leur accusé de réception standardisé, toutes ces plaintes restaient lettre morte. Ils prirent donc l'initiative de demander à la commission de les

---

3 Voir Jean-Bernard Marie, *La Commission des droits de l'homme de l'ONU*, Pedone, Paris, 1975.

habiliter à examiner toutes ces plaintes en souffrance, à la lumière de la Déclaration des droits de l'homme. Et la commission accepta : ce sera la résolution 1503, adoptée le 27 mai 1970 par le Conseil économique social de l'ONU. Victoire ? Plutôt semi-victoire...

Car cette résolution ne fut finalement adoptée par les États qu'en passant sous les fourches caudines de la confidentialité. Autrement dit, les experts ne pouvaient examiner ces plaintes qu'en garantissant aux États concernés le secret de leurs procédures et de leurs conclusions. Les États violateurs ne détestent rien tant que la publicité. Ils avaient dû admettre que des experts entendent, parfois, le cri de ceux qu'ils enchaînaient, mais à la condition de le traduire en remontrances des plus diplomatiques, c'est-à-dire polies, exceptionnelles et muettes ! Et si j'ai pu, en somme, profiter de cette brèche pour l'élargir et pousser plus loin ce grand jeu, on comprendra que je le dise en toute modestie : c'est grâce à cette procédure Questiaux que j'ai eu la chance de faire adopter de nouvelles mises en cause d'États violateurs.

C'est là que je me suis inscrit au plus loin du nationalisme du général de Gaulle, avec sa façon désinvolte de dénigrer l'ONU en la traitant de grand « machin », dont il n'y aurait rien à attendre. Je suis tombé à la bonne époque, celle où cette sous-commission a vécu son âge d'or, avant que la commission dont elle dépendait soit rétrogradée à son statut actuel de « Conseil consultatif ». Le coup de poignard que la guerre froide n'avait pas réussi à porter en 1950 l'a été finalement sous la pression des États membres de l'Organisation de la conférence islamique (OCI) et dans le contexte international très chahuté et « guantanamiste » qui suivit le 11 Septembre et l'occupation en mars 2003 de l'Irak par les États-Unis de George Bush Jr. Et c'est ainsi qu'en 2006, notre sous-commission est passée à la trappe.

1985 : quand l'action des ONG sauve la sous-commission qui ne veut pas mourir

Il ne faut pas croire, cependant, qu'entre 1980 et 2006, le style nouveau qu'avaient impulsé Nicole Questiaux et « Nino » Cassese parmi les vingt-six experts de Genève se soit développé sans accroc. Cette sorte de « renaissance » inquiéta de nombreux États, aussi bien ceux qui affichaient une méfiance viscérale vis-à-vis des droits de l'homme que ceux qui s'en réclamaient mais laissaient faire... En 1985, je fus ainsi aux premières loges d'une nouvelle tentative d'une majorité des États de l'ONU pour supprimer la sous-commission, faute d'avoir réussi à l'empêcher de se mêler de ce qui la regardait.

Sous l'influence de la délégation américaine, l'Autrichien Kurt Herndl, alors directeur de la division des droits de l'homme de l'ONU, décida de faire passer à la trappe la sous-commission en « oubliant » de convoquer sa session annuelle : sous des prétextes budgétaires, on nous avait « omis » pour tenter de nous effacer une bonne fois pour toutes. Depuis 1949, notre session annuelle se réunissait chaque année au mois d'août, au Palais des Nations à Genève. En cette année 1985, sans un mot d'explication, aucune convocation, aucun ordre du jour, donc ni financement ni réservation du Palais des Nations.

Branle-bas de combat ! Car entre 1950 et 1985, la société civile était montée en puissance, avec l'émergence des organisations non gouvernementales mobilisant les opinions publiques – ma constante expérience de collaboration, tant en France qu'en Europe et en Amérique latine, avec diverses ONG m'a ainsi été d'une aide précieuse dans mon travail comme expert de l'ONU. En 1985, un groupe d'ONG a donc réuni quelques fonds afin que nous puissions tenir une session « alternative » dans les locaux de l'ONU à Genève. (Je précise que ces fonds ne servaient pas à nous rémunérer, car la charge d'expert indépendant a toujours été bénévole, ce qui a d'ailleurs découragé plus d'un de ceux qui ont parfois rêvé de siéger à ma place.) Si le Palais des Nations refusa de nous accueillir, une autre organisation relevant de l'ONU, le Bureau international du travail, accepta de prêter ses locaux. Grâce aux ONG, à la généreuse complicité du BIT et de certains hauts fonctionnaires de l'ONU, nous organisâmes notre session « non convoquée », que certains considéraient comme « sauvage ».

Une condition pour la tenir avec un minimum de crédibilité était qu'y soient présents l'expert étatsunien et l'expert soviétique. Nous pensions qu'ils seraient tous deux très réticents. Mais, en ces dernières années de la guerre froide, ils évitèrent toute concertation bilatérale, de sorte que nous pûmes convaincre l'un et l'autre, séparément, que leur adversaire serait là. Soucieux d'éviter la politique de la chaise vide, ils se firent une obligation d'être présents pour prolonger leur face-à-face, encore conçu comme éternel.

Cette session fut une réussite qui nous relança pour vingt ans. En clôture, nous donnâmes mandat à une délégation qui se rendit au siège de New York pour demander les explications, qu'on nous avait refusées jusque-là, sur notre « non-convocation ». Le secrétariat général dut alors faire machine arrière et promit de convoquer la session statutaire de 1986.

Ce qu'il fera chaque année ensuite... jusqu'à la mauvaise surprise de la réforme de 2006 qui enterra la sous-commission.

Le cas d'école du « paragraphe 30 »

En 1978, rejoignant la sous-commission, je débarquais sur une planète où j'avais tout à apprendre des mœurs et des rituels de l'étrange tribu qui la peuplait. Perdu dans la salle VII du Palais des Nations, je n'entendais parler autour de moi que d'un « paragraphe 30 » dont j'ignorais tant l'importance que les tribulations. Ce paragraphe était celui qui avait été supprimé d'un rapport officiel de la sous-commission. Comment le rétablir, sachant que seul le rapporteur pouvait modifier son texte et que ce rapporteur avait disparu ? Car après avoir très bizarrement retiré quelques mots au fond de ce paragraphe 30 de son rapport, il ne donnait plus signe de vie. Cette disparition mystérieuse semblait des plus diplomatique, sans que personne ne puisse pour autant en avancer nulle raison vérifiable. Ce rapporteur était rwandais et son rapport portait sur la question des génocides, en notant « au passage » celui commis par l'État turc à l'encontre des populations arméniennes de l'Anatolie à l'époque de la Première Guerre mondiale.

En 1948, suite à l'entreprise d'extermination systématique des Juifs d'Europe et aux atrocités perpétrées par les nazis durant la Seconde Guerre mondiale, l'Assemblée générale des Nations unies avait adopté, sur la lancée du Tribunal de Nuremberg, une convention internationale contre le génocide. Dans sa première formulation anglo-saxonne, cette convention avait visé tout génocide « ethnique et politique ». Mais les Soviétiques obtinrent qu'on restreigne le génocide à sa spécificité ethnique, de crainte que la condamnation en droit international des génocides politiques ne s'applique à leurs goulags et autres éliminations massives des « koulaks en tant que classe » – on ignorait alors largement que la politique de Staline vis-à-vis des Tchétchènes, des Tatars de Crimée ou des Allemands de la Volga, voire des Polonais de Katyn, ne le mettait pas non plus à l'abri d'accusations d'épuration ethnique. Quant aux Américains, ils tentèrent vainement de faire disparaître l'effet boomerang du critère ethnique, tant le génocide des Amérindiens leur collait à la peau et à la mémoire.

Si le texte de la convention contre le génocide fut voté par l'ONU, sa mise en application fut constamment sabotée, sous divers prétextes. La Cour internationale prévue par son article 6 n'a jamais été mise en place et il faudra attendre 2002 pour que la Cour pénale internationale, prévue par le Statut de Rome de 1998, puisse enfin être saisie des cas de divers génocidaires qui ensanglantent la planète.

Au fil des années 1970, les diasporas arméniennes se mobilisèrent logiquement pour faire reconnaître officiellement par l'ONU comme un génocide caractérisé, au sens prévu par la convention, les effroyables massacres de masse perpétrés par les Turcs contre les Arméniens en 1915 et 1916. Sans grand résultat, du fait des appuis de l'État turc et de son rôle dans le dispositif américain de l'Alliance atlantique. Mais, en 1977, la sous-commission de Genève tenta de redynamiser la convention antigénocide. Elle chargea un de ses membres, le Rwandais Nicodème Ruhashyankiko, de faire des propositions pour la rendre opérationnelle. C'est son rapport à ce sujet qui déclencha la tortueuse affaire du « paragraphe 30 ».

Dans ce seul paragraphe de la version intermédiaire de ce rapport – un rapport officiel de la sous-commission suivait en effet un parcours exténuant avant d'être avalisé et voté définitivement –, il avait fait une allusion, comme d'évidence et connue de tous, aux premiers génocides du XXe siècle, dont celui des Arméniens et celui des Juifs d'Europe. La réaction des Turcs allait vite le convaincre que cette « évidence »-là comportait de graves enjeux ! En 1978, en prenant connaissance du rapport définitif, les autres membres de la sous-commission découvrirent avec surprise que toute référence au génocide des Arméniens avait disparu de ce paragraphe 30 et que le rapporteur n'était plus joignable nulle part. Il avait pris, en douce, la poudre d'escampette.

Aucun Arménien ne pouvait tolérer que ce rapport ait initialement évoqué la question du génocide pour ensuite la nier. Les rumeurs les plus folles se répandirent sur la disparition de Nicodème Ruhashyankiko. Pour la plupart des Arméniens, il avait dû céder aux menaces d'extrémistes turcs, agrémentées ou non d'un confortable bonus financier... Pour certains fonctionnaires de l'ONU, il avait pris conscience un peu tard de la boîte de Pandore qu'il avait ouverte, sachant le nombre de pays qui risquaient d'être accusés de génocide, si sa définition en venait à déborder le seul cas de la Shoah. L'émissaire de l'ONU envoyé au Rwanda à la recherche du rapporteur revint bredouille.

Selon des informations partielles, qui m'avaient semblé les plus crédibles à l'époque [4], c'est un fonctionnaire soviétique de l'ONU qui l'aurait

4 Marquée par la publication en France du livre d'Alexandre Soljenitsyne, *L'Archipel du Goulag*, Seuil, Paris, 1974.

convaincu de ne pas réveiller ce « lion qui dort », par crainte, de son côté, que ne s'amplifie le procès de la « dékoulakisation » et de la grande famine d'Ukraine qui avait fait 3 à 5 millions de morts en 1932 et 1933, lors du grand renfermement des paysans dans les kolkhozes. Quoi qu'il en soit, Nicodème Ruhashyankiko avait disparu, laissant un trou béant dans le paragraphe 30. Les télégrammes d'indignation affluaient à Genève, à hauteur des millions d'Arméniens « diasporisés » dans le monde entier et de leurs nombreux amis dans les pays où ils avaient refait leur vie.

Que faire ? L'application la plus stricte du règlement était ici d'usage impératif, lequel ne permettait qu'on ne dépossède un rapporteur de son rapport qu'en cas de mort ou de démission. Pour tâcher d'obtenir le rétablissement du paragraphe, j'ai appuyé une grande manœuvre consensuelle. L'ambassadeur canadien, un des pays qui abritaient une importante communauté arménienne, prit sur lui de proposer un petit tour de passe-passe procédural. La commission des droits de l'homme demanda à sa sous-commission d'experts de « procéder à une mise à jour du rapport ». Notre collègue britannique, Benjamin Whitaker, fut alors désigné par ses pairs pour réaliser cette « mise à jour ». Il entreprit une vaste consultation des États membres et des ONG reconnues par l'ONU avant de « lisser » le rapport : la mention du génocide turc en Arménie restait absente du paragraphe 30 – pour préserver l'honneur du premier rapporteur –, mais elle était réapparue, toujours en incidente, au paragraphe 24...

La question arménienne rebondit de plus belle, et d'autres avec elle

À ce stade de l'affaire, on pouvait s'y attendre, la polémique repartit de plus belle, autant du côté turc que du côté arménien. Notre sous-commission ne parvint pas alors à dégager un consensus, mais vota néanmoins une résolution, par seize voix pour et quatre abstentions (six des experts ne prenant pas part au vote). Laquelle se contenta de « prendre note » de ce rapport sur le génocide, y compris de sa mention du cas des Arméniens, mais aussi de « différer sa transmission » à la commission des droits de l'homme. Où il n'est, par la suite, finalement jamais parvenu ! Côté turc, on pouvait dès lors soutenir que si la sous-commission avait bien voté ce rapport, ce n'était pas encore le cas de la commission... Et, côté arménien, on pouvait se prévaloir du fait qu'il existait au moins un texte de l'ONU pour reconnaître, en toutes lettres, le génocide commis jadis par l'État turc.

Cette affaire, qui marqua mes tout premiers pas à l'ONU, ne signifie aucunement que nos activités ultérieures se résumèrent à ce genre de guerre picrocholine, en marge d'enjeux tragiques et jugée dérisoire par certains. Mon parcours à l'ONU passera certes par de nombreux échecs, mais aussi par de belles réussites dans mes missions locales comme dans ma charge de rapporteur spécial sur la détention arbitraire, de 1991 à 1997 (voir *infra*, chapitre 20). Et l'action de la sous-commission permettra notamment de condamner l'Union soviétique pour son intervention en Afghanistan en 1979, la Chine pour le massacre de la place Tian'anmen à Pékin en juin 1989 et les États-Unis pour les prisonniers de Guantanamo à partir de 2001. Je veux croire que l'étudiant chinois anonyme qui fit « baisser la tête aux tanks » en 1989, immortalisé par la fameuse photo prise par Jeff Widener de l'Associated Press, s'il est encore de ce monde, ne tient pas pour « dérisoire » la résolution qui concernait son action.

De plus, comme on va le voir à propos de mon rôle de conseiller de Matignon, puis à l'Élysée, la question arménienne ne cessera ensuite de me rattraper, sur les plans national et international, et de faire de moi un ami obstiné de l'Arménie. Le « paragraphe 30 » mène à tout, à la condition d'en sortir. Pour attaquer sur un autre plan, à partir de 1981.

II

Mes années Matignon : de Mauroy à Fabius et de Rocard à Bérégovoy

10

Sur le front des réformes

Cette nuit du 10 mai 1981, qui vit l'élection du socialiste François Mitterrand à la présidence de la République, la rumeur euphorique de la place de la Bastille nous poursuivit, mes amis, ma famille et moi, jusqu'à la place de la République. Autant dire jusque dans nos rêves, jusqu'au cœur de notre bastion, familial et convivial, de la tranquille rue Meslay. « Quelle histoire ! Quelle histoire ! » Cette atmosphère festive se prolongea dix jours, jusqu'à l'investiture à l'Élysée et la cérémonie du Panthéon. Je me souviens de la bousculade de la rue Soufflot et comment nous avions terminé cette journée avec les musiciens du Cuarteto Cedrón sur les marches de l'Odéon. Ce que nous y chantions, sur des airs argentins, c'était un souffle de liberté que je retrouverai, deux années plus tard avec eux, dans la *Ola* de Buenos Aires. Le 22 mai 1981, c'est donc la tête dans les étoiles que j'avais pris l'avion à l'aube, empoignant ma valise, toujours prête pour mes missions. Mes obligations pour l'ONU m'attendaient à Genève. Au-dessus du Jura, je naviguais encore comme entre deux « aurores ».

Mai 1981 : après la fête de la Bastille, mon arrivée à l'Hôtel Matignon

Passées les congratulations avec ceux de mes collègues qui savaient mon penchant pour François Mitterrand et prolongèrent discrètement, au détour des couloirs compassés des Nations unies, les échos de la fête qui avait secoué la France, cette session égrenait le fil de son ordre du jour, aux interventions minutées. Contre toutes mes règles, je dus l'abandonner dès la fin de la matinée. L'ambassade de France à Genève me coupa, ce jour-là, dans mon élan d'expert onusien : un de ses émissaires était venu me chuchoter, non sans fierté protocolaire, ce message urgentissime et parfaitement impératif : « Monsieur Lion, directeur du cabinet du Premier ministre, vous demande de venir le voir toutes affaires cessantes. Vous avez un avion à 14 h 15. Votre place y est réservée. Une voiture vous attendra à l'aéroport pour vous conduire directement à l'Hôtel Matignon. »

Le Premier ministre en question avait été nommé la veille et je connaissais bien ce « Monsieur Lion ». Je verrai bien à quel cabinet il me proposerait sans doute de m'intégrer. De retour à Paris, à 16 heures, la voiture me propulsa dans la grande cour pavée de Matignon, où un huissier à chaîne vint me cueillir sur le perron d'angle pour me conduire directement dans la salle du conseil. Je connaissais déjà ce bâtiment mythique, siège du gouvernement : je l'avais fréquenté à l'occasion de réunions interministérielles, comme magistrat de la Chancellerie, et aussi comme magistrat syndicaliste, à la grande « table ronde sur la justice » de 1969, organisée à notre demande par Jacques Chaban-Delmas (voir *supra*, chapitre 4).

La première réunion du cabinet venait à peine d'y commencer. Comme au vol, j'y ai pris ma place de « conseiller technique du Premier ministre chargé de la justice et des droits de l'homme ». Nous n'y étions encore que six ou sept en cet après-midi du 22 mai, le cabinet de Matignon étant en cours de constitution. Robert Lion la présidait. Mais cette réunion, la première d'une mise en place qui allait vite trouver son rythme de croisière, se tenait en présence, contrairement à l'usage, du Premier ministre lui-même. Cette exception tombait bien pour moi : c'était la toute première fois que je rencontrais Pierre Mauroy.

Au moment où j'arrivais, je l'entendis remettre à sa place un de ses conseillers qui avait cru bon demander, de manière cavalière : « Alors, maintenant, qu'est-ce qu'on fait avec les cocos ? » Mauroy eut une réponse très sèche : « Dans mon gouvernement, il n'y a pas de "cocos" ! Il n'y a que des camarades ! » Je découvrais bien là le Pierre Mauroy que j'imaginais. Voilà qui fleurait bon une Union de la gauche façon terrils du Nord et retrouvailles de Juin 36... Et même si leurs déboires électoraux allaient réduire à quatre ces ministères attribués aux communistes au lendemain des législatives... Dont certains d'importance, mais aucun

« régalien » – ainsi nomme-t-on les ministères censés être les plus « souverains » : Justice, Défense, Intérieur et Affaires étrangères.

Que Robert Lion m'ait invité à travailler auprès de Pierre Mauroy, dans le dispositif central de Matignon, mérite quelques précisions : nos parcours s'étaient croisés à diverses reprises, comme naturellement. Quand j'étais éducateur de rue, il était le président de l'Union des foyers de jeunes travailleurs. Lorsque j'entrais à la Chancellerie, il était conseiller au cabinet de l'Équipement pour Edgard Pisani et nous avions travaillé ensemble dans le groupe d'experts qu'il animait sur les politiques foncières. Quand Mauroy lui a dit qu'il voulait, à son cabinet, un magistrat chargé de la justice et des droits de l'homme, il a donc pensé à moi.

Et, dans la mesure où les cabinets ministériels les plus « lourds » comptaient un magistrat en leur sein, il était aussi logique que plusieurs autres militants du Syndicat de la magistrature aient ainsi trouvé leur place dans ces nouveaux ministères de gauche. Cela se fit au coup par coup, en fonction des affinités et du professionnalisme de ces magistrats – ainsi Dominique Charvet sut-il faire des étincelles comme directeur de cabinet de François Autain, le secrétaire d'État en charge de l'Immigration. Et personne ne commenta une exception majeure de cette logique de recrutement : les deux premiers ministres de la Justice de la gauche au pouvoir firent quant à eux le choix judicieux, comme directeur de cabinet, d'un magistrat issu de la structure concurrente, André Braunschweig, de l'Union syndicale des magistrats.

L'action d'Autain et de Charvet renoua sérieusement avec les valeurs humanistes et relança l'intégration républicaine des immigrés. En « dircab » nouveau style, Dominique Charvet n'hésitait pas à aller sur le terrain et à s'expliquer face à face avec les immigrés aux prises avec les pires difficultés. Ce n'est que trois années plus tard que cette action butera sur la montée électorale de l'extrême droite… Une première alerte de cette poussée de xénophobie contraindra le gouvernement à faire mettre au pilon, dans une certaine précipitation, le fameux *Livre blanc* préparé à l'époque par son secrétariat d'État à l'Immigration.

C'est notamment sur ces questions d'immigration que j'ai pu apprécier l'efficacité de Martine Aubry. Principale conseillère du ministre du Travail Jean Auroux, elle préparera les lois sur les nouveaux droits des salariés dans les entreprises : ces lois Auroux seront aussi des lois « Aubry ». Outre ces avancées d'ordre général, j'ai vu ensuite Martine Aubry régler personnellement le cas emblématique du « marché aux esclaves » du quartier du Sentier : dans ce coin de Paris alors voué aux ateliers textiles, la coopérative des ouvriers pakistanais qu'elle aida à installer permit de limiter les pires dégâts et d'instaurer une règle du jeu, là où régnait auparavant un trafic de la main-d'œuvre digne des temps esclavagistes.

« Un conseiller à Matignon, ça ne "pense" pas, ça coordonne... »

Mais, à cette heure intense où je venais à peine d'entrer au cabinet de Pierre Mauroy, je n'imaginais pas que j'allais rester à mon poste durant dix bonnes années (par-dessus deux années de « cohabitation ») et servir en ces lieux les cinq premiers Premiers ministres de la gauche, jusqu'à Pierre Bérégovoy. Je découvris très vite que mes fonctions de conseiller technique m'obligeraient à consacrer une grande partie de mon temps à préparer et présider une série sans fin de réunions interministérielles. La coordination tous azimuts est en effet le lot prioritaire de Matignon, voué aux arbitrages permanents entre les activités de tous les ministères. Être conseiller à Matignon, c'est avant tout veiller à la bonne coordination, ainsi qu'à la qualité juridique, dans mon rôle de juriste, des travaux accomplis par les administrations. Ainsi ai-je consacré, les trois premières années, bien des heures de travail aux radios libres et à la décentralisation, en épaulant juridiquement François Roussely, qui pilotait pour Gaston Defferre cette réforme majeure de nos traditions centralistes, restées très napoléoniennes.

À la limite, comme il m'arrivait alors de le dire, avec une part de provocation : « Un conseiller à Matignon, ça ne "pense" pas, ça coordonne... » En tant que magistrat attaché à la Chancellerie, j'avais eu jadis plusieurs fois, selon mes spécialités, à la représenter à ce type de réunions. Mais nous n'étions que quelques-uns parmi les nouveaux conseillers à avoir eu l'occasion d'acquérir sous la droite cette culture de service public au plus haut niveau de l'État, nécessaire au nouveau pouvoir comme à l'ancien. Je fus donc très surpris lors des premières réunions interministérielles que j'ai eues à présider de voir qu'y figurait une pléthore de membres des nouveaux cabinets, même pour les réunions les plus techniques. Cette présence envahissante donnait l'impression mal venue que les ministres et leurs cabinets n'avaient pas assez confiance dans leurs services. Alors que ces derniers, je le savais d'expérience, connaissaient souvent mieux les dossiers concernés que de nombreux nouveaux conseillers, du moins sur leurs versants les plus techniques.

J'assume donc tout à fait d'avoir poussé, dans ces premiers jours, un bon « coup de gueule ». À froid, très sereinement, mais c'était bel et bien un fort rappel à l'ordre et au sens de l'État. Ce qui m'avait choqué, c'était des conseillers « de gauche » qui affichaient leurs amitiés ou complicités militantes devant des fonctionnaires des services, relégués de la sorte au rang de spectateurs. Ces nouveaux conseillers empiétaient souvent sur le temps des réunions pour se congratuler. J'avais été tout aussi choqué, sous la droite, de constater comment un certain tutoiement entre les énarques qui « colonisaient » ces séances dessinait autour d'eux un cercle d'initiés dont nous, fonctionnaires des services, nous sentions exclus.

Passe encore pour les premiers jours, où la joie de la victoire débordait sur le travail ministériel. Mais, très vite, j'ai pris sur moi de les recadrer, au risque de passer pour le « grognon » de Matignon. Au non d'un respect minimal dû à ces fonctionnaires « non politiques », qui étaient là pour assister les autres conseillers. Sans les clouer au pilori par une intervention publique au cours de la séance elle-même, j'ai choisi de me planter en sentinelle, en hôte courtois mais ferme, à l'entrée de la salle de réunion, et là j'ai accueilli les conseillers les plus politiques, spécialement les plus expansifs, par ce conseil très appuyé : « N'oubliez pas que nous sommes ici dans une réunion de fonctionnaires de la République ! On ne s'y embrasse pas, on ne se tutoie pas. On travaille tous pour le bien public... » La surprise passée, tous les conseillers concernés ont tenu compte de la leçon et laissé derrière eux les flonflons de la fête et le temps copain des lampions.

Quand Maurice Faure partit à reculons à l'assaut de la Cour de sûreté de l'État

À notre première réunion des conseillers de Matignon, nous avions reçu la consigne de laisser les ministres composer librement leur cabinet, sauf en ce qui concerne leur directeur. Seul le choix de ce dernier réclamait l'aval de Pierre Mauroy. Maurice Faure fut ainsi amené à m'appeler pour faire entériner le choix de son « dircab ». Ce grand radical du Sud-Ouest, qu'on avait trop vite tendance à réduire aux cassoulets majestueux qui l'enveloppaient, ne fut ministre de la Justice que durant un mois (du 22 mai au 23 juin), pour le temps du premier gouvernement Mauroy, coincé entre l'élection présidentielle et le raz-de-marée des élections législatives.

Maurice Faure me téléphona donc pour m'annoncer qu'il avait choisi son directeur. Un « ami de jeunesse », me précisa-t-il, comme pour me rassurer. Sur quoi, il cita un nom qui était le même, à ma stupéfaction, que celui d'un ancien directeur de cabinet d'Alain Peyrefitte ! Le ministre qui venait de me pousser hors de la CNIL ! Comment Maurice Faure pouvait-il demander à cet homme de défaire ce qu'il avait contribué à faire, dont la loi liberticide « Sécurité et Liberté » ? J'ai spontanément pensé à une homonymie, n'imaginant pas que le nouveau pouvoir pourrait ainsi recycler des hommes liges de l'ancien. Tout en faisant traîner poliment la conversation, je feuilletai fébrilement l'*Annuaire de la magistrature* et me rendis à l'évidence : nul homonyme en vue, il s'agissait bien du même magistrat ! J'ai fait alors effectuer un lent tournant à notre échange pour expliquer, très diplomatiquement, à Maurice Faure qu'il allait rencontrer de « très probables réticences » de la part du Premier ministre. Au final, je lui ai suggéré de réfléchir à un autre directeur.

Il a fini par le trouver. C'est en effet, comme je l'ai dit, André Braunschweig, ancien président de l'Union syndicale des magistrats, qui devint directeur du cabinet du garde des Sceaux. Apprenant la proposition, sans problème pour Matignon, je fus quand même saisi d'un sérieux doute quant à la réaction de l'Élysée... Il faut mettre au crédit du côté joueur de François Mitterrand de n'avoir pas objecté à cette nomination : André Braunschweig avait été, en 1959, le juge d'instruction qui l'avait inculpé pour « outrage à magistrat » dans la ténébreuse histoire dite du square de l'Observatoire. Très compétent et impartial, Braunschweig se révéla vite excellent dans son nouveau rôle, si bien que Robert Badinter le conserva comme directeur, un mois plus tard, et jusqu'en 1983, durant la première moitié de son parcours de marathonien au ministère de la Justice.

Je me souviens aussi, toujours sur le réseau « Inter » (réseau de téléphone sécurisé, réservé à certains conseillers pour communiquer avec les ministres et leur directeur de cabinet), d'un autre échange avec Maurice Faure, tout aussi insolite, politiquement typique du personnage. Maurice Faure : « Dites-moi, Joinet, ce projet de dissolution de la Cour de sûreté de l'État [1], est-ce bien réellement dans les priorités ? » Moi (un peu estomaqué

---

1 Il s'agissait d'une des promesses solennelles du candidat François Mitterrand, très critique face à cette juridiction d'exception, chargée de juger « les crimes et les délits portant atteinte à la sûreté intérieure et extérieure de l'État ». Elle était née en 1963 d'un coup de colère du général de Gaulle contre le Haut Tribunal militaire qui avait refusé, un an plus tôt, d'envoyer le général Salan, convaincu de trahison, devant le peloton d'exécution. De sorte que la gauche n'était pas la seule à faire de sa dissolution une exigence emblématique. Peu glorieuse héritière de la « chambre ardente » d'Ancien Régime et du « tribunal révolutionnaire » de 1793, cette Cour de sûreté de l'État avait eu à juger les activistes de l'OAS, ceux de divers mouvements régionalistes, puis certains militants d'extrême gauche, dont le trotskiste Alain Krivine ou le maoïste Alain Geismar et leurs amis. Elle représentait une

et assez surpris pour devenir inquiet à l'idée de cette reculade) : « Mais, Monsieur le garde des Sceaux, à ma connaissance, il n'y a eu aucun contrordre. Je vérifie et je vous rappelle... »

Renseignements pris auprès de mon homologue à l'Élysée, je fus rapidement rassuré : le magistrat Antoine Bonnefont me confirma que c'était toujours une des priorités du président et qu'il n'avait jamais été question de retarder cette réforme. J'en informai le ministre. De ce moment, il réalisa, semble-t-il avec regret, que la fonction de ministre de la Justice, en cette période de grandes réformes, n'aurait « rien d'une sinécure » – c'est le terme désuet qu'il employa en soupirant –, contrairement à certaines périodes de la IIIe République. Derrière l'abrogation de la Cour de sûreté de l'État, il voyait se profiler celle des tribunaux militaires et de la « loi anticasseurs », l'autorisation des radios libres, etc. Toutes réformes à hauts risques. Et sans parler de l'abolition de la peine de mort... François Mitterrand avait promis de « purger notre code de toutes ses lois liberticides » et de toute justice d'exception. Il tiendra parole.

Maurice Faure dut s'exécuter et il entreprit donc d'amorcer cette réforme. André Braunschweig lui fut dès lors des plus utile. Ce dernier déploya son autorité naturelle et son habileté pour annoncer la chose d'un air bonhomme aux membres de la Cour de sûreté de l'État (composée de trois magistrats et de deux militaires), convoqués à la Chancellerie. J'en fus le témoin direct : il m'avait demandé d'assister à l'entretien, manière de montrer à nos interlocuteurs qu'il s'agissait d'une réforme suivie par le gouvernement et non pas d'une seule initiative de la Chancellerie. Ressortis sur la place Vendôme, ces juges réalisèrent que leur collègue Braunschweig leur avait annoncé... leur propre mort sociale : ils allaient bel et bien tous disparaître ès qualités ! Ainsi, évidemment, que les avantages associés, dont la protection rapprochée à laquelle ils tenaient beaucoup et d'autres privilèges de leur fonction, désormais caduque. On comprend leurs velléités de résistance. Mais le drapeau de la révolte ne flotta pas longtemps sur cette « marmite » de notables. Ils eurent à peine le temps d'objecter timidement qu'il nous faudrait trouver quoi faire de leurs dossiers en cours. On trouva sans difficulté...

Et s'ils crurent pouvoir s'appuyer sur des réticences « naturelles » du ministère de la Défense, très programmé dans cette affaire comme dans d'autres pour se hâter lentement, ils durent vite déchanter. Dès le 29 juillet 1981, Robert Badinter fit voter par le Parlement la loi portant dissolution

justice d'exception à la botte du politique, qui fut, hélas, copiée par de nombreux pays de l'Afrique francophone.

de cette Cour, préparée en partie sous Maurice Faure. Tous ses dossiers encore en cours furent ensuite transférés devant des juridictions ordinaires.

Badinter et la fin de la guillotine

Le 21 juin 1981, survint la grande « vague rose » qui donna à l'Assemblée nationale une majorité absolue aux députés du Parti socialiste. Avec elle, l'avocat Robert Badinter, cinquante-trois ans, remplaça Maurice Faure au ministère de la Justice. J'ignorais alors qu'il avait entre-temps obtenu une audience de François Mitterrand, lors de laquelle il l'avait convaincu de faire voter en toute urgence l'abolition de la peine de mort, pour les raisons morales que nous partagions tous, mais aussi pour une raison politique majeure : si on laissait traîner, on risquait de voir s'enclencher un mécanisme pervers et politiquement ravageur. Des jurys populaires de cours d'assises pourraient multiplier les peines de mort, comme certains avaient déjà commencé à le faire au cours du mois de juin, sans vraiment assumer cette peine barbare, puisqu'ils anticipaient que le président exercerait son droit de grâce. De ce fait, si l'abolition n'était pas rapidement votée, Mitterrand donnerait l'impression de vouloir défaire systématiquement leurs jugements ou, pire, de se renier, ce dont il n'était pas question – sa promesse d'abolition étant la plus solennelle qui soit.

Dès lors, le président engagea ce mouvement, bien dans son style. Maurice Faure ayant sportivement jeté l'éponge et le ministère de la Justice étant devenu, vis-à-vis de Matignon, une chasse gardée de l'Élysée, ce sera Badinter qui sonnera la charge. À cet égard, je dois souligner le fait qu'avoir été le conseiller chargé de la justice à Matignon, avec pour ministre de la Justice Robert Badinter, fut une des nombreuses chances de ma vie. Question réformes, grâce à lui, « ça a déménagé » – même si le militant du Syndicat de la magistrature que je suis regrette que le changement n'ait pas vraiment atteint le Conseil supérieur de la magistrature, le parquet (avec des procureurs plus indépendants) ni les tribunaux de commerce...

Le 23 juin à 19 h 30, Robert Lion me demanda de joindre Badinter de toute urgence pour m'assurer que sa nomination à la Chancellerie lui avait bien été confirmée, la nouvelle devant faire la une du 20 heures, et lui remettre l'ordre du jour du Conseil des ministres du lendemain. Il fêtait en famille l'anniversaire de son fils au drugstore Saint-Germain. Je m'y suis précipité et j'ai annoncé la nouvelle à sa femme Élisabeth, pour qu'elle en informe son mari. J'ai alors aperçu Badinter dans la cabine de téléphone, qui me signifia joyeusement, le pouce levé derrière la vitre, qu'il venait d'être mis au courant. Dès qu'il eut raccroché, nous nous sommes retrouvés dans le bureau du directeur du drugstore. Là, j'ai vu un Badinter charismatique, marchant de long en large, me prenant à témoin des réformes qu'il mettrait en route. Il les énumérait sur ses doigts, s'arrêtant pour rectifier tel ou tel point, puis repartant de plus belle. N'osant pas interrompre son étrange soliloque, j'ai fini par lui remettre l'ordre du jour qui m'amenait là. Témoin muet d'un Badinter qui dressait les plans de sa « campagne d'Italie », j'étais sûr, en sortant, qu'aucun pont d'Arcole ne lui résisterait...

La France étant alors le dernier des pays d'Europe occidentale à pratiquer cet archaïsme, l'abolition de la peine de mort a été votée par la nouvelle Assemblée le 9 octobre 1981, aussitôt que le permirent les procédures parlementaires.

La « loi anticasseurs »... à la trappe, et plus vite que ça !

Dans le collimateur du nouveau pouvoir figurait également la fameuse loi dite « anticasseurs » de juin 1970, née de la peur de Mai 68 qui a marqué les pires années de Raymond Marcellin au ministère de l'Intérieur. Elle reposait sur un principe exclu par tout régime démocratique, mais typique des États totalitaires ou des gestionnaires coloniaux : celui de la « responsabilité collective ». La Ligue des droits de l'homme était d'emblée montée au créneau pour exiger son abrogation, mesure que François Mitterrand n'avait pas manqué d'inscrire dans ses cent dix propositions. Pour être condamné au titre de cette loi, il suffisait d'avoir participé volontairement à un « attroupement » – soit n'importe quelle manifestation... – dans lequel une ou plusieurs personnes avaient pu être repérées comme portant de manière apparente une « arme » quelconque. Sachant le nombre des objets qui peuvent être comptés comme « arme par destination », à commencer par les fameuses battes de base-ball ou les montants de banderole « renforcés », on imagine la dissuasion contre tout exercice du droit de manifestation, quels qu'en soient les motifs. D'autant plus que cette loi fut instrumentalisée par certaines forces de police pour organiser systématiquement de véritables provocations : elles permettaient, à peu de frais, d'obtenir une application très manipulée de cette loi.

Le 23 mars 1979, j'en avais été le témoin d'aussi près que possible, lors de la première grande manifestation organisée par la CGT en solidarité avec les sidérurgistes qui avaient marché sur Paris pour dénoncer la mise à mort de la Lorraine. Il faut dire que nous étions aux premières loges, rue Meslay, des mille manifestations qui passaient par la place de la République... Pour les militants les plus proches de nous, beaucoup d'entre elles se terminaient à notre domicile par une saucissonnade sur le pouce, où chacun commentait la suite des événements. Ce jour-là, ma fille Élisabeth m'appela à la fenêtre : « Regarde ! » Au pied de notre immeuble, des policiers grimés en ouvriers « gauchistes » étaient en train d'extraire de leurs voitures banalisées plusieurs armes de poing qu'ils se passaient de main en main !

Je descendis à la rencontre du capitaine de gendarmerie qui commandait le barrage de l'entrée de la rue. Lui présentant ma carte de magistrat, je l'alertai sur la scène à laquelle je venais d'assister. Il me répondit avec dignité : « Monsieur le juge, eux et nous n'avons pas la même conception de la police... » Mais je compris aussi qu'il n'interviendrait pas, sachant pertinemment que tous ces vrais-faux policiers qui se comportaient, sous ses yeux, comme des délinquants, obéissaient ainsi à des ordres supérieurs. De mon côté, inquiet de tels comportements, escorté par mes deux filles, Anne et Élisabeth, qui faisaient ardemment le guet, nous avons filé ce groupe jusque devant un autre immeuble du quartier de la République. Ils s'y engouffrèrent un instant pour ressortir en plastronnant : d'énormes autocollants, subtilisés à la CGT, décoraient leurs poitrines ! Et nous n'avons eu aucun mal à vérifier, juste après leur départ, que l'immeuble abritait un local du RPR, le parti gaulliste.

J'ai donc repris ma « filature » et retrouvé les mêmes sur le boulevard Saint-Martin... en train de harceler des CRS, en réserve statique. Des incidents suivirent, « autorisant » des charges. Bref, ils ont poursuivi leur travail de provocateurs. Une fois n'est pas coutume, cette équipe-là fut finalement identifiée. Leur procès, où j'ai témoigné, a permis de voir condamner quelques-uns de ces policiers, agissant soit par conviction d'extrême droite, soit pour « booster » leur carrière policière auprès de certains de leurs chefs.

Dans les années de l'austérité giscardienne, ces techniques de provocation furent de plus en plus appliquées pour freiner les mouvements sociaux. Dès 1975, elles étaient tombées sur un bec : seize responsables de la FNSEA furent inculpés au titre de cette loi comme casseurs « collectifs » pour une grande manifestation de style « rage paysanne » ; cela mit le pouvoir en porte-à-faux avec son propre électorat, en faisant déborder le vase des critiques de cette « loi anticasseurs » qui ratissait trop large.

Les socialistes au pouvoir, son sort était scellé. Dès mai 1981, le ministère de la Justice prépara le projet de loi du gouvernement destiné à l'abroger. Mais l'Élysée nous demanda de pousser les feux des réformes pour afficher le « changement ». Au cours d'une réunion interministérielle que je présidais, la décision fut prise d'accélérer l'abrogation en donnant, pour une fois, l'initiative à l'Assemblée nationale. Comme quoi la Ve République peut parfois se dépasser elle-même, par une certaine plasticité entre pouvoirs exécutif et législatif, que les gouvernements utilisent de façon par trop parcimonieuse. Cette procédure accélérée, empruntant directement la voie parlementaire d'une proposition de loi (et non celle d'un projet de loi du gouvernement), nous permit de contourner les lenteurs et lourdeurs interministérielles, l'examen en Conseil d'État et la présentation au Conseil des ministres que réclame le parcours de tout projet de loi.

Il se déclencha même, du coup, une course d'émulation entre socialistes et communistes : chacun de leurs deux groupes déposa rapidement sur le bureau de l'Assemblée sa propre proposition de loi pour « casser » la même loi ! La loi « anticasseurs » fut enterrée dans la foulée, le 23 décembre 1981.

Et de quatre ! La justice militaire tombe sur un dernier couac

Depuis l'affaire Dreyfus, le mot de Clemenceau faisait toujours florès : « La justice militaire est à la justice ce que la musique militaire est à la musique. » Ce constat cruel sapait depuis longtemps toute crédibilité des jugements des « tribunaux militaires », auxquels l'armée tenait pourtant comme l'Église à son droit canon ! Mais c'est leur longue campagne contre l'objection de conscience, jalonnée de lourdes peines de prison pour les jeunes objecteurs inculpés de désertion, qui rendit leur propre défaite inéluctable. Ce combat d'arrière-garde fit de la dissolution pure et simple de ces tribunaux militaires une nécessité générale.

Plus aucune justice d'exception ! Les juridictions « ordinaires » pouvaient très bien juger de tous les crimes et délits grâce à leurs magistrats réputés indépendants. Cette réforme fut rondement menée, tant le statut de ces tribunaux militaires bafouait sans vergogne la convention européenne des droits de l'homme. Ce grand texte fondamental, la France l'avait signé ; elle se devait de l'appliquer. Car l'institution militaire piétinait légalement les droits fondamentaux : la procédure de ces tribunaux leur permettait d'incarcérer sans jugement durant soixante jours ! Pour intenter les poursuites, elle mettait à l'écart tout procureur au profit du seul ministre de la Défense ; et les victimes de cette procédure ne pouvaient se porter partie civile à l'instruction, ni faire appel. Par la loi du 21 juillet 1982, tous ces cas purent réintégrer le giron judiciaire des juridictions ordinaires et les normes démocratiques.

Conspiration pour l'objection dans les jardins du musée Rodin

La grande réforme du statut des objecteurs de conscience se révéla beaucoup plus ardue, politiquement et techniquement. L'armée, en tant qu'institution, s'y opposa dans les débuts de toutes ses forces... d'inertie. Si cette loi de réforme fut adoptée par le Parlement en 1983, il faudra encore des années pour qu'elle soit appliquée sans réticences.

Cette longue et passionnante histoire avait commencé pour moi en 1978. En tant que président de la Ligue des droits de l'homme, Me Henri Noguères avait fondé cette année-là le Comité droits et libertés dans l'institution militaire (DLIM), avec le mot d'ordre : « Sous l'uniforme, le militaire reste un citoyen ! » Les « comités de soldats » de l'après-68 avaient déjà tenté de le promouvoir, bien que la Ligue communiste et les groupes d'extrême gauche qui les soutenaient aient préféré à la référence citoyenne sa variante travailliste (« Soldat, sous l'uniforme, tu restes un travailleur ! »). Ce mot d'ordre du DLIM allait donc au-delà des mouvements antimilitaristes ou de pure objection de conscience. Il attira la sympathie de nombreux citoyens, voire de militaires, dont les officiers de réserve (j'en suis). En évitant tout antimilitarisme systématique, nous avons donc ouvert le débat sur la démocratisation de l'armée. Nous ralliâmes, pour commencer, le général Jacques Pâris de Bollardière (Terre), le général Jean Bécam (Air) et l'amiral Antoine Sanguinetti (Mer).

Je fus embarqué par le DLIM dans une initiative qui sut interpeller pas mal d'appelés et de militaires : dénoncer en priorité le « fichage militant » mis au point par la Sécurité militaire (SM). Membre du comité d'experts « Informatique et Libertés » du Conseil de l'Europe (et bientôt directeur de la CNIL), je découvris avec effroi certains extraits des fichiers de la SM qu'une organisation d'objecteurs de conscience avait réussi à se procurer ! Ayant pu vérifier leur authenticité, nous envoyâmes en toute discrétion leur « fiche » aux personnes concernées, pour qu'elles puissent vérifier la véracité des renseignements personnels que l'armée récoltait sur elles et que la SM – qui deviendra en novembre 1981 la Direction de la protection et de la sécurité de la défense, DPSD – engrangeait par fournées dans ses mémoires informatiques. Résultat de l'opération : plus de soixante-dix plaintes furent alors déposées par les intéressés auprès des tribunaux. Or il ne s'agissait que de quelques extraits, soustraits à la SM de manière très aléatoire.

C'est aussi en 1978 que je fis la connaissance d'une « payse » qui allait très positivement interférer dans mon soutien aux objecteurs. Edwige Avice était comme moi née à Nevers. Devenue ingénieure financière et militante socialiste, elle fut élue députée socialiste de Paris en 1978, dans un genre plutôt « dynamique »... À l'Assemblée, elle était membre de la commission de la Défense et fut chargée à ce titre de la rédaction d'un rapport sur les objecteurs de conscience.

Au-delà du DLIM, nous fûmes plusieurs juristes, dont les avocats Jean-Jacques de Felice, Guy Paris, François Roux, ainsi que Bernard Wallon, en contact constant avec divers mouvements de refus de l'armée, dont le Mouvement des insoumis et le MOC (Mouvement des objecteurs de conscience), dissous par le gouvernement en 1977. Motif : le MOC avait piégé la législation existante dans ses contradictions les plus stupides. L'article 50 de la loi sur le premier statut d'objecteur de conscience avait en effet créé un étrange délit : il déclarait illégale toute publicité qu'on ferait à ce statut, pourtant légal ! Le MOC eut cette idée géniale de diffuser, tout simplement, les pages du *Journal officiel* où figurait le texte de cette loi. Ce mouvement fut donc interdit pour avoir diffusé le *Journal officiel de la République française* ! On nageait en plein Kafka, et certains avocats s'en donnèrent à cœur joie.

Depuis 1979, notre groupe informel de civils et de militaires se réunissait périodiquement avec Edwige Avice dans les jardins du musée Rodin. Entre la grande charmille et les rocailles d'Orphée, sans oublier les amuse-gueules de la cantine, ces jardins (près du ministère de l'Agriculture, où travaillait Bernard Wallon) auront souvent bruissé de nos « conspirations » en vue de démocratiser le régime des armées et de redéfinir un statut plus utile et viable pour les objecteurs de conscience.

La table ovale de Matignon : les objecteurs sortent du bois

Dès mon arrivée à Matignon, Pierre Mauroy m'avait chargé de lancer les concertations que réclamait cette réforme, prévue par la soixante-seizième promesse du président. Mesurant les réticences prévisibles des militaires, il tenait beaucoup au fait que les objecteurs de conscience aient pour interlocuteur un civil. Pour viatique, il me précisa : « N'oubliez à aucun moment qu'il s'agit d'une réforme de la société civile, et non pas d'une réforme de l'armée ! »

J'ai donc organisé très vite une première table ronde entre les représentants des institutions concernées, ceux des objecteurs, en particulier du MOC (à l'époque, encore clandestin !), et des juristes qui l'appuyaient, ainsi que Jean-Marie Muller, du Mouvement pour une alternative non violente (MAN). Ou plus exactement, ce que j'ai organisé fut une « table ovale » : cette réforme impliquait le cabinet civil de Matignon, que je représentais, mais aussi le cabinet militaire. Cela n'est pas allé sans contorsions protocolaires. Ainsi ai-je demandé en vain au général Guy Simon, chef du cabinet militaire, de venir siéger en civil. Mais il tenait absolument à siéger en grand uniforme, avec toutes ses décorations, et à présider nos débats. Après de longs palabres, nous aboutîmes à cette solution d'une double présidence autour d'une table ovale : à une extrémité, c'est lui qui présiderait… l'ouverture et la clôture de chaque séance ; et moi, de mon côté, à l'autre extrémité, je présiderai les débats ! Ce rituel « à deux temps » fut respecté tout au long du processus de nos séances de concertation, où l'attitude « sanglée » du général Simon, droit comme un i, fit beaucoup pour désamorcer les réticences de la Défense.

De mon côté, je prenais la précaution, avant chaque réunion à Matignon, de réunir au cabinet de Me de Felice les représentants du MOC avec leurs « compagnons de route » pour mettre au point les interventions et prévenir tout incident. D'une façon générale, les contacts militants que j'avais noués avant 1981 avec les organisations d'objecteurs, ainsi qu'avec divers champions d'une armée démocratisée, m'auront donné constamment une longueur d'avance sur les militaires du ministère de la Défense. Ces derniers, trop souvent, s'en tenaient à des notes des services de renseignement qui subissaient trop de filtrages pour refléter vraiment une connaissance concrète de ce terrain. Mes connaissances « de l'intérieur » me permettaient souvent de dégonfler les préjugés que bien des militaires entretenaient sur la question. J'ai dégonflé aussi, symétriquement, certaines mythologies antimilitaristes qu'entretenaient des objecteurs

« à fleur de peau », piégés dans leur éprouvante condition d'éternels persécutés.

Finalement, le 8 juillet 1983, leur nouveau statut fut adopté par le Parlement : les objecteurs, enfin, « sortaient du bois ». Le SCI (Service civil international), qui nous avait constamment soutenus lors des négociations, put dès lors jouer à plein son rôle d'ONG référente pour accueillir au mieux les nouvelles générations d'objecteurs « dédiabolisés ». Malgré ce point très positif, la mise en œuvre de ce nouveau statut ne fut pas de tout repos. C'est encore Edwige Avice, alors ministre déléguée au Temps libre, à la Jeunesse et aux Sports, qui eut à s'en occuper. Tout le volet civil de cette réforme lui fut confié. Elle put constater à quel point, par le jeu d'inerties diverses, l'intendance nécessaire avait du mal à suivre.

Le ministère de l'Agriculture, qui « monopolisait » jusque-là les objecteurs durant leur temps civil dans son Office national des forêts, avait du mal à « les lâcher ». Et les ministères ne débloquaient qu'avec un retard « planifié » les indemnités nécessaires à l'accueil des objecteurs. La trésorerie des associations concernées en souffrit durablement, parmi lesquelles la Ligue des droits de l'homme. Par rétorsion, la Ligue en vint à suspendre son accueil des objecteurs : son déficit avait atteint, à cause des carences des administrations, le total de 600 000 francs.

En signe de protestation contre ces dysfonctionnements, des objecteurs organisèrent une action spectaculaire : ils débarquèrent « en slip » au beau milieu de la cantine du ministère des Affaires sociales ! Cette menace médiatique de voir des objecteurs courir nus comme des vers à travers un ministère, sous l'œil des caméras, mit en émoi l'Hôtel Matignon. Deux réunions interministérielles que je présidais se terminèrent par un arbitrage favorable, pris « au nom du Premier ministre » : une commission consultative, où siégeaient tous les partenaires de cette affaire, fut enfin mise en place pour aplanir ces difficultés. La réforme prit alors son allure de croisière, le nombre d'objecteurs augmentant fortement, avant de s'échouer, en 1996, sur le choix de Jacques Chirac d'en finir une bonne fois avec toute « armée citoyenne » pour ne plus recruter que des militaires professionnels.

Je m'en tiendrai là dans l'évocation des nombreuses réformes de la gauche, y compris dans le domaine de la justice – car il y eut aussi l'abrogation de la loi Peyrefitte, dite « Sécurité et Liberté », la décriminalisation de l'homosexualité et la fin des rafles de gays par la police, la refonte totale du code pénal, où Badinter a pris le temps de laisser sa « patte », la « libération des ondes » sous la surveillance de la Haute Autorité de l'audiovisuel (et de son médiateur, le célèbre « marieur » que fut, entre autres...

Stéphane Hessel). Mon action effective de conseiller du Premier ministre m'entraînait en effet dans le même temps sur bien d'autres terrains, cela tous azimuts, à un rythme endiablé.

Où un spectre vient me hanter : le fantôme des « raisons d'État »...

Pour parler net, je me suis retrouvé à tenter de déjouer des restes marginaux de « déraisons d'État », voire à gérer « à la godille » une sortie de leurs impasses... Je ne reconnais, pour ma part, qu'un type de raison d'État ; pas celle des cyniques !

Mes bonnes raisons d'État impliquent d'assumer des décisions « limites », prises dans le respect des droits de l'homme. Pour qui a connu trente-trois ans d'ONU, après avoir vécu l'affaire Ben Barka, cette précision n'a rien d'une langue de bois : il est des droits « indérogeables ». Je parle de positions de droit, qui sont, parfois, « à la limite » en matière constitutionnelle, comme j'aurai à l'évoquer dans l'affaire calédonienne. Et je ne parle pas ici de l'affaire du *Rainbow Warrior*, de l'amnistie des délinquants financiers ou autres dérapages des gouvernements de gauche, pour lesquels je n'avais pas du tout été consulté. (Dérapages qui motivèrent la seule discussion que j'aie eue avec ma femme à propos d'une éventuelle démission : elle m'y a poussé, à l'époque, sans que je m'y résolve, tant il restait d'objectifs à atteindre, en particulier dans le domaine de la neutralisation de la violence politique, laquelle suppose que l'on maîtrise la violence de l'État dans son simple « appareil ».)

Pragmatiquement, je crains que quoi qu'on fasse contre ce spectre repoussant de la « raison d'État », aucun gouvernement n'y échappe totalement : il se doit d'affronter certaines situations où des réponses du « droit » sont un peu différées ou suspendues, s'il vise, paradoxalement, à étendre et à conforter l'État de droit. Il ne s'agit pas seulement, avec ingénuité, de découvrir que gouverner, c'est très souvent choisir entre deux mauvaises solutions, celle mesurée comme la moins pire. Il s'agit d'une administration de la justice qui n'en a jamais fini avec les singularités et exceptions que posent, à une tout autre échelle, les situations « transitionnelles » que j'ai eues à connaître dans le reste du monde (voir *infra*, chapitre 19).

Si marginal soit-il, cet aveu me coûte un peu, moi qui ai combattu ce genre de discours dans la bouche d'adversaires politiques, toujours trop prompts à justifier que la justice ou la démocratie « s'arrête là où commence la raison d'État », selon la célèbre formule d'un ministre de l'Intérieur qui prétendait ainsi « terroriser les terroristes ». Non, la justice « ne s'arrête pas » ! Jamais. Et la démocratie ne devrait que s'approfondir. Mais je sais trop, comme onusien, que si tant d'États sont injustes et porteurs d'injustices, « il n'est, pourtant, au bout du compte, de justice que d'État » : en tant que spécialiste des situations transitionnelles, j'ai tellement mesuré comment toute justice disparaît là où l'État se délite, que je m'interdis de « faire l'autruche » devant certaines nécessités exceptionnelles.

À nous, comme magistrats et comme citoyens, de faire en sorte qu'au final aucune sorte de minorité ne s'approprie l'État, voire, plus concrètement, que celles qui tendent à le faire soient amenées à lâcher prise au profit d'une démocratie vivante et de plus en plus citoyenne, de façon que l'espace que l'on doit accorder à ces cas exceptionnels, relevant de « bonnes » raisons d'État, se réduise de plus en plus.

11

À la vigie du nouveau pouvoir

Reprenons la séquence officielle que je viens d'évoquer sur mon entrée au cabinet de Matignon, cette fois sur son versant de surprises vécues, à commencer par trois données inattendues du premier jour. La première des surprises, celle d'avoir été « cueilli » à la commission de Genève pour être ramené à Paris, ne signifiait pas, aussi bizarre que cela paraisse, que j'avais « lâché » l'ONU pour Matignon. Je m'en suis expliqué, dès le lendemain, avec Robert Lion : je comptais, parallèlement, continuer d'honorer mes missions internationales.

L'espion qui retournait au froid

La deuxième de mes surprises, ce fut tout simplement celle du pouvoir. Entre mon arrivée sur le perron d'angle et la salle du conseil où se réunissait le cabinet, on avait eu le temps de me confier, comme en passant, un dossier stratégique qui me tenait à cœur : celui du Larzac. Robert Lion me l'avait « refilé » en personne, me lâchant au passage cette formule minimale : « Le Larzac, maintenant, c'est toi ; débrouille-toi pour nous boucler ça le plus vite possible. Ordre du président ! » Et voilà... Après sept ans de combats, militants et juridiques, l'élection était passée et « nous » avions gagné... Il me restait encore à tout « détricoter », mais la question était tranchée une fois pour toutes par le nouveau pouvoir d'État.

La troisième surprise releva des imbroglios que le pouvoir attire comme l'aimant la limaille de fer : je me suis retrouvé, dans ces premières vingt-quatre heures, à devoir organiser, sans la moindre préparation à ce genre d'exercice, bien qu'en collaboration avec le cabinet militaire de Matignon, un échange d'espions ! Celui-ci était évidemment une part de l'héritage du pouvoir giscardien que Mitterrand avait assumé à sa prise de fonction, malgré sa dimension potentiellement « toxique ». Pas moyen d'y couper ni de retarder cet échange ; le *deal* était déjà très engagé et tridimensionnel : outre la France et l'Allemagne de l'Est, un pays scandinave était également impliqué. Il ne restait à résoudre que les derniers détails techniques pour honorer cet accord passé avec les hommes de la Stasi, la police politique est-allemande, en leur restituant un vieux briscard germano-soviétique, avant qu'il ne décède entre nos mains (en échange d'un des nôtres). Markus Wolf, le patron de la branche extérieure de la Stasi, semblait tenir à lui comme à un vieux complice. Appelons-le « général Zorn », puisque aussi bien l'arrestation de cet espion sur le retour n'a guère laissé de traces, ni politiques ni médiatiques.

En me confiant cette supervision (parce qu'elle nécessitait de faire libérer de prison un espion détenu sous main de justice), Pierre Mauroy avait suivi les consignes de l'Élysée, où régnait à cette époque (appelée à rebondir...) une certaine méfiance vis-à-vis des services, notamment du SDECE (Service de documentation extérieure et de contre-espionnage). Je n'avais qu'à m'exécuter.

Pour impliquer le moins possible le siège du gouvernement, j'ai organisé les réunions interministérielles *ad hoc* dans une salle très banale du Quai d'Orsay. Représentants de la Défense, des Affaires étrangères, de l'Intérieur et de la Chancellerie s'y retrouvèrent pour régler cet échange. À chaque réunion, j'y notais la présence de deux fonctionnaires très discrets qui se tenaient au fond de la salle sans prononcer le moindre mot. Une fois l'opération réglée au millimètre, depuis l'embarquement du vieux général Zorn dans un avion militaire français (médicalisé, au cas où...) jusqu'à ce qu'il enjambe la fameuse « ligne blanche » qui le verrait passer en RDA, je suis allé saluer, un par un, tous les participants à ces séances de mise au point. Et c'est alors seulement que les deux « près du radiateur » se présentèrent à moi ès qualités : « Nos félicitations, Monsieur le conseiller, vous vous en êtes pas mal tiré ! » J'aurais aimé savoir plus tôt qu'ils étaient « Monsieur SDECE » et « Monsieur DST », spécialistes en échanges d'espions, pour profiter de leurs lumières ! À croire qu'eux aussi respectaient, timidement, comme une période d'accoutumance entre leurs services sulfureux et ce nouveau pouvoir qui semblait se méfier d'eux comme de la peste.

Tout se passa bien, car nous n'avions guère innové par rapport aux autres échanges d'espions qui jalonnèrent la guerre froide, jusqu'à la chute du Mur en 1989. À Berlin même, la procédure avait été supervisée par le numéro deux de la DST. Il était allé se poster à l'entrée du « pont des espions », tandis qu'à l'autre bout, le fameux Markus Wolf se présenta en personne pour y réceptionner son vieux camarade. La « ligne blanche » n'était pas une métaphore : elle était bel et bien tracée au milieu du Glienicker Brücke, ces deux arches métalliques enjambant la Havel entre Berlin-Ouest et Potsdam. Tout au long de cet échange, au risque d'avoir à l'interrompre, et jusqu'au dernier moment où le général Zorn se lança vers cette frontière « entre les deux mondes », nous avions vérifié auprès de lui que c'était bien de son plein gré qu'il choisissait ainsi de « retourner au froid ».

On sait bien qu'à l'époque, au moins durant les premiers mois, les questions de sécurité vis-à-vis du bloc de l'Est furent frénétiquement agitées par les Américains contre cette France de gauche qui osait intégrer quatre ministres communistes à son gouvernement. Il fallut, pour calmer ces appréhensions, que Mitterrand assure le président Ronald Reagan de son atlantisme indéfectible (mais sans retour dans l'OTAN), qu'il mette à la disposition de la CIA les renseignements transmis par « notre homme » chez les Soviets, le célèbre « Farewell [1] », et qu'il prenne solennellement parti pour l'installation en Allemagne de l'Ouest de nouveaux missiles nucléaires tournés vers l'URSS.

Matignon à temps (pire que) plein, mais sans jamais lâcher l'ONU

Le « costume » de conseiller du Premier ministre me seyait parfaitement, surtout dans les débuts, très « larzaciens », de la gauche au pouvoir. Mais, revenu chez moi la première nuit, je fis le point : je n'avais nullement l'intention de brader ma mission et mon rôle à l'ONU (même si, les premiers temps, j'en suspendis temporairement certaines obligations) pour me précipiter sur les ors et les honneurs des palais de la République. Les enjeux de mes missions pour les droits de l'homme dans les pays d'une humanité « émergente » valaient plus que les « coups de main » que je pourrais donner, parmi d'autres magistrats de notre

1 Voir Roger Faligot, Jean Guisnel et Rémi Kauffer, *Histoire politique des services secrets français. De la Seconde Guerre mondiale à nos jours*, La Découverte, Paris, 2012.

syndicat, à mes amis et collègues de la gauche franco-française. Dans ma vie d'obstiné pour qui « tout est possible » (ou en tout cas beaucoup de ce que d'autres croient impossible), y compris d'être là tout en étant ailleurs, je revins donc à Matignon, le lendemain matin, pour rédiger sur mon bureau, avant même de m'occuper de ce général Zorn et du dénouement du Larzac, une note circonstanciée à l'intention de Robert Lion.

Je le prévins que j'entendais garder ma place à la commission de Genève et que si le Premier ministre y voyait une contradiction ou le moindre signe d'un engagement insuffisant à ses côtés, je démissionnerai de Matignon plutôt que de lâcher l'ONU. J'y précisai ce point, impératif et très diplomatique, que si l'action publique du gouvernement français risquait à l'avenir d'entrer en contradiction, si peu que ce soit, avec les positions que je défendais à l'ONU – je lui citais la lutte contre l'apartheid en Afrique du Sud, le combat pour la reconnaissance du génocide turc des Arméniens, la cause de la liberté en Amérique latine, en Grèce ou à Timor, et d'autres encore, dont les dissidents de l'Est, qui me tenaient les plus à cœur –, je quitterais alors Matignon sur le champ, sans engager la moindre polémique.

Robert Lion transmit ma note à Pierre Mauroy, lequel ne fit aucune objection. Cinq ans et même dix ans plus tard, par-dessus les deux ans du second gouvernement Chirac (1986-1988), j'étais encore à Matignon, tout en ayant réitéré le même type de mise au point à chacun de mes Premiers ministres successifs.

Un bouquet de chardons pour la disparition du « préfet » du Larzac

Pour préciser très brièvement la deuxième (et meilleure) surprise qui m'accueillit le premier jour, revenons un instant du côté de Millau, où je n'avais jamais cessé d'effectuer des allers-retours. J'en refis encore cinq ou six en cette période « triomphale », dont plusieurs avec ma femme. Entre Germaine et Guy Tarlier, le leader du Larzac, une forte amitié était née et je revois avec tendresse ce gaillard de près de deux mètres se pencher de tout son haut pour l'embrasser sur les deux joues. Ces deux-là avaient le même goût pour les rêves sérieux et les plus généreux, et l'appétit de « refaire le monde » de la façon la plus concrète. De mon côté, je « détricotais » l'imbroglio juridique que nous avions si patiemment tricoté en sept ans.

Ce qui avait changé, c'est que je le faisais de mon bureau de Matignon, entassant sur la table de Lucy Lacarra, qui y sera ma fidèle assistante durant dix ans, les documents du démêlage, après concertations avec l'armée et tous les intéressés, paysans du Larzac ou commerçants de la région. Vis-à-vis de ces derniers, j'ai même tenu sur place deux réunions pour discuter de possibles reconversions économiques du plateau à même de compenser les pertes de ceux d'entre eux qui avaient parié sur le « mauvais cheval », c'est-à-dire sur l'extension « inévitable » des installations militaires. J'ai suivi en cela la consigne que Pierre Mauroy nous avait donnée dans cette affaire si symbolique : « Ne faites pas les mêmes erreurs que nos prédécesseurs. Soyez très attentifs aux positions des uns et des autres. Que le dialogue et la concertation soient votre règle. La solution viendra d'elle-même. »

De fait, notre projet de Société civile des terres du Larzac (SCTL) fut finalement entériné comme un « îlot de liberté », censé anticiper la création plus générale de ces offices fonciers que la gauche gouvernementale ne se donna pas le temps ni les moyens de réaliser. Resté seul dans son genre, il vit le jour sans heurts, au terme de nos concertations, pointilleuses et tous azimuts.

L'armée dû renoncer à l'extension du camp sur ce causse du Larzac dont certains de ses chefs avaient cru faire une de ses dernières frontières, un territoire de substitution, à la façon du plateau d'Albion ou de l'atoll de Mururoa pour l'arme atomique, après la perte des grands espaces sahariens ou coloniaux de ses plus récentes « aventures »... Viendrait bientôt le temps de ses nombreuses missions de maintien de la paix, où je pourrai apprécier son savoir-faire professionnel, notamment au cours du naufrage de l'ex-Yougoslavie, auprès de militaires comme le général Philippe Morillon.

La décision politique étant prise, la clé de cette période de « défaisance » du projet avorté du grand camp militaire fut la décision interministérielle à laquelle je me consacrai de transférer toutes les terres acquises par l'État du ministère de la Défense à celui de l'Agriculture. C'est à partir de là que tout devint possible pour inverser le processus. En tirant sur ce fil, tout se détricota, du côté de l'État comme des groupements fonciers que nous avions montés au profit de nos « Astérix ».

Pour raisons de santé, Guy Tarlier dut passer la main à José Bové, qui était devenu son second. Je fus témoin de son influence sur les délégations de paysans du causse avec qui nous avions à régler les derniers détails dans nos séances de Matignon. Mon bureau devint le lieu de nombreuses petites tables rondes, à six participants : Guy Tarlier, appuyé par José Bové et Pierre Burguière, avec Jean-Jacques de Felice et François Roux, les avocats historiques de la lutte. Par un bail emphytéotique (de très longue durée), l'État s'engagea à louer ses terres agricoles du plateau du Larzac à la SCTL, à charge pour elle de contracter des « baux de carrière » (innovation juridique majeure) avec les paysans du cru puis les « installés » de cette époque et ceux à venir [2].

Guy Tarlier batailla contre sa longue maladie dans les années de sa victoire – parallèle en cela, ce que nous ignorions, à la bataille secrète de François Mitterrand... Celui que nous avions pris l'habitude d'appeler entre nous le « préfet du Larzac » ne disparut que dix ans plus tard, le 7 mai 1992, mais sa présence charismatique continua d'animer le groupe des 103 et les nouveaux « installés » qu'ils avaient cooptés. En cette année 1992, je n'étais plus à Matignon ; j'avais été appelé comme conseiller à l'Élysée. Je fus chargé de représenter le président aux obsèques de Guy Tarlier et d'aller déposer une gerbe de fleurs sur son cercueil. Pourquoi ne pas y introduire, symboliquement, un exemplaire de l'arbitrage présidentiel qui avait décidé de l'abandon du camp ? L'Élysée m'y autorisa. Quant au préfet (le vrai !), informé de mon arrivée, il m'avait interrogé sur les souhaits de l'Élysée concernant les fleurs de cette gerbe. J'appelai Marizette, l'épouse de Guy, laquelle me répondit : « Je ne sais pas quoi te dire, à part que ses fleurs préférées étaient celles du plateau... »

Je transmis au préfet. Il eut au téléphone comme un soupir d'effroi : « Mais, Monsieur le conseiller, sur le plateau du Larzac, il n'y a que des chardons ! » À mon arrivée à Millau, deux policiers des Renseignements généraux m'accueillirent. Ils m'entraînèrent timidement devant le coffre d'une voiture : « Vous pensez que ça ira ? » Ils avaient, semble-t-il, arpenté à l'aube le plateau du Larzac pour récolter cette immense gerbe de chardons, à la mémoire de celui qu'ils avaient eu à espionner et harceler sept ans durant...

Le climat de paranoïa qui traversa la droite française...

En 1981, ce n'est pas qu'à l'étranger qu'une vague de paranoïa accueillit la gauche au pouvoir. Parmi les patrons, responsables politiques

2 Ultime consécration dont je fus témoin : le 18 juillet 2013, la durée du bail emphytéotique fut portée de soixante à quatre-vingt-dix-neuf ans par un avenant signé sur le plateau par le ministre de l'Agriculture en personne, Stéphane Le Foll.

et hauts fonctionnaires de droite, qui se vivaient depuis vingt ans comme les propriétaires « naturels » du pouvoir, l'arrivée au gouvernement d'une gauche profilée par le programme commun fit des ravages dans les têtes, au-delà de toute raison. Le bouche à oreille alarmiste, relayé par *Le Figaro* et la presse d'extrême droite, était monté en intensité lors de la campagne présidentielle. Certains se persuadèrent que les chars soviétiques menaçaient déjà Strasbourg et que la « terreur rouge » allait les emporter dans un maelström « totalitaire » ! Ce phénomène de panique se dissipa si rapidement, passé l'été 1981 et ses discours robespierristes sur les « têtes qui devaient tomber », qu'on peine à s'en rappeler.

Un exemple qui m'a touché de près est celui d'un magistrat que j'avais bien connu durant mes années d'étudiant. Malgré nos positions politiques très divergentes – les siennes l'avaient amené à la droite de la droite –, nous étions restés des amis de jeunesse. Germaine et moi l'avons croisé entre les deux tours de l'élection présidentielle. Passées les formules de retrouvailles, il me prit à part, sur un ton assez exalté que je ne lui connaissais pas : « Louis, me dit-il, compte tenu de l'estime que nous nous portons, je ne te demande qu'une chose : si tu apprends que je vais être arrêté, je t'en prie, sois gentil et préviens-moi d'avance ! »

J'en suis resté bouche bée, espérant un trait d'humour, mais la suite de notre conversation me montra qu'il croyait vraiment qu'on se trouvait au seuil d'une période de terreur. Tout ce que nous pouvions dire pour tenter de le rassurer ne faisait que lui prouver que nous étions des « idiots utiles », manipulés par des agents du goulag universel ! Ce que nous avions vécu comme une série d'émancipations depuis Mai 68 s'était condensé pour lui dans cette « grande peur » des possédants dans un pays maudit où « tout fichait le camp »...

L'argent choisit son camp et son pays, la Suisse...

Mais c'était surtout l'argent qui « fichait le camp ». Outre une présence « eurocommuniste » au sein du gouvernement – deux ambassadeurs démissionnèrent de leur poste à cette nouvelle que « Moscou siégeait au Conseil des ministres » ! –, ce qui amplifia cette panique fut la recherche de l'intérêt bien compris des plus nantis : le projet de la gauche de nationaliser les banques déclencha dès l'entre-deux tours une catastrophique fuite des capitaux. Mauroy dut y faire face dès le 21 mai, au soir même de sa nomination.

Le Parti socialiste craignait tellement que les quelques jours de transition entre le second tour de l'élection et l'investiture officielle ne soient l'occasion pour la droite de prendre des mesures de sabotage que Pierre Bérégovoy et Jean-Pierre Cot avaient réuni au siège du PS, rue de Solferino, un petit groupe de juristes, dont j'étais : nous y avions étudié jusqu'à quel point le nouveau président pourrait gouverner par décrets, en toute légalité, pour donner sans plus attendre des signes de changement, en cas de transmission trop prolongée du pouvoir institutionnel entre Giscard et Mitterrand. Mais, finalement, hors ces graves problèmes financiers et pour autant qu'on sache, ces mesures de sabotage se limitèrent à un usage immodéré des broyeuses de documents dans certains ministères.

N'étant pas politique de profession, encore moins économiste, je ne témoignerai en la matière que de mes sentiments et expériences. Trente ans après, alors que la crise économique majeure déclenchée en 2008 a pris l'aspect d'une nouvelle crise de 1929, dans une version « rampante », je persiste à considérer la nationalisation des banques comme une mesure justifiée par le caractère de service public des circuits financiers dans l'économie. Mais pourquoi nationaliser à 100 %, plutôt qu'à 51 %, comme le proposa Michel Rocard, voire 67 %, façon Defferre ? En 1981, je ne suis pas le seul à avoir mal compris le choix du 100 % – tout en me gardant bien de m'en mêler – fait par Mauroy et Mitterrand.

Dès le 22 mai, j'ai en tout cas été précipité dans les folles rumeurs qu'entretenait le « mur de l'argent », comme disait François Mitterrand, qui ressortit alors cette fameuse formule de l'époque du cartel des gauches (en 1924) et des « deux cents familles ». Le quotidien suisse *Le Temps* a dressé de ces rumeurs de la période inaugurale un inventaire à la Prévert : « D'après les on-dit, des valises remplies de billets et des roues de secours farcies d'or franchissent en masse la frontière. D'autres croient alors savoir que des douaniers hexagonaux battent le pavé à proximité des établissements bancaires genevois pour y photographier les plaques d'immatriculation françaises [3]... » Toutes ces rumeurs ne furent pas délirantes : selon le journaliste du *Journal de Genève* Jacques-Simon Eggly, « nul n'a jamais chiffré le montant total de cette épargne en désertion, mais les statistiques de la Banque nationale suisse attestent sans conteste de cette tendance en rendant compte, en 1981, d'une explosion des engagements à titre fiduciaire des banques helvétiques auprès des Français [4] ».

---

3 Angélique Mounier-Kuhn, « Spectre communiste et fuite de capitaux en Suisse », *Le Temps*, 10 mai 2011 (voir aussi Pierre Favier, *Dix Jours en mai*, Seuil, Paris, 2011).

4 *Ibid.*

Quant au professionnalisme et au sens du service public manifestés alors par nos services de douanes, il ne fait aucun doute. Pour pallier mes manques cruels en économie, je m'en suis rapporté à mon collègue magistrat Jean-Pierre Plantard ; devenu chargé de mission à mes côtés, il avait longtemps dirigé, au ministère de la Justice, le bureau du droit commercial. Par réflexe républicain, les Douanes françaises mirent en place, à peine passé le premier tour de l'élection présidentielle, un dispositif contre les fuites de capitaux, qui ne put certes pas endiguer la marée de ces désertions financières, mais s'acharna à les détecter et à enregistrer des données sur cette délinquance scandaleuse.

Certains syndicalistes des Impôts et des Douanes laissèrent à Matignon un souvenir impressionnant de leurs instincts de « chasseurs », spécialement pour la « pêche au gros ». Dans un pays où frauder le fisc n'a jamais atteint le statut de sport national qu'il a pu acquérir en Europe du Sud, ils se sentaient portés, à juste titre, par le fait qu'une simple tricherie se transformait alors en grande cause nationale : cette forme d'émigration sans quitter le territoire (au sens des émigrés de 1791) revenait à porter une série de coups de poignard dans le dos de la nation, très « juteux » qui plus est, sous couvert de convictions « antitotalitaires ».

À Matignon, Jean-Pierre Plantard me décrivait ainsi la grave dégradation de la situation financière : « Cette peur panique des riches et de l'ensemble des milieux économiques et financiers, dont les capitaux étrangers qui ont alors fui la France, a eu pour conséquence, dès le 12 mai, une chute catastrophique de la Bourse : il a fallu interrompre les cotations. Le 13, elle perdit 13,9 % ; le 14, encore 9,5 %... Sur le marché des changes, la plupart des pays vendaient leurs francs pour des dollars, ce qui a fait baisser dramatiquement le cours de la monnaie française. La Banque de France a dû engager dans la pire urgence 5 milliards de devises dès le premier mois de la gauche : près du tiers de ses réserves. »

Je ne prétends certes pas expliquer ainsi les déboires ultérieurs de la politique économique de la gauche (qui se trouva en porte-à-faux avec celles, ultralibérales, de Ronald Reagan aux États-Unis et de Margaret Thatcher au Royaume-Uni). Mais on ne peut minimiser, pour les premiers mois, la responsabilité des possédants, dont le patriotisme s'en allait en quenouille. À Paribas, le P-DG de 1981, Pierre Moussa, militait ainsi si activement contre les nationalisations qu'il menaçait de transférer des avoirs de sa banque dans une nouvelle holding qu'il construisait en Suisse, à l'abri des lois françaises ! Il fallut rapidement le contraindre à démissionner.

Mars 1982 : les banques françaises jouent contre la France

En mars 1982, la gauche est au pouvoir depuis dix mois et les principales banques viennent d'être nationalisées, mais la spéculation, qui semblait se calmer, rebondit de plus belle – comme elle rebondira à nouveau en mars 1983, à l'occasion des élections municipales, remportées par la droite. Un dimanche soir vers 21 heures, étant d'astreinte à Matignon, je reçois un appel téléphonique de Londres. C'est mon assistante Lucy Lacarra qui me le transmet, car il vient d'une de ses amies qui travaille à la City. Elle cherche à m'alerter sur des mouvements de fonds suspects qui ont lieu sur la place de Londres, de nature, me résume-t-elle comme on l'ânonne à un profane, à « nuire gravement au gouvernement français ». N'ayant guère de maîtrise du langage boursier, comme je le lui avoue très volontiers, je l'invite à parler lentement et je transcris exactement toutes ses déclarations en vue de les transmettre à « qui de droit ».

« Ce qui se passe ici depuis mercredi, me déclare-t-elle, est écœurant. Même mes amis américains professionnels [de la finance] en sont choqués. Dans les coulisses de la place de Londres, on voit des banques françaises, y compris nationalisées, [jouer contre le franc, c'est-à-dire] pousser à [sa] dévaluation au profit du dollar ! Cela prend l'allure d'un forcing. [...] Elles disposent de fonds incroyables... En tout cas dans des proportions qui ne peuvent s'expliquer seulement par la nécessité de "couvrir leur clientèle"... Les plus en flèche sont le CCF et la BFCE. Fait sans précédent à Londres, le CCF n'a pas reçu ses ordres depuis Paris, comme d'habitude, mais depuis sa représentation à New York...

« La BNP et les Banques populaires semblent avoir accompagné ces mouvements. Il se peut que, dans leur cas, elles se soient vraiment trouvées devant un problème de "couverture de leur clientèle". Le chef cambiste de la BNP a déclaré en confidence, au début de la semaine, que "sa maison ne mangeait pas de ce pain-là", mais qu'elle serait quand même contrainte de faire face à ses obligations. Où est le vrai ? On a eu un fil [dépêche d'agence] de New York : "Les rouges soutiennent le franc !" Et, en effet, [les Soviétiques] disposent de puissantes disponibilités ; ils pourraient être encore plus efficaces s'ils le voulaient... Ils interviennent par le Foreign Trade depuis Moscou et ils ont défendu le franc, mercredi et jeudi. Nous ignorons leur position à venir, car il ne s'est pratiquement rien passé ce vendredi...

« La Banque de France joue son rôle au mieux : elle est intervenue jeudi midi pour défendre le franc et elle a réussi à endiguer cette offensive.

On estime, sur la place, qu'en raison de cette intervention judicieuse, le dollar devrait commencer à baisser dès lundi matin. À ne pas négliger : dans leur grande majorité, les meilleurs cambistes de Paris, surtout les courtiers, sont complices. Ils sont très hostiles à la gauche et ils passent leur temps, en ville, à fomenter [contre elle] des complots à faire dresser les cheveux sur la tête. Jusqu'à un certain point, ils se montent la tête entre eux, mais il existe un noyau d'extrême droite très pernicieux. Vous devriez vous en méfier... »

Incapable d'évaluer la part d'informations nouvelles ni celle des (très éventuelles) manipulations que recelait ce témoignage spontané, je repasse très tôt, le lendemain matin, par mon bureau de Matignon, d'où j'ai averti Jean Peyrelevade, directeur adjoint du cabinet de Pierre Mauroy, et son conseiller financier. M'ayant écouté attentivement, Peyrelevade me demande d'appeler immédiatement Philippe Lagayette, le directeur du cabinet du ministre de l'Économie Jacques Delors. Je l'appelle sur l'« Inter » et là, je tombe directement sur Delors lui-même, apparemment en embuscade. À croire qu'il y avait déjà pas mal d'eau dans le gaz... Je l'informe brièvement de ce coup de fil venu du cœur de la City. Il me demande de le rejoindre sur-le-champ. Lorsque j'entre dans son bureau, Lagayette s'y trouve déjà. Je leur précise l'origine de ce témoignage londonien, puis je leur en remets la transcription. Et je ne saurai pas les tenants et aboutissants de cette affaire, qui a vu le franc se débattre entre des ordres contradictoires de New York et de Moscou et où nos banques nationalisées prétendaient « couvrir » leur clientèle au détriment de notre monnaie.

Le jour où Carlos réinjecta en France la violence politique...

Peu après, le lundi 29 mars 1982 au soir, alors que j'étais permanencier à Matignon dans cette ambiance de forte fièvre monétaire, je suis tombé de Charybde en Scylla. Le télex venait de cracher cette dépêche de l'AFP : « Attentat meurtrier à bord du train "Le Capitole" [reliant Paris à Toulouse] à hauteur d'Ambazac. » Bilan : cinq tués et vingt-huit blessés. Ce n'était que la première des tueries annoncées. Le sieur Ilich Ramírez Sánchez, dit « Carlos », ce mercenaire vénézuélien du terrorisme arabo-syrien, se rappelait à notre souvenir en mettant ses menaces à exécution.

Ces menaces dataient d'un mois. Le 16 février, la police parisienne avait arrêté le Français Bruno Bréguet et l'Allemande Magdalena Kopp, c'est-à-dire... l'épouse Ramírez. Un contrôle effectué sur une voiture mal garée dans l'avenue George-V avait dégénéré : Bréguet avait sorti son revolver, qui s'était enrayé. Sur quoi, les policiers avaient trouvé dans leur voiture des kilos d'explosifs et des plans d'attentats... Déférés devant la justice, ces deux tâcherons de la terreur, au nom d'un tiers-mondisme fantasmatique, choisirent pour avocat l'inénarrable Jacques Vergès. Puis Carlos fit transmettre au ministre de l'Intérieur, Gaston Defferre, une lettre exigeant la libération « dans les trente jours » de ses deux acolytes.

Bien que Defferre ait demandé que cette lettre reste confidentielle, elle fit rapidement l'objet de fuites dans la presse. Et, peu de temps après, Me Vergès – suivez mon regard... – avait demandé au magistrat Roland Kessous, du cabinet de Gaston Defferre, qu'il le reçoive d'urgence... Après quelques hésitations, le ministre autorisa son conseiller à recevoir Vergès, sous réserve qu'il se contente d'écouter ce qu'il avait à dire, sans prendre le moindre engagement. Ce qui fut fait.

N'ayant donc obtenu aucune réponse à ses « propos » (faute de pouvoir dire aux « propositions de Carlos »), Jacques Vergès revint à la charge en variant sa cible : il me demanda un rendez-vous à Matignon. N'ayant pas l'intention d'impliquer le gouvernement dans une embrouille « à la Vergès », j'en informais mon nouveau directeur de cabinet, Michel Delebarre. Il fut convenu que je recevrai Vergès, mais à mon domicile, en visite « privée ». J'avais la même consigne que Kessous : seulement écouter, afin de rendre compte, et ne mettre le doigt dans aucun engrenage. Ce que je fis, comme mon collègue.

La visite de Vergès chez moi fut des plus brève. Il commença par me décrire la « gravité extrême » de la situation : la dommageable publicité que la presse avait donnée, selon lui, aux menaces écrites de Carlos (sans que nous ayons pu savoir quelle en était la source) risquait de le pousser au pire « jusqu'auboutisme » pour ne pas perdre la face. Par allusions successives, Vergès me fit comprendre que, pour tenter de l'éviter, nous devions « obtenir » une « condamnation » de Bréguet et de Kopp qui permettrait tout bonnement leur libération à l'audience ! Je lui fis part de mon étonnement : « Comment, Me Vergès, vous, un si fin juriste, pouvez-vous me demander qu'on constitue une cour à votre main ? » Sachant que le juge d'instruction se trouvait être Jean-Louis Debré, un homme de convictions peu enclin à se laisser circonvenir par le parquet, comme Vergès le savait, j'ai enfoncé le clou : « Vous savez fort bien que l'affaire relève d'une cour d'assises, dont le jury est tiré au sort. »

Quand j'ai émis des doutes, pour le tester un peu, sur sa capacité à se mettre réellement en contact avec Carlos, l'entretien tourna court : il m'assura qu'ils communiquaient « par des messages codés, transitant par la page des petites annonces d'un des quotidiens du matin » ! Mon grand sourire, franchement sceptique, l'agaça au plus haut point. Mais je m'étais déjà levé, mettant fin à l'entretien, en lui disant que, visiblement, il se trompait d'interlocuteur : si c'était là tout le sérieux de sa demande, je n'étais, pour y répondre, ni un « flic » ni un agent secret, aux services desquels il ferait mieux de s'adresser. Nous n'avions plus rien à nous dire, ni nulle raison de nous revoir. Il me quitta en me jurant : « Un jour, Monsieur le conseiller, vous le regretterez ! » De retour à Matignon, j'ai dressé le rapport le plus précis possible de ce qui s'était dit en ces quelques minutes. Et tant à Matignon qu'au ministère de l'Intérieur, nous en sommes restés là (si ce n'est le travail de la police et celui des « services » qui suivaient cette affaire et qui tentaient de repérer Carlos et ses complices).

Sur cette question si délicate de l'attitude à adopter face au chantage terroriste, le regretté préfet Maurice Grimaud a alors bien formulé le problème. Dans le cadre de cette affaire, il avait adressé au *Monde* une tribune (finalement non publiée en raison d'aléas divers), dont il avait voulu nous donner la primeur, à Kessous et à moi. Je la reproduis ici pour l'essentiel, comme un document de l'époque ayant échappé à la presse. À propos de cette lettre de menaces adressée par Carlos au ministre de l'Intérieur, il y expliquait, en conscience, le dilemme qui nous tenaillait : « L'insolite proposition posait un problème redoutable. Il y avait, en effet, en suspens, une menace très réelle sur la vie de victimes innocentes et nul ne pouvait douter de la capacité de Carlos de passer à l'acte ni de sa résolution. Plus d'une fois, d'ailleurs, des gouvernants avaient eu, avant nous, à choisir entre l'application rigoureuse de la loi et le risque de terribles représailles sur des innocents. Je ne suis pas de ceux qui condamnent dans l'absolu la recherche, dans ces cas dramatiques, non de la meilleure mais de la moins mauvaise solution. Le décideur est alors seul avec sa conscience et doit peser toutes les circonstances prévisibles de son choix.

« Si Gaston Defferre ne retint pas l'offre de l'avocat de Kopp et Bréguet, ce n'est pas seulement que toute sa nature répugnait à un tel marchandage avec de tels interlocuteurs, mais qu'à l'évidence, la proposition Vergès n'était pas sérieuse. Comment un avocat familier des procédures judiciaires françaises pouvait-il sérieusement demander à un homme de gouvernement de faire juger avec complaisance deux inculpés… à la veille de passer en cour d'assises (puisque c'était alors la juridiction envisagée pour Kopp et Breguet) ? Et que valait l'offre de Vergès de convaincre Carlos de renoncer à ses projets ? Avait-il même les moyens de joindre le “patron” de ses deux clients ? »

On sait les conséquences terribles des menaces de Carlos, suite à la décision de Defferre et Mauroy de ne pas y céder. Après l'attentat du Capitole et une fois Bréguet et Kopp condamnés à quatre ans de prison, le 24 mai 1982, suivirent ceux de la rue Marbeuf à Paris (un mort et soixante-trois blessés dans un décor de désolation à faire frémir), le 31 décembre 1982, de la gare Saint-Charles à Marseille (deux tués et trente-quatre blessés) et du TGV Paris-Marseille (deux tués et trente blessés). La France se trouvait prise dans un conflit majeur, et pas seulement, bien sûr, avec le groupuscule privé de « Monsieur Ramírez », depuis ses bases d'appui, conditionnelles et fluctuantes, de Damas, Beyrouth, Budapest ou Berlin-Est.

Sans me mêler, sauf accessoirement, des problèmes du Moyen-Orient qui avaient alors la vedette, je fus amené à me recentrer sur les mouvements européens de type révolutionnaire ou « nationalitaire » (y compris l'Arménie) qui risquaient de leur faire écho, pour tenter de désamorcer, aussi vite que possible, les réserves de violence qu'ils risquaient d'alimenter. Mais, avant d'en traiter, je me dois de noter par anticipation des suites baroques de cette affaire en 1990-1994 et 2011.

Quand Jacques Vergès se faisait « mousser »... entre Carlos et la Stasi

Après la chute du Mur, les archives de la Stasi est-allemande apportèrent en effet d'étonnants éclairages sur le rôle de Jacques Vergès à l'époque des attentats de 1982. J'ai eu à prendre connaissance d'une petite part de ces archives de manière très inattendue. Un jour de 1992, sur le coup des 20 heures, le ministre de l'Intérieur, Philippe Marchand, m'a appelé à Matignon et m'a demandé de le rejoindre sur-le-champ place Beauvau. « Pour affaire vous concernant », dit-il en plaisantant. Une affaire de taille : « Nous venons de recevoir les archives de la Stasi, m'apprit-il à mon arrivée. Tu es personnellement mis en cause par Me Vergès dans des négociations qu'il a menées pour son client Carlos... Ce dossier est dans la pièce d'à côté. Tu y passes la nuit avec ton collègue Kessous, s'il le faut, et tu me donnes des explications demain matin. » Ces archives révélaient, de la part de la police secrète de RDA, un suivi attentif, et pourtant très manipulé, des activités du groupe « Separat » (nom de code du groupe Carlos), ainsi que des avocats de ses membres emprisonnés – dont « Mlle Lilly » (nom de code de Magdalena Kopp) –, le Suisse « Duke » (Me Bernard Rambert) ou le Français « Herzog » (Me Vergès).

Entrant dans ce dossier durant ces heures de nuit dans le silence de la place Beauvau, nous sommes allés de surprise en surprise : selon les « grandes oreilles » de la Stasi, Me Vergès leur avait rendu compte (si l'on peut dire) de ses entrevues avec Roland Kessous et moi-même (ainsi qu'avec Jean-Claude Colliard, du cabinet de l'Élysée, du moins selon cette « source » de manipulateur manipulé), mais en en « rajoutant des louches » pour augmenter son propre rôle, multipliant le nombre des rendez-vous et nous attribuant de prétendues promesses, complètement inventées ! Une note de synthèse, établie par la DST à partir de documents transmis par le BKA ouest-allemand, détaillait certains voyages de Jacques Vergès à Berlin-Est, rapportés du point de vue d'« informateurs » de la Stasi. On y devinait des rapports complexes entre le groupe de Carlos et les services secrets d'Allemagne de l'Est : le groupuscule s'y plaignait de visas au compte-gouttes, de conditions de réunions peu confortables et il prônait même de parler exprès « avec un certain dégoût » (*sic*) des « États socialistes » (dont la RDA) devant Me Vergès !

Dès le lendemain matin, le ministre de l'Intérieur nous reçut dans son bureau pour entendre nos explications, en présence d'un observateur discret, le directeur de la DST Jacques Fournet. Un peu plus tard, je pris donc ma plume pour coucher officiellement par écrit, à l'intention du directeur de la DST, ce que j'avais à dire sur ces « informations » biaisées. Datée du 6 octobre 1993, ce fut une lettre de réponse circonstanciée aux allégations mensongères que des hommes de la Stasi avaient attribuées au sulfureux Me Vergès. *Le Monde* a publié cette lettre à la DST le 20 août 1994, six jours après l'arrestation d'Ilich Ramírez au Soudan et son « rapatriement » à la prison de la Santé par un commando sous les ordres du général Philippe Rondot. Alors avocat de Carlos – qui le récusera par la suite avec fracas –, Jacques Vergès s'efforça un temps d'alimenter cette polémique, qui lui retomba sur les pieds.

Dans cette lettre, je niais avoir rencontré « quatre fois » Me Vergès, comme ces « informateurs » le lui font dire. Durant toute ma période à Matignon, comme je l'ai dit, je ne l'ai rencontré qu'une fois dans le cadre de mes fonctions – et une seule autre fois, par pur hasard, alors qu'il remplaçait au pied levé Me Gisèle Halimi dans une affaire sans aucun rapport. J'y récusais surtout les allégations sur toute « promesse » que j'aurais faite quant au procès de Kopp et Bréguet « du 29 avril » (qui se tint, en réalité, le 22 avril). J'y contestais enfin l'allégation que, suite à l'attentat de la rue Marbeuf, « Louis Joinet aurait été placé sous surveillance en raison de ses contacts avec Herzog », et que c'était pourquoi « il avait cessé de voir Herzog » ! J'y analysais ainsi cette assertion, mensongère et fantasque :

« C'est, je le suppose, pour éviter de se décrédibiliser aux yeux de ses interlocuteurs que Me Vergès a soutenu [cette version]... Alors qu'il se valorisait en se présentant comme ayant ses "entrées" au gouvernement, il lui était difficile de révéler que je l'avais éconduit définitivement », dès notre bref et unique entretien, resté sans suite.

Le 3 septembre 1994, Edwy Plenel nota dans *Le Monde* que Me Vergès faisait de Roland Kessous et de moi « comme sa cible privilégiée ». Or mon ami Kessous, comme moi, avait répondu à ces allégations couvertes par la Stasi par une lettre à la DST en date du 12 juin 1992. Il y témoignait clairement du narcissisme de Jacques Vergès, artiste et comédien de son destin d'électron libre. Il expliquait l'avoir alors perçu comme « en phase d'exploration personnelle pour se placer » auprès de ses contacts derrière le rideau de fer, plutôt « qu'en situation d'interlocuteur, ayant capacité à négocier ».

Charles Pasqua y veilla : rapidement après son arrestation au Soudan, ce « M. Ramírez » fut condamné à perpétuité pour ses assassinats de policiers français. Mais l'instruction de son procès pour tous les attentats perpétrés par son groupe sur notre sol traîna de longues années dans les cartons du juge Jean-Louis Bruguière, de la section antiterroriste, qui aura pris le temps d'exploiter les archives des services de l'Est mises au jour après les « révolutions de velours »... Pas plus à Budapest qu'à Berlin, il n'a trouvé de quoi, apparemment, bouleverser nos connaissances sur le groupuscule « Ramírez ».

À l'approche du deuxième procès d'Ilich Ramírez, qui se tint fin 2011, je m'aperçus, grâce à un journaliste du *Figaro*, que ma note à la DST sur les allers-retours de Jacques Vergès figurait dans le dossier transmis au juge Bruguière, mais que ma longue réponse aux allégations mensongères de la Stasi n'y figurait plus ! Cela pour une raison qui m'échappe totalement, à moins d'une volonté de nuire. Le procureur, informé par mes soins de ce tour de passe-passe, y mit bon ordre. À ce procès j'ai témoigné, suite à Roland Kessous, des faits que j'ai rappelés ici. Le plus fort, c'est que Me Vergès, n'étant pas même cité comme témoin, n'eut jamais à rendre compte de ces embrouilles avec la Stasi ! Je le dis sans aménité ni rancune, reconnaissant le rôle que Me Vergès a joué, avec Jean-Jacques de Felice et d'autres, durant la guerre d'Algérie. Il m'est même arrivé, ensuite, de visiter Jacques Vergès dans sa loge au théâtre de La Madeleine, où, toujours très « diva », il eut un jour le culot d'aller jouer avec talent... son propre rôle !

En 2011, tandis que Kessous témoignait et que j'attendais mon tour dans la salle des témoins, je m'étonnais du peu de bruit qui filtrait de la salle d'audience. Progrès, enfin, de l'isolation ? Pas du tout. En venant à la barre, je découvris avec étonnement dans quel désert se déroulait le procès de cet « ennemi public numéro un ». Son avocate (et nouvelle épouse) s'efforçait de plaider devant une salle presque vide, où ne figuraient plus que les avocats des parties civiles, représentant les nombreuses victimes de ces attentats meurtriers, mais presque plus de journalistes. Même ceux de la « grande presse » se contentaient, de loin en loin, de résumer les rares et pâles « moments » de ce procès à partir des dépêches d'agence. Et Carlos s'étiolait en « vieux beau » fané dans l'ombre de son box, ne retrouvant que de loin en loin ses accents de provocateur… N'est pas Che Guevara qui veut !

12

La « doctrine Mitterrand » ou la paix des Italiens des « années de plomb »

Évitez de lancer vos amis italiens sur leurs bilans des « années de plomb »... Je me faisais cette réflexion, en septembre 2011, en sortant de la projection du documentaire de Mosco Levi Boucault : *Ils étaient les Brigades rouges*. Chacun d'entre eux réinvestira dans cette discussion improbable son rapport personnel, toujours très affectif, à l'Italie hémiplégique des années 1970 et 1980, celle d'un « compromis historique » qui domina ces années de crise... en ne débouchant jamais sur un gouvernement !

Du plomb dont on a fait 128 morts, et des « renonçants » des Brigades rouges

Il n'y eut, certes, qu'une (forte) minorité pour s'engager dans les combats de l'extrême gauche au titre de la « lutte armée » et une autre minorité pour actionner les bombes d'extrême droite de la « stratégie de la tension ». Mais c'est tout un imbroglio national et social qu'ont alors incarné ces deux minorités, imbriquées qu'elles étaient dans la crise finale de l'idéologie communiste, surjouée à la Dario Fo, d'un côté, ou dans la réalité du pouvoir démocrate-chrétien, de l'autre, avec son arrière-fond de Loge P2 et d'alliances avec la Mafia. Résultat : quarante ans de domination du même parti conservateur, la DC (face au puissant mais ghettoïsé PCI), et, de 1969 à 1989, 13 000 actions violentes d'extrême gauche. Selon

Amnesty International, ces années totalisèrent plus de 300 assassinats : 128 imputables à l'extrême gauche (dont celui d'Aldo Moro en mai 1978) et 143 aux bombes d'extrême droite (dont celle de la gare de Bologne : 85 morts). Sans compter les « bavures » des polices embarquées dans cette guerre civile larvée, ni les centaines de blessés graves, ni les magistrats ou les journalistes « jambisés » (mitraillés volontairement aux jambes) par les Brigades rouges (BR). Y compris des magistrats de l'homologue italien du SM, *Magistratura Democratica*, car des brigadistes considéraient, dans leur délire, qu'il fallait surtout « punir » les magistrats de gauche. Ces derniers, à leurs yeux, avaient le tort supplémentaire de « trahir le peuple »... en osant inculper ceux qui les jambisaient !

La discordance avec la situation française, dans un pays si proche de nous, est si importante que je suis tenté d'y répondre par la présence d'un homme, de Gaulle, et ce qu'impliquait sa politique comme affirmation nationale vis-à-vis des Américains. Cette discordance des temps fut maximale entre les gauches française et italienne, leurs extrêmes gauches comprises. Quand éclate le Mai 68 français, le « Mai rampant » des Italiens est lancé depuis longtemps. De 1969 à 1975, il monte à des sommets dont l'extrême gauche française va s'inspirer, notamment certains libertaires, dits « autonomes », et les maoïstes de la Gauche prolétarienne. Mais, dès 1974, dans la foulée de Lip et du Larzac, ces derniers vont s'autodissoudre et ne plus reconnaître qu'une impasse mortifère dans les rhétoriques de la lutte armée en Europe. Alors que les Italiens vont choisir de s'y enfoncer, en prétendant forcer « à la Kalach » le destin de tout un peuple et traverser sur un mode viril un horizon politique bouché, pour voir enfin un coin du ciel.

Vague par vague, cependant, ces « guerriers » pourchassés, de plus en plus déçus par les suites de leur « lutte armée », vont refluer hors d'Italie, principalement en France. Si quelques-uns, dans les débuts, pratiquèrent des allers-retours, la plupart s'établirent en France et ils rompirent tout lien avec les « colonnes » des BR ou autres organisations de guérilla « métropolitaine ». Très vite, autrement dit, la plupart de ces Italiens choisirent la fuite et la survie, et non pas le « repli tactique ». L'évidence de leur défaite le leur interdisait. En fait, ils renoncèrent à la violence politique, tant pour la France que pour l'Italie.

Ce concept de « renonçants », il me fallut du temps pour le cerner, vis-à-vis de ce milieu d'écorchés vifs. Ils ne voulaient certes pas qu'on leur colle l'étiquette de « repentis », mais ils refusaient aussi celle de « dissociés » (de la lutte armée), n'y voyant qu'un instrument de la propagande italienne. Aussi byzantines que paraissent ces distinctions à l'italienne, il nous fallut les prendre en compte pour mettre au point la politique que des avocats baptisèrent la « doctrine Mitterrand » vis-à-vis de ceux qu'entre nous nous appelions les « renonçeurs ». Le néologisme visait ces militants qui sortaient de la clandestinité, en renonçant de fait « pour l'avenir » à tout recours à la violence, sans qu'on exige d'eux le reniement de leur passé et encore moins une quelconque dénonciation.

Il fut envisagé, initialement, qu'ils en prennent l'engagement écrit et solennel, mais nous nous sommes vite aperçus que, pour accélérer leur difficile sortie de la clandestinité, il fallait simplifier : le seul fait, pour un clandestin italien, de demander à être régularisé, en suivant les procédures que lui indiquait son avocat, valait par lui-même renonciation à tout recours à la violence politique, une fois son nom transmis aux autorités françaises dans une des listes prévues à cet effet. Et, de fait, il n'y eut jamais aucune « bavure » ni « tricherie » constatée, une fois ces listes déposées. La menace de réenclencher une procédure d'extradition, suspendue par cette démarche, n'eut jamais à se concrétiser.

Le rôle de catharsis joué par le 10 mai et la gauche au pouvoir

Comme elle en témoignera en 2002 dans *Libération*, la journaliste Dominique Simonnot avait vu de ces Italiens crier à pleins poumons sur la place de la Bastille, dès le 10 mai 1981 : « Vive la France ! Et vive la bonne "flicaille" française [1] ! » Il faut comprendre ce cri étrange, typique d'anciens marxistes nourris au biberon à la haine de tout agent de l'« appareil d'État ». Car l'Italie démocrate-chrétienne, mâtinée de « socialisme » affairiste à la Bettino Craxi, s'enfonçait dans une crise majeure et s'engageait sur une pente dangereuse, avec quatre milliers de ces prisonniers politiques – tellement tonitruants dans leurs défenses « de rupture » qu'on les jugeait en cages de fer, au cours de leurs procès ; mais tellement divisés entre eux qu'il fallut leur aménager des cages séparées pour leurs diverses tendances ! Ses nouvelles lois antiterroristes faisaient des « trous » dans les droits de l'homme en inventant de nouveaux crimes tels que le « concours moral et psychique » apporté à une entreprise « terroriste » ! Sa pratique des *pentiti* (les « repentis ») l'amenait à suivre aveuglément des révélations douteuses de soldats perdus qui se déchargeaient sur les autres des

1 Cité par Dominique Simonnot, « La paix des Italiens », *Libération*, 23 septembre 2002.

meurtres qu'ils avaient commis et qui se rapprochaient de leur levée d'écrou en confortant n'importe quelle hypothèse suggérée par des policiers.

Au CICP de la rue de Nanteuil, se déroulèrent de ces soirées d'effarements entre réfugiés italiens se racontant « leurs repentis »... Certains d'entre eux commencèrent, dès 1982, à poser la question d'une amnistie généralisée dans cette guerre civile larvée, mais c'était bien trop tôt pour l'Italie. Et cela le restera tant que les uns n'auront pas le courage de se poser publiquement la question de leurs victimes et que les autres persisteront à les instrumentaliser dans leurs combats politiciens. On ne peut tourner la page sans que soient prises en compte toutes les victimes.

Ma conviction, dans cette affaire, est que l'Italie aura désormais bien moins besoin de juges que d'historiens. Ces derniers peuvent mettre en balance des phénomènes qu'on n'invite pas dans un procès, mais qui sont nécessaires pour « juger » d'un contexte où ceux qui recouraient aux pires méthodes le faisaient pour s'insurger contre une classe politique largement corrompue, mais inamovible, au point qu'une partie d'entre elle fut effectivement condamnée par la suite, par une nouvelle génération de magistrats. En attendant, d'un point de vue français et à cette époque, que pouvait-on et devait-on faire ?

Le fantasme ravageur du deus ex machina *:* Il Grande Vecchio

Toute cette population d'exilés italiens avait commencé par survivre, tant bien que mal, dans les mille interstices de la société française, rompue qu'elle avait été, par ses années en Italie, à la pire clandestinité. On a vu, dans les premiers temps, tel architecte diplômé faire la plonge dans une pizzeria sous une identité d'emprunt ou tel mécanicien travailler au noir sur des chantiers en tant qu'immigré sans papier. D'autres parvinrent progressivement à valoriser leurs véritables spécialités ou à tenir un commerce...

Leur annoncer à tous qu'on allait les livrer en masse, en acceptant aveuglément toutes les extraditions réclamées par l'Italie, ou l'essentiel d'entre elles, c'était prendre un gros risque. Celui de les voir replonger d'un coup dans une totale clandestinité et de nourrir les rangs d'un grand rassemblement d'insurgés franco-italiens, donc de multiplier de nouveaux *Carbonari*, autrement plus violents et aguerris que ces romantiques du XIXe siècle. C'était prendre le risque d'alimenter la contagion entre l'Italie et la France et de répandre ce virus dans toute l'Europe (comme de rares rescapés d'Action directe ou de la Fraction armée rouge s'y efforcèrent en vain, vers la fin des années 1980). Face aux demandes insistantes de la justice italienne, harcelée par ses polices, pour qu'on lui livre sans trop y regarder ces « suspects » et leurs supposés « complices », François Mitterrand, en vieil avocat au cuir tanné par l'histoire, se refusa à prendre ce risque.

Embarqués sans distance dans une logique de guerre civile, des médias italiens relayèrent l'impatience de leurs polices. Le thème du « sanctuaire » français des Brigades rouges prit très vite, côté Cisalpins, et s'amplifia après 1981 – et il s'incrustera plus tard sur Internet, en nourrissant diverses théories du complot. Selon ces affirmations sans preuves sérieuses, la France serait devenue un « sanctuaire du terrorisme », sans lequel les Italiens seraient venus à bout des Brigades rouges depuis longtemps. Mieux que le havre de repos qu'elle a pu être avant 1981, beaucoup ont voulu voir la France comme une plaque tournante d'où un « grand vieux » (*Il Grande Vecchio*) organisait ses pires attentats ! Ce personnage, qui aurait manipulé de l'étranger, à la façon d'un chef d'orchestre, ces mouvances disparates de la violence révolutionnaire italienne, n'a bien sûr jamais existé. Mais, faute de reconnaître que cette violence se nourrissait de mille canaux dans la société italienne elle-même, une certaine pensée policière a justifié qu'il soit activement recherché.

En France, évidemment. Où elle a cru l'identifier derrière trois militants italiens « rangés des voitures » qui avaient monté en 1976 un centre culturel faisant office de boîte de formation : l'Institut Hypérion. Quel scénario tentant et quel nom prédestiné pour ce roman de science-fiction ! Il s'agissait surtout d'un banal institut d'apprentissage des langues, fondé par l'Italien Vanni Mulinaris et d'autres, parmi lesquels Françoise Tuscher, une nièce du célèbre abbé Pierre. Dès 1976, une campagne de rumeurs avait été orchestrée, de Rome, contre Hypérion : là serait le « cerveau », machiavélique et tentaculaire ! Ce centre culturel, sous ses airs anodins, était dénoncé comme le « centre de coordination du terrorisme international ». Rien que ça !

L'affaire allait rebondir, encore et encore, mais je veux témoigner seulement à la hauteur de ce que j'ai pu en connaître. Disséquons d'abord quelles pratiques, très prudentes et encadrées, furent la cible de ces affaires, organisées surtout pour donner lieu à de dures campagnes de presse contre la gauche au pouvoir en France.

La très pragmatique « doctrine Mitterrand »

À peine intronisé comme conseiller de Matignon, je me suis retrouvé chargé de suivre une première demande d'extradition d'un exilé italien en France. Dès lors, va se construire ce que des avocats qualifieront de « doctrine Mitterrand ». La presse a consacré cette expression, histoire de désigner de façon condensée un ensemble de pratiques que nous avons mises en œuvre, à partir de juin 1981, pour instaurer, à l'égard de ces Italiens, une contraignante règle du jeu, mais qui leur autorisait un *modus vivendi* en France, suspendant leurs extraditions.

Cette « doctrine Mitterrand », tant son fondement global que ses apparentes ambiguïtés, repose sur une formule attribuée au président, qui devint ma devise : « Le grand problème politique du terrorisme est certes de savoir pourquoi on y entre, mais il est surtout de savoir comment on en sort ! » Autrement dit, ces Italiens voulaient-ils en « sortir » ou non ? Devait-on prendre le risque de les extrader à la chaîne ou fallait-il les inciter à renoncer définitivement à la violence politique, comme ils avaient eux-mêmes commencé à le faire ?

Devenu président, Mitterrand a donc opté pour la seconde proposition. Je fus chargé de mettre en œuvre cette option, qui resta non formalisée jusqu'en 1985, quand Mitterrand, au vu des résultats positifs de ce choix, précisa la chose publiquement, lors du 65e congrès de la Ligue des droits de l'homme. Le 21 avril 1985, le président y tint ce discours (qu'on présenta aussi comme la « parole donnée ») : « Les réfugiés italiens [...] qui ont participé à l'action terroriste avant 1981 ont rompu avec la machine infernale dans laquelle ils s'étaient engagés : ils le proclament ; ils ont abordé une deuxième phase de leur propre vie et se sont insérés dans la société française. Bien entendu, s'il était avéré que tel ou tel manquait à ses engagements et nous trompait, nous frapperions. [...] J'ai dit au gouvernement italien que ces Italiens étaient à l'abri de sanctions par voie d'extradition. Mais, quant à ceux qui poursuivraient des méthodes que nous condamnons, sachez bien que nous le saurons et, le sachant, nous les extraderons ! »

On voit que cette « doctrine » n'a jamais consisté à « couvrir » *a priori* ni à protéger mordicus de toute extradition des récidivistes avérés de l'assassinat politique. À condition que les dossiers transmis par les juges italiens présentent des preuves solides et ne reposent pas sur les trop vagues déclarations d'un délateur. Or, dès la première liste de 142 noms réclamés par l'Italie que me transmit la Chancellerie en 1981, celle-ci me signala que « Rome ne jouait pas vraiment le jeu ». Cette note soulignait « les carences fréquentes des dossiers transmis par la justice italienne ». Dans une autre note de la même année, le ministère de la Justice précisait : « Rome [nous] informe de la situation pénale [de tel ou tel exilé en France], sans que celle-ci soit jamais exposée de façon globale et clairement exploitable, mais fait montre en revanche d'une relative mauvaise volonté à fournir les renseignements complémentaires sollicités. »

Après cet état des lieux, je fus chargé par Pierre Mauroy de vérifier cet engagement des exilés – les « asilés de fait », comme nous les appelions en 1981, afin de souligner qu'ils ne bénéficiaient pas du statut de réfugié politique prévu par les conventions de Genève – et d'entrer en contact avec les avocats qui les représentaient pour mettre en route à leur profit des procédures spéciales de régularisations conditionnelles.

Le long « parcours du combattant » de l'Italien qui candidatait au séjour non violent en France

Parmi ces avocats contactés par des exilés figuraient Jean-Pierre Mignard et Francis Teitgen, auxquels se joignirent Jean-Jacques de Felice, Irène Terrel et Henri Leclerc, chez qui nous avons tenu les premières réunions visant à dénouer la situation de ces Italiens. Pour mettre au point ces procédures de « renoncement » (à tout recours à la violence et à la clandestinité), il nous fallait un collectif d'avocats spécialisés qui représente le maximum d'Italiens concernés. En tant que conseiller du Premier ministre, j'ai participé à ces réunions entre avocats, au cours desquelles la situation de cinquante-six premiers clandestins fut d'abord examinée à titre de test. Les avocats de ce collectif retinrent finalement une procédure dite « par listes », de façon à assurer des formes de sortie de la clandestinité – c'était notre priorité – qui puissent mettre en confiance les « hommes de l'ombre » les plus endurcis.

La démarche qui valait renonciation à la violence politique pour ces exilés et qui pouvait amener les autorités françaises à constater et accepter leur sortie, un par un, de la clandestinité, était conçue comme strictement individuelle. Pour vivre en France, ces clandestins ne « se rendaient » pas, ils se rendaient visibles, à des conditions très précises, comme l'indiquait une note de travail que j'ai établie à l'époque – encore au conditionnel, mais qui fut validée ensuite par mon directeur de cabinet. Elle a suivi d'âpres négociations avec les avocats, dans l'intérêt de leurs clients, qui auront d'abord craint de voir toutes ces démarches se refermer sur eux comme un piège policier : « Conclusion des réunions du collectif des avocats réuni à l'initiative de Me Henri Leclerc au cabinet Ornano, en présence de Louis Joinet : 1) les avocats saisis de demandes [de régularisation] en remettraient la liste conjointement aux cabinets des ministres de l'Intérieur et de la Justice ; 2) ces listes ne comporteraient pas les adresses des demandeurs ; 3) ces derniers s'engageraient, en revanche, à se présenter à toute convocation qui leur serait adressée par l'intermédiaire de leur avocat, quitte à se faire accompagner par ce dernier ; 4) un certain délai d'attente, qui, dans certains cas complexes, pourrait être relativement long, serait à prévoir pour permettre une étude approfondie – au cas par cas – de chaque demande par les services concernés. La demande ne donnerait pas un droit acquis à la délivrance d'un titre ni un droit automatique à son renouvellement. »

Ce dernier point est celui sur lequel il fut le plus difficile de parvenir à un consensus. Cette procédure dite « des listes » suscita un temps des réserves chez certains avocats, qui craignaient de se retrouver instrumentalisés en auxiliaires de police. D'autant que cette procédure collective se révélait extrêmement lente : par sa minutie et le sérieux d'enquêtes menées au cas par cas, elle allongeait les délais d'obtention d'un titre de séjour. Mais elle mettait les intéressés à l'abri d'interpellations intempestives, chacun étant dûment prévenu de la règle du jeu. Au passage, je salue la discipline et le sérieux de la Police judiciaire dans cette affaire, menée sur des années avec le minimum d'accrocs. Et je souligne que les Renseignements généraux, souvent si décriés à gauche, ont accompli alors un travail remarquable, échappant largement aux paranoïas cisalpines.

Quand l'affaire Hypérion rebondit, sans la moindre preuve

Le 2 février 1982, Vanni Mulinaris fut arrêté en Italie, dans la ville d'Udine, où il allait visiter sa mère, alors même que la justice italienne n'avait diligenté aucune poursuite légale contre les responsables d'Hypérion. Il fut mis au secret dans une prison de haute sécurité et son calvaire carcéral durera un an, sans jamais être interrogé : le juge attendait simplement qu'il « craque »... Mais c'était sans compter sur le champion français des causes humanitaires : l'abbé Pierre, l'« insurgé » de l'hiver 1954, patron de l'association Emmaüs et personnalité préférée des Français

Celui-ci demanda à me voir. Je le reçus à Matignon, où il m'expliqua qu'il était intervenu en vain à deux reprises auprès du président de la

République italienne, Sandro Pertini : il clamait l'innocence de Mulinaris, cet ami de sa nièce dont il se portait garant, et il se déclarait en totale solidarité avec lui. En homme d'action, il m'annonça qu'il allait se rendre en Italie pour y entamer une grève de la faim jusqu'à la libération, au moins conditionnelle, de son ami Vanni. Ce qu'il fera, installé pour sa grève de la faim dans l'archevêché d'Udine, en février 1983. Là, c'est le juge qui « craqua », en se contentant de placer son prisonnier aux arrêts domiciliaires, chez sa mère.

Ce premier élargissement de Mulinaris a déclenché dans le magazine *Europeo* une campagne injurieuse contre l'abbé Pierre, censé « protéger Hypérion », l'institut parisien diabolisé et toujours soupçonné sans preuves d'être un « centre terroriste ». Le magazine titra sur cinq colonnes : « Monsieur l'abbé, vous êtes un menteur ! » Dans plusieurs journaux italiens, l'abbé était présenté comme un « complice du terrorisme ». Cette campagne s'amplifiant au fil des mois (et trouvant ses relais dans l'extrême droite française), je me fis communiquer le rapport de synthèse de l'enquête menée par les Renseignements généraux de 1976 à 1978, sous le ministre de l'Intérieur Christian Bonnet, que personne ne pouvait soupçonner de sympathies gauchistes... Au terme d'une surveillance prolongée et serrée, ayant bénéficié des moyens d'écoutes « les plus sophistiqués » (*sic*), les RG avaient confirmé que les rumeurs venues d'Italie étaient « dénuées de fondement » et qu'ils n'avaient repéré aucune activité répréhensible du côté d'Hypérion.

Sous Gaston Defferre, une nouvelle enquête des RG aboutit aux mêmes conclusions, ce qui n'empêcha pas le grand quotidien italien *Il Corriere della Sera* de réitérer ces accusations. Le ministère de l'Intérieur français se vit donc contraint de réagir. L'AFP diffusa à sa demande une dépêche « de source autorisée » : contrairement aux indications publiées par le *Corriere della Sera*, « la direction et le personnel de l'institut des langues Hypérion, situé quai de la Tournelle, Paris V^{e}, fondé en 1976 par d'anciens militants d'extrême gauche italiens, sont étrangers à l'activité des Brigades rouges italiennes ». Cette dépêche précisait, « de même source » : « Tous les dirigeants de cet institut ont bien fait l'objet, il y a cinq ans, de contrôles approfondis par la police française à la suite de l'affaire Aldo Moro. Les autorités italiennes estimaient en effet à cette époque que l'état-major des Brigades rouges pouvait avoir trouvé refuge quai de la Tournelle. Les policiers français, en revanche, n'avaient rien trouvé à reprocher à ces anciens militants et l'affaire, finalement, avait été classée. »

Après une telle mise au point, nous pensions avoir réussi à tordre le cou à ces rumeurs sur Hypérion, enterrées (pour un temps) sans excuses ni démentis. Mais la campagne antifrançaise de la presse italienne ne cessa pas pour autant. Elle redoubla même, s'en prenant désormais à moi ! Faute d'avoir débusqué *Il Grande Vecchio* sur le quai de la Tournelle, des « enquêteurs » italiens se mirent à traquer l'« homme de la doctrine Mitterrand », me soupçonnant, avec ma femme, présidente du Centre international de culture populaire (CICP), de « planquer » des activités des brigadistes dans les locaux associatifs de la rue de Nanteuil, siège de réunions de nombreux comités de soutien aux luttes anti-impérialistes dans le monde.

« Les Brigades rouges sont dans Paris ! » Où ça ? Rue de Nanteuil !

En mai 1983, rentrant chez moi de Matignon avec la presse italienne, je lis à ma femme, en guise d'apéritif, la liste époustouflante de ses exploits guerriers... *Il Corriere della Sera* du 22 mai : « Le CICP, au 14 rue de Nanteuil, à Paris, derrière l'objectif apparent de défendre la culture dans tous les pays, fournit un local de réunion à des éléments appartenant à des groupes terroristes européens (et probablement aussi un lieu de coordination entre groupes européens et moyen-orientaux, comme l'ont confirmé des services français parallèles). » Pour faire bon poids, l'article citait pêle-mêle, parmi ces « terroristes », « des Palestiniens, des militants italiens des Brigades rouges, de Prima Línea, de l'Union des communistes combattants, d'Autonomia Operaia, ainsi que des extrémistes arméniens et irlandais ». Et c'est Germaine, ma Germaine haute comme trois pommes, qui règnerait sur ce nid de serpents, dans le temps que lui laisseraient ses multiples activités médicales et sociales ! Tout cela parce que certains Italiens exilés à Paris et qui avaient tous renoncé à la violence politique s'étaient réunis rue de Nanteuil, pour discuter notamment de leurs rapports avec leurs avocats français.

Je me suis toujours demandé qui pouvaient être, en France, ces « services parallèles » que citaient régulièrement les journalistes auteurs de ce genre d'article. Je n'ai eu que des soupçons concernant des « électrons libres » relevant de la DST. Ainsi, un certain Jean Baklouti, ancien directeur adjoint à la DST, se permettra encore de dire, dix ans plus tard dans *VSD*, en septembre 1994, sous le titre ronflant « Le "J'accuse" de l'ex-numéro deux de la DST », que j'avais eu « une grosse activité (*sic*) dans les milieux gauchistes, voire "activistes" » – entendez probablement « terroristes ». J'aurais même été membre, selon lui, d'une organisation de soutien aux mouvements de libération nationale du temps de la décolonisation, le « réseau Curiel » !

Comme on l'a vu, j'ai effectivement lutté contre les colonialismes, au sortir de la guerre d'Algérie, et défendu les droits de nombreux militants de mouvements de libération, nationale ou sociale, mais toujours comme juriste, à ciel ouvert et en toute indépendance. Militant de légende dans certains milieux de gauche, Henri Curiel, né au Caire en 1914, fut un acteur de la décolonisation et de la lutte contre l'apartheid ayant quant à lui choisi d'agir dans l'ombre, en clandestin devant l'Éternel, avec son profil de « communiste à l'ancienne » – il a été assassiné à Paris en mai 1978, sans que ce crime soit jamais élucidé [2]. Inutile de dire que je n'ai jamais collaboré avec son organisation et que ne l'ai jamais rencontré, ni lui ni ses amis. Au détail près, quant à ses amis, qu'on ne peut jamais être sûr de n'avoir pas croisé des militants agissant masqués. Mais, sans jouer les naïfs, il est facile d'échapper à ces embrouilles paranoïaques quand on sait pourquoi on se bat, sans dévier de ses convictions.

La calomnie sur le CICP venait donc d'une source formée par quarante années de guerre froide : il était alors trop tard pour recycler certains de nos « honorables agents » qui avaient été programmés pour voir partout des « rouges », nécessairement agents du KGB. Pour ma femme comme pour moi, se montrer solidaire des mouvements de décolonisation était un acte de civisme. Pour eux, c'était une « trahison » de la France ! Mais de laquelle ? Deux cultures s'opposaient, qui ne pourraient jamais s'entendre, même si j'ai souvent eu envie d'en discuter à fond avec un de ces adversaires de l'ombre, afin de lui montrer l'inanité de ses idées reçues. D'autant que, dans cette affaire, je n'ai agi que sur mandat du gouvernement, contrairement aux « électrons libres » qui savonnaient la planche de l'action de la France.

Le 12 février 1984, nouveau rebondissement dans la presse italienne. L'hebdomadaire *L'Expresso* relançait la piste du « grand vieux », avec cette « révélation » : « Le grand vieux est un jeune ! » Puis un juge de Venise, Carlo Mastelloni, ressortit une fois encore le mythique Institut Hypérion en délivrant une commission rogatoire internationale qui le qualifiait d'« association criminelle ayant pour but le terrorisme et la subversion et pour objectif la destruction de l'ordre constitutionnel et démocratique de la République italienne par des moyens violents grâce à un réseau couvrant la totalité du territoire national »... En France, *Le Quotidien de Paris*

---

2 Voir Gilles PERRAULT, *Un homme à part*, Bernard Barrault, Paris, 1984.

titra alors, sans point d'interrogation : « Terrorisme : un triangle Managua-Turin-Paris ». (Pour la première fois apparaissait cette accusation de « terrorisme » contre les militants français soutenant le Nicaragua sandiniste face aux *contras* armés par les Américains ; elle mettra encore la rue de Nanteuil et Germaine dans le collimateur peu enviable de *Minute*.)

L'hebdomadaire *Le Point* se concentrait quant à lui sur l'Italie : par trois fois, en 1983 et 1984 (n° 515, 588, 602), il jura que « les Brigades rouges sont dans Paris ». Le 2 avril 1984, on pouvait ainsi lire dans *Le Point* : « Selon les magistrats italiens, la colonne [des BR] implantée à Paris ne se borne pas à secourir les terroristes en fuite des différents mouvements. Sa tâche essentielle consiste à relancer la lutte armée en fournissant armes et argent et en tissant des ramifications avec les organisations subversives étrangères. » Relisant près de trente ans plus tard les délires de ces vieux *Points* fanés, je me remémore la fameuse chanson de Serge Reggiani de 1967 : « Les loups ououh ! ouououuh !/Les loups ont envahi Paris/Soit par Issy, soit par Ivry. » Cette fois, c'était donc par Nanteuil...

Où se susurre que je pilote une « cellule secrète » à Matignon !

Au milieu de ce grand guignol médiatique, le ministre italien de la Défense, Giovanni Spadolini, est monté au créneau. En janvier 1985, il n'hésita pas à déclarer à l'organe politique de son parti, *La Voce repubblicana* : « La France abrite une multinationale du terrorisme apte à frapper dans toute l'Europe. » Le lendemain, à la sortie du Conseil des ministres, la porte-parole du gouvernement, Georgina Dufoix, dut donc répliquer : « Dans le domaine de la lutte contre le terrorisme, il est bon que chacun soit responsable dans son propre pays. » Et elle fit remarquer que le ministre de l'Intérieur italien, qui venait de rencontrer son homologue Pierre Joxe, lui avait fait part de « réalités différentes »...

Cette campagne commençait quand même à inquiéter sérieusement Matignon. Surtout qu'outre ce qui s'écrit, il y a ce qui se murmure... Certains journalistes faisaient ainsi courir le bruit que je pilotais une « cellule secrète » en charge du dossier des Italiens, à base de « réunions interministérielles semi-clandestines »... Ils évoquaient de prétendues « négociations occultes », organisant le « laxisme » policier, une « clémence automatique » des tribunaux ou des « promesses d'amnistie fermant les yeux sur le passé » des pires criminels. Il s'agissait bien de ruiner le signifiant « Mitterrand » de cette doctrine attachée à son nom.

Rien de vrai, évidemment, dans ces rumeurs malveillantes. D'autant plus, je tiens à le souligner, que le « secret d'État » n'a jamais été ma tasse de thé : lors de mes années à Matignon, j'ai toujours refusé d'être habilité « confidentiel défense », quitte à perdre pas mal d'informations « sulfureuses », ou une priorité sur celles rendues publiques le mois suivant. C'est de moi-même que je respectais la discrétion la plus totale à propos des informations nécessaires à la conduite de mes missions, qu'on ne m'a jamais « mégotées ».

Dans le cas des « renonçants » italiens, passée la discrétion de la première réunion avec le collectif des avocats, il n'y a jamais eu de réunions secrètes, encore moins de semi-clandestinité interministérielle. Mais seulement un très classique groupe de travail interministériel, convoqué le plus officiellement du monde, chaque semestre, au cabinet du ministre de l'Intérieur, pour faire le point sur ces Italiens. Les cabinets de Matignon et de tous les ministères concernés y étaient représentés : Intérieur, Justice et, en tant que de besoin, Défense et Affaires étrangères. Y figuraient surtout – j'y tenais beaucoup – des fonctionnaires (non politiques) de chaque direction centrale intéressée : pour l'Intérieur, celles de la réglementation, de la police judiciaire et des Renseignements généraux ; et, pour la Chancellerie, un service peu connu mais qui est un rouage essentiel de l'État, le BERI (Bureau de l'entraide répressive judiciaire internationale).

Allez donc dire au magistrat responsable du BERI qu'il participait à une entreprise de subversion secrète ! Il n'y a donc jamais eu de « négociations » au sens où certains le laissaient entendre, c'est-à-dire des rendez-vous avec des hommes de l'ombre qui auraient obtenu telle ou telle faveur pour leur organisation ou leur mouvance. Jamais un Italien exilé, ni aucun émissaire d'une organisation italienne d'extrême gauche, n'a été reçu dans un ministère par un membre d'un cabinet. La consigne interministérielle, sur laquelle je veillais comme le lait sur le feu, était qu'aucun contact direct n'était possible avec ces Italiens, mais seulement, si nécessaire, avec leur avocat français.

Quand des gendarmes de l'Élysée m'inventèrent une maîtresse secrète

Et pourtant il y eut alors, quelque part dans l'État, des gens pour croire, un court moment, à ces sornettes. Je ne peux m'interdire à cet égard une digression drolatique, pour évoquer un épisode intervenu à l'époque, en marge du cas spécial de Toni Negri ancien militant du mouvement autonome

« Potere operaio », que son statut d'universitaire mondialement reconnu mit très à part des autres. Je n'en aurai connaissance que bien longtemps après, grâce aux suites de la révélation en mars 1993 par *Le Canard enchaîné* de l'« affaire des écoutes » qu'avaient illégalement pratiquées de 1982 à 1986 des gendarmes de l'Élysée sur les lignes téléphoniques de « personnes importantes » – journalistes, avocats, écrivains, responsables politiques, etc. [3].

Un jour de 1997 où j'étais venu répondre aux questions techniques dont s'inquiétait un juge d'instruction en charge de l'affaire quant à l'historique des lois sur les écoutes téléphoniques (sur lesquelles j'avais travaillé en 1982 sous Pierre Mauroy, puis sous Michel Rocard en 1988), celui-ci me montra confraternellement un document qui, me dit-il, « devrait vous intéresser ». Le 19 février 1997, la police avait mis la main sur un stock de documents que Christian Prouteau, le chef de la « cellule antiterroriste » de l'Élysée, avait mis à l'abri dans un garage de Plaisir (Yvelines) [4]. Parmi les transcriptions de ces écoutes illégales, figuraient certaines fiches concernant Toni Negri et une de ses hôtesses parisiennes : au début des années 1980, il avait logé chez elle dans une certaine discrétion, alors que des polices, notamment italiennes, le suivaient à la trace, de colloque en séminaire. Dans une de ces fiches, à côté du nom de cette dame, présentée comme une avocate française, il était mentionné « amie du magistrat Joinet », avec cette précision ajoutée en lettres capitales au-dessus de mon nom : « MAÎTRESSE » !

On imagine ma stupéfaction : des gendarmes de la cellule spéciale de l'Élysée avaient donc enquêté, ne serait-ce que quelques heures, sur une liaison imaginaire entre moi et une amie de Toni Negri ! Avec ce mélange bien à eux de professionnalisme gendarmesque et d'intuitions policières empruntées aux pieds nickelés, l'un d'entre eux avait-il cru « tenir la clé du "sanctuaire" » ? Celle d'un homme de Matignon tenu par sa « maîtresse » secrète, liée au « cerveau » Negri, attestant de ce fait d'une prétendue dérive de la « doctrine Mitterrand » ?

Dans la minute où je fis cette découverte, ma réaction laissa le juge pantois : j'empruntais son téléphone pour appeler ma femme. Je respectais ainsi un engagement que nous avions pris lors de ma nomination à Matignon, sur les conseils du journaliste Claude Angeli, le rédacteur en chef du *Canard enchaîné* : pour échapper à tout chantage de ce type dans une période où nous avions lieu de craindre qu'on fasse feu de tout bois contre

---

3 Voir Edwy Plenel, *Les Mots volés*, Stock, Paris, 1997.

4 Voir Jérôme Dupuis, « L'encombrant "trésor" du préfet Prouteau », *L'Express*, 22 novembre 1998.

nous, Germaine et moi nous étions jurés de nous prévenir immédiatement dès que l'un de nous croiserait le moindre soupçon sur une « affaire de cœur », pour ne pas dire plus, nous concernant. Lui rappelant notre engament commun, je mis donc Germaine au courant que j'avais une maîtresse ! Aux dires, du moins, d'un gendarme de l'Élysée.

Je me rendis ensuite chez le bâtonnier pour en savoir plus long sur cette « maîtresse », censée être avocate. Pas trace d'elle au barreau de Paris, ni dans aucun barreau de France selon la conférence des bâtonniers. Allait-elle s'évaporer ? Finalement, Jean-Jacques de Felice, avocat de Toni Negri, reconnut ce nom d'écoutée comme étant celui d'une universitaire, parmi les nombreuses relations de son client dans ce milieu. La *love affair* se dégonflait complètement...

Faute d'amnistie en Italie, la pacification à la française a fait ses preuves

Police et justice italiennes ont fini par reconnaître l'innocence de Vanni Mulinaris : en 1990, il fut finalement acquitté ; et en 1993, la justice de son pays fut contrainte de l'indemniser pour les années où elle l'avait privé à tort de sa liberté. Sous réserve des « mystères » que laisse derrière elle toute situation de guerre ou assimilée, que reste-t-il de ces campagnes de la presse italienne, relayées en France par la droite ?

Au final, comme on sait, cette « doctrine Mitterrand » l'a emporté (et, incidemment, son « fusible Joinet » n'a pas eu à « sauter »). Elle ne l'a pas emporté comme « doctrine » (aucune position ni aucune politique assumée par un président ne fait jurisprudence par elle-même), mais elle s'est imposée comme une pratique de pacification intelligente, répondant à une situation très spécifique, qu'aucun gouvernement français n'a voulu, par la suite, remettre en cause, malgré quelques rodomontades. J'en ai eu par moi-même une preuve manifeste : en 1986, j'ai cédé mes attributions à Matignon à mon homologue de droite ; mais, de retour en 1988 au cabinet de Michel Rocard, j'ai retrouvé cette question « des Italiens » dans l'état où je l'avais laissée. J'ai constaté avec étonnement que n'était intervenue, dans ces deux ans, aucune extradition d'exilé italien, alors même que plusieurs d'entre eux avaient été placés sous écrou extraditionnel pour quelque temps et que plusieurs juridictions avaient rendu un avis favorable à ces extraditions. Mais les décrets d'exécution n'en avaient jamais été signés, ni par le Premier ministre (Jacques Chirac) ni par son ministre de la Justice.

La seule (tardive) extradition fut celle de Paolo Persichetti, un ancien des Unités communistes combattantes. Il publiera en 2005 un livre de prison, *Exil et Châtiment*[5], où il plaide pour l'amnistie en Italie et critique la droite française d'avoir choisi de faire de lui, comme dans une loterie sauvage, l'exception à la « doctrine Mitterrand ». Elle intervint le 25 août 2002, « grâce » au ministre de la Justice Dominique Perben (qui n'aura pas laissé d'autre souvenir inoubliable, si ce n'est le fameux décret du 15 décembre 2004 sur la prescription des peines qui fit polémique en août 2013 : faute d'avoir été pris par une loi, il entraîna neuf ans après, la mise en liberté de dizaines de condamnés), alors que le décret confirmant cette extradition avait été signé par Édouard Balladur... en 1994. Six années pour se décider à faire ce seul accroc à notre politique !

En 1989, même un Charles Pasqua, peu porté à l'« angélisme » dans ces domaines, se trouva siéger dans une commission du Sénat qui repassa au crible le statut accordé à ces exilés italiens. Parmi d'autres témoins des politiques menées à leur égard, j'y fus, bien entendu, convoqué au premier chef. Le rapporteur était « notre » vieille connaissance, le sénateur Jacques Thyraud. Suite à mon audition circonstanciée, je n'eus jamais aucun retour.

La droite intelligente sait pratiquer de tels silences pour ne pas rendre hommage à certaines politiques « de gauche » qu'elle a intérêt à reprendre. Qui ne dit mot, consent. Et quant à l'Italie de ces années 1990, elle était emportée dans la grande lessive de l'opération « Mains propres ». Laquelle était une tout autre histoire. Ou en partie l'envers de la même ?

---

5 Paolo Persichetti, *Exil et Châtiment*, Textuel, Paris, 2005.

13

Pour le faux-monnayeur aussi, la guerre d'Espagne, c'est fini (impromptu filigrané)

En ce samedi printanier de mai 1982, j'étais allé au bureau très tôt. Mais, vers 9 heures, ma femme m'appela à Matignon : « N'avais-tu pas un rendez-vous à la maison ? Un visiteur est là... Qu'est-ce que je fais ? » « Dis-lui que je lui envoie une voiture de Matignon et qu'elle le conduira à mon bureau. » Après un long silence, ma femme revint au téléphone : « Je viens de lui expliquer que tu es magistrat et qu'il doit aller te rejoindre à ton bureau de conseiller du Premier ministre. Mais il ne m'a même pas laissée finir ! Il s'est rapidement excusé et il a tourné les talons. Finalement, je l'ai rattrapé, mais maintenant fais vite. Il t'attend... »

Ma première rencontre écourtée avec Lucio Urtubia Jiménez

Inquiet et intrigué, je me précipitai rue Meslay. Mon visiteur imprévu se présenta : « Lucio Urtubia, ouvrier maçon. » Belle entrée en matière. Il avait eu mon téléphone par un ami commun, Liber Forti, militant syndicaliste à La Paz en Bolivie. Et plus précisément anarchosyndicaliste, tout comme lui. « Y'en a pas un sur cent et pourtant ils existent », comme le chantait Léo Ferré... J'avais connu de près cet Argentin de Bolivie, également homme de théâtre, que Roger Planchon et le Théâtre du Soleil avaient soutenu avec éclat dans le cadre de l'AIDA, quand il avait été emprisonné lors du putsch militaire du 17 juillet 1980 à La Paz.

Lucio m'expliqua, l'air gêné, presque à voix basse, qu'il avait un gros problème... Et que Forti lui avait dit : « Va voir Louis Joinet, de ma part. » Son souci était en effet de taille. Au bout d'une dizaine de phrases, je compris qu'il était le boss... d'un vaste réseau de fausse monnaie ! La police française lui était tombée dessus, sans savoir vraiment à qui elle avait affaire, et il allait passer au tribunal, où il craignait que ses secrets n'éclatent au grand jour : lors de son arrestation à Paris en juillet 1980 à la terrasse des Deux Magots – qui lui avait valu six mois de détention –, les policiers avaient saisi une mallette bourrée de faux *traveller's checks*, dont ils risquaient de comprendre les tenants et aboutissants, sachant que ces faux étaient d'une qualité exceptionnelle – et même « parfaite » selon les experts. Et le voilà parti à m'expliquer que ses activités de faux-monnayeur étaient « tout à fait honnêtes », puisqu'elles servaient à financer divers mouvements de résistance au Pays basque, en Europe ou Amérique latine...

Je l'interrompis alors un peu sèchement, pour le reconduire au plus vite hors de chez nous : « Donnez-moi le nom de votre avocat et, quant à vous, disparaissez ! Je ne veux plus vous voir, sauf par l'intermédiaire de votre avocat... » J'y étais contraint, dans son intérêt comme dans le nôtre. Et quand j'ai ouvert la porte pour le pousser dehors, j'ai compris qu'il ne me croyait guère. Surpris et attristé, il est parti à l'évidence convaincu que son ami Liber Forti l'avait mal aiguillé. La porte refermée, stupéfait de ce que je venais d'apprendre, j'ai rejoint ma femme, qui s'était déjà embusquée – toujours le bon réflexe... – dans l'encoignure d'une fenêtre, histoire de vérifier si Lucio était suivi... Mais il quitta la rue Meslay sans personne à ses basques.

Son avocat était un vieil ami, Me Thierry Fagart. Autre coïncidence heureuse : la banque concernée (et gravement lésée) par ces faux chèques de voyage était la Citibank américaine – un très « gros morceau » –, dont l'avocat français était Me Yves Baudelot, que je connaissais bien lui aussi. Cela allait grandement faciliter l'accord « gagnant-gagnant » que j'aurai à organiser entre Lucio et la Citibank... Tous soupçons de provocation ou de « branchements » parasitaires ayant été apparemment levés, je repris contact avec Lucio par le biais de son avocat. J'avais pas mal de choses à vérifier avec lui, mais je dois d'abord évoquer le parcours de cet étonnant personnage.

Lucio le libertaire, « Don Quichotte » de Cascante

On l'aura compris, je n'ai rien d'un anarchiste, ni au sens où l'entendent les « honnêtes gens » ni dans mes choix politiques. Mais quand on tombe sur un homme comme Lucio, on ne peut que se rappeler ce que l'histoire de la gauche européenne doit à un certain anarchisme espagnol, comme le rappelait la chanson de Léo Ferré. Pas moyen, sans eux, de garder nos rêves les plus sérieux. Depuis la guerre d'Espagne, ils ont permis que les staliniens ne tuent pas complètement l'espoir, avec tous leurs pseudo-bilans « globalement positifs »...

Déclinons la légende de Lucio Urtubia, puisqu'il se l'est tissée d'exploits et de silences tout au long de sa vie, à grands coups de gueule – sympathiques ou parfois insupportables – et d'actes courageux ou des plus discutables, dans son rôle de *bandido bueno* [1]. Né en 1931 à Cascante, en Navarre, Lucio est issu d'une famille de paysans socialistes qui vécut le franquisme avec la peur et la faim au ventre. Dans ce contexte, il dit volontiers avoir perdu, enfant, « tout respect pour l'ordre établi : État, Église, armée... » – ce qui ne l'a pas empêché de se marier. Jeune contrebandier, accusé de détournements lors de son service militaire, il déserte et file à Paris en 1954. Si Parisien qu'il soit devenu dans cette ville-monde où il dit avoir tout appris, il en connaît d'abord et avant tout les marges. Dur à la tâche, non sans quelques nuances machistes héritées de l'Espagne rurale, il se fait ouvrier maçon et carreleur. Les engueulades homériques de ce jeune Basque de Navarre avec la CGT française sur ses chantiers du bâtiment attirent sur lui l'attention d'ouvriers catalans qui cultivent leur tradition anarcho-syndicaliste. De sorte que la CNT (Confédération nationale du travail) espagnole cachera chez lui en 1957 le légendaire « El Quico », Francisco Sabaté (1915-1960). Cette figure de la guérilla libertaire contre la dictature du général Franco sera son premier mentor.

Lucio, à son contact, s'initie à l'anarchisme, théorique et pratique, des « expropriateurs » et falsificateurs « pour la cause ». Mais il pointe au travail tous les jours, en prolétaire infatigable, et continuera de le faire durant toute sa double vie d'activiste. Cette régularité donnera le change aux policiers : comment imaginer que cet immigré espagnol, qui n'a fait aucune étude, effectue chaque jour une seconde journée clandestine ? En février 1960, El Quico est tué en Catalogne par la Garde civile espagnole. Dès lors, Lucio opère en marge d'organisations anarchistes et de divers réseaux clandestins. En 1962, il tente même de collaborer avec la révolution cubaine, mais Che Guevara ne donnera pas suite à sa proposition d'inonder l'Amérique de faux dollars... Quand il plonge dans Mai 68,

1 Voir Bernard Thomas, *Lucio l'irréductible*, Flammarion, Paris, 2000, à qui j'emprunte les informations qui suivent. Voir aussi : Lucio Urtubia, *Ma morale anarchiste*, Éditions libertaires, Paris, 2005.

Lucio se lance à fond dans son aventure tortueuse d'imprimeur parallèle, animant un collectif où s'impriment et se diffusent des brochures, des faux papiers (cartes d'identité et passeports de divers pays) et, finalement, en grand, de la fausse monnaie.

L'affaire des GARI et celle « du chat et de la souris »

Première alerte : en mai 1974, suite au kidnapping avec rançon (durant quelques jours) du banquier Balthasar Suarez par les GARI (Groupes d'action révolutionnaire internationalistes) pour riposter à l'exécution du jeune Catalan Puig Antich par Franco, Lucio et sa femme sont arrêtés pour complicité, parmi une douzaine d'autres, mais le détournement de l'enquête française par la Garde civile espagnole va permettre à Me Fagart d'obtenir rapidement leur libération.

Après la mort de Franco en 1975, le retour de l'Espagne à la démocratie conduira, lors d'un procès à Paris en juin 1981, à l'acquittement général de ces inculpés, présentés à l'audience comme les « derniers opposants au franquisme ». Lucio lui-même, grâce à une erreur de procédure, y a comparu libre, malgré les soupçons pesant sur lui depuis un an : la police était tombée sur des tonnes de faux papiers dans un garage d'Ivry qui lui servait d'entrepôt ; et, pire, des faux passeports avaient été découverts sur un militant du Polisario, le Front de libération du Sahara, lequel risquait de dresser aux policiers un portrait-robot de Lucio... En 1980, après son interpellation à la terrasse des Deux Magots, en compagnie d'un « acheteur » américain prêt à lui racheter pour des millions de ses faux *traveller's checks* – il s'agissait en fait d'un guet-apens policier –, la police française rechercha en vain, dans le système sophistiqué de planques en cascade mis au point par Lucio, les « matrices » d'imprimerie de ces faux. Elle croyait avoir trouvé, au bout de tant d'années, le chef d'orchestre de ce trafic ravageur pour la Citibank. Mais, Lucio arrêté, il avait continué sans lui.

Au moment de sa visite impromptue chez moi en mai 1982, seize mois après sa libération de prison, les représentants de la banque américaine sont évidemment furieux et entendent toujours faire condamner Lucio Urtubia à de longues années de prison et à des millions de dommages et intérêts. Mais ils ont alors un double problème : les retraits de faux *traveller's checks* continuent en Europe et chaque mesure qu'ils prennent pour limiter leurs pertes se retourne contre eux, en minant la confiance de leurs clients. Il leur faut absolument récupérer les matrices permettant de réaliser des chèques si bien copiés que personne ne les détecte et obtenir, aussi, que ce trafic s'arrête pour tous les chèques déjà imprimés.

Ni ces Américains ni l'Anglais qui est le chef de leur sécurité, ancien de Scotland Yard, ne comprennent très bien ce pays où Lucio peut jouer au héros et a aussi parmi ses avocats... celui de Picasso, à savoir Roland Dumas. Quand ils ont vent, en plus, qu'ils risquent d'avoir à négocier avec Lucio et, par Thierry Fagart et Yves Baudelot, qu'un certain haut magistrat, conseiller du Premier ministre, est lui-même « facilitateur » de ces négociations, ils tombent des nues ! (Je précise que j'avais tenu au courant de cette affaire mon nouveau directeur de cabinet, Michel Delebarre, qui la suivit de bout en bout en toute confiance.)

Lucio hésite. S'il leur rend les matrices, il va se retrouver sans défense ni moyen de pression jusqu'à la décision de la justice... De mon côté, je lui fais valoir que la situation politique change très rapidement et pourrait se retourner contre lui. La gauche est au pouvoir en France et s'annonce en Espagne, les dictatures sont tombées en Grèce, en Espagne et au Portugal et elles sont au bout du rouleau dans toute l'Amérique latine : il serait temps pour lui d'en tenir compte...

La reddition du roi des faussaires passe par un coup de poker

Les avocats s'arrangent donc pour que la Citibank abandonne toutes ses charges contre Lucio. Les banquiers, au passage, éructent ; ils traitent Lucio d'« escroc », obtenant en réponse une diatribe anarchiste sur « les banques qui escroquent le monde et le poussent à la guerre ». Finalement, l'échange se fait, « comme dans un roman policier », me dira Me Fagart, qui a été chargé de récupérer les matrices dans une consigne automatique d'une gare parisienne pour les livrer à l'homme de la Citibank dans une chambre d'un grand hôtel. Thierry Fagart avait hésité, ce que je comprenais fort bien, à prendre un risque aussi énorme : le moindre accroc, policier ou autre, révélant cet échange au monde et il aurait pu dire adieu à sa carrière.

Il n'avait accepté cette dangereuse mission qu'après que je lui ai promis une « couverture » officieuse de la police. Une « couverture »... que je me suis bien gardé, en fait, de demander, pour éviter toute fuite et tout risque de « bavure ». Je l'avais rassuré autant que je pouvais, à une réserve près : « D'accord, je fais le nécessaire, lui ai-je menti, mais je ne réponds de rien si tes phares de voiture ou un accessoire sont défectueux... » C'est un des coups de poker qui jalonnèrent ma vie. Je savais d'expérience que demander à la police de fermer les yeux au dernier moment, alors qu'elle s'efforçait depuis six ans de « coincer » ce faussaire de stature internationale, aurait été trop « inhumain » : on ne pouvait lui demander de rester inactive, en lui faisant flairer aussi fort d'aussi près le précieux *corpus delicti*...

Et bien sûr, soucieux d'assurer ses arrières en conservant un moyen de pression, Lucio n'avait pas remis la totalité des faux *traveller's* déjà imprimés. Quelques années plus tard, j'ai pu lui demander, en toute amitié : « De toi à moi, il en restait pour combien ? » Et lui de me répondre, avec sa désarmante candeur : « Oh ! Il devait bien y en avoir encore... pour 20 kg ! » Une fois que la banque se retira de la procédure, l'affaire se perdit dans les sables. Lucio en est ressorti libre comme l'air, et tout le monde a tourné la page. Quel personnage ! Un film basque *et* espagnol lui aura été consacré (non sans révélations ni remarques critiques...) et il s'est raconté dans un livre « qui en a » : *Lucio l'irréductible* [2]. Peu après sa retraite de maçon, il a consacré ses loisirs à la création de l'Espace Louise-Michel, dans le XXe arrondissement, club sans but lucratif et *show room* artistique, dédié à l'histoire et à l'avenir de l'anarchie et du monde libertaire.

Mais on n'en a jamais fini avec Lucio et sa fréquentation réserve toujours des surprises. Quelques années après le dénouement de son affaire, il m'appelle un beau matin : « Louis, la police vient de m'interpeller, parce que mon nom figurait sur l'agenda d'un membre d'ETA que, d'ailleurs, je ne connais pas. Ils ne savent manifestement pas que j'ai quitté le monde des faux *traveller's*... » J'appelle donc ma collègue Irène Stoller, au parquet antiterroriste, et lui explique que « M. Urtubia n'est plus dans le circuit ». Deux heures plus tard, Lucio me confirme le rapide succès de mon intervention et il ajoute, dans le style *La Guerre est finie* (un film d'Alain Resnais de 1966 sur des clandestins espagnols d'une tout autre tendance) : « Devine d'où je t'appelle... Je suis au restaurant routier que tu connais. J'y déjeune avec les policiers qui étaient venus m'arrêter. Nous échangeons des souvenirs sur cette période révolue où nous jouions au chat et à la souris. »

---

2 Bernard THOMAS, *Lucio l'irréductible*, *op. cit.*

14

La question arménienne refait surface à coups de bombes

Une question qui me revenait très souvent à l'esprit, mais que j'avais laissée au fond d'un paragraphe d'un rapport de l'ONU, m'explosa « dans les mains » en tant que conseiller de Matignon. Le 24 septembre 1981, j'y étais à mon tour de permanence nocturne, lorsque l'on m'apporta ce télex inquiétant : quatre jeunes « cagoulés » de l'Armée secrète arménienne pour la libération de l'Arménie (ASALA) venaient d'investir brutalement le consulat turc à Paris. Un garde avait été tué, le consul grièvement blessé, et de nombreuses personnes retenues en otages.

L'irruption de l'ASALA sur la scène européenne

Pour le permanencier que je me trouvais être, comme chaque conseiller à son tour, une longue nuit d'attente s'annonçait, à la « vigie » de l'Hôtel Matignon, non pas désert ni tous feux éteints – ce grand navire ne l'est jamais –, mais en veilleuse au cœur de Paris, entouré de l'équipe restreinte, minimale en nocturne, du siège du gouvernement. Outre le poste de garde et la sécurité, civile et militaire, tout y tourne autour du standard et de la salle des téléscripteurs, toutes agences mondiales en batterie (à une époque d'avant la diffusion des ordinateurs personnels). À l'affût des nouvelles qui nous parvenaient au compte-gouttes du consulat général de Turquie, j'avais fini par m'assoupir, un bref instant, vers 3 heures du matin.

Un appel du standard me réveille en sursaut. La standardiste : « Monsieur le conseiller, le permanent de l'Intérieur vous demande. » Et elle ajoute, en m'offrant gentiment quelques secondes pour « atterrir » : « C'est probablement pour vous dire que la prise d'otages vient de se terminer. Il n'y a finalement qu'un mort et un blessé ; tous les otages ont été libérés... » Elle me passe le conseiller du cabinet de l'Intérieur, de permanence cette nuit-là lui aussi, lequel me répète mot pour mot ce que la standardiste venait de m'indiquer. En quittant Matignon, sur le coup des 8 heures, j'ai croisé cette standardiste et n'ai pu m'empêcher de lui demander comment elle avait su d'avance ce que l'Intérieur nous transmettait d'urgence. Elle me rétorque, un peu amusée : « Vous savez, c'est très simple : j'écoute "Le Téléphone rouge" d'Europe 1. » (Une émission nouvelle à la radio où tous les auditeurs témoins d'un événement entraient en compétition, au premier qui l'annoncerait, de façon à « griller » les meilleures agences de presse...) Je compris, ce matin-là, que nous étions entrés dans une nouvelle ère médiatique, celle de l'information en continu. Toutes les institutions spécialisées dans l'information et même les mieux « huilées » pour la livrer le plus vite possible aux décideurs allaient devoir s'y adapter.

J'obtins du Premier ministre qu'il reçoive ces policiers, dirigés par le commissaire Robert Broussard, pour les féliciter d'avoir conclu l'affaire sans qu'elle vire au carnage. Aucun blessé supplémentaire, au-delà du consul, et aucun mort de plus que le garde du consulat. Tous les otages avaient été libérés en quelques heures et les quatre jeunes Arméniens, auteurs de ces violences, arrêtés sans trop de dommages.

Un appel menaçant du farouche « Hagop Hagopian »

Qui étaient-ils ? Amateurs ou professionnels ? Beaucoup moins que nos policiers, en tous les cas, comme j'allais vite le vérifier. Deux ou trois jours plus tard, je reçois, en direct, un appel de leur « chef ». Appel téléphonique lointain : il a joint le standard de Matignon depuis sa « base » du Liban. Il dit s'appeler « Hagop Hagopian ». D'une voix qui se voudrait la plus menaçante possible, il m'intime de « prévenir immédiatement le président Giscard d'Estaing [*sic*] que, si les militants de l'ASALA arrêtés au consulat turc sont mal traités », il en tirerait les conséquences. De nouvelles bombes étaient en vue.

Adulé par la frange la plus radicale des jeunes Arméniens des diasporas d'Europe (sous son nom de guerre, assez répandu parmi les Arméniens, d'Hagop Hagopian, quel qu'ait été son nom de baptême), ce leader clandestin n'avait pas encore reçu, dans sa planque libanaise, la nouvelle que la France avait changé de président depuis plus de quatre mois ! Il se situait sans doute dans une temporalité différente de la nôtre, à hauteur millénaire des tribulations arméniennes à travers le Proche-Orient, ce qui n'augurait rien de bon pour la suite des événements.

Le premier attentat revendiqué par cette « ASALA » était intervenu en février 1976, avec l'assassinat du premier secrétaire de l'ambassade de Turquie au Liban. Proche du FPLP palestinien, l'ASALA, en pleine guerre civile libanaise, avait multiplié les assassinats ciblés de fonctionnaires turcs, mais elle allait aussi passer à des bombes à l'aveugle contre tous les « alliés objectifs » des Turcs, c'est-à-dire tous ceux qui ne reconnaissaient pas officiellement le génocide de 1915. Soit quatre-vingt-quatre attentats recensés, qui tuèrent quarante-six personnes, jusqu'en 1984.

Les brefs succès que l'ASALA a rencontrés dans les diasporas arméniennes tenaient à une rupture culturelle. Soixante ans après le génocide, les structures traditionnelles des communautés arméniennes, c'est-à-dire leur Église nationale et le vieux parti social-démocrate du Dachnak (abréviation pour Fédération révolutionnaire arménienne, bannie et pourchassée par les polices soviétiques), se trouvèrent en porte-à-faux avec une jeunesse arménienne ébranlée par Mai 68 et qui leur reprochait ce qu'elle appelait leur immobilisme ou leur ringardise ; en bref, leur « inefficacité pour la cause » arménienne. En plus de la reconnaissance du génocide, l'ASALA lui fit miroiter une lutte de « libération nationale » qui viserait à reconquérir toute l'Anatolie orientale pour la partager avec les Kurdes. Si bien que des militants du séculaire Dachnak furent à leur tour entraînés, pour faire pièce à l'ASALA, à activer leur branche armée, les Commandos des justiciers du génocide arménien (CJGA), qui ne reculeront pas, en juillet 1983, devant un attentat-suicide contre l'ambassade de Turquie à Lisbonne.

Or l'ASALA avait passé la vitesse supérieure à partir de l'automne 1979, perpétrant de plus en plus d'attentats à travers l'Europe. Cette campagne avait dérapé, dès 1980, après l'arrestation de deux de ses activistes, lors d'un attentat à Genève. Les quatre de Paris, en 1981, ayant encore gonflé le total de ses prisonniers, il fallait s'attendre que la Suisse et la France soient dans son collimateur.

L'horrible bombe d'Orly, qui « souffla » l'ASALA

Nous y fûmes encore pour près de deux ans, jusqu'à un attentat si meurtrier qu'il « souffla » l'ASALA elle-même, divisée à jamais sur le cas de son « Groupe Orly ». L'engrenage « suisse » poussa en effet l'ASALA à monter un groupe *ad hoc* pour... déposer une bombe à Orly, au comptoir des Turkish Airlines. Le 15 juillet 1983, cette bombe aveugle fit huit morts et cinquante-six blessés dans le hall de l'aéroport, indignant toute la France. Le chef du commando, Varoujan Garbidjian, fut arrêté deux jours plus tard par la police française, la DST l'ayant « logé » comme un chef militaire de l'ASALA dans notre pays, flanqué, comme il se doit, d'un « commissaire politique », au cours d'une des visites d'un Hagop Hagopian en France...

Fort de ces informations sur lesquelles il fit le point après l'attentat d'Orly, Gaston Defferre avait opté pour le coup de pied dans la fourmilière : « On les arrête tous ! » (Condamné à la prison à vie en mars 1985, Garbidjian ne sera expulsé vers une prison arménienne qu'en 2001.) Quant à mon interlocuteur de 1981, s'il fut bien le premier Hagop Hagopian, il sera revolvérisé à mort en avril 1988, au détour d'une rue d'Athènes, par un commando inconnu, trois ans avant l'indépendance de l'Arménie (ex-soviétique). *Exit*, donc, l'ASALA (en tant qu'« armée » opérationnelle). Restait la question arménienne, que cette longue série d'assassinats de diplomates turcs avait cruellement « réveillée », pour les soutiens qu'ils avaient reçus dans une certaine jeunesse arménienne.

Où Defferre me « fusille », avant de m'embrasser...

Il semblerait qu'en marge de ce succès de la DST, ses « briscards » obsessionnels ou ses « électrons libres » n'aient pas livré au ministère de l'Intérieur que des informations pointues et fiables sur l'ASALA. Certains crurent bon, en plus, de m'impliquer, en tant qu'« ami des Arméniens ». Une certaine presse s'en fit l'écho en m'accusant d'avoir reçu à Matignon une délégation de l'ASALA !

Ce mensonge provoqua un accrochage sévère avec Gaston Defferre : alors que je participais à une réunion à l'OFPRA (Office français de protection des réfugiés et apatrides), une secrétaire vint m'interrompre dans l'urgence : « Le ministre de l'Intérieur veut vous parler ! » Defferre me réclamait au téléphone. Il m'« engueula » d'emblée sur un ton d'exaspération à mettre au bord de l'apoplexie. J'ai bien failli, en fait, lui raccrocher au nez, car mon ami Roland Kessous, quand il était à son cabinet, savait imiter son « Gaston » à la perfection, de manière désopilante ; il m'avait déjà fait le coup de se faire passer pour lui. Bien m'en prit, pour cette fois, de ne pas raccrocher, car c'était réellement le ministre de l'Intérieur, qui me sermonnait en termes choisis : « Joinet, vous avez reçu à Matignon une délégation de l'ASALA ! C'est inadmissible ! Vous n'êtes qu'un conseiller technique. Vous n'avez pas à vous mêler de ce dossier qui relève de l'Intérieur. »

Je me suis borné à lui répliquer : « Monsieur le Ministre, je n'agis pas d'initiative. J'ai un supérieur hiérarchique, qui est le Premier ministre. Vous devriez plutôt vous en ouvrir à lui… Mais je peux vous certifier que je n'ai jamais reçu une telle délégation. Vous relayez une fausse rumeur. Je n'ai reçu, à leur demande, qu'une délégation des avocats [des inculpés] de l'ASALA. Je peux même vous préciser qu'il y en avait un de droite et un de gauche, puisqu'il y avait Me Devedjian et Me Leclerc. » Comme mon directeur de cabinet me le rapporta, à la réunion qui suivit, au niveau ministériel, Pierre Mauroy déclara publiquement à Defferre : « J'ai une totale confiance en mon conseiller et j'aimerais qu'il en soit tenu compte ! » Quel conseiller ne rêverait pas qu'on lui offre une telle occasion de se voir confirmer la légitimité de son action ! Mais « Gaston » était bien un homme d'exception ; il savait simplement ne pas s'enferrer dans ses erreurs.

Le samedi suivant, à ma plus grande surprise, il m'appelle à mon domicile, depuis son fief de Marseille, dont il fut *le* maire durant trente-trois ans : « Joinet, j'ai deux mots à vous dire… » Il me donne rendez-vous le mercredi suivant, jour des questions au gouvernement, en plein Palais-Bourbon, dans la salle des Quatre Colonnes, là où les journalistes sont à l'affût des députés (et des ministres, le mercredi). Ne sachant pas vraiment à quoi m'attendre, je me prépare au pire. Mais Defferre, dès qu'il m'aperçoit dans la foule qui circule dans la salle, me lance, au vu des journalistes et des parlementaires présents : « Joinet, vous êtes un excellent conseiller technique ! Je tenais à vous le dire… » Et il me prend le bras pour m'entraîner à arpenter le dallage avec lui, comme si nous étions les plus vieux amis du monde… Suite à son coup de colère, il avait ainsi pris le temps de présenter des excuses publiques par cette sorte de mise en scène. J'ai apprécié qu'il casse ainsi la méchante rumeur qui prétendait faire de moi, suite à la boucherie d'Orly, un « complice des terroristes » !

La confiance (toute nouvelle) que Defferre se mit alors à me manifester à propos de l'Arménie se traduisit, quelque temps plus tard, par une mission très impromptue. Le ministre de l'Intérieur m'appela à Matignon : « Joinet, j'ai besoin d'une synthèse sur les positions prises par la France dans la question arménienne... » Je lui rendis ce service de rédiger cette note de synthèse. Et comme Gaston Defferre vivait en transhumance perpétuelle entre la place Beauvau et le Vieux-Port, je lui apportai cette note sur l'aéroport de Villacoublay, où il embarquait dans un avion du GLAM, accompagné d'un journaliste. Ce journaliste « star » se trouvait être Edwy Plenel, invité personnel de Defferre à une courte séance de travail « aérienne ». Je ne fus donc pas étonné de retrouver, deux jours plus tard dans *Le Monde*, des éléments très reconnaissables de ma synthèse « confidentielle » sur la « politique de la France vis-à-vis des Arméniens ». La fuite venait... du ministre lui-même. Sacré Gaston !

Au chevet et aux côtés du président de la jeune Arménie indépendante

Sans entrer dans les détails du comité « France-Arménie » que j'ai contribué à lancer à l'époque, ni de la reconnaissance par la France du génocide de 1915, acquise en 2001 à ma grande satisfaction (affaire toujours brûlante en 2013, en suscitant cette fois chez moi certaines réserves), je dirai seulement qu'à la fin des années 1980, les événements à l'Est s'étaient précipités, notamment du côté du Caucase, où le nationalisme des Arméniens profitait de la crise finale de l'Union soviétique pour se renouveler du tout au tout. Le 10 décembre 1988, le leader du MNA (Mouvement national arménien), Levon Ter-Petrossian, fut embastillé à Moscou pour avoir protesté contre la situation dans la région du Haut-Karabagh, revendiquée concurremment par l'Arménie et l'Azerbaïdjan. À Paris, nous montâmes très vite un puissant comité de soutien à ce dissident majeur. Ter-Petrossian fut libéré le 31 mai 1989. Il se trouva dès lors en bonne position pour remporter l'élection présidentielle qui se profilait en Arménie. La première enfin libre.

Mais un problème de santé risquait de l'empêcher de se présenter à ces élections. Entre son comité de soutien parisien et le Syndicat de la médecine générale, auquel ma femme participait, nous prîmes l'initiative de lui organiser un séjour médical en France. Au terme de cette hospitalisation et de sa convalescence, il repartit, bon pied bon œil, vers Erevan, se faire élire président en octobre 1991, avec réélection en 1996.

Nous eûmes donc la bonne surprise, en 1994 (j'étais alors devenu conseiller à l'Élysée), de recevoir deux billets d'avion pour une visite en Arménie. Levon Ter-Petrossian n'était pas homme à oublier, une fois au pouvoir, ceux qui l'avaient soutenu en ses heures d'adversité. Ni sa femme, Ludmila, qui s'était prise d'affection pour mon épouse. Nous n'imaginions pas qu'ils nous recevraient chez eux et que cette longue visite en Arménie prendrait une tournure « triomphale », même s'il faut ramener cela à la bonne échelle d'une résidence présidentielle plutôt modeste et des « pompes » très spartiates de l'État arménien d'alors, se débattant comme il pouvait dans sa récente indépendance (qu'allait sévèrement compliquer un terrible séisme). C'était d'autant plus sympathique, et très touchant, que de croiser tous ces Arméniens qui voulaient saluer l'obstiné du « paragraphe 30 » ! L'accueil se fit encore plus chaleureux – avec gerbes de fleurs pour ma femme et récital d'accordéon accordé à mes goûts à l'entrée des villages – dans la région du Haut-Karabagh.

Me considérant en visite privée, invité personnellement par le président arménien, il ne m'était pas venu à l'idée de refuser ce détour obligé par cette enclave emblématique, chère au cœur de tout Arménien. En tant que conseiller de François Mitterrand, cela posait pourtant un léger problème diplomatique : l'annexion *de facto* de cette région par l'Arménie, au détriment de l'Azerbaïdjan, n'était pas reconnue par l'ONU, ni par la France et l'Europe. Le conseiller diplomatique de l'Élysée se fit un devoir de m'appeler pour regretter l'« initiative » que j'avais prise de visiter une « entité » où nul représentant français ne pouvait officiellement mettre un pied, tant que le contentieux arméno-azéri restait pendant.

Les autorités de Bakou ayant convoqué l'ambassadeur de France « pour explications », il me prévint qu'il était obligé, quant à lui, vu la petite « guerre » de communiqués que mon « accroc » risquait de déclencher, d'en référer par note au président. Le moins que l'on puisse dire, c'est que François Mitterrand ne fit pas une affaire de cette bavure diplomatique très marginale, même en période complexe de cohabitation. Il aurait déclaré, me dit-on, en se contentant d'en sourire : « Laissez faire. C'est du Joinet typique ! »

Jacques Chirac, de plus, ne risquait pas de se saisir de ce prétexte pour envenimer les conditions de la cohabitation, compte tenu de son fort penchant pour le « vote arménien ». J'ai pu le vérifier l'année suivante, quand il a remplacé Mitterrand à l'Élysée. Ter-Petrossian y fut reçu en tant que président de l'Arménie. Visite très officielle et banquet à l'avenant, sous les lustres illuminés. Ter-Petrossian, bien sûr, m'y fit inscrire sur la liste de ses invités personnels. Je me suis retrouvé, pour ce soir-là, à l'Élysée, que je venais à peine d'abandonner comme conseiller ! Jacques Chirac fut moins surpris que son épouse, Bernadette, de voir Lyudmila Ter-Petrossian serrer ma femme dans ses bras, tandis que je donnais l'accolade à son invité. À sa manière franche et sonore et l'œil rieur, Chirac me lança : « Bienvenue, Monsieur l'avocat général ! » Quant au chef du protocole de l'Élysée, il nous accompagna vers nos places réservées, tout en me glissant à l'oreille : « Décidément, Joinet, quand on vous croit sorti par la porte, vous êtes déjà rentré par la fenêtre ! »

15

Ce jour noir, au fil du rasoir, *où devait se régler l'éternelle question basque*

Dès le 3 juin 1981, je me suis trouvé « embarqué » dans l'insoluble des affaires basques. La Chancellerie m'avertit que la chambre d'accusation avait rendu un avis favorable à l'extradition du militant basque Tomás Linaza et qu'il ne manquait plus que la signature du ministre, en cas d'accord du Premier ministre, pour qu'il soit envoyé vers les prisons d'Espagne. Car ainsi en va-t-il de toute extradition : c'est le Premier ministre qui en décide en dernière instance. Nous arrivions à peine ; il était urgent d'attendre. Je conseillais à Pierre Mauroy et à son cabinet de ne communiquer sur la question que par le laconisme traditionnel : « La question est à l'étude. »

« La question est à l'étude »... pour le temps de régler nos montres

La gauche allait-elle extrader les militants basques indépendantistes vers leurs juges espagnols ? En 1977, sans attendre l'autonomie officielle de la région basque dans le cadre de la nouvelle démocratie espagnole, le président Giscard d'Estaing avait tranché, sans empressement : il ne supportait plus la campagne de la presse espagnole, de l'Opus Dei jusqu'à *El País*, contre le « sanctuaire français du terrorisme basque ». La noria des extraditions s'était donc amorcée par-dessus les Pyrénées, au grand dam de la plupart des militants de la gauche française, moi compris.

Nous avions tellement été accoutumés à manifester aux Basques notre solidarité antifranquiste... Si elle n'approuvait pas nécessairement le jusqu'auboutisme des *etarras* (les membres de l'ETA), toute la gauche en restait quand même largement solidaire, dans l'attente tant espérée de la victoire électorale du Parti socialiste ouvrier espagnol (PSOE) qui se profilait à l'horizon. Rendrait-elle enfin possible un véritable accord de paix ?

Ces irréductibles Basques n'avaient-ils pas sonné le glas du franquisme en faisant s'envoler dans le ciel de Madrid, en 1973, la voiture blindée de l'amiral Luis Carrero Blanco, dauphin désigné de Franco ? Seulement voilà, c'était rêver. Là où les Catalans allaient s'emparer du début d'autonomie de la Catalogne pour l'étendre progressivement par des moyens légaux, les Basques se retranchèrent dans un refus têtu de la « Nouvelle Espagne » du roi Juan Carlos : en décembre 1978, 70 % d'entre eux refusèrent la nouvelle Constitution espagnole (votée à plus de 80 % dans le reste de l'Espagne) ; le Parti national basque prit les commandes de la région autonome (hors Navarre), où 13 % à 20 % des Basques (au fil des élections jusqu'à nos jours) continuèrent de réclamer l'indépendance totale, constituant le bloc des « patriotes » (*abertzale*), qui continua d'alimenter en argent et en hommes les rangs de l'armée clandestine baptisée ETA (Euskadi Ta Askatasuna, Pays basque et libération).

Ce mouvement avait connu quelques scissions, dont celle, dans les années 1970 et 1980, des « poli-milis », par rapport aux « militaires » réputés purs et durs de l'ETA. Chargé d'abord des premiers à mes débuts à Matignon, j'ai pu mesurer leur intelligence politique et n'ai pu que regretter le recul de leur influence vis-à-vis des « milis ». Mais « l'histoire a tranché », si on ose dire, fût-ce à coups d'attentats : les rescapés de l'ETA dite politico-militaire finirent par intégrer la lutte légale et c'est l'ETA « mili » qui resta seule, bien décidée à conquérir l'indépendance du Pays basque les armes à la main, s'il le fallait.

En 1981, l'Espagne venait à peine de surmonter un « coup d'État de cinéma » et Gaston Defferre se fit le porte-parole de la gauche française la plus « fondamentaliste » sur la question basque. Interviewé par *Le Nouvel Observateur* à propos de Linaza, il se réclama de son statut de jeune résistant et de militant antifranquiste de toujours pour refuser « toute extradition » pour les militants basques : « Peut-être parce que j'ai vécu la clandestinité, je ressens très fortement qu'extrader est contraire aux traditions de la France, quand il s'agit, comme c'est le cas, d'un combat politique. » L'embarras du gouvernement Mauroy et la réaction estomaquée des socialistes espagnols, peu sensibles aux exploits de jeunesse du premier Marseillais, lui prouvèrent que le temps avait passé...

Souvenir espagnol des « Juges pour la démocratie »

Pour avoir eu à suivre la structuration syndicale de sa magistrature démocratique dès avant la mort de Franco, j'étais pour ma part assez confiant sur l'évolution de l'Espagne. Cela se présenta, dès 1969, comme une heureuse surprise à laquelle j'hésitai à croire dans un premier temps. La nouvelle de la fondation du Syndicat de la magistrature s'était répandue en Europe et nous reçûmes un jour, au siège du SM, une lettre d'un juge espagnol qui cherchait le contact ! Il demandait simplement qu'on lui accorde un abonnement à la revue du syndicat, en nous indiquant une adresse, manifestement différente de la sienne, chez une certaine « veuve Untel », domiciliée à San Sebastián. Il avait certes pris des risques, mais pas au point de nous donner sa propre adresse et de la donner, du même coup, à la police. On était encore sous Franco !

Aux vacances suivantes, je passais par San Sebastián et je me suis invité chez la « veuve » mystère... Il s'agissait bien d'une brave grand-mère qui me donna sans détour l'adresse de son fils, lequel me reçut sans hésitation. Je découvre sa maison et sa bibliothèque, remplie de numéros de la revue *Esprit* et de la plupart des livres que nous lisions alors en France. Ayant intégré moi-même le comité de rédaction d'*Esprit* à l'invitation de Casamayor, nous nous trouvâmes très vite des terrains de discussion et nous avons sympathisé : cet homme était d'évidence un progressiste, comme je ne m'attendais pas à en trouver parmi les magistrats du régime franquiste. Là où je tombai des nues, c'est qu'il me proposa d'organiser sur-le-champ une réunion au palais de justice avec certains de ses collègues, pour que je les informe des thèses du SM ! Ils n'y étaient que quatre, mais c'était déjà bon signe pour une seule juridiction. Ils ne se connaissaient qu'à peine, l'un d'entre eux marquant la surprise de découvrir pour la première fois la présence d'un de ses collègues : « Toi aussi, tu es des nôtres ? » Je suppose qu'il y eut de telles réunions dans toute l'Espagne, en ces premières années 1970, annonçant en sourdine la sortie du franquisme. Celle-là fut la première, entre magistrats démocrates, à prendre langue avec le SM. Elle me conduira, dans les années suivantes, à me réunir à Madrid, d'abord clandestinement, avec l'association Juges pour la démocratie, dont mon ami Antonio Carretero sera le président à l'heure de la fin du franquisme et de l'expansion, enfin, en pleine lumière, de ces nombreux « juges démocrates ».

En tout cas, Tomás Linaza ne fut pas extradé. En juin 1981, le gouvernement le transféra en résidence forcée aux embruns brumeux de l'île d'Yeu, où d'autres *etarras* non extradés le rejoignirent au fil des mois. Jusqu'en 1984, la question resta « à l'étude ».

Le GAL importe sa « sale guerre » en France

Fin 1982, les socialistes espagnols accédèrent donc au pouvoir. L'Andalou Felipe González n'était pas du tout décidé à se laisser traiter de « postfranquiste en matière basque » par ses *compañeros* du nord des Pyrénées. Gaston Defferre changea de ton. Mais, tant que Mauroy resta l'hôte de Matignon, on continua de « nourrir » l'île d'Yeu. Ah si les Basques, à la façon des Irlandais du Nord, avaient pu dégager dans leurs rangs un leader charismatique à la manière de Gerry Adams et, surtout, le garder vivant pour des négociations sérieuses ! La mort mystérieuse de leur dirigeant « Txomin » en décembre 1987, durant son exil algérien, avait-elle compromis, au pire moment, certaines évolutions possibles de l'ETA, ne laissant derrière elle que des irréductibles, perpétuellement le dos au mur ? Décidément, il ne suffit pas de savoir « pourquoi on entre » dans le terrorisme, mais surtout « comment on en sort ».

Le premier des tournants de Matignon sur la question s'amorça en 1984, quand Laurent Fabius remplaça Pierre Mauroy : certaines extraditions furent accordées, tandis que d'autres militants basques réclamés par l'Espagne avaient encore la chance d'être assignés à résidence. C'est alors que l'État espagnol, clandestinement, bien sûr, et tout à fait illégalement, commença à mettre en œuvre une stratégie sinistre et mortifère : afin de faire pression sur les autorités françaises, il mit en scène une chasse aux Basques... en territoire français ! Ayant recours, en somme, au terrorisme d'État, des policiers espagnols montèrent leur propre « escadron de la mort », le GAL, un pseudo-« Groupe antiterroriste de libération » qui lança ses tueurs à la chasse aux *etarras* par-delà les Pyrénées. Plusieurs de ces exécuteurs, dont une mystérieuse « tueuse blonde » (née des fantasmes d'un témoin), ont opéré sur le sol français.

À Bayonne et Bordeaux, ces exécutions sommaires allèrent en se multipliant « au nom du GAL », manipulé par un commissaire espagnol de Bilbao, dont le sigle fut choisi dans un but de dénigrement antifrançais : un *galo*, c'est un coq. Et ses cocoricos galeux ont résonné surtout à Madrid, au ministère de l'Intérieur, à chaque fois qu'un activiste (présumé) ou un complice supposé des *etarras* était assassiné en France.

S'ils espéraient voir l'ETA abandonner sa politique de « paix en France », ils en furent pour leurs frais : ignorer l'« occupation » d'une petite part du « Pays basque Nord » pour ne mettre des bombes et ne réaliser d'assassinats qu'en territoire espagnol resta la ligne des *etarras* ; ils avaient trop besoin de leur « refuge » français, avec ou sans le GAL, pour y reprendre souffle et y accumuler des caches d'armes et d'explosifs... Le phénomène Iparretarak, nom des indépendantistes des terres basques (françaises) du Nord, resta très marginal et à dominante culturelle (on vit même quelques élus socialistes locaux réclamer, pour mieux les contrer, la création d'un mini-« département basque », très mal vu par les « Gascons »). Lorsque ceux d'Iparretarak commirent de rares « dérapages » violents, leurs grands frères du Sud les remirent très vite sur les rails.

La radicalisation de l'ETA

Lors de ces premières extraditions, ma femme guetta ma démission, que je n'ai pourtant envisagée, sur cette seule question, que bien plus tard, à l'époque Bérégovoy... Mais j'ai toujours considéré être si près d'aboutir finalement à un accord de paix entre les Espagnols et l'ETA, que je ne pouvais pas « lâcher l'affaire ». Comme conseiller auprès de Laurent Fabius, déjà, mais surtout de Michel Rocard, d'Édith Cresson et de Pierre Bérégovoy, j'aurai remis cent fois cet ouvrage sur le métier ! Toujours en vain, mais sans me lasser.

Il ne m'échappait pas que la donne changeait dans l'opinion française et européenne. Adossés à leur revendication d'une autodétermination de toutes les « terres basques » d'Espagne (y compris la Navarre), les *etarras* étaient passés des attentats contre les agents patentés de la dictature franquiste aux attentats ciblés contre la Garde civile, entraînant déjà quelques morts civiles « collatérales », puis aux bombes aveugles dans des supermarchés de Madrid ou de Catalogne. Celle de janvier 1987 à Barcelone fit vingt et un morts, dont une enfant ! (Ils ne s'en prenaient pas encore, comme ils allaient le faire, aux « alliés objectifs » de l'« occupation espagnole », dont les socialistes du Pays basque et certains « dissociés » de leur lutte armée ; cela viendra surtout quand leur façade légale, le parti indépendantiste Herri Batasuna, ou Batasuna – l'Unité –, sera interdite en août 2002 par le juge Baltasar Garzón.) Jusqu'en 2011, rien n'a semblé devoir durablement les arrêter dans leur spirale vertigineuse.

En tout cas, en 1992, une nouvelle fois, à la veille des jeux Olympiques de Barcelone, il m'apparut que s'entrouvrait une « fenêtre d'opportunité ». Pour ne pas être répétitif, je n'évoquerai que ce dernier cas de négociations improbables, qui suivait d'autres tentatives. Je voulais avant tout que cette folie s'arrête, sans me soucier de discuter avec des militants « qui avaient du sang sur les mains », comme on dit. Et d'ailleurs sans savoir encore de source sûre que mes interlocuteurs espagnols, représentants élus d'un État démocratique, pouvaient avoir eux aussi « du sang sur les mains », comme la Cour suprême d'Espagne en fera la démonstration en condamnant en juillet 1998 l'ancien ministre de l'Intérieur socialiste José Barrionuevo pour les attentats du GAL.

Quelles que soient les réserves que l'on puisse opposer à certaines méthodes du juge Baltasar Garzón – dont j'aurai à reparler –, il a eu le courage de mettre en cause ce ministre pour avoir actionné les assassins du GAL. Même si la Cour européenne a revu à la baisse la procédure menée par ce juge impétueux, le ministre et son bras droit furent condamnés dans leur pays (en partie grâce aux dossiers qu'avaient transmis les juges français Christophe Seys et Armand Riberolles, démontrant l'implication, personnelle et financière, de José Amedo Fouce, commissaire de Bilbao, dans des attentats commis à Bordeaux et à Bayonne). Alors qu'en France, tous ceux qu'on soupçonna d'avoir été des tueurs ou complices du GAL ne furent guère inquiétés. « Vérité en deçà des Pyrénées, erreur au-delà ! », disait déjà Pascal : j'ai souvent eu à méditer cette formule dans ces affaires basques qui n'en finissaient pas de jouer à saute-mouton avec les Pyrénées. Versant mensonge ou versant vérité ?

Tout au long de cette période, je ne me suis voulu, dans cette affaire aussi, qu'un « facilitateur ». Deux parties avaient entre elles un contentieux fatal et mortifère : il fallait trouver le moyen d'un *modus vivendi* évolutif qui leur permette de sortir ensemble – si possible vers le haut – de leur affrontement mimétique.

Roman noir sans issue dans une villa isolée au nord des Pyrénées

Ce rôle de facilitateur connut un épisode marquant à partir du 7 mai 1992. Mon interlocuteur habituel du côté espagnol, chargé de ce dossier sous tous les ministres socialistes de l'Intérieur, venait de faire un saut à Paris. Il m'avait rencontré chez un ami commun, lequel m'avait déjà servi d'intermédiaire sous Michel Rocard, puis sous Édith Cresson. Je l'avais rencontré dès 1990, afin de mettre en place, à l'époque où Henri

Nallet était ministre de la Justice (1990-1992), les premiers entretiens qui se sont déroulés dans des prisons françaises entre militants basques.

En mai 1992, cet émissaire vint me réclamer, au nom de son gouvernement, la coopération des autorités françaises afin de faciliter de tels pourparlers inter-basques. Car il faut se représenter que ces « négociations » se déroulaient à deux étages. C'était déjà beaucoup qu'elles soient engagées « entre Basques », pour savoir à quelles conditions ils pouvaient envisager de traiter avec l'« occupant », ce que les Espagnols demandaient aux Français de bien vouloir faciliter à certaines périodes.

Difficulté : certains des interlocuteurs incontournables étaient détenus en France. Or ces négociations, pour se tenir, devaient avoir lieu impérativement – c'était une condition des *etarras* – dans une maison isolée (à trouver de notre côté), « en Pays basque français » (nationalisme, quand tu nous tiens !). Que ce soit au Pays basque ou à proximité, entre Pau et Toulouse ou Perpignan, un tel souhait impliquait la délicate opération qui consistait, à l'occasion d'un transfèrement prétexte, à mettre « hors de circuit » le détenu concerné pendant deux ou trois jours, pour pouvoir le convoyer jusqu'à la villa « mystère », en ayant l'assurance qu'aidé par ses amis il ne s'évaderait pas et qu'il rejoindrait sa cellule à la fin de l'exercice.

J'en informais Hervé Hannoun, alors directeur de cabinet de Pierre Bérégovoy, qui me donna son accord sur cette affaire « délicate », sous réserve que le président Mitterrand en soit informé au préalable, tâche dont s'acquitta Roland Dumas, alors ministre des Affaires étrangères, que j'avais déjà vu (et revu) à ce propos. Je me souviens d'avoir souligné dans ma première note qu'« aucune fuite à ce jour » n'était intervenue sur ces transfèrements prétextes, effectués depuis déjà plusieurs années. J'ai détenu le listing de tous ces transfèrements », le greffe enregistrant rigoureusement tout transport d'un détenu hors de sa prison, justifié – en principe – par un acte de procédure.

J'informais ensuite de ce feu vert l'émissaire espagnol, qui insista encore une fois sur la confidentialité la plus totale : toute publicité qui interviendrait avant la déclaration négociée de cessez-le-feu déchaînerait les foudres de l'opposition espagnole et elle compromettrait toute stratégie de paix pour très longtemps. Outre Felipe González, son ministre de l'Intérieur, deux de ses collaborateurs et notre « émissaire », côté Espagnols, n'étaient au courant, côté français, que François Mitterrand, Pierre Bérégovoy *via* Hervé Hannoun, Roland Dumas et moi, ainsi que l'avocat du militant basque concerné par cette « procédure ».

Avant d'en arriver là, en ce 7 mai 1992, j'avais passé des jours, des mois et des années à préparer ce grand moment tant espéré en pourparlers tous azimuts. Il était donc prévu que le principal leader des *etarras* ferait une déclaration publique solennelle où il annoncerait la fin de tout recours à la violence armée, au profit, désormais, du seul combat politique légal, dans le cadre du parti Herri Batasuna. L'aboutissement de ces pourparlers reposerait sur trois piliers : la mise au point négociée de cette déclaration solennelle, mesurée au millimètre ; l'annonce dans le même temps (ou dans un deuxième temps) de la remise aux autorités françaises de plusieurs dépôts d'armes dissimulés sur le sol français ; l'annonce la plus rapide possible par le gouvernement espagnol d'un long processus de clémence (amnistie ou autre, encore à discuter) vis-à-vis des irréductibles.

Cette fois-ci, la recherche d'un lieu *ad hoc* prit un peu plus de temps, en raison d'aléas divers. Un des préfets que je consultais finit par nous fournir une maison isolée près de Toulouse, qui présentait toutes les garanties pour la gendarmerie, laquelle put dresser autour d'elle ses « murailles » invisibles. J'avais imposé, le plus strictement qui soit, que cette villa ne soit « sonorisée » d'aucune manière, pour garantir aux négociateurs le secret le plus total. Mais nous nous aperçûmes que les Basques n'avaient pas eu confiance dans nos assurances les plus formelles. Résultat : certains d'entre eux se refusèrent à passer leurs coups de téléphone depuis cette villa, garantie « non écoutée » ; ils préférèrent les passer de cabines téléphoniques des villages des alentours. Qui, elles, bien entendu, avaient été (à mon insu) mises sur écoute !

Depuis la disparition de Txomin en Algérie, encore un coup pour rien...

La question décisive résidait dans le choix du principal interlocuteur du côté basque, car l'ETA évitait, bien sûr, de donner toute information sur son organigramme, que toutes les polices espagnoles s'efforçaient de percer à jour, y compris par le biais de ce type de négociations. Appelons-le Z, comme Zorro.

Quant à mon interlocuteur du côté espagnol, il n'y avait pas de doute quant à ses qualités, mais j'avais pris la précaution de vérifier auparavant qu'il était bien toujours mandaté, donc apte à relancer des entretiens « sérieux ». J'avais donc demandé à Pierre Bérégovoy d'en glisser un mot furtif à Felipe González, lors de sa visite à Madrid. Dans ces cas-là, un conseiller de Matignon ne peut pas faire seulement confiance à la mémoire très encombrée de son Premier ministre. Il se doit de s'assurer que son collègue, le conseiller diplomatique qui l'accompagnera ce jour-là, lui rappellera au bon moment quand il doit poser sa question. J'avais même préparé, pour ce conseiller, un mini-questionnaire avec deux cases : cocher la première case si la réponse est positive ; la seconde si elle est négative. Bérégovoy, entre deux portes, avait bien eu le temps de poser « la » question à Felipe González, et c'est la première case qui m'était revenue biffée : feu vert sur toute la ligne. Il ne nous restait plus qu'à espérer que Z n'aille pas jouer les Zorro… et que mon contact espagnol n'ait pas en vue de faire traîner. Raté ! Une fois de plus, ce fut en vain, sans que j'aie pu apprendre aucune raison précise de ce énième échec.

Bien d'autres tentatives auront lieu par la suite, toujours inachevées, jusqu'au… 10 janvier 2011, quand j'appris, par France-Info, que l'ETA venait d'annoncer, par un message vidéo, un « cessez-le-feu permanent, définitif et vérifiable ». Cet engagement sera-t-il tenu ? Alors même que le gouvernement espagnol paraissait encore, à l'été 2013, ne pas en tenir compte… Espérons qu'il y vienne, en mesurant au mieux les conditions à poser aux *etarras*. Il y a déjà eu tellement de déceptions.

L'important, comme à chaque fois, c'est que les deux parties partagent, sans arrière-pensées, une volonté réelle d'aboutir à une paix. Sera-ce désormais le cas ? Ces arrière-pensées, comme je l'ai constaté à diverses reprises, sont un risque constant de ce type d'exercice. Dans l'exemple le plus fréquent, on avait, d'un côté, un État espagnol qui « faisait durer » les négociations, essentiellement aux fins de renseignements politiques, c'est-à-dire pour s'informer des courants, des contradictions et des phénomènes de pouvoir qui traversaient le mouvement basque ; tandis que, de l'autre côté, on « faisait durer » aussi, avec une égale mauvaise foi, pour pouvoir reconstituer les forces de l'ETA. À mon sens, durant ces années, aucune des deux parties, au fil des échecs qui s'accumulèrent, n'a jamais eu la volonté réelle d'aboutir à une paix, sinon par la défaite pure et simple de l'autre camp.

Cette porte enfin ouverte en 2011 va-t-elle se refermer ? Tant de questions demeuraient encore sans réponse, en l'état des informations rendues publiques à la mi-2013 : quel sort pour les quelque 750 militants basques emprisonnés depuis des années dans diverses prisons d'Espagne ? L'abandon effectif de la lutte armée suppose que les armes soient effectivement « déposées », c'est-à-dire que les caches d'armes soient dénoncées aux autorités, françaises ou espagnoles, selon le territoire dont relèvent ces dépôts secrets. Mais selon quelles procédures précises ?

On peut s'interroger aussi sur l'« automaticité », dans une affaire certes criminelle, mais aussi tellement politique, du mécanisme du « mandat d'extradition européen » – je pense au cas de la militante française de Batasuna, Aurore Martin, arrêtée à ce titre en France le 1er novembre 2012 et immédiatement remise aux autorités espagnoles, avant d'être libérée sept semaines plus tard. Ce mandat est certes un progrès pour l'action de la justice dans l'espace européen, notamment pour déjouer les pratiques maffieuses. Je suis d'ailleurs en désaccord avec ceux qui prennent le risque de couvrir certains maffieux en professant qu'on n'« extrade pas les nationaux » : on peut – et même on doit – extrader « nos » maffieux ! Mais ce mandat ne dispense pas un gouvernement de tenir compte des facteurs politiques, spécialement quand des négociations de paix sont très sérieusement engagées.

Enfin, la décision historique de l'arrêt définitif de toute violence armée ne signifie certes pas la fin du conflit politique. Mais comment continuer la lutte par les voies démocratiques si tout parti politique basque ouvertement indépendantiste est interdit, comme ce fut le cas en Espagne ? La nouvelle coalition indépendantiste Euskal Herria Bildu, qui a rallié en octobre 2012 un quart de l'électorat du Pays basque espagnol, pourra-t-elle en tenir lieu ? Le chemin sera long...

16

Un accord kanako-caldoche à l'arraché et la « coutume » ensanglantée

Cette affaire fut d'abord un piège, où je me suis précipité. Quand Mitterrand fut réélu en 1988, je n'étais pas du tout décidé à « rempiler » comme conseiller à Matignon : j'avais déjà donné. Mais le poste me fut reproposé par Michel Rocard, que je connaissais depuis ma première année en fac de droit. Il me proposa d'abord de n'y faire qu'un intérim : je devais revenir, seulement pour quelques mois, à « mon » bureau à Matignon, pour l'aider à régler trois dossiers très urgents, celui (à tiroirs) des écoutes téléphoniques, celui (très familial mais épineux) des « mères d'Alger » et, surtout, celui des Kanaks de la Nouvelle-Calédonie (suite aux massacres d'Ouvéa).

Le « déminage » effectué par Edgard Pisani

La cause des Kanaks s'était de longue date invitée au Larzac. Elle y disposait « souverainement » de sa propre parcelle emblématique, une mini « Kanaky », en somme, soutenue par les mouvances non violentes et anticolonialistes que le large mouvement des « insoumis » du causse avait drainées. Je m'y sentais d'autant plus à l'aise. Cette cause kanake à la sauce Larzac me donna l'impression de remettre le couvert, à Matignon, comme en 1981, et l'illusion que je pourrais m'y contenter d'un tour de piste !

Celui-ci dura cinq ans et l'aventure calédonienne se révéla, en réalité, une des périodes les plus passionnantes de mon travail à Matignon.

C'est à l'époque du gouvernement Fabius que je fis mes débuts sur la question. Début 1985, la Grande Île s'était embrasée, bloquée par les « barrages » kanaks. Les tribus indigènes n'en pouvaient plus des empiètements des Métropolitains, surtout de ceux acclimatés depuis plusieurs générations et composant ce qu'on appelait la « communauté caldoche ». Face à la crise déclenchée par les revendications indépendantistes du FLNKS (Front de libération nationale kanak et socialiste), Fabius avait nommé en mai Edgard Pisani ministre chargé de la Nouvelle-Calédonie, avec mission d'y jeter les premières bases d'un accord de paix.

J'avais alors été en charge de la coordination des aspects juridiques. Outre le secrétariat d'État des Départements et Territoires d'outre-mer, bien des ministères étaient concernés : celui de la Défense, à cause de la présence des gendarmes, celui de l'Intérieur pour l'action de la police, les Affaires étrangères, car la question était à l'ordre du jour du Comité de la décolonisation de l'ONU, et, bien évidemment, celui de la Justice. Cette coordination était d'autant plus compliquée qu'il fallait tenir compte d'un décalage horaire de douze heures. Au début, je n'avais pas les bons réflexes. Je me souviens ainsi avoir téléphoné un soir au procureur général de Nouméa (pour qui la gauche n'était guère en odeur de sainteté), afin de m'assurer qu'il avait bien reçu les instructions de la Chancellerie en vue d'une audience « à problème », prévue le lendemain, croyais-je. Il me répondit avec une ironie grinçante : « Monsieur le conseiller, vous arrivez trop tard : l'audience a eu lieu ce matin ! »

Passons sur cette époque de découverte. Certains la considèrent, à tort de mon point de vue, comme un échec : le 5 décembre 1984, deux frères du dirigeant indépendantiste Jean-Marie Tjibaou avaient été tués dans une embuscade caldoche et, le 12 janvier 1985, le leader de l'aile radicale des Kanaks, Éloi Machoro, avait été abattu par un gendarme après des « sommations » sommaires, plongeant le territoire dans six mois de couvre-feu. Je considère pourtant qu'Edgard Pisani aura permis un mûrissement de la question calédonienne, qui a beaucoup compté, ensuite, dans les succès inespérés de la période Rocard. Toujours est-il qu'après les événements sanglants de la grotte d'Ouvéa survenus en plein milieu de l'élection présidentielle de mai 1988 (six militaires et dix-neuf Kanaks indépendantistes y ont été tués, au terme de deux affrontements), Rocard se retrouva le dos au mur : il fallait impérativement au nouveau Premier ministre inventer une sortie rapide et imaginative de cette crise majeure pour la Nouvelle-Calédonie.

La question kanake à l'ONU

De par ma position d'expert à l'ONU, j'étais bien placé pour saisir toute la complexité de la question calédonienne. Quelques ONG me critiquèrent alors, quoique en sourdine, pour ma prétendue passivité sur la situation des droits de l'homme en Nouvelle-Calédonie, me soupçonnant à tort d'un laxisme pro-français. Il n'en fut rien. C'est après discussions avec Jean-Marie Tjibaou que j'avais pu me faire une religion en la matière. J'avais appris à le connaître dès la fin des années 1970, lors d'un colloque organisé par la Fondation Lelio Basso, alors que se posait déjà la question de l'autodétermination de la Nouvelle-Calédonie. Nous avions sympathisé. J'avais eu l'occasion, ensuite, de le recroiser dans le cadre du mouvement pour le Larzac. Il m'avait fait comprendre de manière nette que la question kanake relevait certes des droits de l'homme, mais avant tout du droit des peuples à disposer d'eux-mêmes : de leur droit à l'autodétermination. C'est la raison pour laquelle il n'avait pas saisi la commission de Genève de l'ONU : il en avait saisi, à New York, le Comité de décolonisation des Nations unies. Jean-Marie Tjibaou, en leader politique kanak, m'avait mis les points sur les i : « Même à supposer que la France en vienne à respecter les droits de l'homme de chaque Kanak, cela ne règlerait pas le problème de fond qui est celui de l'indépendance ! »

D'où venait ce problème de fond ? De ce que la France, durant de longues années de colonisation – appelons les choses par leur nom – de la Nouvelle-Calédonie, y avait pratiqué sans vergogne une politique de peuplement volontariste : au détriment des droits des Kanaks et de leur culture ancestrale et afin d'étouffer dans l'œuf tout indépendantisme, les autorités françaises avaient encouragé une politique d'immigration de la part de populations d'origine non calédonienne, principalement hexagonales, notamment de nombreux fonctionnaires, visant à modifier l'équilibre démographique de la Grande Île. La colonisation française avait créé de toutes pièces le problème des Caldoches, c'est-à-dire celui de leur domination sur les tribus kanakes, largement marginalisées.

La prise en compte de cette injustice fut la base de négociation des accords de Matignon sur la Nouvelle-Calédonie du 23 juin 1988. Sa correction impliqua, entre autres, de dessiner très spécialement le corps électoral du futur référendum (encore à venir à ce jour) sur l'indépendance ou non de ce Territoire d'outre-mer : en furent exclus tous ceux qui n'étaient pas déjà installés en Nouvelle-Calédonie antérieurement à 1988 et tous les fonctionnaires venus de métropole.

Une telle disposition rompait avec une application abstraite et mécanique du principe « un homme, une voix ». Elle constituait, en somme, un type de « discrimination positive », comme on dit en France, ou d'*affirmative action* comme disent les Anglo-Saxons, quand l'ONU parle plutôt de *positive action.* C'est du moins comme « discrimination » que des Caldoches l'attaquèrent. Ils poursuivirent ce combat juridique longtemps après la signature des accords de Matignon. Certains, du côté du RPCR (Rassemblement pour la Calédonie dans la république, le parti quasi hégémonique parmi les Caldoches), s'acharnèrent à attaquer cette disposition devant le Conseil d'État. En vain. Puis devant la Cour de cassation. En vain. Puis la Cour européenne des droits de l'homme. En vain. Enfin, devant le Comité des droits de l'homme de l'ONU, qui est une sorte de tribunal en la matière. Toujours en vain. Le point clé des accords de Matignon fut ainsi entériné et ce référendum d'autodétermination reste l'horizon vers lequel se dirige ce territoire (repoussé en 2014-2018, suite aux accords de Nouméa en 2008).

Le pari de Michel Rocard

Suite aux événements sanglants d'Ouvéa en 1988, le nouveau Premier ministre prit un gros risque : il eut l'idée assez géniale, qui frappa l'opinion, d'envoyer immédiatement en Nouvelle-Calédonie une mission, non pas de négociation, mais d'abord de « dialogue ». Une vraie mission de « missionnaires », composée comme un genre de « commando spirituel spécial » : elle ne comprenait pas essentiellement telle ou telle haute fonction de l'État, mais des personnalités de diverses sensibilités ou obédiences. Y figuraient, entre autres, un catholique, un protestant, un franc-maçon. Façon de dire que, pour nous en sortir, il fallait, sinon un miracle, du moins cet accord mystérieux entre hommes de bonne volonté qui se réalise si rarement. Sur son versant plus pragmatique, cette mission était dirigée par un proche de Michel Rocard, qui faisait aussi le lien avec la période Pisani, dont il avait été le collaborateur à Nouméa : le préfet Christian Blanc.

Bien que nos routes aient, par la suite, nettement divergé et malgré les aléas de sa période sarkozyste, je tiens à dire que j'ai conservé une grande estime et une admiration intacte pour le Christian Blanc de l'époque. Je me souviendrai toujours de ce moment de grâce de 1988 où Michel Rocard m'a demandé de le rejoindre dans son bureau – il devait être midi, donc minuit en Nouvelle-Calédonie. Il m'a accueilli avec un grand sourire pour me dire, comme sur le ton d'une confidence émerveillée, en me montrant une simple feuille déposée sur le guéridon : « Tiens, regarde ! Tu es le premier à qui je montre ce document historique que vient de me télécopier Christian. » Cette simple feuille répertoriait, détaillée point par point, ce qui allait devenir la matrice des accords.

Un seul de tous ces points restait en situation de blocage total : la question de l'amnistie. Jean-Marie Tjibaou et le FLNKS en faisaient évidemment une question de principe : tout militant kanak condamné par la suite pour son action indépendantiste ou continuant à purger sa peine pour des faits antérieurs risquait de faire que ces accords soient interprétés comme une victoire caldoche sur la révolte des Kanaks... À l'inverse, Jacques Lafleur et son RPCR, avec son idéologie de la loi et de l'ordre comme garantie de leur maintien dans le cadre français, opposaient leur veto à toute amnistie générale.

La question n'était pas de mégoter ici ou là sur des remises de peine, même les plus généreuses. Les uns tenaient, symboliquement, à ce principe d'une amnistie immédiate et totale, pour signer leur (demi-)victoire ; les autres, à l'opposé, ne voulaient pas entendre parler d'une telle éclipse de l'« ordre français ». C'est un cas général dans les négociations de sortie de crise qu'elles bloquent sur un mot ou une formule symbolique. Quand toutes les questions de fond paraissent réglées, j'ai appris d'expérience que tout accord de paix se trouvera, en dernière instance, confronté de manière critique à un problème de ce type au moment de la signature. Sans accord, au final, sur cette délicate question de l'amnistie, nos « accords Matignon » risquaient de capoter dans leur ensemble.

Après tout, ce mouvement kanak, venu du fond des âges mais qui ne commença à se mobiliser que dans les suites de Mai 68, en revenait au point qui avait déclenché le mois de Mai lui-même, dans le quartier Latin : « Libérez nos camarades ! » Inquiet que ce point difficile ne vienne compromettre l'ensemble des accords, Michel Rocard choisit de l'isoler dans une négociation à part, qu'il « exfiltra » de Matignon : les deux délégations déménagèrent pour traiter de la seule et ultime question de l'amnistie. Elles s'installèrent rue Oudinot, au ministère de l'Outre-Mer, où le ministre Louis Le Pensec supervisa ce *round* des ultimes négociations.

Je me trouvais, à cette époque, en session à l'ONU, puisque j'avais prévenu Michel Rocard, comme mes deux précédents Premiers ministres, que je n'intégrais Matignon qu'à la seule condition de garder, parallèlement, ma charge d'expert indépendant à Genève. Il se trouve que, peu avant, j'y avais présenté en 1985 une étude sur *Le Rôle des lois d'amnistie dans la promotion et la protection des droits de l'homme...* Je reçus alors un appel urgent d'Yves Colmou, chef de cabinet de Matignon : « Michel te demande de rentrer tout de suite à Paris : tu iras directement rue Oudinot. Le Pensec t'y attend pour finaliser les accords sur l'amnistie. »

J'ai commencé par me renseigner sur la composition des délégations des deux parties. J'y notai que la délégation du RPCR comptait un juriste, Me Jean Lèques, maire de Nouméa, que je connaissais personnellement pour être un homme ouvert, alors que la délégation du FNLKS négociait sans aucun juriste. Je risquais donc d'être perçu comme « en face » de Me Lèques et donc de parti pris pour le FLNKS, ce qui nous aurait tous handicapés : je n'avais accepté la mission que comme « facilitateur » et non comme médiateur. Avant même de reprendre un avion pour Paris, j'ai donc appelé d'urgence à Montpellier, depuis Genève, Me François Roux, un des avocats du FLNKS. Il a sauté aussi dans le premier avion pour rejoindre, à Paris, Jean-Marie Tjibaou et rééquilibrer les deux délégations.

Dès mon arrivée rue Oudinot, je ressentis une tension extrême, presque palpable. Le fil de ces négociations en était juste au point de se rompre. Jean-Marie Tjibaou venait d'ailleurs de demander une suspension générale. Allait-il claquer la porte ? Il se retira d'abord un instant à l'écart et à l'abri d'un paravent. Mais que faisait-il ? Avec une émotion sincère et communicative, il priait. Un ange passa, rue Oudinot, dont l'aile effleura certainement un faubourg de Nouméa ou une forêt de Hienghène…

Finalement, les négociations reprirent, péniblement, mais sans plus s'arrêter de la nuit. Les positions semblaient figées : pour les Caldoches, pas question d'amnistier des « terroristes » ; pour les Kanaks, « libérer les camarades » était incontournable. De concession en concession, les deux délégations s'acheminèrent à l'aube vers un accord, selon lequel il y aurait bien une amnistie, mais pas générale : les crimes de sang en seraient exclus, mais leurs accusés comparaîtraient libres à leurs procès. Que des accusés soient mis en liberté par l'effet de la loi et non par la décision d'un juge, c'était certes contestable sur un plan constitutionnel : séparation des pouvoirs oblige, ou *aurait dû* y obliger ! Mais la volonté d'aboutir était telle qu'à la toute fin les deux parties, renonçant à tout intégrisme légaliste, apposèrent leurs signatures sur cet accord, sans lesquels les accords de Matignon n'auraient pas été signés. Un jour neuf se levait au-dessus de Paris pour la Nouvelle-Calédonie, ouvrant une nouvelle donne pour les tribus kanakes.

En cette aube précoce de juin 1988, vers les 5 heures du matin, l'émotion fut à son comble dans les locaux de la rue Oudinot. Outre les deux délégations, tout le monde vira euphorique : les secrétaires, les huissiers, les chauffeurs et les journalistes, dont Marie-France Cubadda et Rachid Arhab, restés aux aguets durant toute la nuit. Le Pensec sortit le champagne de sa cave « ultramarine ». Je me souviens d'un participant – était-il du RPCR ou du FLNKS ?, je ne veux plus m'en souvenir... – qui inventa cette belle formule, restée gravée dans ma mémoire : « Rien de vous sans nous, rien de nous sans vous : nous avons un destin commun. Tournons-nous vers l'avenir... » Je vivais là le rêve d'un Martin Luther King !

Du versant positif d'une forme de « raison d'État »

Je sais que mon amorce de plaidoyer en faveur d'une certaine « raison d'État » a pu choquer de nombreux juristes, parmi les meilleurs et notamment parmi mes amis. À partir des exemples concrets que je viens d'évoquer, ils peuvent s'interroger sur ce qu'ils auraient fait dans les situations où j'étais placé. Auraient-ils extradé ces Italiens d'extrême gauche que la doctrine Mitterrand a poussés à renoncer à la violence politique, alors que les poursuites concernant les attentats d'Italiens d'extrême droite ont conduit à des non-lieux, compte tenu des protections ou complicités de services de l'OTAN ? Auraient-ils refusé aux Espagnols de pouvoir vérifier si l'ETA était prête à la paix, au motif de ne pas troubler la routine pénitentiaire ? Auraient-ils refusé aux Kanaks cette quasi-amnistie peu constitutionnelle – et pourtant validée, ensuite, à chaque recours –, en ne voulant rien savoir de la politique de dépossession dont ces tribus étaient les victimes ? Dans ces deux cas, le minimum de cette forme de « raison d'État » dont je me réclame allait dans le sens de la paix et celui des droits des peuples : il consistait, précisément, à réparer des situations de « déraison d'État » qui avaient pu pousser une communauté à se placer ainsi, à tort ou à raison, en position d'autodéfense.

La violence basque, par sa politique de la base arrière, m'a posé d'autres problèmes et je rendrai compte plus loin de divers cas internationaux. Ce sont des cas où ce que j'appelle l'« intégrisme légaliste » conduit droit dans le mur, selon le vieux principe cicéronien *Summum jus, summa injuria* (trop de droit tue le droit). Plus généralement, il arrive que ce « trop » de légalisme freine l'évolution nécessaire de la jurisprudence, alors que sa nature évolutive en fait le sel. Cet intégrisme est dangereux quand il conforte l'immobilisme et tarit l'inventivité juridique, à orienter bien sûr vers des progrès de l'État de droit. Une inventivité qui me tient à cœur comme juriste et même comme « rêveur » prêt à se situer parfois en fonction d'une légalité future. L'intégrisme légaliste revient à se réclamer d'un droit hypostasié, coupé de toute réalité et sans recours face à des crises où toute justice menace de disparaître. Ces situations sont certes résiduelles, mais assez régulières dans l'ordinaire d'un État de droit pour ceux qui en assurent la gouvernance ou la vigie, les « mains dans le cambouis » de la machine d'État.

« Kam ôdavi vi mala da ! »
(N'oublie pas ce jour-là !)

On sait que la médaille des accords Matignon aura eu son revers. Tragique. Cruel à en crier. Un an plus tard, le 4 mai 1989, lors de la levée du deuil pour les Kanaks tués dans la grotte d'Ouvéa, Jean-Marie Tjibaou et son *alter ego*, le merveilleux syndicaliste que fut Yéwéné Yéwéné, furent tués à bout portant par un de leurs camarades de lutte, en désaccord avec les accords : Djubelly Wéa. Ce militant (qu'il m'était arrivé aussi de recevoir à Matignon) fut abattu dans la foulée par un gendarme d'origine kanake qui était chargé d'assurer la sécurité de Tjibaou.

En 1988, au lendemain du massacre de la grotte d'Ouvéa, ceux du Larzac avaient donné au mouvement kanak une parcelle de leur terre, baptisée « Kanaky ». Jean-Marie Tjibaou y avait planté son « arbre de la liberté ». En 1989, tandis que j'assistais aux obsèques de Tjibaou et Yéwéné dans la cathédrale de Nouméa, je ne pouvais imaginer que nous nous retrouverions seize ans plus tard, sur cette « Kanaky larzacienne ». J'ai en effet pu y assister, dans le silence et l'émotion, à une suite de la « coutume » qui scella, cette année-là, en 2005, sur la côte de Hienghène, la réconciliation entre ces trois familles kanakes : celles de Tjibaou, de Yéwéné et de Wéa [1]. Le recueillement des trois veuves, celles des deux victimes et celle de leur meurtrier, fut un moment intense. Marie-Claude Tjibaou a su nous dire, sur le Larzac, par quel long cheminement ce pardon coutumier s'était frayé ses voies et comment il s'était conclu, à Hienghène, par une cérémonie incluant trois générations, c'est-à-dire tous les enfants, sous les yeux des petits-enfants, mais sans médias ni politiques, ni la moindre photo. Ce vœu d'intimité impose le silence.

La route de Pierrefiche, qui mène en « terre kanake » sur le Larzac, avait vu notre petite foule de Kanaks et de Français monter vers la clairière où nous attendait l'Arbre. Au nom des Astérix du plateau, José Bové avait présenté aux trois veuves le « manou ». Le présent coutumier de cette pièce d'étoffe colorée vaut promesse, à jamais, que cet arbre nommé « Liberté » reverdisse pour deux hémisphères.

---

1 Voir le récit d'Anne-Marie Letort, « *Kam ôdavi vi mala da !* (N'oublie pas ce jour-là !) », *Gardarem lou Larzac*, n° 264, juillet-août 2005.

17

Mes cinq Premiers ministres, les grandes écoles du cirque et mon passage par l'Élysée

J'étais monté dans le TGV de la gauche gouvernementale avec un Pierre Mauroy qui incarnait, dans sa grande carcasse, cinquante ans de meetings, de République-Bastille et de souvenirs émus des premiers congés payés. J'en descendis, douze ans plus tard, avec un Pierre Bérégovoy qui n'avait plus qu'un mois à vivre, sous le coup des pires rumeurs, mais restait avant tout, pour moi, le jeune cheminot de la SNCF et responsable mendésiste du social au PSU, devenu, en terre mitterrandienne, le député-maire de Nevers. Cette ville dont un enfant ne peut plus faire le tour… sans buter sur la stèle, en bordure du canal, dédiée au 1er mai fatal de 1993.

Dans le train de la gauche profonde

De 1981 à 1993, j'en ai vu défiler des « chauffeurs » et « mécaniciens » dans la locomotive de la gauche ! À commencer, avec Mauroy, par un voyage en train, un vrai, dans sa région Nord-Pas-de-Calais. Il était si fier de sa ville de Lille qu'il embarqua tout son cabinet dans le Nord avec lui pour une grande tournée ferroviaire.

Au coupe-vent d'un « rapide » qui s'arrêtait à chaque station, en zigzagant longuement entre les grandes et petites lignes, il nous fit les honneurs de « sa » région, celle où « tout le monde l'appelait par son prénom ». Je n'ai pas attendu *Bienvenue chez les ch'tis !* pour en savoir l'ambiance chaleureuse. Avec le grand « Pierrot » pour guide, de gare en gare, nous eûmes droit à tout, kermesse et embrassades, bocks et limonade. Les fanfares locales se montraient à chaque étape sous leurs plus beaux atours et je ne suis pas du genre, en obstiné de l'accordéon, à snober les flonflons. Curieusement, cet alliage de train électoral et de *big band* prenait parfois des airs de *circus* à l'américaine.

Cette culture des trains, si viscérale dans la gauche « profonde », était éminemment celle de Pierre Mauroy, en fils d'ouvrier socialiste devenu professeur de l'enseignement technique. Comme directeur adjoint de son cabinet, il avait choisi un préfet qui avait été directeur de la SNCF. Mauroy était à l'aise avec les cheminots et il nouait très vite le contact avec eux. Ah ! Si la France entière, économie et société, avait pu se gérer comme la SNCF, se moqueront des gens de droite, toujours prêts à soupçonner, dans ce penchant ferroviaire de la gauche, un syndrome planificateur, voire soviétisant. (À l'époque, c'est Michel Rocard qui géra habilement le ministère du Plan, dans le style indicatif d'une planification « à la française » ; je ne sache pas que l'économie du pays, notamment ses industries, a réellement gagné à la dilution, par la suite, de cette institution.) Si certains ont cru, en tout cas, que l'histoire des trains s'en allait alors vers sa fin, ils ont dû en rabattre, face aux succès du TGV et au grand retour des tramways. La dimension humaine de ces trois jours au fil des rails m'avait séduit. Je l'avoue : malgré toutes les difficultés pour suivre nos dossiers si loin de Matignon, j'ai été « content du voyage ». Comme j'ai apprécié, au final, ces dix ans mis « à gauche » dans mon parcours de magistrat.

Une certaine nostalgie pour l'héritage historique de la gauche fut une force, à mon goût, de la période Mauroy. On sait qu'à peine nommé à Matignon, il partit à la recherche du meuble de bureau sur lequel Léon Blum avait géré le Front populaire. On finit par le retrouver à l'entrée même de Matignon, mis sous les yeux de chaque visiteur : il avait été affecté... à l'huissier qui tenait l'accueil !

Parmi tant de conflits et de graves questions politiques tranchés dans les trois ans où Mauroy fut Premier ministre, on trouvera que mettre en avant son rapport remarquable aux personnels de Matignon, c'est le petit bout de la lorgnette. On ne se refait pas. J'ai eu, là-dessus aussi, l'œil du syndicaliste. Il sut s'intéresser, entre autres, à la condition des gendarmes de Matignon : l'organisation, jusque-là, du roulement de ces militaires impliquait qu'ils trimballent chaque jour, depuis la caserne de la Garde républicaine, leurs cantines monumentales ; cela coûtait très cher et n'aboutissait qu'à de tristes repas froids. Mauroy y remédia en organisant un mess, où se réglaient, entre deux bouchées, de très nombreux petits problèmes de fonctionnement. C'est un exemple parmi d'autres.

Que Mauroy, longtemps après la fin de son gouvernement, ait pensé à me signifier sa peine pour la mort de mon assistante, m'a aussi touché profondément. Car Lucy Lacarra s'était forgée à Matignon, lors de la période Mauroy et sous tous les gouvernements de gauche que nomma François Mitterrand, une réputation d'écoute exceptionnelle. Dans toutes les catégories de personnels qui travaillaient à divers titres pour Matignon, nombreux s'en remettaient à elle afin de débrouiller des difficultés personnelles ou juridiques. Au point qu'elle fut alors célébrée gentiment comme la « *Mama* de Matignon ».

Une tristesse générale tomba sur Matignon le soir où Pierre Mauroy annonça son départ. Après que toute la presse et l'Élysée ont souvent fait planer en vain cette menace durant trois ans, cette fois, c'était sûr… Nous ayant réuni une dernière fois autour de lui, il se refusa jusqu'au bout à éventer le nom de son successeur, avant que l'Élysée ne l'annonce *urbi et orbi*. Par une litote calculée, il remarqua pourtant : « Je peux vous dire seulement que nous ne venons pas du même milieu… » Mauroy nous prépara ainsi à l'arrivée de Laurent Fabius. Il était « bon camarade », mais nous avait quand même suggéré que Fabius était certes un des leaders de son parti, mais aussi un « produit » de la haute bourgeoisie, profilé par les grandes écoles.

Laurent Fabius : le « jeune » Premier ministre et l'archevêque du Cap

Pour autant, je ne suis pas de ceux qui prétendent résumer toute l'action gouvernementale de Laurent Fabius aux deux affaires malheureuses qui se mirent en travers, à son insu. Je parle de l'attentat de la DGSE en Nouvelle-Zélande contre le bateau de Greenpeace, le *Rainbow Warrior*, en juillet 1985, et de l'affaire médicale dite du « sang contaminé ». Cette affaire tragique, dont Fabius sera innocenté, ses adversaires n'arrêtent pas de la lui rappeler en sourdine, afin qu'elle lui colle à la peau. Quant au *Rainbow Warrior*, fruit typique d'une pathétique déraison d'État, si le rapport de Bernard Tricot put constater que le cabinet militaire de l'Élysée était parfaitement au courant, je suis bien placé pour savoir que Matignon n'y fut pour rien, bien qu'il revînt à Laurent Fabius de colmater la brèche dans l'urgence (trop tard, malheureusement, pour le photographe de Greenpeace) et de tenter, très vite, de limiter la casse en faisant sauter deux « fusibles », dont le ministre de la Défense Charles Hernu. Moi qui n'ai jamais été associé à aucune décision militaire, j'avais eu à consulter, après l'éclatement de l'« affaire », le dossier constitué pour le Premier ministre. Contrairement à l'habitude, il ne contenait rien... que des coupures de presse !

Vu de mon poste à Matignon, Laurent Fabius a été surtout, aussi étrange que cela paraisse à ceux qui ne voient plus que son réalisme pro-libéral, celui qui engagea la France à l'avant-garde du combat contre l'apartheid du régime raciste d'Afrique du Sud. J'ai signalé combien cette cause me tenait à cœur. Comme expert de l'ONU, je votais régulièrement contre le pouvoir blanc et sa politique inhumaine. Rédigeant ma lettre habituelle pour prévenir Laurent Fabius que, s'il me conservait à ses côtés à Matignon, je continuerai à remplir mes obligations à Genève, je n'avais pas manqué de mentionner mes votes pour la fin de l'apartheid. Pas de problème, à première vue, puisque la France le condamnait officiellement... par des déclarations très langue de bois.

Comme les gouvernements du Royaume-Uni et des États-Unis, celui de la France condamnait le régime sud-africain, mais tous s'abstenaient de prendre contre lui des mesures interdisant à leurs entreprises de trahir le boycottage, dont l'opinion et les ONG réclamaient le renforcement. L'Élysée et le Quai d'Orsay laissaient souvent se défaire la nuit la tapisserie de bonnes intentions qu'ils affichaient durant la journée. Un des prétextes en était encore, en cette fin de guerre froide, la forte influence communiste qui s'exerçait sur l'ANC (African National Congress), le grand parti d'opposition interdit dirigé par Nelson Mandela (et associé à l'Internationale socialiste). Mais, en son sein, se multipliaient des tendances contrebalançant cette influence, dont celles des jeunes du Pouvoir noir et de l'archevêque Desmond Tutu. Et puis le « Mur » allait bientôt tomber, conduisant, *via* les États-Unis, à donner le feu vert à la libération de Nelson Mandela en février 1990, après vingt-sept ans de détention.

Fabius eut la lucidité de percevoir ces évolutions plus vite que les professionnels du Quai, ce qui n'exclut pas de sa part un engagement sincère, dont je fus le témoin, contre tout racisme d'État. Il tenait là aussi une occasion de renouer avec l'opinion largement majoritaire en France sur cette question. Considérant manifestement son passage à Matignon, en tant que « plus jeune Premier ministre de l'histoire de France », comme un tremplin vers la présidentielle, Laurent Fabius voulait aussi se dégager de l'ombre tutélaire de François Mitterrand : son « lui, c'est lui, et moi, c'est moi » est resté justement célèbre, ainsi que ses critiques à l'égard de l'invitation en France du général Jaruzelski, le « bourreau de Solidarnosc » en Pologne, en décembre 1985.

Fabius profita donc d'une absence de Mitterrand, en visite à l'étranger, pour faire recevoir en France, en grandes pompes médiatiques, l'archevêque Desmond Tutu. Il me convoqua un week-end, chemise ouverte au grand soleil, dans le bosquet de Matignon où il aimait à travailler et il m'annonça la nouvelle avec un sourire malicieux. En juin 1985, Desmond Tutu fut reçu à Matignon et à l'Assemblée nationale, entouré d'une brochette d'ONG anti-apartheid. L'embargo de l'Afrique du Sud par la France fut effectivement renforcé, exportations et investissements, dont le boycottage des compétitions sportives, y compris en Formule 1 et en rugby. J'étais comblé ! Cette décision légitimait mes prises de position constantes, en tant qu'expert de l'ONU, que certains diplomates français n'avaient guère appréciées dans mes premières années à la commission de Genève.

Quatre ans plus tard, c'est aussi « malgré » le Quai d'Orsay que Michel Rocard rencontra « au débotté » le Brésilien Luiz Inácio Lula da Silva à Matignon. J'ai alors organisé minutieusement cette rencontre entre les deux hommes, avec photos des poignées de main. N'étais-je pas fondé à recevoir dans mon bureau de conseiller aux droits de l'homme le leader de l'opposition brésilienne, lequel m'avait reçu dans son pays pour une de mes missions au titre de la FIDH ? Et Rocard ne pouvait-il pas sortir de son bureau... juste au moment où Lula et moi prenions congé ? Là encore, le Quai ne voulait pas d'une telle rencontre, au motif que Lula était deuxième dans les sondages. Comme l'a dit joliment Stéphane Hessel, c'est le genre de « petites embrouilles dont on reste longtemps fier »... Certes, la gauche brésilienne ne l'emporta qu'aux élections suivantes. Était-ce une raison suffisante pour que la gauche au pouvoir en France ne manifeste aucune préférence et soutienne uniquement le candidat libéral Fernando Collor, dans un pays de cette importance ? Rocard se risqua, ce jour-là, à « faire entendre sa musique », moins classique sur ce point que celle de l'Élysée.

De mon rapport serein au fléau des écoutes comme écouté intermittent

En 1988, dès ses premiers jours à Matignon, Michel Rocard m'avait chargé, avec le préfet Rémy Pautrat (encore un fidèle Nivernais), de coordonner la réforme de la législation sur les écoutes téléphoniques.

Entre les écoutes réclamées légitimement par un juge d'instruction, les écoutes administratives pour bonnes raisons de « sécurité », mais déclenchées dans tous les sens, et les écoutes branchées par des « électrons libres », si rarement poursuivies, la situation était spécialement chaotique. Le sentiment régnait qu'il n'y avait guère plus de secret des conversations que de secret de la correspondance sous les monarchies d'Ancien Régime...

Ayant été lui-même, à l'époque du PSU, une victime désignée de ces écoutes policières qui « fuitaient » régulièrement dans certains milieux politiques, Michel Rocard se déclarait très choqué par ces pratiques. Sans naïveté outrancière sur les tropismes policiers ni sur le *fair-play* de ses adversaires ou partenaires, il voulait y mettre bon ordre et qu'une règle du jeu soit clairement établie.

Pour ma part, je ne vivais pas dans la crainte de ces écoutes, même si j'avais été un « écouté », notamment à l'époque de la fondation du SM. En ces années soixante-huitardes, le président Bellet me demanda un jour de passer le voir au Palais de justice. Dans son bureau, baissant la voix comme par réflexe, il me glissa à l'oreille : « J'ai quelque chose de très confidentiel à vous dire de la part du préfet de police, Maurice Grimaud : vous êtes sur écoutes téléphoniques... » En fait, à cette époque, être certains que nous étions bien sur écoute nous donna de l'importance. Un syndicat de magistrats, si politiquement marqué soit-il, ne risque guère de tomber dans l'illégalité, sinon pour dénoncer celles du pouvoir ! Et si certaines affaires de la société civile remontaient jusqu'à ce syndicat, il fallait imaginer une police très mal faite pour qu'elle n'en soit pas déjà informée. Écouter des avocats serait certes beaucoup plus « payant », et c'est bien pour cela que c'est strictement interdit, sauf dans des cas très exceptionnels. (Je n'ai eu à connaître qu'un seul cas de ce type, à propos d'un trafic d'armes.)

En poste à Matignon, mon nom a été souvent cité dans des conversations entre des tiers, dont l'un d'entre eux était sur écoute. Le rituel était alors bien réglé. Dès que mon nom apparaissait, le directeur de cabinet me convoquait et se devait de m'interroger : « Quelle est ton explication ? » Jusqu'à la chute du mur de Berlin, ce fut le plus souvent à propos de diplomates « venus du froid » avec qui j'étais en contact pour mes nombreuses missions à l'ONU.

Dans deux cas insolites, l'affaire parut un peu plus « chaude ». La première fois, ce fut à propos d'un diplomate libyen en poste à Paris. Les « services » avaient certainement de bonnes raisons pour l'écouter. La DST l'a entendu déclarer à José Garçon journaliste spécialiste du monde arabe à *Libération* : « Pouvez-vous rappeler à ce M. Joinet, que vous m'avez présenté l'autre jour, qu'il ne m'a pas remis le document promis ? » Phrase à première vue ambiguë. On imagine une scène d'anthologie pour tout bon roman d'espionnage : un conseiller du Premier ministre remet un « document » à un homme de Kadhafi ! En réalité, si j'avais en effet croisé très brièvement ce diplomate à la demande de cette journaliste, c'était pour des raisons de « bon père de famille ». Il venait à peine d'être nommé en France et il avait, tout simplement, fait inscrire son fils dans une école communale de Paris. Or une association de parents d'élèves se montait dans cette école, à laquelle il participait. Ayant été moi-même un ardent militant de la FCPE (Fédération des conseils de parents d'élèves), j'avais promis de lui remettre un exemplaire des statuts-types d'associations de la FCPE : simple relation de bon voisinage entre Parisiens en charge d'enfants scolarisés. Mais, comme dans cette conversation, ce « document » aurait pu être bien autre chose, on comprend que la DST ait fait suivre sa « question ». Explications données à Matignon, mon directeur de cabinet désamorça sans difficulté cette « bombinette » franco-libyenne.

Impliqué à mon insu dans la « guerre des ambassades » franco-iranienne de 1987

Une seconde alerte fut plus complexe à dénouer. Elle se trouvait liée à la « guerre des ambassades » qui s'était déclenchée en 1987 entre la France et l'Iran des mollahs. Une prise d'otages français perpétrée au Liban avait été suivie d'une série d'attentats en France. La tension était maximale entre les deux pays. Dans ce contexte, mon collègue, le juge Gilles Boulouque, fut amené à s'intéresser à un des traducteurs en poste à Paris à l'ambassade d'Iran. Curieusement, ce Wahid Gordji ne disposait pas lui-même de l'immunité diplomatique. Il était soupçonné d'un rôle de coordination entre réseaux terroristes en France.

Le 3 juin 1987, le juge Boulouque lance contre lui un mandat d'arrêt, mais les policiers font chou blanc : Gordji, cette nuit-là, ne rentre pas chez lui et se réfugie dans les locaux de son ambassade. Sans pouvoir y pénétrer, la police les encercle pour filtrer les sorties. Un cordon de police isole le périmètre, en faisant de ce territoire extraterritorial dans la capitale un piège pour Gordji, tous projecteurs braqués sur lui. Les mesures de rétorsion de l'Iran contre la France commencent à s'égrener. On craint le pire. Je suis, pendant ce temps, en session à Genève, à la commission de l'ONU, qui débat de tout autre chose, mais ses couloirs résonnent du tour dangereux que prennent les nouvelles de Paris. À la fin de cette matinée du 4 juin, je suis abordé poliment par un représentant d'une pseudo-ONG pro-iranienne – une « GONGO » comme on dit, acronyme anglais pour organisation non-gouvernementale organisée par un gouvernement. Passées quelques banalités, il me demande si je connais le juge Boulouque. Je le lui confirme. Il m'avoue alors que son pays l'a chargé d'une démarche à mon égard : le consul général de l'Iran à Genève désire me rencontrer et aimerait m'inviter à déjeuner. Prétextant une urgence, je lui propose d'en reparler à la reprise de la séance, en début d'après-midi.

Immédiatement, je me précipite vers le délégué de la France à la commission, que j'avais vu, du coin de l'œil, sur le point de quitter les lieux. Je lui demande de m'attendre quelques instants, car cette affaire concerne la France et en rien ma mission d'expert de l'ONU. Je lui rédige alors une brève note manuscrite pour qu'il prévienne le Quai d'Orsay en toute urgence, par le biais de l'ambassadeur. C'est en effet au Quai, seul en mesure d'évaluer l'utilité ou la nocivité de cette invitation, de décider d'y donner suite ou non. Sans réponse de Paris cet après-midi-là, je passe une partie de mon temps à éviter cet Iranien, avant de décliner sa proposition. Et je rentre ensuite en France sans plus m'inquiéter de cet épisode [1].

On était en période de cohabitation et il se trouve que mon mandat (renouvelable) d'expert de la sous-commission venait à échéance. J'appelai Jean-Louis Bianco, le secrétaire général de l'Élysée, pour que la présidence soutienne mon renouvellement. Il me rappela quelques jours plus tard : « Louis, ce n'est pas sympa ! Tu me demandes de me remuer pour ta candidature d'expert à l'ONU et je tombe sur un os ! Pourquoi m'as-tu caché que tu avais une sérieuse casserole... Elle m'a mis en difficulté et elle risque de tout compromettre. » Je tombais des nues. Bianco s'expliqua : « Selon les services de renseignements helvétiques, tu es en relation avec le consul général d'Iran à Genève. Il t'a même proposé un rendez-vous ! Sais-tu qu'il nous est présenté comme le coordinateur des actions terroristes [de l'Iran] en Europe ? » Briefés suite aux écoutes de leurs collègues suisses, les agents de la DST s'étaient emparés de ce « renseignement » sensible.

Fort heureusement, ma note manuscrite griffonnée sur un coin de table entre deux séances à Genève avait suivi son petit bonhomme de chemin et avait atterri dans les mains de Jean-David Levitte, à l'époque directeur adjoint du cabinet des Affaires étrangères. Levitte avait été

1 Quant à l'affaire Gordji, elle se conclura six mois plus tard, après une grave crise diplomatique entre la France et l'Iran, par l'expulsion de Gordji vers Téhéran.

ambassadeur de France à Genève, où il avait appris à me connaître. Il avait apprécié ma note improvisée. Bianco contacta Levitte, qui lui confirma les faits et, plus généralement, l'Élysée mesura l'estime qu'on me portait dans les couloirs du Quai, même en cette période tendue de cohabitation, pour mon rôle à l'ONU.

Tout le monde étant rassuré sur ma démarche, mon mandat fut renouvelé. Ce n'était pas gagné d'avance : l'ambassadeur de France à Genève était alors un des deux seuls qui avaient démissionné, en 1981, afin de protester contre l'entrée de ministres communistes au gouvernement ! Beau joueur, quoique à contrecœur, quand nous nous rencontrâmes à Genève, il eut l'élégance, lui aussi, de saluer mon « loyalisme ». Pourtant, la première fois que nous nous y étions croisés, lui encore tout regonflé par sa réintégration au corps diplomatique, il m'avait accueilli par cette remarque déplacée : « On peut dire tout ce qu'on veut sur Pinochet, et je devine quelle est votre opinion, mais pour moi sa seule erreur est de s'être accroché à son mandat plus de sept ans ! » Je lui avais rétorqué que parler de « mandat » à propos de l'auteur d'un coup d'État écorchait la bouche d'un juriste.

Mes visites au mystérieux groupement de contrôle des écoutes et l'affaire des « écoutes de l'Élysée »

Avec Rémy Pautrat, nous nous étions lancés dans un vaste « état des lieux » des écoutes téléphoniques. Michel Rocard suivait nos travaux au jour le jour, tant il tenait à cette réforme – qui se traduira par l'adoption, le 10 juillet 1991, de la loi « relative au secret des correspondances émises par la voie des communications électroniques ». Je peux d'ailleurs lui laisser ici la parole, grâce au témoignage personnel qu'il livra ensuite à la Commission nationale de contrôle des interceptions de sécurité (CNIS) : « Dans les premiers dix-huit mois, Louis Joinet employa une bonne partie de son temps à convaincre les services de la faisabilité et de l'utilité de cette réforme, en même temps que de l'importance que j'y attachais. [...] Il alla même jusqu'à organiser des visites du Groupement interministériel de contrôle [des interceptions], le GIC, qui n'en avait jamais tant vu ! Il y entraîna des parlementaires et des journalistes. De manière savoureuse, lors de la visite organisée pour la presse, le journaliste du *Canard enchaîné* [Louis-Marie Horeau] eut un empêchement de dernière minute. On lui organisa une seconde visite pour lui tout seul ! L'écho de la bataille judiciaire sur les "écoutes du *Canard*" [2] n'était pas encore retombé... En tout cas, le *Canard* en fut au moins aussi surpris que le fut le GIC ! »

Mes premières visites au GIC, dans une aile des Invalides (formellement interdite aux non habilités), m'avaient laissé des impressions mêlées. Les personnels semblaient partagés entre méfiance et inquiétude. Méfiance de voir un étranger à la « Maison », magistrat de surcroît, venir mettre son nez chez eux. Et inquiétudes, en particulier parmi les personnels techniques, car ma présence laissait planer la menace d'une réforme qui supprimerait le GIC. Je prenais donc bien soin, tandis qu'on m'initiait au fonctionnement de cette « usine à gaz », de provoquer des conversations à bâtons rompus avec des agents pour tâcher de les convaincre que je n'étais pas là pour planifier la fin du GIC, mais pour établir un diagnostic : j'étudiais un outil dont on voulait garder les fonctions nécessaires en matière de justice et de sécurité, pour n'y éliminer que les pratiques piétinant la vie privée et menaçant les libertés. L'emploi des techniciens ne risquait rien *a priori* : ils devraient seulement s'habituer à faire leur métier dans un contexte mieux régulé sur le plan juridique. Je me souviens d'ailleurs d'une opératrice chevronnée qui m'en sut gré ; elle m'avouera, suite au vote de la loi : « Désormais, nous ne sommes plus des hors-la-loi : j'ai pu, enfin, dire à mon mari à quelle mission j'étais employée... » Dans le regard des plus anciens, je voyais pourtant surnager un ironique scepticisme : à l'évidence, ils ne partageaient pas mon sentiment sur la réelle efficacité de la nouvelle législation.

Avec le recul du temps, je dois bien admettre qu'ils n'avaient pas tout à fait tort, bien placés qu'ils étaient pour mesurer l'ampleur du retard législatif sur les moyens technologiques et ressentir le poids des contraintes politiques pesant sur l'institution. Ma déception fut ainsi profonde quand éclata l'affaire des « écoutes de l'Élysée ». Une déception d'autant plus grande que ces « irrégularités » commises par la présidence avaient été organisées entre 1983 et 1986, soit deux ans avant l'arrivée de Michel Rocard à Matignon, et qu'elles ne furent révélées que huit ans plus tard. L'affaire, on l'a vu, fut déballée par *Le Canard enchaîné* le 10 mars 1993, amplifiée par *Libération* le 2 avril suivant. Puis elle fit boule de neige, notamment sous la plume d'Edwy Plenel, du *Monde*, une des cibles privilégiées de ces écoutes.

Je dus me rendre à l'évidence : ces écoutes manigancées par la « cellule antiterroriste » de l'Élysée m'avaient été volontairement dissimulées

2 En décembre 1973, des journalistes du *Canard enchaîné* avaient surpris des « plombiers » de la DST en train de poser des micros dans leurs locaux.

durant toute mon enquête, malgré mes longues investigations à travers les bureaux du GIC. Que je n'aie pas été la seule victime, loin de là, de cette grave dérive d'une « déraison d'État » au sens le pire qui soit, ne pouvait suffire à me rasséréner.

J'avais bien remarqué une petite anomalie : les fiches de référence des écoutes en cours étaient classées par couleurs différentes en fonction du service demandeur de l'écoute. Mais il y avait, en plus, un lot de cinq petites fiches blanches. Je fus donc intrigué par cette catégorie de fiches non répertoriée. Le général Pierre Charroy, qui dirigeait le GIC depuis 1982, intervint en personne pour mieux banaliser ma petite découverte. Il me débita, d'un ton débonnaire, une once de vérité, à savoir que ces fiches étaient dédiées à la « cellule antiterroriste » de l'Élysée, mais noyée dans un seau de mensonges par omission, à savoir qu'elles étaient très rares (« Vous constatez qu'il n'y a que cinq fiches... ») et, pour tout dire, quasi inexistantes. Le procès qui eut lieu en 2004 démontrera pourtant qu'il y avait eu au moins... cent cinquante écoutes directes demandées par l'Élysée, conduisant à quelque 1 300 écoutes collatérales [3] !

De même que pour la loi Informatique et Libertés, il est très important qu'une législation pointilleuse réglemente les écoutes des citoyens pour raisons de justice ou de sécurité. Elle indiquera au moins une direction dans la défense des libertés. Mais de telles lois peuvent être soumises à des rabotages constants par le pouvoir exécutif, comme on en a connu de 2002 à 2012, et elles sont, de toute façon, à réactualiser en permanence en fonction des rapides progrès technologiques. Elles ne valent que ce que vaut l'indépendance effective de la CNIS, chargée de l'application de la loi de 1991.

L'équipée des « mères d'Alger » et le joker du GLAM

Je ne parlerai pas ici des mères de disparus qui suivirent en Algérie le modèle des Mères de la place de Mai en Argentine, dans la terrible guerre civile qui opposa le pouvoir algérien à des groupes armés islamistes, suite à l'annulation des élections législatives de 1991. Les « mères d'Alger » dont j'eus à m'occuper furent ces mères françaises divorcées qui

3 Voir Jean-Marie Pontaut et Jérôme Dupuis, *Les Oreilles du Président, suivi de la liste des 2 000 personnes « écoutées » par François Mitterrand*, Fayard, Paris, 1996 ; et Edwy Plenel, *Le Journaliste et le Président*, Stock, Paris, 2006.

se mobilisèrent pour refuser que leurs enfants leur soient enlevés par leurs anciens maris, afin de les garder dans leurs familles d'Algérie. Aux douloureux problèmes des enfants de divorcés tiraillés entre deux pays s'ajoutaient des problèmes complexes : le rapport aux enfants différait dans les deux cultures, aux législations divergentes. Quand un couple franco-algérien en était à divorcer, de nombreux pères s'appropriaient les enfants sans retour, quelles que soient les décisions des juges français en la matière : faute d'une convention efficace passée entre les deux pays, il devenait impossible de les rapatrier.

J'avais déjà eu à connaître de telles situations sous le gouvernement de Laurent Fabius. Sauf exceptions rarissimes, la justice s'y cassait les dents, bien que les mères en question protestassent bruyamment et de plus en plus efficacement. Lors d'un voyage officiel de Fabius en Algérie en juin 1985, il m'avait demandé de l'accompagner « par la porte de derrière » : c'est donc en parallèle à sa visite, en marge du restant de la délégation officielle française, que j'avais mené à bien une difficile médiation entre les autorités algériennes et des mères en colère qui occupaient certains locaux de l'ambassade de France à Alger. J'avais donc déjà croisé ce problème dramatique, qui réclamait la négociation d'une nouvelle convention franco-algérienne.

Trois ans plus tard, de retour à mon bureau de Matignon – occupé durant deux ans par... Bernadette Chirac, mon homologue ayant préféré un autre bureau –, je retrouvais donc ce dossier, pour lequel rien n'avait bougé, sinon que les mères concernées étaient beaucoup plus nombreuses et que leur activisme, légitime, empoisonnait de plus en plus les relations bilatérales. Elles menaçaient d'affréter un « bateau pour Alger » pour débarquer sans crier gare et pour jouer à l'*Exodus*, qui ne repartirait que « les femmes et enfants à bord »... Michel Rocard me dit d'emblée : « Cette histoire des mères d'Alger, je veux à tout prix en sortir ! Je ne vais pas y envoyer le ministre de la Justice. C'est une affaire surtout "sociale". J'y envoie Georgina Dufoix [ministre déléguée chargée de la Famille]. Tu vas l'accompagner pour l'assister. Vous y négocierez une nouvelle convention qui nous permette enfin de sortir de cette impasse. »

Nous voilà à Alger, embarqués dans des discussions très éprouvantes. Les Algériens ont cette réputation d'être d'habiles et redoutables négociateurs. Quand on est engagé dans ce type de négociations, il est très important de prévoir à l'avance comment on peut les rompre. Deux styles de rupture sont possibles : soit on rompt « pour de bon », lorsque des conditions que pose l'autre partie deviennent inacceptables ; soit on provoque un « désaccord de fond », apparemment non négociable, qui crée passagèrement un certain rapport de forces plus favorable, au terme duquel on lâche du lest afin de reprendre les négociations dans une meilleure position.

Rocard eut l'excellente idée de nous mettre à disposition un avion du GLAM (Groupe de liaisons aériennes ministérielles), qui stationna en permanence sur l'aéroport d'Alger durant toutes les négociations. C'était un atout majeur, une sorte de joker : quand on rompt, on doit pouvoir se retirer tout de suite, sans avoir à faire le pied de grue, guetté par les journalistes. J'étais donc en liaison permanente avec l'équipage, que je prévenais régulièrement si les discussions avançaient ou piétinaient. Dès que nous nous approchions d'une situation de rupture, nous avions mis au point un code pour distinguer la vraie rupture de celles tactiquement feintes, comptant sur les inéluctables écoutes téléphoniques : si la rupture était consommée, je devais employer la formule : « Merci de vous mettre en *stand-by* pour partir ! », mais si je voulais seulement annoncer un refroidissement, je prévenais le pilote sans recours au franglais : « Merci de vous tenir prêt à partir ! » Le pilote en concluait que ce n'était pas pour tout de suite et qu'il devait donc s'apprêter sans se presser outre mesure.

En fait, il n'y eut qu'une fois où Georgina Dufoix eut à brandir sérieusement « la » menace : nous avons failli rompre vraiment sur des questions liées au statut de la femme en tant que mère de famille (compte tenu de l'influence de certains préceptes coraniques intégrés au code algérien de la famille). La ministre avait su créer une ambiance très « amicale » dans ces discussions, au sens technique de cet adjectif prisé des diplomates. Il y avait surtout, en cette période, un réel « effet Rocard », très sensible en Algérie. Si l'attitude de François Mitterrand au début de la guerre d'indépendance pesait dans la mémoire des anciens combattants, celle de Michel Rocard avait été très différente. Non seulement il avait dénoncé, comme dirigeant du PSU, la guerre colonialiste de la France en Algérie, mais il avait personnellement dénoncé la torture durant sa période militaire. Nos interlocuteurs le savaient pertinemment.

Au total, ce voyage, décidé presque à l'improviste, fut une réussite complète : nous avons établi cette nouvelle convention, qui ne réglait certes pas tous les problèmes, mais qui a établi une règle du jeu dans ces contentieux si douloureux. Quant aux autorités algériennes, elles n'ont pas eu à affronter ce nouveau débarquement venu de France, de la part d'une « armée » de mères déchirées. Ses conséquences n'auraient rien eu à voir avec la fameuse « casquette du père Bugeaud », mais ses retombées médiatiques auraient pu être des plus graves. Il est vraiment dommage que le difficile contexte algéro-algérien, alors marqué par l'émergence du FIS (Front islamique du salut), n'ait pas permis à Michel Rocard de pousser son avantage pour régler d'autres dossiers du contentieux franco-algérien.

Édith Cresson à Matignon : j'y reçois, pour elle, la Gay Pride...

Les pires rumeurs ont accompagné la décision du président de « débrancher » Michel Rocard pour lui substituer en mai 1991 Édith Cresson, après trois ans de « cohabitation » entre « première » et « deuxième gauche ». J'avais le souvenir d'une militante sincère qui avait sérieusement tenté d'instaurer les offices fonciers quand elle avait été nommée ministre de l'Agriculture en mai 1981. En vain, malheureusement. Mais l'État, grâce à elle, sut reconnaître enfin la représentativité de la Confédération paysanne, en écornant le monopole de la puissante FNSEA. Quoi qu'il en soit, c'est elle qui essuya les plâtres de l'Agriculture pour la gauche ; il y fallut un certain courage.

Nos contacts à Matignon furent assez limités. Je ne voudrais pas réduire son action à cette anecdote, mais je me souviens surtout d'avoir dû apaiser son contentieux avec les homosexuels. Quelle mouche l'avait donc piquée pour qualifier les Japonais de « fourmis » et reprocher à « un quart des Anglais » leur homosexualité ! Tandis que ses communicants, face aux ironies de la presse française et étrangère, s'échinaient à gommer ce gros « malentendu », lequel risquait surtout d'annuler complètement l'argument féministe qui avait présidé à sa nomination, j'ai monté de mon côté comme une opération de « réconciliation ».

En 1991, année marquée par l'action efficace d'AIDES et les « provocs » d'Act Up, on était au plus fort de la mobilisation contre le sida. À l'occasion de la Gay Pride, j'ai fait en sorte que les « gays » (avec les « bi », « trans » et lesbiennes) soient reçus à Matignon. La Gay Pride étant un dimanche où Édith Cresson était, légitimement, « occupée à Châtellerault », dans sa circonscription, je les ai reçus moi-même. Mais ce fut bien en tant que conseiller du Premier ministre que j'ai ainsi accueilli une délégation officielle des organisations de défense des homosexuels pour les assurer du soutien du gouvernement. Ils ne furent pas reçus par une porte dérobée. Une photo de presse en témoigna le lendemain : j'ai posé avec eux sur le perron central que Matignon réserve à l'accueil des chefs d'État.

Où l'« anti-Joinet » fait long feu et m'habille en « homme du Siècle »

Au fil de mes souvenirs impressionnistes de Matignon, tournant le dos délibérément à tout exercice de bilan, je classerai ce que j'appelais l'« anti-Joinet ». C'est le titre d'un gros classeur enterré dans mes archives. Il contient quelques-uns des articles de presse qui visèrent à nous dénigrer, ma femme et moi, du point de vue des contempteurs de l'« anti-France », cette expression que l'extrême droite a héritée de Charles Maurras.

Je ne rappellerai qu'un cas limite : un jour de 1984, il m'arriva d'ouvrir bien malgré moi et avec des pincettes le dernier numéro de *Minute*, l'hebdomadaire de la pire extrême droite, qui vous laissait chaque fois encre et « bave » sur les doigts. Une photo de ma femme (sortant de notre domicile avec notre fille Claire !), prise au téléobjectif, illustrait un article laissant entendre que Germaine, qualifiée de « femme du juge rouge », recrutait des « tueurs pour le Nicaragua marxiste ». Tout cela parce que le centre de la rue de Nanteuil, sous la présidence de ma femme, hébergeait un comité pour l'alphabétisation des villages du Nicaragua, alors aux prises avec les *contras* armés par les États-Unis. Comme si les sandinistes avaient eu besoin de Germaine pour enrayer ces raids meurtriers !

Inquiet, non pas pour moi ni mon action au gouvernement mais pour la sécurité de ma femme, je décidai de rencontrer l'auteur de cet article « entre quatre z-yeux ». Il s'agissait de Christian de Bongain, *alias* Xavier Raufer, ancien militant d'Occident qui se fera plus tard une réputation télévisuelle de criminologue expert en « terrorismes ». Il plaida alors que les titres, comme on dit dans la presse, « sont de la rédaction » et non pas de l'information. Je n'ai certainement pas cherché à le convaincre de la bonne foi de ma femme, ni de la légitimité de la cause sandiniste, mais je l'ébranlai suffisamment quant à ses certitudes sur mon action au gouvernement pour qu'il annule le second volet de son « enquête ». L'anti-Joinet a eu ses ratés, avant même de passer de mode.

Je dois en signaler un effet collatéral : inquiet de ces attaques que je subissais en rafales sans pouvoir riposter, Robert Lion me proposa une sorte de parapluie, réputé prestigieux. Directeur du cabinet de Matignon, il se trouvait aussi présider le Siècle, ce « club » de décideurs de l'économie, de la politique et des médias qui tient chaque mois à Paris le dîner politico-convivial le plus couru de France. Ses membres sont ainsi amenés à mieux se connaître entre VIP de l'« élite » s'ils viennent d'horizons opposés, donc à régler plus facilement de petits différends. Éventuellement aussi à développer quelques synergies...

Ce lieu d'influence plus ou moins fantasmée est un carrefour non dépourvu d'ambiguïté. Assez ouvert et efficace, reconnaissons-le, pour m'assurer, quelques mois plus tard, d'un minimum de répit : les attaques contre moi se firent moins systématiques. À mon premier dîner du Siècle, je me souviens de l'effarement du préfet de police Pierre Verbrugghe quand il me vit débarquer en ces lieux : « Vous ici ! », rugit-il. Une fois remis de ses préjugés à mon égard, nous sommes devenus « bons amis ».

Parmi les personnalités que drainait le Siècle, j'ai craint un temps d'y voir rôder mon fantôme de chez Drouant : le banquier que j'aurais pu être si j'avais accepté le *deal* de Paribas de quitter mon bureau du ministère de la Justice pour intégrer le monde de la finance. Mais ce Joinet, décidément, était passé à côté du siècle ! Sur le plan des mondanités, je n'eus pas trop d'efforts à faire : comme je détestais évoquer mon travail à Matignon, je déviais régulièrement mes conversations avec mes convives du Siècle sur mon passé d'éducateur de rue et surtout sur mes engagements aux côtés des saltimbanques et circassiens. En général, ils s'en étonnaient et on en restait là.

De l'école du cirque aux troupes des arts de la rue : bienvenue à Aurillac !

Tout comme ma femme m'avait entraîné dans son action risquée au chevet des toxicomanes, j'ai eu la chance de lui faire partager ma passion pour le cirque et les arts de la rue. Au fur et à mesure de mes années à Matignon, cette passion d'enfance se mit à grignoter des pages de mon agenda. J'avais inauguré ma vie en tant qu'éducateur de rue et, très progressivement, je revins « à la rue », sur son versant le plus festif. Dès 1987, année après année, nous passions une semaine de chaque mois d'août à flotter dans la foule qui remplissait les rues d'Aurillac à l'occasion du Festival international de théâtre de rue. En 1985, avec Jean-Marie Songy, Michel Crespin y avait créé cette rencontre qui draina bientôt toutes les troupes d'Europe. En 2004, j'accepterai la présidence de l'association Éclat qui gérait le festival – présidence que je transmettrai en 2010 à une grande dame de la culture et de la politique, Catherine Tasca. Entre-temps, j'ai assumé les mille problèmes qui convergeaient vers cette « fabrique » festivalière, univers attachant en constante expansion, plein d'événements et de « coups » de théâtre. J'y ai joui, chaque année, avec tout ou partie de ma famille, d'une fête toujours recommencée.

La présidence passionnante du Festival d'Aurillac m'échut après bien des années à fréquenter comme spectateur les mondes du cirque et des arts de rue. J'ai pu accompagner aussi en tant qu'acteur (dans les coulisses), l'émergence confirmée de ces nouveaux venus de la scène artistique, même si de lointains ancêtres l'avaient inaugurée au plus haut Moyen Âge. Je fus un promoteur de ces arts dits « émergents » auprès du ministère de la rue de Valois.

J'ai d'abord présidé l'École nationale des arts du cirque de Rosny-sous-Bois (ENACR) qu'avait lancée en 1988 un grand du cirque, Michel Turin. Son succès, depuis lors, ne s'est pas démenti. Parallèlement, ce fut l'aventure de Lieu public (à la Ferme du Buisson, à Marne-la-Vallée), dont l'expansion poussa Renée Cuinat, au ministère de la Culture, à le couper en deux, entre centre de formation et centre de ressources – ainsi naquit en 1993 HorsLesMurs, centre national de ressources des arts de la rue et des arts du cirque. Leur essor parallèle aboutit, non sans crise déclenchée par quelques comédiens contre certains fantasmes de bureaucratisation, à la fondation en 1997 de la Fédération nationale des arts de la rue, à travers cent réunions où le caractère libertaire de ces artistes atypiques se donnait libre cours. Chaque AG prenait la tournure d'un happening revigorant et il nous fallait parfois recentrer des débats qui partaient dans tous les sens...

Au-delà de la mise au point de ses statuts juridiques, je me suis impliqué dans la stratégie culturelle de cette fédération, notamment pour améliorer la situation fiscale et budgétaire des troupes, toujours fragiles, de théâtre de rue. Sur la très délicate question de la fiscalité de ces associations à but non lucratif, nous avons demandé l'expertise d'un grand cabinet, sur la base de laquelle j'ai contacté directement le directeur du budget. Coup de sang rue de Valois ! Les services du budget du ministère de la Culture n'apprécièrent pas du tout ce court-circuit dans leurs procédures. On les poussait hors de leurs routines qui les amenaient à négocier, année après année, soit avec le patronat du Syndeac (Syndicat national des entreprises artistiques et culturelles), soit avec la CGT des métiers du spectacle. Voilà que de nouveaux venus, issus des spectacles de rue, mi-artisans coopératifs, mi-sociétaires, prétendaient devenir des interlocuteurs et promouvoir de nouvelles règles...

Parallèlement, grâce au soutien de la Ville de Paris, nous avons fédéré ces créateurs dans une grande Maison des réseaux artistiques et culturels, sise à Belleville. Au final, en 1999, se constitua l'UFISC (Union fédérale d'intervention des structures culturelles), sigle volontairement tordu pour évoquer crûment la dimension fiscale de ce regroupement des artistes de rue. Elle compte aujourd'hui plus de deux mille cinq cents structures de toutes disciplines. Son *Manifeste pour une autre économie de l'art et de la culture* prône le concept un peu stupéfiant pour les non-initiés, mais très sérieux et productif, d'« économie non lucrative de marché », s'inscrivant dans le courant de l'économie sociale et solidaire [4]. Quand la ministre Christine Albanel lança en février 2008 sa grande opération de concertation culturelle que furent les « Entretiens de Valois », l'UFISC y tint sa place, parmi tous les acteurs des « industries culturelles » françaises.

Pour en revenir à la présidence de l'École nationale des arts du cirque de Rosny-sous-Bois, elle m'amena, en 1996, à cumuler celle du CNAC (Centre national des arts du cirque), créé par le ministre de la Culture Jack Lang en 1985 à Châlons-sur-Marne. Cet essor d'un nouveau cirque dit « de création » finit par emporter les réticences des circassiens traditionnels. C'est aussi à cette époque que, à l'occasion d'un fait divers, le ministre de la Culture Jacques Toubon m'attira dans un « complot » de bon aloi. Un trésorier était parti avec la caisse du Fonds de soutien pour les arts du cirque. Cette affaire servit de prétexte à la moralisation et à la modernisation des aides d'État apportées au cirque, de création comme traditionnel. Il faut dire que les grandes familles qui avaient dominé longtemps le cirque en France – les Zavatta, Bouglione et autres – avaient tendance à se contenter de gérer leurs acquis, voire à louer leur enseigne à de petits cirques qui tournaient de manière de plus en plus calamiteuse. Cette réforme fut donc la bienvenue. Toubon réunit dans ce but un Comité de liaison des arts du cirque (CLARC), dont il me confia la présidence. J'ai alors eu l'honneur de recevoir à mon nouveau bureau à l'Élysée les Bouglione, Edelstein, Taguet et même Arlette Gruss ! Ce fut la première fois que les grands circassiens furent ainsi les hôtes du sommet de la République.

Deux ans à l'Élysée, conseiller « pour la mémoire »...

Suite à sa victoire haut la main aux élections législatives de mars 1993, Jacques Chirac laissa à son « ami de trente ans » Édouard Balladur le soin de se coltiner seul la nouvelle cohabitation avec un François Mitterrand qui terminait son second mandat. Je fus alors invité à rejoindre son cabinet de l'Élysée. Outre mon rôle sur la justice et les droits de l'homme, le secrétaire général de la présidence Hubert Védrine me précisa que si le président et son équipe avaient besoin de mes compétences, c'était surtout « pour la mémoire ».

4 Voir *Manifeste de l'UFISC pour une autre économie de l'art et de la culture*, <www.ufisc.org>, 20 décembre 2007.

Que fallait-il entendre par là ? Surtout le fait que l'Élysée se retrouvait alors coupé de beaucoup d'informations, à part celles concernant le « domaine réservé » du président, désormais strictement limité aux Affaires étrangères et au rôle de chef des armées. C'est en fait ma longue expérience à Matignon dans le domaine des questions les plus interministérielles qui manquait cruellement dans cette équipe de conseillers : coupés de l'expérience du nouveau gouvernement, ses membres ne disposaient guère non plus de la mémoire interministérielle des gouvernements de la gauche, que j'avais tous accompagnés.

J'ai pu suivre ainsi des dossiers dont les échos s'atténuaient jusqu'à une atmosphère, de plus en plus feutrée, de fin de septennat. Mes habitudes à Matignon restaient tellement ancrées que lorsque j'eus à retrouver une héritière de Marie Curie installée à New York (pour lui demander son accord sur le transfert au Panthéon des cendres de ce prix Nobel, décidé par le président Mitterrand pour la Journée mondiale de la femme), j'eus recours au standard de l'Hôtel Matignon : au courant de tous mes réseaux durant huit ans, celui-ci était encore plus à même que celui de l'Élysée de me mettre en rapport avec n'importe qui n'importe où dans le monde, dans les minutes suivant une demande.

Dans l'équipe élyséenne, mes rapports furent plus mitigés avec certains « fauves » de la politique, peu portés à défendre l'indépendance des magistrats, voire dressés vent debout contre le « gouvernement des juges », auquel ils réduisaient souvent l'action du Syndicat de la magistrature. Tel était notamment le cas de Michel Charasse. Nous nous sommes toutefois retrouvés sur une des embuscades de cette cohabitation : faire convoquer d'urgence par son président, le président de la République, le Conseil supérieur de la magistrature... en pleines vacances de Noël, afin de bloquer des décisions de Matignon qui en prenait trop à son aise avec certaines nominations de magistrats.

Dans le domaine réservé subsistait un secteur entièrement exclusif : celui du droit de grâce. On pourrait certes le limiter, ou mieux l'encadrer, mais beaucoup veulent, à tort, supprimer ce privilège et emblème du pouvoir que nous a légué la tradition romaine. Or je tiens d'expérience qu'il permet une respiration tout à fait nécessaire de la « chose » judiciaire (cela dans le droit fil de mon plaidoyer minimal pour une « raison d'État » qui soit raison d'humanité). Avec mon assistante Patricia Tisserand-Pellier, qui devint une orfèvre en la matière, j'ai géré techniquement de nombreux cas très divers, dont ceux qu'on appelait les « grâces du vendredi ». Tant de gens « ordinaires » ont un besoin vital de ces « coups de pouce » (qui ne lèsent personne) pour que les règles de l'État ne fassent pas de leur vie un calvaire sans recours. Ces grâces du vendredi visaient alors tout spécialement des malades du sida : il s'agissait de leur permettre de mourir parmi leurs proches, plutôt qu'au fond de leur prison. Mais, outre ces grâces, il en fut une, moins ordinaire, qui m'a tenu beaucoup à cœur.

La seconde grâce de Philippe Maurice

Mon passage par l'Élysée m'a permis de placer une sorte de point d'orgue, peu connu et peu audible, à l'histoire de la guillotine en France. Quant au fond, bien entendu, tout avait été réglé par Robert Badinter dès 1981. Mais il restait un homme dans une prison française, celle de Tours, qui se battait contre la « mort blanche » qu'on lui promettait encore, faute d'avoir pu le couper en deux.

En 1979, cet homme, Philippe Maurice, s'était retrouvé impliqué dans le meurtre de deux policiers. D'où la gravité de sa peine. Mais il était devenu, en quelque sorte, par son intelligence et son comportement, une publicité vivante contre la peine de mort. Condamné juste avant la victoire de la gauche, il avait été gracié par François Mitterrand dans les quatre jours qui suivirent sa première investiture, sa peine étant commuée en détention à perpétuité. En marathonien des prisons, Philippe Maurice s'était lancé dans les études. Il ne se contenta pas de passer tel ou tel diplôme un peu formel. Avec l'aide de ses professeurs, il se mit en capacité de pousser ses études d'histoire jusqu'à obtenir, brillamment, son doctorat de médiéviste en 1995.

Ayant alors passé une quinzaine d'années en prison, Philippe Maurice devrait-il attendre, en rescapé de la guillotine, l'approche de ses quatre-vingts ans pour être libéré pour raisons de santé ? Je ne m'y résolvais pas. J'avais reçu ses avocats et son comité de soutien, logiquement composé de nombreux historiens, qui demandaient une nouvelle grâce présidentielle. Durant de nombreux mois, l'affaire m'a préoccupé et puis j'ai dû la laisser de côté devant la résistance de nombreux conseillers à réveiller cette vieille « fracture » dans l'opinion.

Dans les tout derniers jours du second septennat de François Mitterrand, en mai 1995, je mis en œuvre tous mes efforts pour le convaincre qu'il devait terminer sa présidence par où elle avait commencé : en libérant Philippe Maurice, devenu un chercheur reconnu en histoire médiévale, pour qu'il rejoigne en liberté les étudiants qui l'attendaient, le président pourrait exercer un droit de grâce emblématique. Il me fallait seulement essayer de jouer avec son emploi du temps, toujours des plus chargé et que sa lutte contre le cancer compliquait atrocement, au fil des derniers jours.

J'ai rédigé une note circonstanciée. Avec l'aide de mon vieux complice, son avocat Henri Leclerc, j'ai fait préparer par la Chancellerie un décret de grâce en bonne et due forme, qu'il ne restait plus qu'à signer. Arrive le dernier jour de Mitterrand à l'Élysée (il accueillera le lendemain Jacques Chirac sur le perron). Équipé du parapheur, mon décret de grâce sous le bras, je m'invite à l'instant ultime dans le bureau d'Anne Lauvergeon, secrétaire générale adjointe de l'Élysée. Je reprends mon plaidoyer pour que le président signe la libération de Philippe Maurice en ce dernier jour symbolique. Elle en est désolée pour moi, mais l'affaire est mal engagée : « Tu sais, c'est la fin du septennat. Il a peut-être autre chose en tête... » Son euphémisme me crucifie. Anne Lauvergeon, pourtant, m'a laissé un créneau : « Écoute... Si tu y tiens, tu peux tenter ta chance, la dernière qui soit : attends-le devant l'ascenseur ! Il quitte l'Élysée dans dix minutes. »

Me voilà à guetter le départ du président, planté au pied de son ascenseur, en compagnie de son chauffeur, Pierre Tourlier. Nos rapports étaient francs et sympathiques. Il est très étonné de me voir là en un tel moment : « Mais qu'est-ce que tu fais là ? » Je lui explique. Lui, pragmatique : « S'il n'a pas son stylo sur lui, tu n'as aucune chance ! Tu sais qu'il signe tout à l'encre bleue. As-tu prévu un stylo bleu ? » Non, je n'en avais pas... L'ascenseur ronronnait déjà et la porte, devant nous, allait s'ouvrir d'un instant à l'autre. Le blues... Dès qu'elle s'ouvre, je m'adresse à lui, parlant bref : « Monsieur le Président, j'ai ici un décret de grâce concernant Philippe Maurice. C'est l'homme que vous aviez gracié en 1981. Sans vous, il aurait été exécuté. Devenu un médiéviste reconnu, il s'est réhabilité... Ce serait important, symboliquement, que vous terminiez par là où vous avez commencé... »

Mitterrand m'interrompt sur un ton d'agacement : « Écoutez, Joinet ! Vous ne trouvez pas que vous exagérez ? Au moment où je pars ! » Je n'ai pu qu'esquisser un mot d'excuses, en guise de baume adoucissant : « Monsieur le Président, je pense qu'à ma place, vous l'auriez fait aussi... » Il a eu un petit sourire et s'est décidé : il a porté la main à sa poche de veston et il a sorti son stylo. Je ne dirai pas quel clin d'œil son chauffeur a eu à mon endroit, quand le président a signé...

Et pourtant, Philippe Maurice n'a été libéré que quatre ans plus tard (placé en régime de liberté surveillée à partir de la rentrée 1999). Après avoir fait suivre cet ultime décret de grâce à Matignon pour contreseing, j'avais reçu un bref appel de mon homologue : « Le Premier ministre [je crois me souvenir que c'était encore Balladur] m'a chargé de vous dire qu'il n'était pas question qu'il contresigne un tel décret... » Chirac avait personnellement voté l'abolition de la peine de mort, mais les balladuriens n'en étaient pas des plus convaincus. Que cette grâce avortée ait ou non accéléré la libération de Philippe Maurice, je suis assez content d'avoir conclu de cette façon, à ma manière obstinée, ma période de conseiller à l'Élysée. J'étais même ravi que François Mitterrand ait décidé de ce geste ultime. Un geste qui disait la confiance dans la vie.

III

L'onusien au long cours

18

Dans le « chaudron » du drame haïtien

Au moment d'aborder mes trente-trois années à l'ONU, j'allongerai le pas, afin d'accélérer mon kaléidoscope. À l'international comme au plan national, ce que j'appelle « mes raisons d'État » furent des raisons d'humanité, l'emportant sur les raisons de souveraineté. Mais qu'on ne s'y trompe pas : une mission de l'ONU pour la protection des droits de l'homme ne saurait se confondre avec l'action des ONG. J'ai dû, un jour, sur le terrain, mettre en garde une ONG ; le plus explicitement, j'ai dû lancer : « Comprenons-nous bien : je suis là en ma qualité d'expert indépendant de l'ONU, et non pas de représentant d'une ONG de plus ! »

Expert indépendant de l'ONU : trente-trois ans à tisser l'« utopie nécessaire »

Les organisations non gouvernementales, traqueuses de violations des droits de l'homme, sont bien sûr par vocation des alliés objectifs des enquêteurs de l'ONU, tant les gouvernements sont portés à dissimuler la vérité sur leurs pratiques. Elles ne doivent pourtant pas – indépendance oblige – faire de nous leurs « complices », de façon à nous ligoter dans un écheveau de connivences.

Il est naturel d'aborder la question de l'indépendance des experts sous l'angle des pressions que les États exercent sur eux. Plus complexe est la question, à l'opposé, des pressions exercées par certaines ONG pour faire passer leurs priorités. Quand on doit, par pragmatisme, emprunter un chemin plus inventif qui prenne en compte tout le contexte et n'aille pas s'embourber dans des dénonciations spectaculaires mais sans résultats, il est parfois plus difficile de savoir résister aux « amicales » pressions des ONG qu'à des pressions vindicatives des États.

Dans nombre de pays soumis à un régime autoritaire, de grandes ONG nationales mènent courageusement des campagnes de dénonciation, qui font d'elles, dans les faits, la seule forme d'opposition. L'enquêteur, dans ces cas, peut se retrouver assiégé par des logiques quasi « partisanes ». Chaque ONG s'efforce de faire triompher son point de vue auprès de l'expert de l'ONU, ainsi soumis à ce que j'appelle, par euphémisme calculé, une « saine émulation entre les ONG »... Il faut alors qu'il sache préserver ses moyens d'enquête *in situ* : sa capacité onusienne, en général longuement et péniblement négociée, à pouvoir visiter par exemple prisons, commissariats et autres lieux de détention. On est amené dans ce but à passer des compromis avec certains États, en se demandant constamment où finit le compromis et où commence la compromission. Il y faut des efforts patients et une vigilance de tous les instants pour éviter les nombreux pièges.

Et il faut tenir compte aussi – autre contrainte de taille – de la diversité des systèmes et cultures juridiques, sans laisser les États se réclamer hypocritement de leurs « spécificités » pour cautionner des violations des droits de l'homme. L'ONU n'est pas et n'a pas à être une sorte de « super-État » : elle ne fonde pas ses interventions sur un système juridique unique ; elle n'est pas même le « moule » juridique où tous les droits auraient, un jour, à fusionner en un système mondialisé, raboté et banalisé... Tout au plus est-elle le creuset dans lequel ont été fondus quelques principes fondamentaux illustrés par ces fresques juridiques que sont la Charte des Nations unies, son acte de naissance, et la Déclaration universelle des droits de l'homme – laquelle fut d'ailleurs seulement qualifiée à l'origine d'« internationale », le qualificatif d'« universelle » ne venant qu'après coup. Oui, il y a bel et bien une « biodiversité » des systèmes juridiques, à laquelle le droit comparé peut apporter sa plus-value.

Au final, les Nations unies sont en réalité l'utopie de ce temps, au meilleur sens du terme : son utopie la plus *nécessaire*, celle qu'il faut « fomenter » contre les pires realpolitiks et tisser patiemment, sans paniquer chaque matin lorsque d'aucuns, durant la nuit, en ont un peu défait la tapisserie.

Lutter pour les droits de l'homme exige beaucoup d'obstination. Pour ne citer que des exemples dont on peut espérer que l'actualité survivra, l'onde de choc des « printemps arabes » de 2011, quelles qu'en soient les suites, dit à quel point cette idée progresse. Puis recule, et progresse encore. Dire qu'au royaume du Bahreïn, au début des années 2000, la pression obstinée de notre commission d'enquête vida un jour toutes les prisons de leurs prisonniers d'opinion ! Mais voilà qu'en 2011, un « printemps » éruptif avorté, recouvert par les chars d'Arabie saoudite, est venu à nouveau les remplir de milliers de protestataires. Si vous pouvez imaginer « Sisyphe heureux », vous vous rapprocherez du genre d'état d'esprit – un entêtement impénitent, obstiné et patient – qui fut le mien durant ces années-là.

À mes collègues persécutés de l'expertise « indépendante »

Dans la période de fin de la guerre froide et des ultimes décolonisations, plusieurs de mes collègues de la sous-commission ont payé de persécutions contre eux et leur famille certaines des positions qu'ils adoptèrent à l'ONU. Au plus fort de la dictature, mon collègue argentin fut ainsi, pour un temps, porté « disparu » (séquestré dans un consulat). Il s'était enhardi jusqu'à avancer en séance ce dangereux euphémisme : selon lui, ce qui se disait à propos des « disparitions » en Argentine était « exagéré ». La junte, qui en niait farouchement l'existence même, n'y entendit que cet aveu, le premier concédé par une bouche officielle : peut-être exagéré, mais vrai pour l'essentiel !

Il y a eu pire. Dans les années 1980, ma collègue colombo-panaméenne Mary Perdomo de Sousa fut agressée à deux reprises devant le Palais des Nations à Genève par des émules des pasdarans : elle avait eu l'audace de critiquer les procès iniques qui se déroulaient en Iran. Bien sûr, d'autres États exerçaient des pressions d'un genre plus discret. L'expert qui en était la cible ne se vantait pas des contraintes qu'il subissait dans son pays, sauf à voix basse, pour s'en excuser entre deux portes.

Au cours de la session d'août 1985, Dumitru Mazilù, l'expert roumain, mon voisin de session avec qui je m'étais lié d'amitié, me fit part sur le ton de la confidence de son action clandestine dissidente contre le régime de Ceausescu. J'en eus la preuve le jour même lorsque au moment du vote d'une résolution sur le désarmement à laquelle l'expert soviétique et son allié cubain s'opposaient farouchement, il quitta la séance pour ne pas avoir à voter contre en associant sa voix à celle des experts du bloc de l'Europe de l'Est.

À la suspension de séance, il me supplia, avec mon collègue argentin, de le faire nommer rapporteur spécial, sinon, nous a-t-il dit : « Je suis perdu. Je vais probablement être arrêté par la Securitate à mon retour et je n'aurai plus aucune protection. » Nous avons alors bricolé à la hâte et fait adopter une résolution 1985/12 qui le nommait à brûle-pourpoint rapporteur (des plus spéciaux) sur « Les droits de l'homme et de la jeunesse ».

Mauvaise surprise l'année suivante : lorsque s'ouvre à Genève la session de la sous-commission d'août 1986, nous constatons que l'expert roumain est absent et qu'aucun rapport n'a été reçu de sa part. Officiellement interrogée, son ambassade répond, avec une évidente mauvaise foi, que Mazilù a été victime d'une crise cardiaque et qu'il est hospitalisé. Pour crédibiliser ce mensonge d'État, elle fait état d'un télégramme du 18 août, prétendument signé « D. Mazilù », qui confirme sa « maladie ». Vérification faite, ce télégramme se révèle être un faux.

La réalité est tout autre : dès 1986, il avait été révoqué de son poste de diplomate au ministère des Affaires étrangères et assigné à résidence à son domicile, son passeport lui ayant été retiré. Et en avril 1989, il réussit à faire parvenir à Genève son rapport critiquant, au détour de quelques pages, la Roumanie. Fureur des autorités de Bucarest et mensonges en chaîne : l'ambassadeur de Roumanie s'en déclare très « surpris », contestant l'existence même du « prétendu rapport Mazilù » ! Il soutient que Mazilù « ne dispose plus de la capacité intellectuelle nécessaire pour établir un tel rapport ».

Devant la tournure des événements, nous avons convaincu nos instances supérieures de saisir la Cour internationale de justice, à La Haye, pour que les experts indépendants soient protégés par les immunités dont bénéficient les fonctionnaires internationaux et les officiels de l'ONU. Nous avons, après de longs mois, obtenu satisfaction devant cette cour [1]. Mais, comme on l'a vu, notre sous-commission d'experts fut finalement dissoute en 2006, au motif inavoué qu'elle devenait trop gênante, surtout une fois notre indépendance confirmée et renforcée par la Cour internationale de justice. (L'histoire ménage parfois de belles revanches : à la

1 Voir Brigitte Stern, *Vingt Ans de jurisprudence de la Cour internationale de justice, 1975-1995*, Nijhoff, La Haye, 1998, p. 569 *sq.*

chute de Ceausescu en décembre 1989, Mazilù fut bombardé premier vice-président de la République de Roumanie.)

2002-2008 : ma mission de rapporteur spécial en Haïti

À cette époque de fin de guerre froide, mon travail à l'ONU est passé par une longue période de réflexion avec les ONG sur la question, tabou à l'Est, de la détention administrative. J'ai proposé et obtenu, après de rudes joutes oratoires avec mon meilleur contradicteur, l'expert soviétique Vsevolod Sofinski, la création d'une commission d'enquête que j'ai présidée pendant six ans. Pour ne pas effaroucher les États par le titre explicite de « commission d'enquête », nous l'avons nommée pudiquement Groupe de travail sur la détention arbitraire (GTDA). De 1993 à 2003, j'ai à ce titre multiplié les missions, de la Chine au Mexique, du Bhoutan en Iran, et j'ai visité au total 174 lieux de détention dans une dizaine de pays du monde – j'y reviendrai dans le chapitre suivant.

Mais ma dernière mission pour les Nations unies – je commencerai par elle, tant elle fut emblématique des situations de « transition » auxquelles les onusiens sont confrontés – fut celle de rapporteur spécial « sur l'évolution de la situation des droits de l'homme en Haïti », pays alors plongé dans une crise terrible et récurrente. Il l'était depuis longtemps ; il l'est encore en 2013. Une crise si profonde que le simple « droit » de vivre des Haïtiens y est très souvent compromis, sans parler de leurs droits constitutionnels, ni – pour parler l'onusien – de leurs droits « économiques et sociaux », constamment fragilisés. Cette mission s'est déroulée peu avant le séisme apocalyptique de janvier 2010 (suivi d'épidémies et d'ouragans dévastateurs), qui a remis en cause les quelques progrès accomplis au cours des six années de ce mandat, de 2002 à 2008. Mais c'est ainsi : faire et refaire… en espérant qu'il en reste une trace et des ferments de dépassement, c'est le destin des onusiens, en Pénélope obstinées de son utopie nécessaire.

Je fus nommé rapporteur spécial en Haïti en mars 2002 par le secrétaire général de l'ONU, en remplacement d'un collègue sénégalais qui n'exerçait plus ses fonctions depuis près de deux ans. Bien malgré lui : en janvier 2001, Adama Dieng avait été nommé greffier du Tribunal pénal international pour le Rwanda. Ma nomination intervint dans une certaine précipitation, car l'ONU s'efforçait de rattraper tant bien que mal cette trop longue absence. Le coup de fil de New York qui me proposa la mission me réclama une réponse « dans l'heure », et cela « compte tenu du décalage horaire », me précisa-t-on. Le secrétariat général cherchait à couper court aux interpellations de certains États ; on voulait pouvoir dire devant l'Assemblée générale, dès le lendemain, que la situation en Haïti était toujours sous la surveillance de la communauté internationale, faute de pouvoir la dire « sous contrôle ». Qui peut jamais le dire de l'état toujours si fiévreux de ce pays ?

Un soutien aux Haïtiens qui remontait très loin

J'ai dit *banco* sans hésiter, car Haïti m'était cher depuis longtemps. Dès 1971, ma femme et moi nous étions engagés contre la dictature duvaliériste. Celle, alors, de François Duvalier, dit « Papa Doc ». Un dictateur initialement élu, en 1957, en surfant sur une vague anti-américaine, puis autoproclamé « président à vie » en 1964 et qui régnait sur Haïti par ses milices de « tontons macoutes ». Au lendemain de sa mort, en avril 1971, lui succéda son fils Jean-Claude Duvalier, dit « Bébé Doc », toujours avec les mêmes « macoutes » dont il fit officiellement le *poto mitan* de son régime. Dans le cadre de la Cimade, j'avais ensuite croisé de nombreux exilés de ce régime de terreur. En particulier Jean-Claude Bajeux, une personnalité très respectée en Haïti ; avec Sylvie, sa femme, ils furent de tous les combats contre les Duvalier, père et fils.

Chez tout anticolonialiste et défenseur français des droits de l'homme, il y a une espèce de dette originelle vis-à-vis des Haïtiens. Elle remonte à Bonaparte : « Ce siècle avait deux ans », comme dit Victor Hugo de son XIXe siècle, mais des Français, déjà, y rétablissaient l'esclavage dans les Antilles. Ils échouèrent en Haïti : en 1804, leur armée d'esclavagistes fut boutée hors de l'île, mais le boycottage d'Haïti par les États-Unis (jusqu'à Lincoln...) permit aux royalistes, à la Restauration, d'imposer aux Haïtiens, pour « prix de leur indépendance », une rançon de 90 millions de francs or ! Ainsi naquit la toute première des Républiques « noires » de l'histoire, qui offrit par la suite un fier tremplin à Bolivar.

Chacun peut se plonger dans l'histoire d'Haïti et de sa culture, originale et bariolée, aussi vaudou que chrétienne inclassable, dont je me suis imprégné [2]. Je m'y suis envolé comme vers le pays de tous les

2 Voir notamment Laënnec HURBON, *Comprendre Haïti. Essai sur l'État, la nation, la culture*, Karthala, Paris, 1987.

traumatismes, notamment ceux laissés par le mouvement des « refoulés » (tentative de l'Église catholique de faire reculer « une fois pour toutes » la ferveur pour le « paganisme » vaudou) et par vingt ans, entre 1915 et 1934, d'occupation américaine. Bref, le pays du « roi Christophe [3] », avec ses foisonnants peintres naïfs, sans parler de ses conteurs ni de son rythmique créole-gospel.

Longtemps après notre premier meeting de soutien à la lutte du peuple haïtien tenu à la Mutualité, à Paris, ma première visite en Haïti n'intervint pourtant qu'en 1997. Entre-temps, « Bébé Doc » avait été renversé, en 1986, par une puissante révolte populaire. Il dut s'enfuir le 7 février, d'abord vers les États-Unis, puis vers la France, en fonction d'aléas dont j'avais eu à me mêler. Et l'« avalanche » s'était déclenchée. C'est le nom imagé du mouvement populaire de masse lancé par le charismatique Jean-Bertrand Aristide. Ce dernier était un produit typique de la paysannerie d'Haïti. Il avait suivi des études grâce à l'Église catholique. Entré dans l'ordre des Salésiens, il y avait découvert la théologie de la libération et s'était engagé, de plus en plus résolument, dans les domaines sociaux et politiques. Au point de déclencher, contre les duvaliéristes et contre une bourgeoise conservatrice, l'avalanche qu'on sait. En décembre 1990, elle le porta enfin à la présidence de la République, faisant espérer un temps qu'une vraie démocratie sociale était enfin promise, de manière durable, à Haïti. Il fallut bientôt déchanter.

Comment la France s'est retrouvée avec Bébé Doc « sur les bras »

Le 7 février 1986, c'est à mon tour de permanence comme conseiller à Matignon que j'appris, dans la soirée, la fuite panique de Bébé Doc. Mais son avion était si rempli de sa parentèle et de sa « clique » que la Maison-Blanche refusa de les laisser débarquer sur son territoire et menaça de renvoyer tout ce beau monde à l'expéditeur. Je reçus alors de Port-au-Prince l'appel inattendu d'un vieil ami. Bien qu'opposant farouche à Duvalier, il me dit craindre que ce retour de Bébé Doc en Haïti ne déclenche une vague meurtrière de « déchoucage » des duvaliéristes (vieux mot français pour l'arrachage des souches d'arbres) qui viendrait ternir l'amorce du processus démocratique. Il insistait pour que la France

3 Aimé Césaire, *La Tragédie du roi Christophe*, Présence africaine, Paris, 1963.

« récupère » provisoirement Bébé Doc, le temps que la tension retombe. Je joignis Roland Dumas, au Quai d'Orsay, qui obtint finalement, du côté de l'Élysée, un feu vert du bout des lèvres de François Mitterrand pour un « accueil de quelques jours, juste le temps de trouver une [autre] solution ».

En fait, aucun pays n'accepta par la suite de s'encombrer de ce personnage. Deux pays s'étaient bien dits prêts à l'accueillir, mais le premier réclamait en contrepartie une « valise » de plusieurs millions de dollars... Et l'autre avait le toupet d'exiger, en plus de la « valise », qu'on lui aménage une piste « gros porteurs ». Refus catégorique. Prenant notre mal en patience, il nous a fallu « faire avec ». Cet asile « de fait » (sans délivrance d'un quelconque titre de séjour) fut assez ubuesque. Les avocats de Duvalier n'hésitèrent pas à présenter une demande d'asile politique auprès de l'OFPRA. Nous étions préparés à ce cas de figure et à lui opposer le refus le plus cinglant. Nous nous sommes appuyés pour cela sur le précieux article 1.F.c de la convention de Genève relative au statut des réfugiés, précisant que « les dispositions de cette Convention ne seront pas applicables aux personnes dont on aura des raisons sérieuses de penser [...] qu'elles se sont rendues coupables d'agissements contraires aux buts et aux principes des Nations unies ». Le Haut Commissariat des Nations unies pour les réfugiés (HCR) me confirma que cet article n'avait jamais encore été utilisé à l'encontre d'un ancien chef d'État, mais qu'il s'appliquait bien au cas de Bébé Doc. Comme quoi, même un dictateur peut aider (malgré lui) à certaines avancées du droit international !

En janvier 1991, Jean-Bertrand Aristide effectua une visite officielle en France et fut reçu par Michel Rocard à Matignon. À la fin de l'entretien, le président haïtien, haussant le ton en espérant marquer des points, en vint à accuser la France d'avoir offert sa protection « au dictateur » ! Michel Rocard se tourna vers moi (je lui avais remis une note *ad hoc*) : « Joinet, où en sommes-nous ? » Je précisai à Aristide que la France, « à notre étonnement », n'avait jamais reçu de demande d'extradition. Aristide battit en retraite, mais toujours sur un ton des plus vindicatif. Il promit de s'en occuper à son retour, mais jamais, par la suite, aucune demande d'extradition de Bébé Doc ne parvint à la Chancellerie.

Ce n'est qu'avec le président René Préval, en 2007, grâce à une coopération très efficace des autorités helvétiques, que j'ai eu plus tard à m'occuper des avoirs financiers des Duvalier en Suisse. L'action a pu être engagée sur la base d'une loi fédérale suisse novatrice, la « Loi sur la restitution des avoirs d'origine illicite » (LRAI) adoptée le 1er octobre 2010 pour réprimer les détournements de fonds dont sont friands les potentats (pudiquement nommés « personnes politiquement exposées »). Cette loi innovait, car, dans ces cas, elle renversait la sacro-sainte charge de la preuve : c'est désormais au dictateur de fournir des preuves concrètes établissant l'origine légitime des fonds placés dans ses comptes suisses. À défaut, cet argent « sale » est réputé être le fruit de la corruption et de l'arbitraire et doit être restitué aux populations spoliées [4].

D'Aristide un à Aristide deux

En 1997, après la publication de mon rapport à l'ONU sur *La Question de l'impunité* [5], j'ai été invité par l'ONU en Haïti. J'y ai alors animé plusieurs débats pour sensibiliser des acteurs populaires et institutionnels à ce thème décisif. C'est un des problèmes clés d'Haïti : une impunité permanente règne de haut en bas de l'échelle sociale ; ni les graves dérapages des chefs d'État ou de leurs acolytes ni la plupart des crimes ordinaires n'y font l'objet de sanctions pénales efficaces, sauf pour quelques délinquants très malchanceux et très démunis, pris en flagrant délit par une police peu efficace et très corrompue.

On se trouvait dans la période dite « Préval un », successeur désigné par Aristide pour lui garder la place « au chaud » dans l'attente d'un second mandat. En effet, neuf mois à peine après son arrivée au pouvoir, en septembre 1991, Jean-Bertrand Aristide avait été renversé par le coup d'État minable du général Raoul Cédras, qui avait interrompu toutes ses réformes sociales et l'avait envoyé plus de trois ans en exil aux États-Unis. Le frère salésien désormais défroqué ne revint en son palais présidentiel que le 15 octobre 1994, précédé et protégé par les canonnières américaines, qui chassèrent Cédras. Il en revint marié (avec une avocate), mais surtout entouré d'une « camarilla » d'Haïtiens des États-Unis qui le transformèrent en un politicien des plus opportuniste. La Constitution proclamée à la chute des Duvalier était si démocratique qu'elle excluait qu'un président effectue deux mandats de suite. De février 1996 à février 2001, un premier mandat présidentiel de René Préval sépara donc la période « Aristide un » de celle dite « Aristide deux », Jean-Bertrand Aristide ayant

4 Malheureusement, dans le cas d'Haïti, avec le retour de Bébé Doc au pays en janvier 2011 puis l'arrivée à la présidence de Michel Martelly en mai 2011, la procédure n'aboutira pas.

5 Louis Joinet, *La Question de l'impunité des auteurs des violations des droits de l'homme (civils et politiques)*, Rapport final pour la Commission des droits de l'homme des Nations unies, 2 octobre 1997 (E/CN.4/Sub.2/1997/20/Rev.1).

été élu le 26 novembre 2000 avec 93 % des voix et... plus de 90 % d'abstentions.

Ainsi, quand mon mandat onusien débuta en 2002, commençait la période « Aristide deux », qui n'avait rien à voir avec la précédente. D'Aristide un à Aristide deux, on postulera, pour le dire vite, le même décalage qu'entre docteur Jekyll et Mister Hyde.

« Halte au feu ! Laissez passer l'expert ! »

Lors de mon arrivée à Port-au-Prince le 21 septembre 2002, la nuit tombait. Sous les tropiques, où la nuit tombe comme un couvercle sans transition crépusculaire, ce n'est pas qu'une image pour dire le passage de l'éclairage naturel à l'éclairage artificiel. Chaque visiteur en Haïti reste marqué par une arrivée où il constate *de visu*, par le hublot de son avion, qu'il passe la frontière de la République dominicaine : en plein jour, toute verdure stoppe net pour faire place à une terre brûlée, dénudée par le déboisement désastreux d'Haïti, et, en cas d'arrivée de nuit, le noir se fait, sauf la tache scintillante du quartier chic de Pétionville et les rares lampadaires qui parsèment Port-au-Prince et sous lesquels s'agglutinent des grappes d'enfants studieux. Ils y révisent des leçons qu'ils n'ont aucun moyen de lire chez eux, pas même à la bougie.

Sans décliner tous les aléas de cette mission de six années, je ne citerai qu'un des cas où ma sécurité fut directement menacée : arrivant aux Gonaïves, dans l'Ouest, nous trouvâmes, mon chauffeur et moi, une ville en ébullition. Deux poignées de pro-Aristide et anti-Aristide s'affrontaient sans merci et la police nationale (la PNH), manifestement favorable aux « pro », loin de calmer le jeu, jetait de l'huile sur le feu. Pas moyen d'entrer dans la ville sans traverser cette zone de très hautes « turbulences ». Mon chauffeur (non armé) constituait ma seule escorte : le seul « garde du corps » de l'expert indépendant rapporteur spécial. Tout se jouait sur le prestige de l'ONU, contesté par certains et qui pouvait donc se révéler une protection assez aléatoire. Je n'ai dû mon salut qu'à l'initiative courageuse autant qu'inattendue de mon ange gardien. Sortant de la voiture (une auto ordinaire, mais quand même blindée, au cas où...), il se met à crier avec solennité : « Halte au feu ! Laissez passer l'expert ! » Ce sésame curieux, répercuté à travers cette petite foule, la calma pour le temps de la traverser, notre voiture au pas, entre deux rangées de manifestants prêts à s'affronter de plus belle. J'ai demandé à mon chauffeur quel était son secret ; il eut une réponse très haïtienne : « Vous savez, Monsieur l'expert, en Haïti, tout le monde se connaît. »

Cette scène réveilla deux souvenirs marquants. Le premier datait d'août 1992, dans la République serbe autoproclamée de Krajina, en Croatie, à l'époque de l'éclatement de l'ex-Yougoslavie. Le gendarme français qui assurait ma protection sut persuader des vigiles serbes, au lieu de nous bloquer à l'heure du couvre-feu, de tituber à nos côtés dans un épais brouillard en brandissant un drapeau blanc, jusqu'au *check point* croate qui fermait ce *no man's land*... Cela lui avait pris un long temps de palabre arrosé à la slibovitch. Si nous étions en route si tard, c'était suite aux nombreux détours que nous avions dû faire pour éviter les mines, voire la rudimentaire grenade à fil tendu en travers des routes secondaires.

Autre pic d'anxiété : mon arrivée à Kigali le 11 mai 1994, lors de la crise du Rwanda, pour une mission de la dernière chance du Haut Commissaire des Nations unies aux droits de l'homme, José Ayala Lasso. Le convoi dans lequel nous étions embarqués fut pris sous le feu d'un sniper. Comme nous descendions du *half-track* pour entrer à couvert au QG fortifié du général canadien Roméo Dallaire (qui commandait la MINUAR, Mission des Nations unies pour l'assistance au Rwanda), engoncés jusqu'aux yeux dans nos gilets pare-balles, rasant les murs en file indienne, le caméraman de l'ONU eut l'idée de tourner un panoramique de la ville. Mauvaise idée. Descendu du blindé par son côté non protégé, il déclencha le tir. Le sniper le rata de peu, mais pas sa caméra, qui lui sauva la vie.

On sait qu'au Rwanda, l'ONU fut impuissante, paralysée par ses États membres, à enrayer l'horrible génocide qui s'y perpétra contre les Tutsis en 1994. Quant aux guerres civiles déchirantes que connut l'ex-Yougoslavie, notamment en Bosnie, j'ai eu la charge d'y enquêter en août 1992 auprès du rapporteur spécial de la commission des droits de l'homme, l'ancien Premier ministre polonais Tadéusz Mazowiecki. Mon rapport a pu établir, preuves à l'appui, que le but principal de cette guerre était l'épuration ethnique [6].

Cette enquête en Krajina me permit d'apprécier le travail assidu des militaires français en « gardiens de la paix ». À l'un de mes premiers contacts, où le président du tribunal de l'endroit (au bâtiment rasé) tenait lieu d'interprète dans cette guerre qui bouleversait tous les statuts, je tombais sur un colonel français exceptionnel : il avait reconverti ses agents

6 Voir le texte de ce rapport *in* Le Nouvel Observateur et Reporters sans frontières, *Livre noir, purification ethnique et crimes de guerre dans l'ex-Yougoslavie*, Arléa, Paris, 1993.

de renseignements en enquêteurs (très exigeants) pour les droits de l'homme. Si bien que la SM (la Sécurité militaire dont j'avais, aux temps jadis, combattu les méthodes avec la Ligue des droits de l'homme) exfiltrait courageusement et mettait à l'abri des victimes désignées de l'épuration ethnique. Une fois à l'abri, ils les interrogeaient et ils dressaient procès-verbal pour – « un jour peut-être », me dit l'un d'eux – les verser au dossier d'une justice internationale. J'étais un brin ému quand j'ai serré la main de ces agents de la SM, devenus – tels des militants d'Amnesty – des alliés compétents dans la traque des violateurs des droits de l'homme.

L'« appel des 184 » et ma « déclaration solennelle »

Mais revenons à Haïti. En 2003, la situation s'y envenima de manière hyperbolique. Les enlèvements se multipliaient, dont beaucoup à prix « imbattables »… Nombre de ces rapts impliquaient en effet que la victime passe deux ou trois heures recroquevillée dans le coffre d'une voiture, dont elle ne pouvait ressortir qu'une fois acquittées par ses proches les quelques centaines de dollars qu'un gamin était venu, discrètement, leur réclamer. Des sommes que tout le monde payait, en court-circuitant la police, inefficace et submergée.

Du côté de Cité Soleil, la grande favela qui flanque Port-au-Prince, s'installait au surplus un véritable droit de péage perçu par les « chimères », une milice « avalanchiste », genre « macoutes antimacoutes ». Cette constellation de gangs des bidonvilles se voulait le bras armé du parti d'Aristide – le Fanmi Lavalas, créé en 1997 –, lequel fermait les yeux sur leurs « excès ». Devant une telle insécurité, qui rendait impossible toute vie sociale, de nombreux partisans d'Aristide se détournèrent de leur champion et celui-ci s'isola de plus en plus au sein d'une petite cour de fidèles et d'opportunistes. À part quelques trafiquants qui vivaient dans son ombre, Aristide conserva surtout l'appui inconditionnel des chimères, dont les caïds contrôlaient leurs fiefs comme s'ils avaient encore à résister à la dictature militaire du général Cédras.

Chargé de rapporter sur la situation des droits de l'homme, j'ai multiplié dès 2002 des contacts pluralistes avec la société civile, dont des associations de femmes très actives et les ONG qui tentaient d'endiguer, tant bien que mal, le manque cruel de droits sociaux. Je n'avais pas à me mêler des entrelacs de la politique haïtienne. Dans ma première année, j'avais pourtant assisté à une des « avalanches » pro-Aristide. Ses partisans protestaient alors régulièrement devant le palais national contre les disparitions forcées planifiées naguère par les macoutes. Ces manifestations rappelaient encore, de loin, les déferlantes populaires d'antan ; elles étaient toutefois déjà gangrénées par un clientélisme très basique : la rhétorique messianique du bon « père » Aristide pouvait encore y déployer ses envolées lyriques, mais le plus beau discours ne nourrit pas son homme... Chaque manifestant y gagnait un triste sandwich. Premier degré, véniel, du clientélisme, dans un pays où tant de pauvres marchent la faim au ventre.

Mais quand certains pro-Aristide en vinrent à détourner des fonds ou à toucher d'énormes pots-de-vin et des royalties sur les pires trafics, tant dans un but d'enrichissement que pour en saupoudrer les bidonvilles, ce clientélisme échappa à sa phase « restos du cœur » pour se faire système de corruption généralisée.

À rebours des grands-messes lavalassiennes et sur la base de mes contacts avec la société civile, je fus amené à m'intéresser au mouvement de protestation qui montait en Haïti. Il déboucha en décembre 2002 sur l'appel solennel de 184 organisations et personnalités, représentant un large consensus (depuis la Chambre de commerce jusqu'à de nombreux syndicalistes qui avaient autrefois soutenu Aristide), pour réclamer la démission du président et le retour à des normes de fonctionnement plus stables. L'appel des 184 organisa une caravane à travers le pays qui rencontra un vif succès et réduisit sensiblement l'influence d'Aristide.

C'est ainsi qu'à la fin de ma deuxième année, en 2003, je ne me contentais pas de rendre mon rapport annuel et de prendre l'avion, mon devoir accompli. Je me suis adressé aux caméras et aux micros de manière solennelle, lançant mon propre appel à l'intention d'Aristide deux. Je précise qu'en tant qu'expert indépendant, j'avais évité jusque-là de rencontrer personnellement ce président deux fois élu pour ne pas provoquer une confrontation directe ; j'étais prêt à aller le voir, mais pourvu que ce soit à sa demande, pour une rencontre de travail sur la base de mes rapports sur les droits de l'homme ; mais de ce jour, naturellement, il n'en fut plus question.

Le 5 novembre 2003, juste avant de me rendre à l'aéroport, j'ai tenu une conférence de presse à Port-au-Prince. J'y ai décliné une tirade incisive, dans un style volontairement « avalanche contre l'avalanche », si l'on peut dire, pour appeler le régime haïtien à mieux respecter les droits de l'homme, sous peine de s'effondrer : « Mesdames et Messieurs, la situation est grave. Très grave. Elle risque de devenir gravissime.

« Quand, désabusés ou scandalisés, des cadres éminents de la police sont de plus en plus nombreux à quitter leurs fonctions.

« Quand des policiers issus de l'Académie de police qui croient en leur métier – oui, j'en ai rencontré... – assistent impuissants, en raison du fait du prince, à des promotions fulgurantes, en dehors de tous critères légaux.

« Quand, à demi-mot, d'autres policiers vous font comprendre qu'on leur demande de participer à des missions que leur conscience réprouve ou qui, tout simplement, sont sans rapport avec la formation qu'ils ont reçue dans le cadre de multiples et coûteux programmes de coopération.

« Quand des juges légalistes font preuve d'un professionnalisme qui honore notre profession – car ce métier est aussi le mien –, mais qu'ils sont convoqués, écartés, marginalisés, neutralisés par un habile harcèlement de pressions ou bien confinés dans l'exil.

« Quand des militants – car militer n'est pas un crime... – tentent, parfois au péril de leur vie, d'exercer pacifiquement, comme à Cité Soleil, leur droit de manifester et qu'ils sont criminalisés, hier encore, en les qualifiants de "terroristes", ou traités avec mépris, comme ces femmes ne manifestant que par un sit-in pacifique...

« Quand une victime vous dit : "Non Monsieur l'expert, je ne porterai pas plainte : dans ma cité, être victime, c'est déjà être coupable..."

« Quand des défenseurs des droits de l'homme, quand des responsables d'ONG sont invariablement (comme je le serai peut-être moi-même demain) traités de menteurs, je leur dis : "Ne baissez pas la tête", car au terme de mes quelque vingt-trois années d'ONU, je puis vous le dire d'expérience, quand la roue de l'Histoire finit par tourner, l'opinion internationale découvre avec stupeur que ces prétendus "mensonges" étaient bien en deçà de la vérité !

« À tous les auteurs de ces violations, à tous leurs complices, je rappellerai ceci : "Les temps changent. Il existe désormais une justice internationale. Qu'ils se méfient avant qu'il ne soit trop tard de cette épée de Damoclès..." »

Cette déclaration solennelle fit son effet, et pas seulement auprès des « 184 ». Les médias d'Haïti s'en firent l'écho et multiplièrent son impact, malgré les rares injures dont m'abreuvèrent alors des supporters d'Aristide deux.

2004 : l'exfiltration du père Aristide et l'invention d'une transition « à la haïtienne »

Je n'ai rien su du « complot » qui suivit, ni des actions de commandos qui se multiplièrent à son approche. Il se conclut en tout cas par une opération nocturne d'un commando des forces spéciales américaines qui « exfiltra » le président, le 29 février 2004. Suite à plusieurs démarches françaises, les États-Unis offrirent au président déchu une « issue non létale », comme disent les légistes : Aristide fut contraint à un exil forcé de professeur *honoris causa*, invité permanent en Afrique du Sud. Malgré ses protestations, affirmant qu'on l'avait trompé sur la situation réelle, chacun comprit qu'Aristide deux, c'était fini [7].

Ayant rempli son rôle, l'appel des 184 put se dissoudre alors dans la phase de transition à laquelle j'ai collaboré. Aristide, bon gré mal gré, n'étant plus là, il fallut « écoper ». Nous nous sommes retrouvés devant un vide institutionnel abyssal : plus de gouvernement ni de Parlement, une justice déliquescente, une vague de policiers qui désertaient avec armes et bagages et une administration pénitentiaire rendant compte avec passivité, et parfois complicité, de centaines d'évasions. Il était urgentissime de créer *ex nihilo* des institutions de transition pour assurer *a minima* la continuité d'un État.

Ce processus de transition, à l'originalité très haïtienne, a été facilité – c'est à mettre à son crédit – par l'attitude d'Yvon Neptune, dernier Premier ministre d'Aristide. Contrairement à la plupart de ses collègues, il ne prit pas la fuite. Resté jusqu'au bout à son poste, il accepta de coopérer pour la réussite d'un « plan de sortie de crise » original. Dans un premier temps, intervint la désignation consensuelle d'une troïka, présidée par un haut fonctionnaire de l'ONU, le Malien Adama Guindo, entouré de deux personnalités, l'une de sensibilité « lavalas », l'autre liée à l'opposition. Leur mission : désigner un « conseil des sages » comptant sept personnalités, chargées de se mettre d'accord, par consensus, sur le nom d'un Premier ministre.

---

7 Huit ans plus tard, accusé nommément par Aristide d'avoir été de ceux qui l'avaient « enfumé », Régis Debray fit front : il a tenu à préciser, en 2012 en Haïti, qu'il avait seulement suggéré à Aristide de « quitter le pays, pour mieux y revenir », plutôt que d'y subir le sort d'un Allende. On aura compris à quel point, les mains dans le cambouis des réalités d'Haïti, j'ai partagé le même avis.

Pour éviter les querelles claniques, ce conseil décida, avec notre appui, d'appliquer une procédure originale et à ma connaissance sans précédent dans l'histoire des sciences politiques : il lança un appel à candidatures. Il fut extrait de ses résultats une *short list* de trois postulants à la primature. À l'unanimité, le choix des sages se porta sur la candidature, d'apparence apolitique, d'un ancien haut fonctionnaire de l'ONU (et spécialement du PNUD, Programme des Nations unies pour le développement) : Gérard Latortue. Il s'était retiré en Floride depuis dix ans, où il s'était reconverti dans les affaires, fondant un cabinet de consultant. De retour en Haïti le 10 mars 2004, Latortue constitua un gouvernement de transition qui entra en fonction sur-le-champ et sous l'autorité honorifique du président de la Cour de cassation, qui, en application de l'article 149 de la Constitution, devint président provisoire de la République.

La continuité de l'État fut ainsi assurée, si ce n'est que les constituants n'avaient pas prévu l'hypothèse d'une vacance du Parlement. Dans l'attente d'élections législatives, très difficiles à organiser, il n'y eut donc pas d'autre solution que de légiférer par décrets. On passa ainsi, en marge de la Constitution, d'un exécutif transitionnel à un législatif transitionnel. D'où l'originalité du visa qui s'efforça de légitimer cette procédure, en soulignant qu'il s'agissait d'une période non pas anticonstitutionnelle mais « a-constitutionnelle ». Dans la formulation juridiquement ciselée de ce visa, chaque mot fit l'objet de discussions, passionnantes et passionnées, entre légalistes intégristes et pragmatiques réalistes. Ces derniers, dont je fus, l'emportèrent finalement, en jonglant ainsi avec les mots : « Vu l'entente convenue entre la communauté internationale, les organisations de la société civile et les partis politiques, portant création de la commission tripartite et du conseil des sages, vu le consensus de transition politique adopté le 4 avril 2004, considérant que le pouvoir législatif est pour le moment inopérant et qu'il y a lieu, pour le pouvoir exécutif, de légiférer par décret sur les objets d'intérêt public, décrète… », etc.

Évidemment, cette sortie de crise a provoqué une « avalanche » de critiques dans certains milieux. Quand on s'efforce de rétablir la légalité constitutionnelle et de favoriser le retour à un État de droit, les corrompus et les trafiquants en tous genres prennent peur et peuvent devenir dangereux. Ce succédané de pouvoir législatif mis en place, nous avons dû faire face à une vague de violences inouïe, faite de rapts et d'assassinats, de vols et de viols. Ces violences furent baptisées par la presse « opération Bagdad », par assimilation aux violences insurrectionnelles commises en Irak. Il était difficile, dans ce contexte, de faire la part entre ce qui relevait de la délinquance de droit commun et ce qui relevait d'une violence politique orchestrée, par chimères interposées. Leurs auteurs étaient des électrons libres, sans chefs identifiables, ce qui rendait cette violence très difficilement maîtrisable. Pour certains commentateurs, ces actions provenaient principalement de partisans d'Aristide : ils ne provoquaient ce chaos que pour justifier son retour. Mais allez savoir... Rien n'est simple en Haïti !

Les déboires judiciaires d'un Neptune « droit dans ses bottes »

On avait donc lancé, ni plus ni moins, qu'un « appel d'offres » à Premier ministre intérimaire ! Et, durant tout ce temps, il nous fallut faire progresser un processus d'épuration de la police – les onusiens disent « lustration ». On imagine les difficultés, dans un pays si pauvre, où l'armée a été dissoute, de faire fonctionner une police qu'Aristide venait à peine de reconstruire à son image. Elle était partisane, inexpérimentée, au pire corrompue, au mieux déliquescente... Ce grand *vetting* (procédure d'agrément) passa par un moment très « chaud », celui de l'éviction de soixante-dix-neuf policiers d'un coup, dont de très hauts gradés. Le chef de la police dut préciser, face aux médias, que les policiers exclus n'étaient pas accusés d'enrichissement personnel mais certains d'incompétence et que l'épuration se poursuivrait au pas à pas.

Passons sur mon propre statut, qui provoqua quelques fantasmes et calomnies. Par la force des choses, il me fallait donner un sens bien plus actif à ma stricte mission de *monitoring*, en tant que rapporteur sur les droits de l'homme. L'ONU me réclama un rôle de véritable consultant, appelé à suivre et conseiller ce processus de transition. Or il n'était pas prévu qu'un tel rôle soit dévolu sans salaire afférent, alors qu'en tant qu'expert indépendant, ma charge était toujours strictement bénévole, ce à quoi je tenais absolument au nom de cette indépendance. Finalement, l'ONU trouva une solution qui me permit de cumuler mon statut de rapporteur sur les droits de l'homme et ma contribution au processus de transition, des deux côtés en toute gratuité.

La plupart des autres responsables pro-Aristide s'étaient enfuis, sauf une dizaine de ses fidèles, dont la célèbre pasionaria Annette Auguste, dite « So Anne », brutalement arrêtée en pleine nuit à son domicile par un commando de marines de l'armée américaine en mai 2004. Je suis allé la visiter à la prison pour femmes de Pétionville. Je dois dire qu'elle m'épata. Elle avait pris un ascendant très positif sur les jeunes délinquantes qui l'entouraient. Les gardiennes, impressionnées, manifestaient à son égard une déférence appuyée. Elle reflétait encore quelque chose du pouvoir, jadis charismatique, de son champion. (Elle sera libérée en août 2006.)

Je précise le cas difficile que présenta pour moi le cas de l'ex-Premier ministre Yvon Neptune. Il avait donc fait face, « droit dans ses bottes », et remis le pouvoir à Gérard Latortue. Mais toute révolution veut ses boucs émissaires. Comme on l'avait « sous la main », ses adversaires accumulèrent contre lui des témoignages sur son rôle allégué dans la répression du soulèvement anti-Aristide de la ville de Saint-Marc en février 2004 : c'est de son hélicoptère, mis à disposition de la police, qu'on avait fait mitrailler la foule dans les derniers jours d'Aristide deux. Neptune, apprenant qu'un mandat d'arrêt était délivré contre lui, se livra immédiatement à la police, le 27 juin 2004. Il fut incarcéré dans des conditions ubuesques. Je l'appris pour ma part vers minuit, par un journaliste : Neptune venait d'être conduit au pénitencier par... le ministre de la Justice en personne ! Il ne sera présenté à aucun juge dans les mois qui suivirent pour que l'on puisse statuer sur la légalité de sa détention.

Conduit un an plus tard (!) au tribunal de Saint-Marc, suite à une grève de la faim, pour y être enfin interrogé par la juge d'instruction, sa comparution fut annulée, car la magistrate était absente ! Elle n'avait simplement pas été mise au courant, alors que, selon la loi, c'est à elle seule qu'il appartenait d'ordonner cette comparution. Finalement, sa loyauté a coûté à Neptune deux ans de détention, jusqu'à ce que toute la procédure soit annulée en 2009 et les poursuites abandonnées, suite à une décision de la Cour interaméricaine des droits de l'homme qui a condamné Haïti en 2008 pour onze violations manifestes des droits d'Yvon Neptune.

La difficile renaissance d'une identité postmacoute et postavalanche

L'État haïtien était donc à reconstruire entièrement, jusque dans son cadastre et son état civil. Les « juges de la terre », chargés des affaires foncières, avaient bien du mal à trancher dans de nombreux conflits, faute de fiabilité des preuves cadastrales. Tout aussi artisanale était la gestion de l'état civil. J'ai même dû, à Paris, témoigner pour des Haïtiens que l'OFPRA, de bonne foi, suspectait d'usage de faux papiers : ses agents constataient que les cachets apposés sur les documents variaient d'un dossier l'autre ; ils ne pouvaient imaginer que le législateur n'ayant jamais prévu de doter les services d'un tampon officiel, chaque officier d'état civil se voyait obligé de faire fabriquer *son* tampon !

Afin d'en arriver aux premières élections, il nous fallut constituer un fichier électoral fiable, et d'abord repasser par la « case » état civil. Cela a donné lieu à des scènes émouvantes. J'ai encore devant les yeux le visage raviné d'une paysanne haïtienne dont les larmes de joie m'ont pris aux tripes. En 2006, de village en village, nous avons eu à recevoir des milliers d'Haïtiens, rangés en file indienne : ils venaient récupérer leur première carte d'identité. La représentante de l'ONU qui m'accompagnait, Marie-Neige « Meyes » Ratynski, m'avait prévenu que je risquais de vivre des « moments émouvants ». De fait, ma tournée d'inspection sur ces opérations resta marquée par celles qui pleuraient d'émotion en embrassant leur carte comme une icône. L'une d'elles fendit la foule sous le coup d'une révélation : fascinée par sa carte, signée et tamponnée, arborant sa photo, elle murmurait comme en extase : « J'existe ! »

Et si des libertaires ne voyaient dans cette scène que capture aliénante d'une paysanne analphabète par la pire « illusion d'État », ils se tromperaient : cette carte d'identité représentait pour cette paysanne la première preuve sociale qu'elle « existait » indépendamment de son mari, de ses patrons et du curé, pasteur ou *bokôr*, voire des enfants qu'on lui faisait. C'est la fonction basique et libératrice de l'État : faute de dissoudre les dépendances traditionnelles, il peut au moins les suspendre, offrant un point d'appui virtuel à des libérations possibles. Cela touche une part essentielle de mes raisons d'État.

Des élections furent organisées en février 2006, quoique encore « à la haïtienne », avec de forts taux d'abstention et des incidents en grand nombre, pourtant pas suffisamment graves pour invalider la consultation. La page de l'« avalanche » était tournée, ou presque, puisque ce processus électoral ramena à la présidence un ancien bras droit d'Aristide, René Préval, un leader des « avalanchistes » première manière, modeste et discret. (Il me confia un jour, tout de go : « Pourquoi faire des discours ? Moins je parle, plus je suis populaire... ») Son autorité s'affirma. Elle n'a chancelé que face au séisme de 2010, devant la tâche immense et l'avalanche monstrueuse des défis à relever.

19

Grandeur et servitude des justices « transitionnelles »

J'élargis ici mon propos, au-delà du cas d'Haïti et de sa période Latortue, à toute mon expérience de terrain de la justice transitionnelle. C'est celle qui accompagne les processus de transition, venant après un accord de paix, en cas de guerre civile, ou qui conclut la chute d'un régime autoritaire, dictatorial ou totalitaire. L'administration de la justice y pose des problèmes spécifiques, compte tenu des efforts qui sont à déployer pour rétablir progressivement l'État de droit. Il faut d'abord éviter que ne se renouvellent des violations massives des droits de l'homme, mais il faut aussi favoriser à long terme, autant que faire se peut, une conciliation nationale qui stabilise la volonté de vivre ensemble dans un régime démocratisé. C'est alors qu'entre en scène le juge, au rôle central dans ces circonstances.

Juger, autant qu'on puisse, en période d'« état d'exception »

Auparavant (comme à l'issue de ces périodes, mais d'une autre façon), l'« état d'exception », emblématique de ces situations de crise, n'est pas nécessairement synonyme de dictature ou de régime totalitaire, mais il s'agit toujours de périodes à risque. Il faut donc s'efforcer d'en limiter les dérives possibles par des digues juridiques, comme le principe de proportionnalité des mesures d'exception (à doser en fonction de la gravité de la crise) ou la sanctuarisation de certains droits fondamentaux dits « indérogeables » tels que l'*habeas corpus*, la liberté d'opinion, la prohibition de la torture et de toute forme de servage, etc.

J'ai constaté sur le terrain que tous les gouvernants qui proclament ce genre d'état de siège ou d'exception, pour de bonnes ou les pires raisons, se soumettent rarement à ces principes de précaution. Le rôle du juge devient alors très difficile et exposé. Il l'oblige, s'il est légaliste – et courageux –, à prendre de grands risques et à imaginer des stratégies de contournement. Quelques exemples : la manipulation propre aux régimes autoritaires consiste, en cas de violations des droits de l'homme, à donner compétence exclusive aux seuls tribunaux militaires ou autres cours de sûreté de l'État. En réponse, les stratégies de contournement consistent, pour les juges que je qualifierai de dissidents, à résister en se battant sur le terrain de la procédure, quitte à conclure à leur incompétence. Quel en est l'intérêt ? Ce tour de passe-passe permet incidemment au juge de réunir un début de preuve qui le conduira à qualifier ces faits de violations des droits de l'homme et donc à se déclarer incompétent pour en juger, en application de la loi sur l'état d'exception.

Le juge, dans ce cas, ne pourra certes pas condamner les auteurs, mais de telles violations auront au moins été reconnues comme telles, en quelque sorte par ricochet. Ce type de justice *a minima* est importante pour les victimes, leurs proches et les militants des droits de l'homme. Pour eux, ne pas baisser les bras est déjà comme un début de victoire sur l'oppresseur. Il n'y a jamais pire, dans tous les états d'exception, que les situations dans lesquelles les droits de la personne sont bafoués dans l'indifférence générale, organisée par l'institution.

Si j'emploie, dans de tels cas, le mot (peu juridique) de « résistance », c'est par réalisme : dans ces situations d'exception, qu'elles aient été ou non « proclamées », comme le droit international l'exige, les magistrats chargés de l'enquête et les avocats légalistes sont tous contraints d'entrer en résistance judiciaire, parfois au prix de leur vie. Je pense notamment à mon collègue et ami Guillermo Díaz Lestrem, du tribunal de Buenos Aires, avec lequel nous avions jeté les bases d'une association clandestine de solidarité entre magistrats progressistes. Il est mort sous la torture en novembre 1978, dans l'enfer de l'ESMA (École supérieure de mécanique de la Marine, qui, en hommage aux victimes, sera convertie en 2004 en « Espace pour la mémoire et pour la promotion et la défense des droits de l'homme »).

Je pense aussi à cet autre collègue, le juge guatémaltèque José Víctor Bautista Orozco, assassiné le 25 avril 2005, alors qu'il était en charge de plusieurs procès très sensibles de corruption. La liste est longue. Mais la

« roue de l'histoire » finira toujours par tourner. Quel est alors le rôle du juge lorsque s'amorce un processus de transition (toujours exceptionnel, mais à l'inverse) vers un régime plus démocratique ?

Être juge, non sans risques, en situation de transition

Un état d'exception étant levé ou en voie de l'être, le juge doit-il, dès le début de ce processus, respecter strictement tous les principes qui garantissent les droits fondamentaux ? En principe oui, mais, sur le terrain, cette sorte d'intégrisme légaliste peut provoquer de graves injustices. Rappelons-nous le cicéronien *Summum jus, summa injuria*, que j'ai déjà cité.

Ne devrait-on pas admettre, durant de tels états de transition, une certaine flexibilité juridique pour éviter au juge de se trouver trop démuni ? Comment se livrer à une stricte application de la règle de droit lorsque, par exemple, l'état d'exception ayant cessé, l'institution judiciaire est encore à reconstruire et que les lois antérieures, en particulier les lois liberticides, demeurent applicables ? Dans l'attente que les trois pouvoirs (exécutif, législatif et judiciaire) soient en état de fonctionner conformément aux règles d'un État de droit, permettant d'abroger ou de modifier ces lois liberticides, les juges, au cas par cas, ne doivent-ils pas anticiper ?

J'ai été confronté à ce genre de dilemme au Timor oriental, juste après le retrait en 1999 des troupes indonésiennes qui occupaient le pays depuis vingt-quatre ans. Peu connue en Europe, à part au Portugal, son ancienne puissance coloniale, la guerre de résistance menée durant plus de deux décennies pour l'indépendance du million d'habitants de l'est de cette île a fait face à la répression la plus brutale, menée par le régime militaire indonésien. Il massacra dans cette région, pour s'y maintenir, des dizaines de milliers de familles timoraises.

Brève parenthèse dans la parenthèse, tant ma mémoire bouillonne au sujet de ces situations de transition et des pires états d'exception de la planète : une difficile période de transition suivit également la chute en 1998 de la dictature indonésienne du président Sohearto, qui avait massacré en 1965 des centaines de milliers de familles communistes, ou réputées telles, sur ses propres îles. J'ai eu aussi à m'en mêler, notamment par mes amis du restaurant Indonesia, à Paris – une coopérative dont le livre d'or vaut le détour ! –, à qui j'ai eu la chance de pouvoir annoncer la grâce des derniers dirigeants du Parti communiste indonésien (PKI), emprisonnés plus de quarante ans, derniers rescapés de ce grand drame sanglant de la guerre froide.

Pour en revenir au Timor oriental, j'y ai participé en septembre 1999 à une mission de l'ONU sur la reconstruction de l'institution judiciaire. Le constat était effarant : palais de justice incendiés, archives judiciaires détruites ; dossiers, état civil, cadastre... tout avait été détruit. De plus, les Indonésiens avaient interdit aux « natifs » l'accès à la magistrature. Si bien que, lors de l'indépendance, après des dizaines d'années de guérilla et de politique de la terre brûlée, il fallut se rendre à l'évidence : les Indonésiens s'étant retirés de l'île, le pays se retrouvait totalement dépourvu de magistrats. Sauf un, le traître : le procureur général timorais qui avait accepté de couvrir la pire répression de son peuple.

Or, durant les processus de transition, la vie continue, avec sa dose de conflits et ses formes de délinquance. Les autorités de transition doivent procéder à des arrestations, qu'il s'agisse de s'opposer à l'impunité des anciens oppresseurs ou d'assurer un minimum d'ordre. Que faire s'il n'y a plus de lieux légaux de détention ? Force est de bricoler des solutions de remplacement les plus proches possible de la légalité future. C'est ce que je qualifie de « garanties de substitution » ou d'« équivalences de garanties ».

La proposition est la suivante : le droit international exige, lorsque sont proclamés des états d'exception, que soit assuré – comme on vient de le voir – un minimum de garanties, pour éviter que le pouvoir cède à la tentation d'édicter des restrictions inadmissibles, d'une gravité telle qu'elles compromettent les droits les plus essentiels. Mais alors, pourquoi ce même droit international n'admettrait-il pas que puissent être reconnus des « états de transition » qui, *a contrario* et à titre temporaire, autoriseraient, non plus des restrictions, mais des dérogations à moduler ? Pourquoi n'applique-t-on pas un genre de symétrie inverse à ces deux types de situations, puisqu'on avalise les premières ? Les dérogations auraient pour finalité, non plus de limiter, pour en éviter les abus, des restrictions tenues pour admissibles en état d'exception, mais de faciliter le rétablissement des libertés par un processus graduel d'extension de leurs espaces et configurations. D'où l'intérêt de recourir, là encore, à la théorie de l'« équivalence de garanties », destinée à faciliter le rétablissement progressif de l'État de droit.

« État temporaire de nécessité judiciaire » en Haïti

En 2004, je fus directement confronté à de telles situations en Haïti. Lors des troubles qui ont marqué la chute d'Aristide deux, beaucoup de commissariats de police et de prisons avaient été rendus inutilisables par destruction totale ou vandalisme. Dans de nombreuses localités, cette situation rendait *de facto* impossible le respect des règles de droit applicables à la détention. D'où la recherche de garanties de substitution, motivées par ce que nous appelions un « état temporaire de nécessité judiciaire ». J'avais alors reçu, de Gonaïves, un appel au secours d'un magistrat qui me disait : « Monsieur l'expert, l'ONU vient de me livrer une vingtaine d'individus auteurs d'exactions. Après un examen sommaire, au moins neuf d'entre eux devraient être placés en détention provisoire. Or il n'y a plus aucun lieu légal utilisable ! Je n'ai d'autre solution que de faire réquisitionner provisoirement des locaux dont ce n'est pas légalement la vocation, tels qu'un gymnase ou un entrepôt désaffecté… Ou bien les libérer ? Que faire ? »

En tant que « chasseur » onusien de toute forme de détention arbitraire, j'ai finalement dû me rallier à la première proposition, malgré sa fragilité légale, mais en demandant à ce juge de prévoir, pour sa « prison », un minimum de ces garanties de substitution. À ma demande, l'acte de réquisition précisa que le lieu de ce local provisoire soit rendu public, que son responsable officiel soit identifié, qu'un registre de présence et de mouvements des détenus soit tenu à jour et qu'enfin ces locaux soient accessibles à des contrôles de légalité.

Autre situation complexe rencontrée en Haïti, lors d'une mission à Fort Liberté, à l'heure de la mise en place du gouvernement de transition. Devant la défaillance des forces de police qui avaient déserté, des milices armées composées de simples citoyens protégeant leurs biens avaient procédé à l'arrestation d'une dizaine d'auteurs de vols et de pillages et venaient les livrer à la justice. Se posait la question de la légalité d'une telle détention, alors qu'il s'agissait d'arrestations manifestement illicites, avec port illégal d'armes. Là encore, que faire ?

Comme base légale, nous avons retenu la disposition du code de procédure pénale qui prévoit qu'en cas de crime ou de délit flagrant, toute personne a qualité pour en appréhender l'auteur et le conduire devant le procureur. Cette minibase légale apparut préférable à leur remise en liberté, au motif que la légalité de leur détention était arbitraire. Certes, cette solution occultait l'infraction de « port d'armes illicite », imputable aux citoyens ayant procédé aux arrestations, mais la libération des auteurs de ces crimes aurait créé un trouble à l'ordre public beaucoup plus grave que l'absence de poursuites pour port illégal d'armes. Si ce choix peut paraître évident pour un profane, il l'est beaucoup moins pour un juriste, faute de principes fixés pour la pratique exceptionnelle des justices de transition.

La situation se révéla encore plus complexe lorsqu'un procureur renvoya de tels criminels devant des juges d'instruction. Leurs premières réponses divergèrent. Certains se décidèrent à procéder à l'instruction de ces affaires, estimant que les victimes comprendraient mal que la justice, se réfugiant derrière un argument de procédure, devienne complice de l'impunité. D'autres, se refusant à cautionner une pratique qu'ils qualifiaient d'action de « police parallèle », se limitèrent à la seule formalité de l'interrogatoire de première comparution pour préserver les droits des victimes, en attendant des jours meilleurs. Position médiane : certains de ces juges, en fonction de la gravité des faits, allèrent jusqu'à délivrer un mandat de dépôt. Je me suis finalement rallié, faute de mieux, à la première des solutions.

Conclusion désabusée d'un de mes collègues haïtiens : « Monsieur l'expert, finalement, en période de transition, le plus difficile pour le juge est de devoir s'adapter constamment pour choisir le moindre mal entre deux illégalités. » Disons que, dans ces situations de transition, entre l'idéalement souhaitable et le pratiquement possible, le juge doit souvent choisir le second terme de l'alternative, le pire étant l'immobilisme par excès de légalisme.

Ces pratiques alternatives de contournement ou de garanties de substitution, qui s'enrichissent les unes les autres, sont de plus en plus nombreuses à être répertoriées. Leur sédimentation et leur créativité donnent progressivement naissance à une sorte de droit coutumier de la justice transitionnelle. Elle est encore en cours de formation et il serait irréaliste de ne pas persévérer à l'enrichir, comme si un État de droit renaissant devait atteindre *ab initio* sa vitesse normale de croisière.

De la « conciliation » à la « réconciliation » nationale

Encore faut-il ne pas perdre de vue que toute période de transition devra tôt ou tard satisfaire à l'objectif d'une réconciliation nationale. Même si, dans un premier temps, il me paraît plus sage de parler de

« conciliation » plutôt que, formellement, de « réconciliation ». L'initiative de la réconciliation doit venir des victimes : nul ne saurait les y obliger. En revanche, la conciliation, son antichambre en quelque sorte, permet d'amorcer un dialogue entre les parties concernées, qui pourra au moins préparer les esprits à l'idée de tourner la page, selon l'expression consacrée.

Mais comment la tourner ensemble ? Là est toute la question. Car pour qu'on la tourne, encore faut-il qu'elle ait pu être lue. Le pardon, acte privé, suppose que soit connu de la victime l'auteur des violations et que ce dernier ait manifesté un certain repentir : pour qu'un pardon soit accordé, il doit avoir été réellement demandé. L'expérience montre qu'il n'est pas de réconciliation juste et durable sans que soit apportée une réponse effective au besoin de justice et, d'abord, de vérité. Au cours de telles périodes, s'incarne dans l'opinion la trilogie de la justice transitionnelle : droit de savoir, droit à la justice et droit à réparations.

Les Argentins et les Chiliens, au sortir de leurs périodes de dictature, puis les Sud-Africains au sortir de l'apartheid, furent les pionniers de ces processus. Ces derniers ont poussé l'initiative jusqu'à la création d'une commission Vérité et Réconciliation qui étala les turpitudes du « pouvoir blanc » dans des séances de confrontations publiques (télévisées). Ils ont privilégié ainsi, dans un premier temps, le droit de savoir sur le droit à la justice. Certaines réparations, individuelles et collectives (monuments, mémoriaux, musées de l'oppression et commémorations), ne vinrent que ponctuer le droit des principales victimes à être reconnues comme telles, en toute lumière, pour les rétablir collectivement dans leur dignité bafouée par l'État oppresseur.

Cela a pris beaucoup de temps. Il le fallait. Faut-il rappeler (comme on l'a vu d'entrée avec Mlle Denise) que nous ne sommes plus au temps des justices populaires, pour ne pas dire expéditives, que la première moitié du XXe siècle européen s'autorisait encore, y compris en France ? Dans mon département, la Nièvre, on dénombra à la Libération cent huit exécutions sommaires, en partie motivées par d'odieuses vengeances. Et cela alors qu'un juge comme Étienne Bloch sut attirer très tôt notre attention sur les faiblesses de cette épuration bâclée et stoppée par une amnistie dès 1947, ce qui nous valut le boomerang, quarante ans plus tard, des affaires Touvier et Papon.

L'enjeu décisif des « archives de l'oppression »

Si, dans un premier temps, c'est le droit de savoir qui prime sur les autres, c'est qu'il est la condition de toute justice, fût-elle à venir. Au plan individuel, il casse le cycle de la vengeance et, au plan collectif, il permet une première réponse à l'angoisse d'une société qui doit se poser cette question si elle veut progresser vers un devenir national : « Comment avons-nous pu en arriver là ? » C'est dire l'importance que prend, dans ces périodes, la préservation des archives. Celui qui détruit les « archives de l'oppression », qu'il s'agisse de la Gestapo, du KGB, de la Stasi ou de tout autre organe répressif, prive une société entière de son droit de savoir comment elle a bien pu subir ou tolérer telle ou telle forme insupportable d'une déraison d'État.

C'est le sens du deuxième principe (sur vingt-huit) de mon rapport sur l'impunité : « La connaissance par un peuple de l'histoire de son oppression appartient à son patrimoine et comme telle doit être préservée par des mesures appropriées au nom du devoir de mémoire qui incombe à l'État. Ces mesures ont pour but de préserver de l'oubli la mémoire collective, notamment pour se prémunir contre le développement de thèses négationnistes [1]. »

Au cours de mon mandat en Haïti, la mise en œuvre de ce principe se heurta à une manipulation des autorités américaines à propos des archives de la dictature militaire du général Cédras. Ces archives, qui contenaient des documents compromettants sur les groupes paramilitaires (les FRAPH), avaient toutes été « prudemment » emportées aux États-Unis. Après de longues et nombreuses démarches, elles seront finalement restituées aux autorités haïtiennes, mais seulement après caviardage... Les passages les plus compromettants pour des agents des États-Unis avaient été noircis, en application du *Freedom of Information Act* (loi sur la liberté de l'information – *sic* !), c'est-à-dire de la législation états-unienne sur l'accès aux archives. Cet épisode vint rappeler que l'omniprésence de la puissance américaine dans la Caraïbe ne relevait toujours, selon elle, que de sa propre loi, et qu'Haïti, pas plus que l'ONU, n'avait à s'en mêler, fût-ce pour se réapproprier sa véritable histoire.

---

1 Louis Joinet, *La Question de l'impunité des auteurs des violations des droits de l'homme (civils et politiques), op. cit.*

Aventures sur le toit du monde

En août 1993, lors d'une session à Genève du Groupe de travail sur les détentions arbitraires, que je présidais depuis 1991, nous reçûmes la visite de l'ambassadeur du Bhoutan, qui nous proposa de venir visiter ses prisons haut perchées. Pour tout dire, je savais si peu de choses du Bhoutan (admis aux Nations unies en 1971) que j'ai dû commencer par consulter l'atlas. Sur les hauts de l'Himalaya, coincés entre la Chine et l'Inde, avaient subsisté depuis la Seconde Guerre mondiale (et la connexion menaçante de la Chine de Mao avec le Tibet), trois petits États indépendants (dont l'un venait de disparaître dans l'indifférence générale) : d'ouest en est, le Népal, le Sikkim et le Bhoutan.

Le Sikkim avait refusé son intégration à l'Inde par un référendum de 1947 mais, en 1975, il avait voté, à l'inverse, son rattachement à cette dernière en tant que vingt-deuxième État de l'Union indienne. Du point de vue de l'ONU, le Sikkim avait disparu. Ce qui avait renversé la donne, durant ces trente années, c'était une forte immigration népalaise, devenue majoritaire et pro-indienne. Dans ces conditions, avec la ferme intention de ne pas disparaître à son tour, le Bhoutan, petit royaume bouddhiste de 700 000 à 800 000 habitants, prit en 1985 des mesures d'expulsion massive ou d'« incitation au départ » des 100 000 Népalais qui résidaient dans ses montagnes. Le petit Bhoutan ne comptait que quelques prisons et un nombre réduit de prisonniers politiques (dont le principal était depuis 1989 Tek Nath Rizal, porte-parole de cette minorité népalo-bhoutanaise). En revanche, le Népal, lui, hébergeait dans divers camps, dont l'immense camp de Jhapa, quelque 100 000 réfugiés népalais expulsés du Bhoutan. Nous visitâmes l'un et l'autre dans la foulée, dans des conditions d'enquête très différentes, entre autres pour vérifier si ces camps de réfugiés étaient « ouverts » et ne relevaient pas d'une forme de détention.

Le Bhoutan, malgré cette grave crise « népalaise », émergeait doucement d'une sorte de Moyen Âge heureux, si on ose dire, en tout cas nostalgique : une royauté autochtone, à peine tempérée jusque-là par une assemblée monocolore très conservatrice, s'appuyait sur les nombreux monastères bouddhistes et sur les anciens des villages, voués à une agriculture traditionnelle de très haute montagne. Le consensus autour des traditions locales semblait inébranlable. Cela dans un décor d'une splendeur à couper le souffle, laquelle justifiait des limitations drastiques au tourisme de masse : les randonneurs et alpinistes y restaient rares, vu le prix à payer pour le droit d'accéder à ces sommets. Et rares étaient les visiteurs qui décrochaient, moyennant finance, le privilège de respirer l'air très épicé de ses rues, d'admirer leurs architectures flamboyantes, avec phallus enrubannés aux couleurs chatoyantes décorant les façades pour écarter les mauvais sorts.

Après m'être renseigné sur la situation judiciaire et la culture du pays, j'ai pris un rendez-vous avec son ambassadeur, qui m'a expliqué que le roi, éduqué dans les meilleures écoles britanniques, comptait sur nous pour l'aider à mettre à niveau sa justice et que soit promu le droit de tous à bénéficier d'un procès équitable. Il attendait que nous le conseillions afin de mettre fin à toute détention arbitraire. Nous étions donc en charge, officiellement, d'une enquête sur la situation des détenus dans ces vallées de l'Himalaya. Comme pour chacune de ces missions, je me suis alors astreint à une préparation studieuse, accumulant des renseignements sur la culture bhoutanaise, notamment sa croyance profonde aux réincarnations. Sa grande spécialiste française, Françoise Pommaret, m'éclaira aussi sur les pratiques concrètes de sa justice traditionnelle.

C'est ainsi que, le 16 octobre 1994, avec mon collègue sénégalais, nous avons pris l'avion qui nous déposa au Bhoutan, après une longue escale à New Dehli, où l'expert de l'Union indienne nous a rejoints. J'ai dû y prendre sur mon temps à la recherche de... chaussures. J'avais quitté Paris avec, dans ma valise, deux chaussures droites ! Philippe Petit, ambassadeur de la France à New Dehli que j'avais connu à Matignon, me dépanna « au débotté » : il me fournit une superbe paire de chaussures à boucles... dont l'une craqua très vite et au moment fatal, juste à l'heure de l'audience royale ! Nous en avons tellement ri que mon collègue indien en fit un poème ironique, en anglais et en français, un genre de bout-rimé sur *Les Godasses* ! Les premiers jours à Thimphou, la capitale du Bhoutan, il fallut vivre au ralenti, le temps de nous acclimater au déficit en oxygène...

Dans l'antre du « dragon »

« Bhoutan » est une appellation transmise par les Britanniques au temps de leur protectorat, à partir d'un nom sanskrit désignant l'« Extrême-Tibet ». Les natifs l'appellent la « Terre du dragon » (*Druk Yul*). Ce roi des « Dragoniens » qui nous reçut, quatrième de cette dynastie, couronné en 1974, était Jigme Singye Wangchuck. Dans son palais de bois sculpté (le beau bois torsadé et intégralement peint d'enluminures bariolées de toute grande maison bhoutanaise), il nous reçut à déjeuner avec ses quatre épouses, quatre sœurs toutes plus belles les unes que les autres. Il nous y donna carte blanche pour inspecter toutes ses prisons. La discussion était étrange. Nous avions l'habitude de partir à la traque des cas de détention arbitraire que nous cachaient les chefs d'État. Là, le roi en personne reconnaissait qu'il y en avait une centaine dans ses prisons et il nous demandait de l'aider à y mettre fin. Sur ce sommet du monde, on vivait un monde à l'envers... C'est qu'il voyait nettement plus loin que de seulement « ripoliner » ses vieilles prisons : il voulait s'appuyer sur une réforme générale de la justice pour réformer structurellement toute la société bhoutanaise.

Au cours de la visite des deux principaux centres de détention de Chamgang et de Thimphou, nous avons pu interroger de très nombreux détenus pour nous faire une opinion, tout spécialement dans le camp de Chamgang, affecté aux prisonniers politiques, c'est-à-dire aux protestataires népalo-bhoutanais, dont leur champion Tek Nath Rizal. Après d'âpres mais sincères négociations, ils furent progressivement libérés, à l'exception de Tek Nath Rizal. Condamné à perpétuité, il ne sera libéré qu'en décembre 1999. Nous nous sommes longuement interrogés sur sa situation et sur le bien-fondé des accusations d'atteinte à la sûreté de l'État qui pesaient sur lui. Il était un peu insaisissable. Quand je lui ai proposé d'avoir un entretien dans la cour, de peur d'une « sonorisation » de sa cellule, il lança, à ma grande stupéfaction : « Si vous craignez les micros espions, n'essayez pas de les déjouer : ils me les ont déjà implantés dans le cerveau ! » Expression un peu folle, en l'état des technologies, ou aveu fataliste d'une espèce de résignation ? Cet homme, sans doute sincère et très courageux, resta pour nous un mystère total.

On pourrait suspecter un côté étouffant du consensus à la bhoutanaise, contrastant avec l'étrange liberté, très bon enfant, voire rabelaisienne, que lui laisse le tantrisme de sa religion nationale. Pouvait-on exiger du minuscule Bhoutan la même diversité et toutes les « excentricités » d'une mégapole moderne ? En tout cas, pas avant qu'une jeunesse bhoutanaise, découvrant enfin les médias du reste du monde, dont les délices d'Internet, n'en adopte son propre agenda.

Le réformateur du Bhoutan voulut absolument que nous aboutissions, avant de repartir et après communication de nos principales conclusions, à un *gentleman agreement* qui engage son gouvernement. Nous dûmes nous-mêmes le freiner : il prétendait lui imposer que les réformes préconisées soient effectives dans les six mois ! Nous avons préféré lui proposer, au soulagement de ses ministres, rangés sagement autour de la table, un calendrier plus progressif, étalé sur deux ans. Finalement nous avons compris, au terme de cette mission, que ce fin politique qu'était le roi avait provoqué notre venue avec une idée derrière la tête. Dans son volontarisme pour infléchir les résistances conservatrices de son entourage, il nous instrumentalisait, en lui disant : « Je comprends vos réticences à réformer, mais vous voyez que c'est l'ONU, dont nous sommes un État membre, qui l'exige de nous... »

Une réforme de la justice intégrant les ressources locales

La clé de voûte de la modernisation de la justice passait prioritairement par la formation de juges dignes de ce nom. Alors que les procès importants étaient jugés par quelques magistrats professionnels formés « sur le tas », le jugement de la majorité des petites affaires était confié au bon juge à la « saint Louis », c'est-à-dire au sage du village, chargé de tenir la balance égale entre l'accusateur et l'accusé.

Membre de notre délégation, le merveilleux juge sénégalais Laity Kama – il sera, de 1995 à 1999, le premier président du Tribunal pénal international pour le Rwanda – soutint ma position lorsque je m'opposais à notre collègue indien qui proposait, par pragmatisme, d'envoyer quelques bons élèves se former à New Delhi dans des écoles de droit pour produire rapidement du juriste « opérationnel ». Nous eûmes une discussion courtoise, tranchée à la majorité (de deux contre un). J'avais constaté, d'expérience, que l'apport de consultants internationaux greffés à distance sur les pratiques locales au cours d'un stage était insuffisant pour planter les racines d'un développement durable. Quand on part de presque rien, il faut faire beaucoup plus confiance aux ressources humaines locales. Nous avons donc prôné une formation plus progressive à partir de la culture locale, de façon à transformer leurs sages en « juges de paix », non sans accélérer aussi un cursus d'études de droit pour former des magistrats, mais aussi et surtout de véritables avocats, avec l'aide d'universités britanniques ou de celles de l'Union indienne.

« Notre grand frère », disait avec un soupçon d'ironie, à propos de l'Union indienne, le président de la Cour suprême bhoutanaise, conscient du peu de poids du tout petit Bhoutan vis-à-vis de son grand voisin. Ce haut magistrat était un homme remarquable, très ouvert aux diversités des systèmes juridiques, avec lequel nous fûmes rapidement au diapason. Il joua un grand rôle dans l'avancement de ces réformes. Quand je suis revenu, deux ans plus tard, pour ma mission d'évaluation, non seulement les prisons avaient été vidées de tous leurs anciens prisonniers (sauf un !), mais le nouveau système judiciaire s'implantait comme prévu. L'appel d'offres qu'avait lancé le président de la Cour suprême avait suscité de si nombreuses candidatures que les sélectionneurs avaient pu trier sans difficulté d'excellents candidats à la magistrature professionnelle.

Le « pays du dragon » à l'heure du BNB

Lors de l'audience que m'accorda le roi en tête à tête, après avoir demandé à ses conseillers de se retirer, il me testa « confidentiellement » (ce fut son mot) sur un vaste projet qui lui tenait à cœur : il était décidé à pousser les feux du changement beaucoup plus vite que ses conseillers et que son gouvernement ne se risquaient à l'envisager. Il me confia sa volonté, au-delà de la réforme de la justice, d'entreprendre la modernisation démocratique de son royaume.

Je fus saisi d'un doute. Au point d'abandonner toutes ses prérogatives de souverain traditionnel ? Mais oui ! À preuve : à l'heure de sa grande réforme, en 1998, il prendra pour Premier ministre son ancien ambassadeur à Genève, Jigme Thinley, celui-là même qui m'avait briefé sur le Bhoutan deux ans auparavant. Ce même roi qui avait, après dix ans de règne, assumé l'expulsion de 100 000 Népalais ou réputés tels, était, dix ans plus tard, persuadé que l'avenir de la Terre du dragon était dans la démocratie. Il s'y consacra bel et bien dans les années suivantes, et j'ai pu vérifier, au cours de cette seconde visite, que la situation progressait : au final, comme chacun put le vérifier, il abdiqua lui-même solennellement, en 2008, au profit de son fils aîné et il fit adopter à cette occasion une nouvelle Constitution de type anglo-saxon qui reconnut la séparation des pouvoirs. Monarchie parlementaire, elle prévoit le contrôle de l'exécutif par un pouvoir législatif (bicaméral), dont les lois sont appliquées sous le contrôle de juges indépendants. Sur le modèle britannique, le chef du parti qui remporte les législatives devient automatiquement Premier ministre et, du moins en principe, le roi ne se mêle plus de la politique intérieure.

Il a été mis fin à la presse officielle unique. Le quotidien *Kuensel* reste très gouvernemental, mais il n'est plus le seul journal et trois hebdomadaires se concurrencent dans les kiosques. On est passé d'une à deux chaînes de télévision, sans compter les chaînes étrangères, désormais accessibles. Les premières élections démocratiques, en 2008, se sont déroulées en présence d'observateurs internationaux.

Il subsiste une ombre au tableau : le syndrome du Sikkim, à savoir la crainte d'un désastre démographique et d'une immigration massivement pro-indienne qui submergerait le Bhoutan pour le « noyer » dans l'Inde, comme le Sikkim. Mais, depuis 2008, le nouveau roi Jigme Khesar Namgyel Wangchuck règne dorénavant sur une Terre du dragon « en voie de démocratisation », au nom de la doctrine officielle du pays : le « bonheur national brut ». C'est au nom de cette notion, très « développement durable », de bonheur national brut (avec santé et éducation gratuites à l'échelle de chaque village) que le Bhoutan a décidé de tourner le dos aux dangereux mirages de la croissance du PNB. Le « prix Nobel d'économie [2] » 2001 Joseph Stiglitz en a fait à son tour un cheval de bataille et le Premier ministre du Bhoutan a convaincu l'ONU (notamment le PNUD) d'en faire un axe de discussion.

Mal placé en termes de produit national brut, enclavé entre deux des plus grands pays du monde, tous deux lancés dans une course à la croissance qui fait basculer la planète, le Bhoutan a choisi d'améliorer surtout son BNB. Entre les deux plus grands « dragons » de la mondialisation, le pays du dragon suit son propre sentier sur la ligne de faîte, dont je n'ai aperçu que les premiers pas. D'autres que moi diront si cette mini-« Suisse de l'Asie », perdue sous les glaciers, profitera de ses futurs barrages ou sera rattrapée par le désastre climatique. Je ne peux témoigner que de l'amorce d'un processus, ne l'évoquant ici que pour convaincre que nous nous trouvions bien en présence d'un réformateur. En matière de transition, je m'étais retrouvé en face d'un cas « archi-transitionnel » : un « despote éclairé » y avait entrepris de rompre avec des traditions nées de la nuit des temps pour sauter prudemment dans la modernité.

Welcome to Katmandou… *au camp tentaculaire d'expulsés du Bhoutan*

Au terme de notre première mission, un détour par le Népal s'imposait, pour vérifier ce que devenaient les milliers d'expulsés du Bhoutan. Là, surprise : tels des touristes, nous débarquâmes à l'aéroport sans la moindre autorité à l'horizon pour nous accueillir, contrairement aux usages. Pourtant, notre arrivée était officiellement prévue. Mais le

2 Appellation raccourcie du « prix de la Banque royale de Suède en sciences économiques en mémoire d'Alfred Nobel ».

gouvernement du Népal avait d'autres urgences : une guérilla maoïste menait la vie très dure à la vieille monarchie, sans prendre de gants en matière de terreur dans les vallées où elle dominait. Cette monarchie absolue, à l'inverse de celle du Bhoutan, s'accrocha au pouvoir jusqu'à finalement imploser et s'autoliquider en 2008, ouvrant en grand les vannes d'une révolution républicaine, où des « zones rouges » font toujours tache.

Se refusant à reconnaître comme Népalais tous ces expulsés du Bhoutan que le Bhoutan ignorait en tant que Bhoutanais, les autorités népalaises affectaient de ne pas se sentir concernées par notre visite. Les ONG népalaises et le PNUD, ainsi que le HCR, comblèrent cette lacune. Ce camp était impressionnant : il a compté, aux pires moments, près de 100 000 réfugiés. En 2012, ce douloureux contentieux semblait enfin être en voie de résorption progressive : 70 000 de ces réfugiés auraient été réinstallés dans différents pays d'accueil, dont les États-Unis et le Canada.

20

« Ici l'ombre »... des mille et mille prisons et camps de la planète

En 1983, ayant été renouvelé dans ma charge d'expert indépendant de la sous-commission des droits de l'homme, un projet se fraya un chemin dans ma tête, qu'il me fallut dix ans pour commencer à orchestrer. Les pratiques de détention administrative, sous des prétextes criminels ou psychiatriques, en réalité politiques, déferlaient à l'époque en Union soviétique, contre tous les dissidents. L'opinion mondiale s'en émouvait de plus en plus, dans un monde moins polarisé et moins tacheté de dictatures, coloniales ou non. Pourrions-nous lever ce tabou dans une instance de l'ONU ? Pourrions-nous mettre à l'ordre du jour un progrès général de l'État de droit dans le monde, en faisant reculer le fléau des détentions administratives, qui s'exceptaient de tout contrôle judiciaire ?

De l'effet Gorbatchev sur le fléau mondial de la détention arbitraire

C'est le 15 mars 1985 que la commission de Genève, à l'initiative de la délégation française, adopta une résolution qui passa presque inaperçue dans ses premiers effets. Elle mandatait notre sous-commission d'experts pour « analyser les informations disponibles » sur ces pratiques, de façon à lui faire des « recommandations ». Le gouvernement français, qui avait pris l'initiative de cette résolution, avait eu la bonne idée de me consulter sur les formulations du texte, ce qui m'a beaucoup aidé par la suite à en exploiter les « harmoniques » et à le faire passer dans la réalité. Mes collègues experts de la sous-commission me confièrent volontiers l'« analyse » en question.

Cet événement, encore sur le papier, fut immédiatement contré par les experts du bloc de l'Est qui firent tout pour l'ensabler. Le Soviétique Vsevolod Sofinski, appuyé par le fin procédurier qu'était l'expert cubain Miguel Alfonso Martínez, monta au créneau et l'un et l'autre bloquèrent durant trois ans l'adoption de l'étude. Mais le temps jouait pour nous : la crise de l'URSS s'aggravait et avec elle advint le fameux « effet Gorbatchev », du nom du dernier président du Soviet suprême de l'Union soviétique. La *glasnost'* eut raison de tous les « arguments » dilatoires de Sofinski, et le mur de Berlin tomba. Dès lors, la commission a pu créer notre Groupe de travail sur la détention arbitraire (GTDA).

Lors de son installation en 1991, nous eûmes la surprise de pouvoir bénéficier de l'expérience de deux collègues de poids, à qui la vie avait appris ce qu'il en est de la détention arbitraire : le Tchèque Peter Uhl, signataire de la Charte 77, avait croupi durant neuf ans dans les prisons soviétiques ; et l'avocat chilien, Me Roberto Garretón, était un rescapé des tribunaux militaires de Pinochet.

L'ONU vous apprend la patience ! Et d'ailleurs, je ne regrette guère notre « retard à l'allumage », car cette période dilatoire accoucha d'un moment potentiellement bien plus fécond que celui, mitigé, des années 1980. Cette évolution nous permit de redéfinir notre action : au-delà de la notion de détention « administrative », les ONG nous ont poussés, notamment Reed Brody, de la Commission internationale des juristes, à étendre notre compétence à toutes les formes de privation arbitraire de liberté, qu'elles soient administratives, judiciaires ou autres.

Pour les contrôler, j'ai finalement opté en faveur d'une instance collégiale, plutôt que la désignation d'un rapporteur spécial. Un tel rapporteur vaut pour les questions de lutte contre la torture ou les exécutions sommaires. Ces pratiques étant illégales par nature, elles ne se discutent pas, elles se constatent. Alors que la légalité d'une détention, dans ses modalités, mérite souvent débat, d'où l'intérêt, dans ce cas, d'un collège où soit représentée la diversité des systèmes juridiques.

J'ai aussi penché en faveur d'une instance collégiale parce que j'entendais lui conférer – procédure très innovante pour l'ONU – non seulement un rôle de contrôle de légalité, s'assurant que la loi nationale appliquée est conforme aux standards du droit international, mais aussi une fonction quasi juridictionnelle sur l'appréciation des charges. De ce point de vue, grâce au président de la Commission des droits de l'homme, le Péruvien Enrique Bernales Ballesteros, la résolution 1991/42 qui créa le GTDA alla au-delà de mes espérances en lui fixant deux missions : enquêter sur les cas de détention imposée arbitrairement et, de plus, nous assurer de la compatibilité de ces détentions avec les normes internationales pertinentes.

Bref, ce GTDA devenait une véritable instance quasi juridictionnelle sur la détention arbitraire dans le monde, une notion non explicitée dans le seul objectif de ne pas nous attirer les foudres des États. Là aussi par « modestie » vis-à-vis des États qui craignaient de nous voir nous transformer en tribunal, nous baptisâmes « méthodes de travail » notre règlement de procédure. Notre but n'était pas (ou pas seulement) de condamner, mais de faire avancer les pratiques des divers États en matière de privations de liberté, en privilégiant le consensus autour des réformes de fond à entreprendre. Nous fûmes amenés, dans ce contexte, au grand dam de certaines ONG qui refusaient tout compromis avec un régime violateur, à suspendre l'examen de plaintes contre un État qui nous promettait d'introduire des réformes, ainsi, bien sûr, que les moyens d'en vérifier sur le terrain la mise en œuvre. Il nous avait paru difficile, par exemple, de déclarer arbitraire depuis Genève tel ou tel cas de détention en Chine, alors que, par ailleurs, les autorités nous invitaient à aller vérifier sur place. Pour éviter, selon l'expression qui me tient à cœur, que « de faux problèmes n'en deviennent des vrais », nous organisâmes avec les ONG de longues réunions préparatoires, de façon à leur expliquer toute la complexité des situations auxquelles nous étions confrontés.

Dès lors, nous entreprîmes de privilégier les procédures contradictoires, notamment entre les plaintes introduites par les éventuelles victimes et les ONG, d'une part, et, d'autre part, les États mis en cause, en instaurant des garanties les plus proches possible de celles d'une cour de justice, en particulier de celles de la Cour interaméricaine des droits de l'homme. Son règlement prévoit, pour éviter les manœuvres dilatoires, que si l'État ne répond pas dans un délai donné, les allégations de violations portées contre lui sont présumées être fondées. Cette règle nous a permis d'imposer à chaque État à qui nous transmettions une plainte d'avoir à nous répondre dans les quatre-vingt-dix jours.

Enfin, pour protéger certains de nos collègues plus exposés, nous avons décidé, afin d'éviter leur identification indirecte, que toutes nos décisions acquises dans un scrutin secret à la majorité des experts du groupe, seraient réputées avoir été prises à l'unanimité.

Comment le cas vietnamien nous permit d'« essuyer les plâtres » de nos missions sur les détentions arbitraires

Concrètement, comment se passait une enquête onusienne sur les détentions arbitraires dans un pays ? Elle commençait immanquablement, diplomatie oblige, par une rencontre avec son ministre des Affaires étrangères. Les ministres de la Justice, de l'Intérieur et de la Défense, plus directement concernés, ne venaient qu'ensuite. Les choses vraiment sérieuses ne commençaient qu'avec les directeurs des lieux de détention, les procureurs et les représentants des avocats.

Le Vietnam s'efforçait à l'époque de faire bonne figure pour booster son décollage économique et ses relations commerciales, en postulant à l'OMC. Il fut le premier État à nous inviter. Cette première nous permit d'essuyer quelques plâtres sur le plan des méthodes et d'établir un vademecum de l'enquêteur carcéral. Après une année entière d'intenses négociations à Genève, l'ambassadeur du Vietnam m'annonça fièrement, en septembre 1994, que son gouvernement s'était résolu à accueillir notre « visite ». En langage onusien, on évite de parler d'« enquête », car ce serait reconnaître implicitement qu'il existe des violations – c'est d'ailleurs de manière grinçante que l'ambassadeur d'Algérie me rappela un jour que la présomption d'innocence s'appliquait aussi aux États... Il fut convenu avec le Vietnam que nous visiterions non seulement certaines de ses prisons, mais aussi certains de ses camps dits de « rééducation » ou de « réhabilitation » par le travail.

Arrivés sur place le 23 octobre, nous avons pris acte aussitôt de notre inexpérience. Nous avions négligé en effet une donnée importante : le Vietnam est situé dans la zone des moussons, ce qui permit aux autorités de reporter certaines visites trop acrobatiques, pour nous laisser moisir d'ennui dans notre hôtel.

Des ONG nous avaient signalé trois camps et une prison à visiter en priorité : le camp n° 5 dans la région de Tràn Hoa, le camp dit Z 30 à Ham Tàn (province de Binh Huàn), le camp A 20 à Xuan Phuoc (province de Phu Yen) et le grand centre pénitentiaire de Chi Hoa, à Ho-Chi-Minh-Ville (ex-Saigon). Mais notre ignorance de la météo vietnamienne égalait la méconnaissance de son domaine par le ministre de la Justice : se réfugiant derrière le « secret défense », il prétexta ne pas être en mesure de nous communiquer la moindre statistique sur la population pénale !

La période semblait pourtant à la détente. Un professeur de droit nous assura que, ce faisant, les autorités vietnamiennes avaient marqué contre leur camp, car elles auraient pu afficher une nette baisse du nombre des prisonniers, y compris de leurs prisonniers d'opinion, si elles n'avaient pas tenu, comme le scorpion sur la grenouille, à maintenir ce secret défense par habitude totalitaire...

Nous fûmes toutefois témoins directs de cette détente relative. Un soir que nous visitions un grand centre pénitentiaire, nous repérâmes un bâtiment dont l'existence nous avait été dissimulée, effacée sur tous les plans. Le directeur, gêné par nos questions sur ce bâtiment surnuméraire, pressait déjà le pas comme s'il n'était pas question de faire le moindre détour. Il prétexta que la nuit tombait, que la pluie menaçait... Sur notre insistance, il céda, mais en lâchant le mot de trop : « Finalement, je n'ai pas besoin de vous accompagner. Votre interprète, qui est une bonne citoyenne vietnamienne, ne manquera pas de m'informer. » Preuve que les temps changeaient, l'intéressée se rebiffa par un cinglant : « Monsieur le directeur, je ne suis pas de nationalité vietnamienne mais onusienne ! » Je l'aurais embrassée !

Qu'avons-nous découvert dans ce lieu insolite ? Des anciens prisonniers de la guerre du Vietnam dont personne ne parlait plus ! Cette vingtaine d'ex-officiers du Vietnam du Sud avaient tenté de s'opposer à l'entrée des chars du Nord dans Saigon. Vingt ans plus tard, ils étaient encore détenus, alors que leurs chefs, les généraux anticommunistes qui avaient commandé ces actions de retardement s'étaient enfuis à l'étranger ou même venaient d'être amnistiés en 1992 !

Autre surprise : la corruption des gardiens aidant, la plupart des « secrets défense » que l'on nous opposait étaient des secrets de Polichinelle ! Rentré à notre hôtel, je reçus ce soir-là un appel de Paris. Le Comité de solidarité avec les prisonniers du Vietnam me joignait sans problème apparent, et il m'expliqua que nous avions été bernés : « Vous êtes arrivés sur les lieux à huit heures ce matin, mais dès six heures des prisonniers ont été évacués vers d'autres lieux de détention. » Vérification faite, il s'agissait surtout de ces ex-officiers qu'on nous avait vainement cachés. Mais que notre « visite » puisse être ainsi suivie pas à pas depuis Paris en disait long sur les fuites auxquelles se livraient certains surveillants. Était-ce par conviction, par corruption ou les deux ? Toujours est-il que « ça fuitait ».

À la première prison dans laquelle nous fûmes admis se produisit un incident typique de ces régimes : une équipe de télévision surgit à nos côtés pour nous filmer ! Nous étions manifestement intégrés malgré nous dans une action de propagande sur le thème « le Vietnam collabore avec l'ONU et ouvre ses prisons aux experts internationaux pour leur montrer que nous respectons les droits de l'homme »... Nous nous sommes bien gardés d'exiger l'expulsion de cette équipe et de donner ainsi l'impression que nous avions quelque chose à cacher. Nous avons dégainé... nos appareils photo pour enregistrer consciencieusement les aspects les moins reluisants de cette prison. Un « commissaire politique » n'a donc pas tardé à surgir pour nous rappeler que les appareils photo n'avaient pas été prévus dans le cadre de cette mission. Nous lui avons rétorqué que les caméras non plus n'étaient pas au programme. L'équipe de TV, penaude, se retira.

Dès que nous émettions quelques critiques du point de vue des libertés fondamentales, nos interlocuteurs gouvernementaux nous vantaient la nouvelle Constitution, adoptée récemment : ses articles 69 et 70 étaient censés garantir la liberté de parole et d'opinion, y compris le droit de réunion et d'information. Mais la discussion tournait vite court : il ne nous avait pas échappé que la réforme concomitante de la presse n'avait pas supprimé l'autorisation préalable des publications – c'est-à-dire la censure –, ce qui paraissait incompatible avec les deux articles tant vantés. Les seuls progrès constatés, comme dans le modèle chinois, ne concernaient que l'économie, dite « socialiste de marché ». Pour tout le reste, des archaïsmes totalitaires s'efforçaient de maintenir les libertés sous le boisseau.

En 2006, le Vietnam intégra l'OMC. Quant au bilan pénal de notre « visite », il se révéla très mitigé. Le secret défense continua de peser lourdement sur certains détenus, notamment sur les moines bouddhistes. Il n'y eut pas la moindre amorce d'une réforme des pratiques pénales. Au moins, face aux manœuvres dilatoires et manipulatrices, avions-nous affûté notre « méthode de travail » et complété le vade-mecum du bon enquêteur carcéral.

Trois leçons générales : avant tout, ne jamais sourire ! Et n'oublier ni les droit-commun ni les gardiens

Pour que la visite d'un camp ou d'une prison ne soit pas un théâtre d'ombres où on « balade » les visiteurs comme la Croix-Rouge dans le camp de concentration nazi de Theresienstadt en 1944, il est indispensable de se faire présenter le plan de la prison, le registre des entrées et sorties de détention, ainsi que l'emploi du temps quotidien des détenus.

Même quand les autorités multipliaient obstacles et réticences, nous avons appris à les contourner. Nous avons par exemple mis à profit les travaux aux champs, en prétextant que nous étions intéressés par de telles peines en milieu ouvert. Cela nous a permis de circuler parmi les détenus loin des micros et des oreilles des gardiens, avant qu'un commissaire politique ne surgisse à nos côtés. Il n'y a jamais, bien sûr, de réussite totale. Notre seule chance, aléatoire, était donc de multiplier les occasions de témoignage en tête à tête.

Nous avons découvert cette autre règle impérative : ne jamais sourire, même face au plus comique des boute-en-train ! Surtout pas en fin de visite, quand le directeur vous réclame, sur un mode faussement naïf à la Colombo, « une photo avec lui pour sa femme ». Sinon, on se retrouve rapidement à la une d'un journal gouvernemental, sur le thème « Tout va bien, Madame la Marquise » dans nos prisons modèles. Et, après le témoignage recueilli auprès d'un détenu, il ne faut pas oublier une seule seconde cette réalité très basique : vous quittez une prison où lui va rester...

Il importe également de pas négliger les gardiens, ni les snober, aussi aux ordres sont-ils censés être. Le personnel pénitentiaire est un détour incontournable de nos enquêtes, enfermé qu'il est, durant de longues journées, avec les prisonniers. Sur toute la planète, les prisons sont un monde à part, spécialement statique et ennuyeux. Les contacts avec les surveillants permettent de détecter, entre les plus hauts murs ou les pires barbelés, si un souffle de changement et d'amélioration est ou non perceptible.

La grande question est de savoir si les détenus seront mieux protégés après notre visite, ou, au contraire, plus exposés. Globalement, ils sont généralement mieux protégés dans l'immédiat, mais par la suite ? D'une manière générale, les prisonniers politiques ont clairement conscience d'encourir un risque de représailles quand ils coopèrent avec nous. Quand nous nous présentons, nous jouons cartes sur table : nous leur garantissons que, si leur témoignage est retenu dans notre rapport, ce sera sans décliner leur nom ni trop clairement leur situation. Mais nous savons que le simple fait d'avoir un entretien, même non sollicité, avec un enquêteur peut présenter des risques. Nous leur laissons donc le choix de refuser de coopérer, tout en sachant que la plupart choisissent de le faire, notamment au nom d'engagements militants.

Dans la plupart des pays, nous arrivons avec des listes de prisonniers politiques transmises par les ONG ; elles nous servent en particulier de test pour mesurer le degré de coopération des autorités. Les autres détenus interviewés sont choisis de manière aléatoire ou suite aux confidences des premiers. Et cela sans parler des cas emblématiques : même les régimes les plus obtus comprennent que la « visite » sera considérée comme nulle et non avenue par l'opinion mondiale s'ils vous refusent l'entretien avec un Mandela en Afrique du Sud, ou un Gusmão au Timor.

Commence la visite. J'ai pris l'habitude de débuter par un bref aller-retour dans les couloirs. Dans de nombreuses prisons, les cellules sont sans porte pleine : les détenus y sont comme en cage, avec barreaux ou grillagées, donnant sur le couloir ou la coursive d'accès. Seul avantage : nous pouvons nous faire une première opinion sans nous livrer au coup d'œil indécent à travers un œilleton qui met le visiteur dans la même position que le maton sur ses prisonniers.

Par ce coup d'œil rapide, nous essayons de voir s'il y a des blessés, des visages tuméfiés, des emplâtres de fortune, des détenus qui, se méfiant des autres prisonniers, nous adressent des signes discrets pour attirer notre attention ou qui détonent parmi les autres. Les syndicalistes, les « politiques », les intellectuels sont assez repérables : même en haillons, les plus autodidactes des paysans militants ont un maintien qui tranche, sans parler des religieux en Iran, ni des moines bouddhistes au Vietnam. Un bémol, cependant... Oserai-je le dire : je me suis rendu compte, à l'expérience, qu'existe une sorte de ressemblance entre les politiques et le prisonnier détenu pour délinquance financière ! L'escroc est naturellement beau parleur et astucieux. Son bagout vous ramène souvent au bord de ce sourire... que nous devons nous interdire. Contrairement aux « gros bras », il a choisi un mode de délinquance qui consiste à gruger les autres, l'enquêteur de l'ONU compris. Heureusement, cette présélection aléatoire (avec ses impasses) ne va pas au-delà d'une première approche : elle ne vise qu'à se faire une idée, avant de procéder aux entretiens approfondis.

S'intéresser aussi aux droit-commun relève de l'équité. Au Pérou, un directeur de prison m'en a un jour félicité ; il ne s'y attendait pas : « Vous savez, en prison, tout se sait instantanément ; lorsque les droit-commun s'aperçoivent que la visite des experts est le privilège des politiques, ils revendiquent, voire se révoltent. » Dans chaque pays, nous avons donc pris pour règle de visiter un quota de droit-commun, bien que les ONG, à l'exception de l'Observatoire international des prisons (OIP), faute de temps ou de moyens, ne s'intéressent guère en général à eux. Contrairement à une idée reçue, les cas de détention arbitraire de droit-commun sont beaucoup plus fréquents qu'on pourrait le croire. Non-présentation à un juge durant des mois, détention maintenue par négligence alors que la peine a été exécutée ou amnistiée, procès bâclés, etc. :

ces dysfonctionnements fréquents sont le plus souvent dus à la négligence des juges, pour ne pas dire à la paresse de certains d'entre eux.

Pénétrer l'impénétrable... des camps et des prisons chinoises

En 1997, la Chine s'ouvrait à peine... au commerce avec la planète. Tout au plus accepta-t-elle cette année-là d'entrouvrir ses prisons aux observateurs de l'ONU, non sans mille précautions bureaucratiques et policières. La préparation de cette visite avait nécessité près de trois ans de discussions avec l'ambassade de Chine à Genève, bien que l'ambassadeur ait toujours fait preuve de beaucoup d'ouverture d'esprit. Mais, en fin diplomate et en bon connaisseur des autorités de son pays, il m'avait d'emblée laissé entendre que, pour pouvoir convaincre sa hiérarchie, il nous faudrait « laisser beaucoup de temps au temps ». La mission, dès le début, faillit d'ailleurs être annulée : les Chinois exigeaient de choisir les interprètes, alors que le règlement de l'ONU nous prescrit de ne travailler qu'avec des interprètes assermentés par l'ONU. Nous sommes finalement tombés d'accord pour « couper la poire en deux » : chacune des deux parties (l'État chinois et notre délégation) désignerait deux interprètes. En fait, une fois sur place, nous n'utilisâmes « leurs » interprètes que dans les entretiens avec des officiels et les nôtres pour les entretiens confidentiels avec les détenus. Nos interlocuteurs, bien sûr, ne furent pas dupes, mais cet arrangement permit aux deux parties d'en sortir par le haut, sans que personne ne perde la face, ce qui est essentiel dans la culture chinoise.

La question la plus sensible fut bien sûr celle du choix des lieux à visiter. C'est un pays immense : les prisons et les camps y « fleurissent » du nord au sud et d'est en ouest. Il fallait éviter que les autorités ne nous « trimballent », en avion et en limousine, aux quatre coins de leur beau pays, en nous laissant, en fait, un minimum de temps pour voir des prisonniers. De notre côté, nous ne pouvions pas demander d'aller à un endroit déterminé sans une idée précise de sa localisation. Au cours de la préparation de la mission, je me suis livré, cartes en main, à un minutieux travail de fourmi pour chaque lieu à visiter, surtout les plus reculés. Je me suis plongé dans un vieux guide topographique bilingue que j'ai rempli de notes et que je garde encore dans mes archives. Les ONG sont très renseignées sur les lieux de détention sensibles qu'elles nous suggèrent de visiter, mais dans cet immense pays où ils sont souvent disséminés dans des coins improbables, rares sont celles qui peuvent dire comment s'y rendre, à quelle altitude cela se situe et combien d'heures de route y mèneront !

La coopération avec les ONG faillit même, dans cette affaire, aller à la rupture dans cette phase préparatoire, quand nous les avons informées de notre décision de suspendre (temporairement) l'examen des plaintes que l'ONU recevait à Genève contre la Chine : sauf à perdre en crédibilité, nous ne pouvions nous prononcer sur le caractère arbitraire de ces détentions uniquement sur dossier au moment même où les Chinois, à notre demande, acceptaient de nous ouvrir les portes de leurs geôles pour nous en faire une opinion sur le terrain.

Pour la première de nos deux visites, du 6 au 16 octobre 1997, nous avons pu cibler une grande prison « classique », deux camps de « rééducation », un centre de détention préventive, une prison pour femmes et une pour les mineurs. Je me souviendrai toujours de la surprise du directeur de la prison n° 1 de Pékin lorsqu'il comprit que nous allions aussi visiter des prisonniers de droit commun, se demandant manifestement pourquoi l'ONU s'intéressait à des « gens de rien ». Dans les camps de rééducation régnait une atmosphère oppressante, tant du côté des détenus – qui, dans un premier temps, craignaient que nous les interviewions, sans doute par crainte de représailles – que de celui des surveillants, qui comprenaient mal que les autorités, qui qualifiaient habituellement l'ONU d'« annexe de l'impérialisme américain », nous aient autorisés à venir les inspecter.

Crochet par le Tibet où le moine détenu se transforme en Cri *de Munch*

Restait la question du Tibet. Visite épineuse et prioritaire pour nous. On nous avait prédit qu'elle ne serait en aucun cas autorisée. Pour mettre toutes les chances de notre côté, nous avons usé d'un classique des techniques de négociation : laisser à l'interlocuteur le choix entre deux propositions alternatives pour qu'il ne perde pas la face. Nous leur avons proposé de visiter soit les prisons du Tibet, soit celles du Sin Kiang. Deux régions à « minorités » sensibles, toutes deux en voie de sinisation massive... Nous avions calculé que nous serions probablement interdits de Sin Kiang, zone stratégique sous haute surveillance militaire en raison de ses installations spatiales et nucléaires. De surcroît, le sort de la minorité musulmane des Ouïghours y posait déjà de sérieux problèmes et la Chine pouvait craindre que notre rapport les ravive. Finalement, nous avions vu juste ; c'est le Tibet qui l'emporta.

Non sans surprise à l'arrivée ! Débarquant à Lhassa en milieu d'après-midi du 13 octobre 1997, au terme d'un voyage de deux jours, nous découvrons, éberlués, que l'apparatchik qui gouverne la région (dite « autonome ») du Tibet, malgré les engagements pris au plus haut niveau, est en désaccord total avec notre visite et ne se cache pas pour le faire savoir : il nous snobe ostensiblement, comme s'il n'était pas au courant. On refuse de nous transmettre les autorisations spéciales réclamées par les autorités pénitentiaires locales. Tandis que notre collègue indien tente de négocier, nous partons visiter le magnifique palais du Dalaï-lama à Lhassa après avoir été dûment sermonnés : « Nous vous rappelons qu'il est strictement interdit de photographier des militaires. » Le directeur du Département des organisations et conférences internationales (DOCI) de l'ONU, qui avait supervisé les négociations, est alerté. Il saute dans un avion pour venir en personne convaincre les autorités locales de nous accorder le sésame promis.

Le lendemain, nous pénétrons avec émotion dans la grande prison de Lhassa où les autorités locales, pour se faire pardonner ce pas de deux embarrassé, renoncent progressivement aux contrôles et limitations qu'elles prétendaient nous imposer. Mais, difficulté imprévue, lors des négociations tortueuses sur la question des interprètes… de chinois, nous n'avions pas pensé que certains détenus ne pourraient s'exprimer qu'en tibétain. Pour ne pas abandonner à son sort cette minorité, nous expérimentons une solution improvisée – non prévue dans les règles de l'ONU, mais qui nous a servi ensuite dans d'autres missions. Elle consiste, sous réserve de n'en user qu'avec prudence et à titre exceptionnel, à repérer parmi les droit-commun un prisonnier parlant la langue concernée et de l'embaucher comme interprète de secours. Il m'avait semblé préférable, pour jouer un tel rôle, de prendre un droit-commun plutôt qu'un politique, qui pourrait être tenté d'introduire certains biais dans ses traductions, moins « brutes de décoffrage ».

À Lhassa, le directeur de la prison, croyant bien faire, nous proposa à la mi-journée de faire une pause en allant visiter « son » atelier de tissage, le fleuron – selon lui – de son établissement. Il y régnait une sorte d'atmosphère religieuse. Était-ce dû à une discipline de fer ou à la présence de nombreux moines bouddhistes qui confectionnaient en silence de magnifiques tapis que des touristes achèteraient sans doute très cher, sans s'inquiéter de leur provenance ? Probablement les deux. C'est dans ce silence impressionnant qu'éclata l'incident fatal : un jeune Tibétain, muet, assis devant son métier à tisser, se dressa à notre passage pour lancer un vibrant : « Longue vie au Dalaï-lama ! » Panique chez les gardiens qui le ceinturèrent immédiatement pour le faire taire. Que faire ? Nous avons bien sûr exigé – et obtenu – de nous entretenir avec lui en tête à tête pour lui assurer une protection. Nous avons pris note de ses coordonnées, des conditions dans lesquelles il avait été arrêté, pour quel motif il était détenu et depuis combien de temps.

Mais comment nous assurer que dès que nous aurions le dos tourné, les gardiens n'exerceraient pas de terribles représailles contre ce cri ? Il ne traduisait qu'un exercice de libre expression, mais qui faisait perdre la face au directeur « devant l'ONU » et en présence du haut fonctionnaire venu exprès de la capitale... Nous avons profité de sa présence pour le constituer responsable de la sécurité de ce prisonnier. Une lettre d'engagement fut signée en ce sens par le directeur de la prison. On nous informa par la suite que « ce seul incident n'avait pas eu de conséquences pour l'intéressé [et n'avait été suivi] d'aucune sorte de représailles ». Mais j'ai eu de très forts doutes sur son sort, tant ce jeune moine avait pris de risques.

Il y a eu au Tibet, ensuite, des visites de parlementaires étrangers et des délégations d'organismes internationaux. Mais nous avons été les premiers – et, je crois, les seuls à ce jour – à entrer dans des prisons politiques chinoises et à pouvoir nous entretenir, sans témoin officiel ni commissaire politique, avec des détenus. Il était très important à nos yeux d'avoir créé ce précédent. Y compris pour d'autres pays, comme on va le constater.

De Charybde en Scylla : mission révélatrice dans l'Iran des mollahs

Le 15 février 2003, les conditions de notre arrivée à Téhéran furent déjà de mauvais augure : à peine étions-nous sortis de l'avion qu'un pasdaran (« gardien de la révolution islamique »), planté en haut de la passerelle, remit d'autorité un voile à ma collègue algérienne, la juge Leila Zerroughi ! Il la somma de se couvrir et j'ai dû insister pour qu'elle obtempère, par crainte de compromettre la mission avant même qu'elle commence. Arrivés au pied de l'escalier, je me retournai pour la remercier : une larme coulait sur sa joue. Elle me confia combien cette épreuve lui coûtait, elle qui n'avait jamais cessé de se battre dans son pays contre l'obligation du port du voile.

Dès les premiers jours, nous avons ressenti la pression du clergé chiite et de ses miliciens, les *bassidjis*, succédanés des pasdarans. Toutes les institutions de la République islamique d'Iran, faussement ou peu démocratiques, étaient placées sous la houlette du « guide suprême » régnant sur les trois pouvoirs : exécutif, législatif et judiciaire. Les religieux eux-mêmes n'échappaient pas à ce despotisme : dès notre premier séjour, nous avons visité la prison « des clercs » du complexe pénitentiaire d'Evin. Nombre de religieux y étaient détenus dans un quartier réservé. Leur crime ? Avoir donné de la *charia* une interprétation divergente de celle, la plus archaïque, de la doctrine officielle. Cette dernière institutionnalise la discrimination en fonction du sexe, de la religion ou de la nationalité, sans parler de sa pratique de peines moyenâgeuses, telles que la flagellation, les mutilations pour vol, etc., assimilées par le droit international à la torture ou à des « traitements cruels, inhumains et dégradants ».

Nos autres visites des prisons, centres de détention et commissariats de police se déroulèrent du 15 au 27 février 2003 à Téhéran, à Chiraz et à Ispahan la « splendide ». Le bilan des premiers jours fut déjà très inquiétant. Premier constat : l'inflation des détentions arbitraires était manifestement la conséquence de la terrible répression menée contre la presse par le tristement célèbre Saïd Mortazavi, président du Tribunal de la presse. Il faisait embastiller des journalistes à la chaîne et ordonna la fermeture d'une centaine de journaux.

Ayant pu assister à des audiences (choisies au hasard par nos soins) dans divers tribunaux, nous avons été très choqués, avec ma collègue algérienne, de découvrir qu'aucun parquet n'y fonctionnait : *exit* les procureurs ! Cette réforme emblématique de la « justice » islamisée allait bientôt être abandonnée et des procureurs rétablis, nous promit-on, mais cette suppression, cumulée avec la limitation la plus drastique des droits des avocats, venait de provoquer, durant sept ans, un immense et irréparable désastre judiciaire.

Nous l'avons constaté dans nos entretiens avec des détenus quand ils nous racontèrent leur procès : cette « justice » était devenue caricaturale. C'est le juge, en l'absence de tout procureur, qui engageait lui-même les poursuites, puis, se transformant en juge d'instruction, menait lui-même l'« enquête ». Et c'est encore ce même juge qui finissait, à l'audience, par prononcer la peine ! Même dans les pires dictatures latino-américaines, nous n'avions pas rencontré une telle confusion des genres. Une législation ouvertement discriminatoire aggravait cette farce de justice : les « dommages » pour une femme étaient évalués à la moitié de ceux d'un homme, dont le témoignage, par ailleurs, valait autant que celui de deux femmes ! Une « justice » cruelle, avec persistance du talion et de la lapidation pour adultère, où la répression de la « fornication » et celle de l'homosexualité se distribuait sans fards pour atteinte à la « loi divine »... De plus, le principe affirmé de publicité des débats était très souvent et arbitrairement suspendu par le tribunal, pour des motifs purement régaliens.

Et pourtant, lors de cette visite, à l'étonnement de nombreux fonctionnaires de base ou d'agents du régime pour lesquels notre visite était en soi une sorte de révolution, nous avons pu respecter nos méthodes de travail : nous avons choisi nous-mêmes les lieux de détention à visiter, désigné nous-mêmes les détenus à interviewer (la plupart de manière aléatoire et *in situ*, mais certains à partir de listes de cas « sensibles »), avec nos propres interprètes et sans autres témoins. Pour verrouiller cette procédure, nous avons choisi au dernier moment le lieu des entretiens, hors de vue des caméras et en changeant souvent d'endroit.

La découverte en flagrant délit de la prison secrète d'Evin

Alors à la recherche d'un dégel dans ses relations internationales, les autorités iraniennes, au début de cette mission, s'efforcèrent de jouer le jeu. Nous avons même pu pénétrer à l'improviste à l'intérieur d'une des prisons militaires (à Chiraz), ce que peu d'États nous auront accordé. Une réserve toutefois : certaines familles de prisonniers furent inquiétées, parfois sous nos yeux ; un rendez-vous que j'avais commis l'erreur de donner à mon hôtel à un proche d'un détenu s'est ainsi soldé par son interpellation à la sortie même de l'hôtel.

Pire : à Téhéran et à Ispahan, des groupes réunissant des familles de prisonniers tentèrent vainement à plusieurs reprises de prendre contact avec nous, faisant le pied de grue à quelques encablures de notre hôtel, jusqu'à l'intervention musclée des pasdarans. Manifestations « non autorisées », nous répondirent les officiels, sans plus de précision.

C'est dans le grand complexe pénitentiaire d'Evin, aux portes mêmes de Téhéran, que deux incidents majeurs ont marqué notre visite. Evin comporte de nombreux bâtiments et installations où nous avons pu circuler, mais je parle ici spécialement de son fameux « secteur 209 »... Des ONG nous avaient signalé cette véritable « prison dans la prison », où les pires tortionnaires avaient le champ libre et dont les autorités iraniennes avaient toujours nié l'existence.

Mon plan était de la découvrir « en flagrant délit ». Je devais donc la localiser à l'avance pour la faire ouvrir *in situ* et par surprise. Dans les mois précédant la mission, j'ai auditionné à Paris, Bruxelles, Londres et Genève une trentaine d'exilés et anciens prisonniers d'Evin pour reconstituer, tel un puzzle, le plan de la prison. Heureux hasard : mon dernier interviewé était architecte. À la lumière de sa connaissance des lieux et des informations que j'avais recueillies, il a reconstitué le plan de la prison. Je savais qu'en montant l'escalier, à Evin, menant à la prison des femmes, je me retrouverai face à une porte métallique, sécurisée par un énorme cadenas : elle servirait de point de repère au genre de « GPS » que j'avais gravé dans ma tête.

Les officiels qui nous accompagnaient n'ont pas vu venir le coup. Lorsque j'ai demandé l'ouverture de cette mystérieuse porte, l'embarras qui s'afficha sur leur visage me poussa à insister et la rafale d'objections fantaisistes qu'ils m'opposèrent me le confirma : je frappais bien à la bonne porte. Ou plutôt à la pire. Panique à bord ! Chacun dégaina son portable en quête d'instructions de sa hiérarchie pour se couvrir. Les tergiversations du directeur de la prison s'éternisaient ; il prétextait que ce local n'était qu'un débarras. Je lui ai répliqué que, dans ces conditions, « puisqu'on nous interdisait de visiter ne serait-ce qu'un débarras », nous mettions fin à la mission pour rentrer à Genève et rendre compte de ce refus de coopération. Il s'inclina. Notre délégation pénétra donc enfin dans cette prison, laquelle, de cet instant, ne fut donc plus « secrète » !

À peine avions-nous commencé à visiter les étroites cellules d'isolement destinées au confinement solitaire et à interviewer un détenu dans ce cul de basse-fosse que deux pasdarans, manifestement furieux de cette intrusion dans leur royaume, surgirent comme de beaux diables et nous chassèrent en brandissant leurs célèbres matraques. Leur colère hystérique faisait plaisir à voir : elle constituait l'aveu d'un mensonge d'État ! Le pouvoir iranien ne pourrait plus nier l'existence de ces cachots sur lesquels régnaient ses sbires, sous la caution du guide suprême, sans garantie d'aucune justice. Suite à cette enquête, je gagnais au passage, auprès de quelques-uns de mes collègues onusiens, le surnom amusant mais sans doute usurpé, de « Maigret des droits de l'homme ».

Le second incident, plus vite réglé, eut lieu dans le quartier des femmes de la prison d'Evin. Rien qu'à suivre les mimiques sur les visages des détenues que nous réunissions en vue d'entretiens personnels, je m'aperçus qu'il y avait quelque chose qui clochait. Leurs regards convergeaient à la dérobée vers une détenue au regard fuyant. Avec mon expérience de Villa Devoto, j'ai très vite compris qu'il s'agissait d'une « jaune », infiltrée parmi elles pour espionner les autres, voire nous manipuler. Au culot, je l'ai exclue du groupe sur un ton sans réplique : « Madame, sortez d'ici ! Vous n'avez rien à faire parmi les détenues ! » Elle s'exécuta ! Nous avons ensuite protesté auprès du directeur, en regrettant que soit bafoué notre accord de « loyale coopération », longuement négocié à Genève. Quel crédit pouvait dès lors être accordé à notre mission, si les autorités persistaient à nous « balader » dans des « prisons Potemkine » qu'elles truffaient d'espionnes déguisées en prisonnières d'un jour ?

Notre visite du quartier des femmes se termina par une scène bouleversante. Au moment de les quitter, je m'inclinais devant chacune d'elles en signe d'adieu, car il n'est pas coutume en Iran qu'un homme serre la main d'une femme. Or, sous le regard stupéfait des autres, l'une d'elles a tendu le bras, s'est saisie de ma main et l'a serrée « à l'occidentale ». Devant ma réticence à lui laisser prendre ce risque, elle avait murmuré quelques mots à voix basse. La traduction de l'interprète fut suivie d'un certain silence : « Monsieur, c'est ma façon à moi de résister… » Je la revois encore, de ses lèvres tremblantes, m'adresser un sourire fugace. Je me suis envolé pour Genève le lendemain, en n'emportant de fugitif que le souvenir poignant de son visage. Elle s'appelait Taranéh.

Quant aux velléités, affichées à l'époque, d'une réforme d'ensemble du système judiciaire et pénitentiaire iranien, j'ignore ce qu'il en est resté à la suite de notre rapport, extrêmement négatif, et au-delà des « crispations » du régime iranien qui s'enchaînèrent par la suite. Mais je sais bien aussi que de nouvelles résistances se firent jour sans arrêt, dont celle de cette admirable avocate, Shirin Ebadi, qui m'avait conseillé dans la préparation de cette mission et que le monde a découverte avec le prix Nobel de la paix qu'elle reçut en 2003.

L'archipel de la rétention, ou la face cachée du bonheur australien

L'Australie, comme chacun sait, est une grande démocratie anglo-saxonne. Quand nous nous y rendîmes du 24 mai au 6 juin 2002, nous pensions donc que, pour une fois, nous allions enquêter dans un pays où la détention arbitraire serait l'exception qui ne confirmait pas la règle. Il fallut déchanter. J'avais déjà été pris d'un doute en lisant dans l'avion le *Migration Act* de 1958, dont un article relevait de la pure hérésie juridique : tout étranger contrôlé sans visa, dès qu'il posait un orteil sur le territoire australien, devait être conduit sur-le-champ dans un centre de rétention, sans aucun examen préalable par une quelconque autorité, ni limitation de durée, dans l'attente de la délivrance d'un hypothétique visa ou plutôt, à l'inverse, de son arrêté d'expulsion.

Il était bien prévu une procédure d'examen des demandes d'asile, mais elles étaient essentiellement traitées par visioconférence, les acteurs concernés se tenant à des milliers de kilomètres les uns des autres. Un moyen certes très moderne et adapté à ce continent, couvrant trois fuseaux horaires : il permettait à un avocat de Perth de défendre son client détenu à Villawood, devant une commission qui siégeait à Sydney... Mais ce système interdisait toute chaleur humaine et la richesse interactive des plaidoiries et des débats.

Le Théâtre du Soleil en a d'ailleurs tiré une pièce, *Le dernier Caravansérail*, qui fut jouée en 2003 avec succès, tant en France qu'en Australie. La mise en scène très incisive de ce moment fatal d'une comparution à longue distance qui décidait de la vie d'un homme en fonction de détails télégéniques aléatoires était un des temps forts de ce spectacle. Le choc de ces séances de visioconférence était des plus traumatisant pour tous ces *boat people* qui, dès qu'ils abordaient en Australie, croyaient avoir posé le pied sur une terre de liberté.

Dans les six « centres » que nous avons visités (Port Hedland, Maribyrnong, Perth, Womera, Baxter – encore en construction à cette époque – et surtout Villawood, perdu dans une région désertique, à huit heures de route d'Adélaïde), nous avons pu constater à quel point le terme de « prison » était le plus approprié. Faute des hauts murs traditionnels, l'enceinte était cernée d'un imposant double réseau de barbelés, scintillant de milliers de lames de rasoir. Les détenus – venus en grande partie d'Irak et d'Iran, ainsi que d'Afghanistan et de Chine – étaient constamment soumis au regard des caméras d'un réseau envahissant de télésurveillance, auquel les femmes tentaient vainement d'échapper un instant, fût-ce pour leur toilette : « Monsieur, faites quelque chose : ils nous confisquent notre intimité », me confia une adolescente, honteuse d'avoir à en parler, même évasivement, à un homme.

Lors des transferts pour soins médicaux ou dentaires, les patients étaient conduits menottés, comme des criminels, jusque dans la salle d'attente. Au camp, toutes les six heures, les détenus devaient rejoindre l'aire de rassemblement où se faisait l'appel. Ces séances répétées de comptage collectif public étaient insupportables : quatre par jour, dont une la nuit ! Chaque détenu était « appelé », mais déshumanisé, répondant à l'appel de son seul matricule (trois lettres suivies d'un nombre) ! Cette dépersonnalisation s'appliquait systématiquement, sans distinction de genre ni d'âge : même les enfants étaient désignés par leur matricule... pour la remise calamiteuse des « cadeaux de Noël ».

Cette situation oppressante provoquait ce que nous avons qualifié, dans notre rapport, de « syndrome de dépression collective ». D'un camp à l'autre, nous comptabilisions les tentatives de suicide (par pendaison ou absorption de détergents), dont certaines réussies, et de nombreux actes d'automutilation. Certains avaient la tête bleuie à force de se cogner de désespoir contre les murs ; d'autres, en grève de la faim, s'étaient cousus les lèvres ! En signe de protestation, plusieurs détenus s'étaient précipités, à notre arrivée, sur les lames de rasoir des barbelés : ils en ressortaient sanguinolents. S'il y a des pays où un vol vous « coûte une main », là-bas, le *Migration Act* « méritait » qu'on se coupe un doigt, à en croire la pratique de certains détenus ! J'en ai même interrogé un qui portait sur son avant-bras la cicatrice du mot « Liberté ». Il se l'était incisé lui-même avec l'une de ces lames de rasoir...

Il nous a fallu plusieurs jours pour nous apercevoir d'une donnée fondamentale de ce camp de rétention : les missions de gardiennage et de surveillance étaient sous-traitées à une société de sécurité, l'Australian Correctionnal services (ACS), elle-même filiale d'une société américaine, la Wackenhut Corrections Corporation. Cette forme de privatisation était d'autant plus choquante que cette société commerciale exerçait des prérogatives de puissance publique, telles que refuser à un avocat de rencontrer son client en détention, qui plus est sans avoir à motiver sa décision, ou encore exercer le pouvoir disciplinaire (mise à l'isolement, etc.). Lorsque j'ai tenté d'obtenir communication du contrat de sous-traitance, à mon étonnement, la réponse immédiate fut un *Business secret* – au lieu d'un *State secret.* Mon interlocuteur assimilait l'État à un banal client commercial et l'ONU à un organisme qui risquait de divulguer à ses concurrents les secrets de fabrication de sa « marchandise ». Où on voit que la très fameuse « main invisible » du marché peut se faire aussi lourde que secrète...

En application de ce contrat avec l'État, chaque évasion était sanctionnée par une pénalité dont le montant n'était remboursé par l'Australie à cette entreprise que si le fugitif était retrouvé. Cela expliquait – très « commercialement » – le pourquoi du régime de surveillance quotidienne draconien auquel se trouvaient soumis ces demandeurs d'asile. On y veillait sur eux comme sur un « cheptel » numéroté.

Mais ces camps n'étaient encore rien vis-à-vis d'un minuscule État insulaire voisin : Nauru, auquel l'Australie louait, par concession, le droit d'entretenir une « île-prison », de sorte qu'il ne soit pas dit qu'un tel camp se situait sur le sol australien !

Les Robocops de Villawood : visite d'un camp de rétention en état d'insurrection

Notre arrivée dans le camp de Villawood, en mai 2002, fut d'abord dominée par un terrible malentendu : comme nous débarquions de voitures marquées du sigle de l'ONU (UN pour United Nations), des prisonniers nous prirent pour une délégation des États-Unis ! Cette confusion entre US et UN peut jouer un rôle de détonateur dans des régions déshéritées de la planète. Dans le cas de ces prisonniers, parqués « nulle part » par l'Australie sans plus d'espoir d'atteindre ses villes du Sud, leur soulèvement tumultueux à notre approche déclencha l'intervention d'une brigade antiémeute, celle des mercenaires « privés » de cette société de sécurité...

Dans ces situations d'extrême tension, il faut réagir très vite. Pour éviter une répression musclée que notre présence aurait déclenchée et, en apparence, cautionnée, nous avons exigé le retrait immédiat de cette unité « contre-insurrectionnelle », aux allures agressives de Robocops masqués et équipés de pied en cap. J'ai demandé aux autorités australiennes et à cette unité de choc de se retirer à une cinquantaine de mètres hors de l'enceinte des barbelés du camp. Nous y avons vite repéré les leaders ou porte-parole de cette agitation et, perché sur une chaise, j'ai tenu un « meeting » au milieu d'eux. Avec l'appui des interprètes, dont ce n'est pas la fonction habituelle, je me suis adressé à la foule de ces « insurgés » pour les convaincre, passeport à l'appui, que je n'étais pas américain et qu'il était de leur intérêt de nous faciliter la poursuite de notre visite. Principe de précaution : je leur ai précisé, pour ne pas créer de faux espoirs, que nous n'allions probablement pas obtenir leur libération ni leur intégration à l'Australie, mais que nous pourrions sans doute faire en sorte que leurs conditions de vie soient améliorées et surtout que leur voix soit enfin entendue à l'extérieur des barbelés.

D'une fillette aux pieds nus et d'un ministre gougnafier

Le calme revenu, je leur ai expliqué comment nous allions procéder, par entretiens individuels ou collectifs. Au terme de ces entretiens qui nous occupèrent la journée entière, un cas m'a plus marqué que d'autres. Celui d'une mère de trois enfants qui insistait pour obtenir un entretien en tête à tête. Pourquoi une telle obstination ? Cette vieille paysanne d'origine iranienne m'a lâché, les larmes aux yeux, tant sa demande lui paraissait exorbitante : « Monsieur "de l'ONU", est-ce que vous, vous pourriez obtenir pour ma fille une paire de chaussures ? » Elles étaient là depuis trois ans ! Sa fille n'était pas venue pieds nus, mais « en trois ans, vous comprenez, les pieds d'une fillette, ça grandit... D'avoir les mêmes depuis trois ans, ça la blesse ». Mais pourquoi avoir demandé un entretien confidentiel pour transmettre une demande si naturelle ? Parce qu'elle avait eu « honte » d'avoir à poser une telle question en public. Cette vieille femme dans son châle fait partie des fantômes qui reviennent me visiter.

Cette histoire de chaussures pour une fillette venue d'Iran jusque dans le désert de ce camp australien me taraudait encore, quand le ministre australien de l'Immigration nous reçut à Canberra. C'était un ancien militant d'Amnesty et il tenait à le faire savoir : il arborait, derrière son bureau, le badge de l'association, tout en nous expliquant que, pour la plupart de ces exilés, tout allait pour le mieux dans le meilleur des mondes. C'était grotesque.

C'est à l'honneur de l'Australie et de sa démocratie parlementaire que d'avoir relayé dans sa presse, ou du moins une partie, les résultats de notre mission, laquelle ne fut donc pas sans suites. Un fameux caricaturiste de presse sut résumer la situation. On voyait sur son dessin (paru le jour de notre départ) le ministre interpellé par un de ses collaborateurs, qui lui disait : « Monsieur le ministre, vous savez que l'expert de l'ONU est ressorti de nos prisons, après avoir posé plein de questions ? » Et le ministre de lui répondre : « Mais qui l'a libéré ? » Furieux des résultats de cette mission de l'ONU, ce ministre n'a pas décoléré durant des mois. Elle avait fait du bruit dans l'opinion et les politiques s'en mêlaient... Nous avions fait un point de presse avant notre départ et le jour même de ce départ se déroula une belle manifestation de solidarité de milliers d'Australiens vis-à-vis de leurs demandeurs d'asile.

Ce ministre australien prit son bâton de pèlerin pour faire la tournée des ministres de l'Intérieur de toute l'Europe, accumulant les remarques désobligeantes vis-à-vis de ses « visiteurs » onusiens. Il en vint à demander très officiellement, à Genève, reçu par le regretté Sérgio Vieira de Mello, alors Haut Commissaire des Nations unies aux droits de l'homme [1], que je

1 Nommé quelque mois plus tard représentant du secrétaire général de l'ONU en Irak, Sérgio Vieira de Mello sera tué à Bagdad le 19 août 2003 lors d'un attentat suicide contre le quartier général de l'ONU.

sois démis de mes fonctions. Un de mes assistants assistait à cette réunion. Il me rapporta la réponse très sèche du Haut Commissaire : « Écoutez, Monsieur le ministre, si vous attendez de moi que j'accrédite l'idée que M. Joinet n'est pas indépendant, c'est perdu d'avance. Si vous le voulez bien, passons à autre chose. »

21

Le printemps de Genève et le « regel » de 2006

Durant ces trente-trois ans, j'ai été aux premières loges des évolutions des sociétés civiles à travers le monde. J'ai eu la chance d'y vivre la première décennie de la période de l'après-guerre froide (1989-2001). On sait trop comment l'affrontement entre les États-Unis et l'URSS paralysa les institutions onusiennes entre la guerre de Corée et la guerre d'Afghanistan – celle lancée en 1979 par les Soviétiques, sachant que le cycle des guerres d'Afghanistan est malheureusement depuis loin d'être clos.

La condamnation de l'URSS pour son « coup de Kaboul »

Dans la nuit de Noël 1979, une Union soviétique dont le déclin était déjà bien engagé eut cette très mauvaise idée d'envoyer sa puissante armée terroriser son petit voisin pour y assassiner, d'abord, son allié « révolutionnaire » le plus proche et installer au pouvoir à sa place un fantoche plus à sa botte, lequel réclama bien sûr de son « grand frère » du Nord une intervention militaire déjà largement engagée. Cette aventure coloniale à l'ancienne, à l'heure où se réglaient tant bien que mal les ultimes conflits nés de la décolonisation, prit tout le monde à rebrousse-poil et déclencha une condamnation, à New York, de l'Assemblée générale de l'ONU.

Les Soviétiques s'en moquaient : grâce à leur droit de veto au Conseil de sécurité, ils étaient à l'abri des mesures de rétorsion, au-delà du boycottage de « leurs » jeux Olympiques et autres mesures symboliques. Ils rangeaient parmi ces dernières le soutien des pays occidentaux et musulmans aux guérilleros afghans qu'ils traquaient dans leurs maquis. La Russie n'en était pas à sa première campagne de pacification contre ce genre de « bandits » montagnards.

Ils se trompaient gravement. L'URSS, dans les dix ans, allait se trouver réduite à la seule Grande Russie, en guerre perpétuelle contre ses « bandits » tchétchènes, après que la coalition « islamo-américaine » l'a plongée dans un bourbier à faire pâlir tous les Vietnam. Ils se trompaient aussi quant à l'ONU. Nous en fîmes la démonstration. Leur position au Conseil de sécurité ne les mettait plus à l'abri d'une condamnation pour violation des droits de l'homme par une poignée d'experts indépendants.

Cela peut paraître assez pâle en regard des enjeux de cette affaire, mais chacun intervient de la place où il peut et prend ses responsabilités. Il était important, dans le contexte général de l'année qui suivit l'invasion de l'Afghanistan, que notre sous-commission affirme sa mission. Et elle l'a fait, à l'étonnement général. Ce fut la première fois qu'un État membre permanent du Conseil de sécurité fut condamné pour une action de violation des droits de l'homme.

Au début, la résolution déposée ne fut pas prise trop au sérieux par les experts du bloc de l'Est. Elle irait « au panier », comme d'autres avant elle. Or, une fois recalée, une résolution déposée devant la sous-commission était au purgatoire pour longtemps. Et pourtant, après moult consultations de couloirs, je me suis aperçu, les lignes ayant un peu bougé, à mon dernier décompte des pronostics de vote, qu'il ne manquait qu'une abstention pour obtenir cette condamnation. Ce fut celle d'un expert roumain, prédécesseur de Mazilù, avec lequel je m'étais lié d'amitié par accordéons interposés. Il accepta de se faire complice du stratagème suivant : au moment de l'ouverture du vote, l'un de mes amis, militant d'une ONG, le ferait demander par la cabine téléphonique de l'huissier ; le but était que ce dernier vienne ostensiblement le chercher dans la salle, afin qu'il quitte ainsi publiquement la séance, juste au moment du vote. On appelle cela « voter avec ses pieds » et à l'ONU, c'est devenu l'« alibi de l'huissier ».

Petit rappel : le dictateur roumain Nicolae Ceausescu n'avait pas manifesté sur la question afghane cette comédie de l'« indépendance » qu'il développa plus tard vis-à-vis des Soviétiques. Il en restait solidaire.

C'est donc comme « tout surpris », à son retour en séance, que mon collègue et cher complice fit mine de découvrir, feignant la déception, que l'URSS, en son absence, venait d'être condamnée à la majorité des votes pour l'invasion de l'Afghanistan ! Décidément, les temps changeaient. Je ne dirai pas les mines renfrognées de nos collègues soviétiques et cubains...

Mais d'autres États, progressivement, une fois ce point marqué sur le bloc soviétique, se mirent à afficher des mines dubitatives. Certaines diplomaties des pays occidentaux s'interrogèrent gravement sur des « dérives » possibles de cette procédure : de quoi se mêlaient donc ces experts des droits de l'homme à condamner ainsi des membres permanents du Conseil de sécurité ? D'autres régions de la planète commencèrent à craindre d'être prises en flagrant délit pour leurs pratiques violatrices, notamment du côté des régimes autoritaires régnant sur les pays arabes. Divers complots de longue haleine commencèrent alors à se nouer pour « moucher » les experts de Genève, mais nous avions encore, pour vingt bonnes années, les alizés pour nous : la roue de l'histoire tournait dans le bon sens, sans réagir encore aux coups de frein des uns ni des autres.

Et la Chine fut condamnée pour le massacre de la paix céleste

Dix ans plus tard, la session de 1989, dite « session Tian'anmen », fut spécialement houleuse. L'occupation par les étudiants chinois de la place de la Paix céleste s'était achevée dans le sang. L'armée était intervenue dans la nuit du 4 juin 1989, multipliant morts et blessés – au moins plusieurs centaines – chez les manifestants, dont beaucoup furent emprisonnés et poursuivis arbitrairement pour de très longues années.

Notre session plénière, comme chaque année, se tenait au mois d'août, moins de deux mois plus tard. Qu'avait fait, entre-temps, le secrétaire général de l'ONU de cette époque, Javier Pérez de Cuéllar ? Il s'était déclaré « préoccupé » par ces « événements » et avait conseillé au gouvernement chinois « la plus grande retenue ». Mais, déjà effrayé d'avoir manifesté une telle audace, il avait cru bon de souligner que « la Charte des Nations unies interdit [à l'ONU] toute interférence dans les affaires intérieures des pays membres, en particulier dans celles des États membres du Conseil de sécurité qui y disposent d'un droit de veto ». Bref, il ouvrit en grand le plus vaste parapluie qui soit et affecta solennellement de regarder ailleurs.

Nous fûmes quelques-uns, à Genève, à nous montrer complètement écœurés par cette politique de l'autruche. Avec mon collègue argentin Leandro Despouy, nous avons envisagé de déposer une résolution condamnant la Chine. Histoire, au moins, de « sauver l'honneur » de l'ONU ! Le pari était audacieux. C'était la toute première fois que la Chine risquait d'être condamnée par l'ONU pour violation de droits de l'homme et on pouvait s'attendre qu'elle se batte bec et ongles pour ne pas perdre ainsi la face. Nous avons prudemment sondé ceux que nous appelions les « prog's », c'est-à-dire ceux des experts que nous considérions comme les plus « progressistes ». Surprise : une forte minorité s'y dessinait.

Au vu de ce sondage, malgré les liens anciens que la Chine avait tissés avec de nombreux pays décolonisés, elle n'était pas intouchable. Nous nous lançâmes dans l'aventure. Mais dès que les Chinois eurent vent de ce projet de résolution, dont nous pesions et discutions encore les termes, ils visitèrent systématiquement chaque expert de la sous-commission, en jouant de tous leurs atouts. Sur le fond de l'affaire, ils manifestaient le même type d'arrogance que naguère les Soviétiques : les diplomates chinois débitaient en boucle leurs calomnies, style apparatchik, à l'égard de leurs « dissidents », à des experts des droits de l'homme qui en avaient vu d'autres et que ce genre de discours laissait froids. L'époque n'était plus à raconter que « tous ces manifestants n'étaient pas de vrais étudiants, mais seulement un "ramassis" de criminels et de voyous » ! Toute la planète avait pu les voir et les entendre à la télévision.

En tant qu'ONG reconnue par l'ONU dans son rôle consultatif, la FIDH avait eu la bonne idée d'inclure dans sa délégation l'un des leaders du mouvement étudiant chinois, Li Lu, qui avait réussi à quitter Pékin *in extremis*, avec l'aide de la France. Son témoignage, poignant, électrisa la sous-commission. Furieux, le délégué de la Chine officielle l'interrompit par un point d'ordre. Mais ce « rappel au règlement », que j'aimais bien aussi pratiquer à mes heures, est un art difficile en régime d'assemblée : il peut se retourner contre l'interrupteur, s'il a mal ajusté son coup. Coupant Li Lu, depuis son siège, casque sur les oreilles, le délégué chinois lança ce bref message, qui se répercuta sur tous les bancs au fur et à mesure des traductions en plusieurs langues : « Ce prétendu témoin est un faux témoin ! Il ment ! Cet homme est un criminel recherché par Interpol. »

Du tac au tac, j'ai enchaîné sur son point d'ordre par un contre-point d'ordre.

Où la Chine « perd la face » grâce... à l'amour du cirque

Je ne me lançais pas dans ce duel sans biscuits : j'avais une carte dans la manche. Le délégué chinois avait commis une grave maladresse en « bluffant » dans un domaine où il risquait d'être démasqué ou en faisant confiance à des policiers chinois qui lui avaient probablement juré avoir déjà transmis à Interpol le prétendu « dossier Li Lu ». En tout cas, si les officiels chinois ont pensé que ce mensonge tiendrait bien quelques heures, le temps d'invalider le témoignage de Li Lu et d'enterrer cette résolution, ils se sont lourdement trompés. Ils n'ont pas pris en compte une réalité pourtant centrale dans la culture chinoise : le cirque !

Car c'est l'amour du cirque qui me liait au Britannique Raymond Kendall, le grand patron, durant des années, de cette institution policière internationale qu'est Interpol. Le siège en est à Lyon, mais ce n'est pas la proximité Lyon-Genève qui était en cause. L'important de l'affaire, c'est que je disposais de la ligne directe du patron d'Interpol et de la garantie qu'il me réponde dans l'heure. Comme conseiller du Premier ministre, j'avais eu à coprésider avec lui la commission de renégociation de l'accord de siège qui liait Interpol et la France. Cette renégociation s'étant passée au mieux, nous avions eu du temps pour échanger avec Kendall sur une passion commune : le cirque.

Dès que le délégué chinois eut le culot d'évoquer Interpol, connaissant mon Kendall, j'ai fait banco en déclarant, très benoîtement : « Monsieur le président, Interpol à un statut consultatif dans notre assemblée. Je demande en conséquence que soit vérifié auprès de cette organisation s'il existe un tel mandat international contre ce témoin. » Et je me suis précipité au téléphone. Exposant brièvement la situation à Raymond Kendall, je lui ai demandé de faire vérifier le plus vite possible si Li Lu faisait bien l'objet d'un mandat d'Interpol. La réponse tomba dans l'heure : aucun « Li Lu » au fichier d'Interpol ! À la reprise de la séance, je fus donc en mesure de poursuivre mon point d'ordre et de contredire frontalement les allégations chinoises. Abandonnant toute langue de bois, j'ai asséné en conclusion : « Le menteur, Monsieur le président, n'est donc pas le témoin. »

Après cet épisode victorieux, il ne nous restait plus qu'un obstacle à franchir : obtenir que la résolution soit votée à bulletins secrets, pour éviter les déperditions que provoquaient chaque fois les votes à main levée, sous le regard vigilant des États. Entre une conviction forte et le courage de l'assumer publiquement en séance, certains experts « sous surveillance » trouvaient motif à hésiter. L'expert cubain tenta une dernière manœuvre en exigeant un vote public sur la forme du vote. Ubuesque ! Mais rien n'y fit. La majorité confirma à bulletin secret que le vote aurait lieu à bulletins secrets, puis vota la résolution qui condamnait, pour la deuxième fois, un membre permanent du Conseil de sécurité.

Un Coréen du Nord égaré en Ardèche

Ce fut un moment fort de la longue « résistance » de la sous-commission pour préserver son indépendance et sa capacité à voter des résolutions contre les États violateurs des droits de l'homme. Huit ans plus tard, continuant son offensive contre les experts indépendants, notre instance supérieure, la commission des droits de l'homme, composée quant à elle d'États, nous a interdit de prendre l'initiative de résolutions concernant des pays inscrits à son ordre du jour. Pour contrer cette manœuvre et ses perspectives d'étouffoir, je demandai au secrétariat de me procurer une liste complète de ces pays. Par un effet boomerang, ce document révéla que, depuis la création de la commission, aucune condamnation n'avait jamais été prononcée à l'encontre d'une quinzaine de pays, dont l'une des pires dictatures de la planète : la Corée du Nord. Avec la complicité de quelques experts, lors de la session de notre sous-commission d'août 1997, je pris alors l'initiative d'une résolution mettant en cause ce régime violateur et, là encore, j'en ai fait l'annonce sur un ton des plus benoît.

Ces quelques mots firent l'effet d'une bombe. Habituellement, le délégué de la Corée du Nord suivait les débats d'un air mi-distrait, mi-somnolent, tant l'ONU l'avait accoutumé depuis des décennies à ce que son pays ne soit jamais en cause. Subitement, il s'agita violemment sur son siège. Qu'allait-il répondre ? Rien, pour l'instant. Son premier réflexe, évidemment, fut de très vite quitter la salle pour aller « rendre compte ». À la suspension de séance, il m'aborda, hors de lui. Il me saisit les deux poignets et s'exclama, en les secouant avec force : « Monsieur Joinet ! C'est une honte, ce que vous venez de faire ! » Puis il ajouta, bizarrement : « Vous avez des enfants ? » « Oui, cinq. » (Je me disais, interloqué : il ne va tout de même pas menacer ma famille de représailles ? Mais, peut-être, de son côté, le régime menaçait-il la sienne…) Il a finalement lâché prise, en me disant : « Oui, j'ai honte pour vos enfants de ce que vous venez de faire ! » Et il s'éloigna en grommelant.

Le lendemain, son ambassadeur m'interpella à son tour au détour d'un couloir, me reprochant d'un ton menaçant d'« avoir joué avec le feu ». Il ajouta : « Si vous déposez cette résolution, ma délégation prendra la parole pour annoncer que mon pays, qui a ratifié le Pacte sur les droits civils et politiques, va retirer sa signature. J'espère que vous serez présent ! » Ce Pacte est « la » convention fondamentale de l'ONU : elle reprend les principes de la Déclaration universelle des droits de l'homme mais en les développant. À la différence de la Déclaration, ce pacte engage juridiquement les États qui l'ont ratifié. Bref, la Corée du Nord menaçait de « claquer la porte » et de se dégager d'un traité essentiel au système des Nations unies.

Inquiet de ce précédent qui risquait de pousser d'autres États signataires à se retirer du Pacte et de leurs engagements, j'appelai à l'aide, à Paris, l'un des meilleurs spécialistes du droit des traités, le professeur Alain Pellet. Sa réponse, très argumentée, tomba par fax vers minuit : en fait et concrètement, sur un plan « procédural, la ratification ne peut pas être retirée ». Le lendemain, l'ambassadeur de Corée du Nord fit donc en vain son annonce « fracassante » : je ripostai immédiatement en expliquant en quoi cela se révélerait juridiquement impossible. Sa déclaration de rupture fit donc long feu. Et la résolution contre la Corée du Nord fut mise aux voix et adoptée à une large majorité.

La suite est étonnante. Fin août 1997, j'étais en vacances à Valos, en Ardèche, dans notre maison familiale. Mon assistante me téléphona : « Je viens de recevoir un appel de l'ambassadeur de Corée du Nord à Genève : il veut venir vous voir… » « Dites-lui que je suis en vacances, je le recevrai à mon retour et, de toute façon, je suis dans un hameau très isolé et difficilement accessible… » Je lui demandai de le dissuader de son projet de visite estivale, mais, pour le faire patienter, j'acceptai qu'elle lui donne mon adresse de vacances, afin qu'il m'écrive s'il le souhaitait.

Mal m'en a pris. Trois jours plus tard, un beau matin, débarquaient dans mon Ardèche profonde deux somptueuses Mercedes avec plaques diplomatiques et vitres fumées, sans oublier les gardes du corps, également munis de lunettes fumées. L'homme de Corée du Nord était venu jusqu'à Valos comme on va à Canossa ! Je l'invitai à déjeuner. Comme souvent avec les diplomates, nous avons bavardé de choses et d'autres, tournant autour du pot avant d'évoquer le but de sa visite. Vers 14 heures, nous n'avions toujours pas abordé le fond. Je le conviai à prendre un café à Valgorge, petit village sympathique où le cortège diplomatique débarqua en grandes pompes, à la surprise des habitants éberlués. Ce n'est que vers 15 heures que je compris son problème : faute de pouvoir se retirer juridiquement du Pacte, il était venu me consulter jusqu'en Ardèche pour que je lui suggère – « à titre informel », insista-t-il – une solution « honorable ».

En somme, ce diplomate était venu me transmettre un SOS : « Aidez-moi à en sortir... » Craignait-il tant pour son propre avenir ? Vers 17 heures, ce jour-là, une solution politique, sinon juridique, fut trouvée, afin que le problème aille s'ensabler sans que la Corée du Nord ne donne le mauvais exemple et se mette au ban des nations en tentant de se retirer de ce Pacte. Nous nous sommes séparés sans une once de polémique. Je ne l'ai plus jamais revu.

L'après-11 Septembre : une régression passagère ?

Les attentats spectaculaires et meurtriers du 11 septembre 2001 contre les tours jumelles de New York nous ont projetés dans un nouveau siècle extrêmement dangereux, avant même la grande crise économique amorcée en 2008. Je me garderai d'épiloguer sur une histoire à peine ébauchée, mais je tiens à noter comme le dernier exemple du travail positif de notre sous-commission des droits de l'homme qu'elle avait pris les moyens (avant d'être « débranchée ») de condamner les États-Unis pour sa prison « hors sol » de Guantanamo, symbole de l'arbitraire dans cette nouvelle époque.

Plusieurs volets de la politique américaine ont alors préoccupé les défenseurs des droits de l'homme, notamment le fait que les États-Unis se réservaient le droit de désigner des États « voyous » contre lesquels ils s'autorisaient à exercer une « légitime défense » préventive ! D'où la guerre contre l'Irak, et son mensonge.

Le 11 septembre 2001, vers 16 heures, je présidais une session du GTDA au Palais Wilson, à Genève. Mon assistant m'apporta une dépêche confirmant l'attaque terroriste contre le World Trade Center à New York. Alors que nous nous apprêtions à respecter une minute de silence pour les victimes de Pinochet, je me vis donc contraint d'en proposer une autre, pour les 3 000 victimes des tours jumelles. Je n'imaginais pas encore que les suites de cet attentat exceptionnel allaient dès lors occuper largement notre ordre du jour durant deux ans.

Suite au 11 Septembre, nous avons en effet été saisis dès 2002 de plaintes d'ONG pour détention arbitraire sur la base navale américaine de Guantanamo Bay, à Cuba. Cette zone fut, comme on sait, transformée en prison de haute sécurité pour des personnes suspectées d'être impliquées dans cet attentat ou arrêtées pour complicité avec Al-Qaida, en Afghanistan, mais aussi au Pakistan et dans plusieurs autres pays.

Nous avions conscience, là encore, de la difficulté de mettre en cause pour violations des droits de l'homme un membre permanent du Conseil de sécurité. Comment les États-Unis allaient-ils réagir ? Pour tester leurs réactions, nous leur avons adressé, par la voie diplomatique, le 22 janvier 2002, une lettre demandant à nous rendre sur place pour examiner certains cas de détention qui nous avaient été signalés comme arbitraires. Pas de réponse. Après une lettre de rappel, toujours sans suite, nous avons décidé d'appliquer un article très efficace de notre règlement de procédure. Il stipulait qu'en cas de non-réponse de l'État concerné dans un délai de trois mois, les faits allégués étaient réputés fondés. Cette disposition a subitement réveillé les États-Unis, en tant que puissance détentrice.

Où l'effondrement des tours voit l'effritement des grands principes

Passons sur la question du statut de Guantanamo, juridiquement fragile par lui-même, cette zone ayant été extorquée à Cuba en 1903, à une époque où les Cubains ne pouvaient rien refuser aux États-Unis. (Elle leur fut concédée par un « président » de Cuba si dépendant d'eux qu'il arborait fièrement sa nationalité états-unienne !) La lutte contre le terrorisme exige incontestablement l'adoption de mesures spécifiques limitant certaines garanties, y compris en ce qui concerne la détention et le droit à un procès équitable. De telles restrictions sont en effet prévues par l'article 4 du Pacte international relatif aux droits civils et politiques (PIDCP) « dans le cas où un danger public exceptionnel menace l'existence de la nation ». Mais elles sont autorisées sous réserve qu'ait été respectée la procédure de notification, selon laquelle « les États parties [...] qui usent du droit de dérogation doivent, par l'entremise du secrétaire général de l'ONU, signaler aussitôt aux autres États parties les dispositions auxquelles ils ont dérogé, ainsi que les motifs qui ont provoqué cette dérogation ». Ce à quoi les États-Unis s'étaient refusés.

Entre Genève et Washington, commencèrent alors de lentes et longues discussions d'apparence très juridiques, mais en réalité très politiques. Nos interlocuteurs américains tentèrent de nous faire avaler un incroyable tour de passe-passe pour échapper à un difficile dilemme : la question était de savoir si l'on était en présence de prisonniers « de guerre », auquel cas les conventions de Genève s'appliquaient ; sinon, c'était la convention généraliste qui s'appliquerait, c'est-à-dire le Pacte précité qui protège toutes les autres catégories de prisonniers. Dans les deux cas, ces prisonniers étaient donc protégés contre une détention arbitraire par des textes signés par les États-Unis. Or ces deux textes exigent, pour éviter qu'une détention soit qualifiée d'arbitraire, que les détenus bénéficient d'un procès équitable, notamment de pouvoir consulter un avocat, ce qui n'était certes pas le cas pour les détenus (longtemps anonymes) de Guantanamo. Les États-Unis ayant ratifié ces deux textes, ils ne pouvaient en aucun cas échapper à notre sanction.

Pour tenter de sortir de cette nasse juridique, nos interlocuteurs ont soutenu que ni l'une ni l'autre de ces conventions ne pouvaient s'appliquer, car il ne s'agissait ni de prisonniers de guerre, ni de prisonniers politiques, ni de prisonniers de droit commun, mais de... « prisonniers combattants » ! Nous avons découvert avec stupéfaction cette nouvelle catégorie *sui generis*, inconnue du droit international, apparemment sortie d'un chapeau texan à larges bords à seule fin que Guantanamo puisse éviter tout contrôle international. Cette nouvelle catégorie donna lieu à une controverse qui dépassa de loin les frontières américaines. Le plus juridiquement qui soit, nous eûmes beau jeu de rappeler que, lorsqu'il y a controverse ou doute sur la qualification juridique de la détention, la convention de Genève a prévu (article 5) qu'il appartient, non pas au gouvernement concerné, mais à un tribunal d'en décider et que, dans cette attente du jugement d'un tribunal, les détenus doivent bénéficier de la protection de la convention, donc du droit à un avocat et à un procès équitable.

L'embarras grandissant de notre interlocuteur américain...

Le tribunal de district de Columbia avait été saisi et il s'était très vite déclaré incompétent, au motif que Guantanamo étant régi par l'accord de 1903 entre Cuba et les États-Unis, cette base se situait hors du territoire des États-Unis. Aucune juridiction américaine ne pouvait donc être compétente, selon ce tribunal. Mais le Département d'État semblait ignorer qu'en 1995, notre groupe de travail avait obtenu l'autorisation de se rendre à Guantanamo pour visiter des demandeurs d'asile haïtiens détenus sur cette base et que cette visite avait été finalement différée *sine die* à la suite d'une décision du tribunal du district de l'État de New York. Alors saisi par l'ONG Human Rights Watch, ce tribunal s'était finalement déclaré compétent et avait ordonné la libération des détenus ! D'où, face aux experts de la sous-commission, l'embarras grandissant de notre interlocuteur, diplomate à la Mission permanente des États-Unis à Genève, qui donna la nette impression de ne pas connaître son dossier dans ses aspects les plus américains : il y avait eu un précédent !

Notre « tenaille » se resserrait : dans l'hypothèse où le statut de prisonnier de guerre ne serait pas reconnu par un tribunal, la protection des prisonniers relèverait du Pacte qui garantit aussi, bien sûr (articles 4 et 9), le droit à un procès équitable. En conclusion, le Groupe de travail enjoignit aux autorités américaines (là encore sans le moindre effet) de porter d'urgence le cas devant une cour compétente, afin qu'elle se prononce sur le statut des personnes détenues à Guantanamo Bay. Notre initiative n'eut que peu d'influence sur le sort des détenus, mais elle ne fut pas, pourtant, sans effets collatéraux : les ONG et l'opinion prirent le relais, déclenchant finalement l'affaire des « prisons secrètes de la CIA ». En tout cas, nous avions eu le sentiment très net d'avoir contribué, dans cette affaire, à sauver, là encore, l'« honneur » de l'ONU.

22

Vers une justice qui « remonte le temps » !

Malgré ces retombées négatives du 11 Septembre, qu'il faut espérer passagères, l'époque paraît révolue où les tortionnaires et auteurs de violations massives des droits humains pouvaient opérer à l'abri des témoins, des médias et des opinions publiques. Qui pouvait imaginer, à l'époque de Franco, qu'un Pinochet serait un jour arrêté à Londres, ne serait-ce que quelques jours, et poursuivi ensuite depuis Madrid par le juge Garzón ? Et qui, en France, aurait imaginé que ce même Pinochet se trouverait aussi jugé (par contumace) devant un tribunal français ? Je n'aurais pas osé l'espérer, ne serait-ce que dix ans avant, moi qui à Paris ai témoigné à son procès à la demande de familles de disparus. Si bien que Pinochet aura fini aussi, malgré le processus d'« autoamnistie » qu'il s'était aménagé dans son pays, par être rattrapé avant sa mort y compris en France, par les accusations d'un juge de Santiago.

Pour prendre des exemples plus proches de nous, qui aurait pu penser qu'un tyran comme Slobodan Milosević meure en 2006 dans une prison néerlandaise, au cours de son procès devant un tribunal international, où celui de son général Ratko Mladić qui s'est à son tour ouvert en 2012 ? Et on aura même vu des victimes de tortures dans les prisons algériennes qui ont réussi en 2001 à saisir une juridiction française pour porter plainte contre le général Khaled Nezzar, « parrain » de la junte algérienne durant les longues années de la guerre civile de 1992-1999. Cette action obligea le gouvernement français, faute de s'emparer sur-le-champ de ce présumé criminel, à renvoyer *fissa* dans son pays son invité d'Alger... De tels exemples se multiplient, avertissant les dictateurs et leurs agents qu'aucun d'eux n'est plus à l'abri.

Vingt-huit principes directeurs pour faire barrage à l'impunité

C'est avec le fort sentiment que les opinions et sociétés civiles du monde entier évoluaient rapidement dans ce sens que j'ai consacré mes dernières années à l'ONU à mon rapport de 1997, déjà cité, sur les principes de lutte contre l'impunité. Il s'agit là d'un des problèmes clés de toute justice, si elle veut garder un sens. Et ce problème est encore plus grave s'agissant de l'impunité que tentent de s'assurer les dictateurs. Faire adopter par l'ONU les vingt-huit principes directeurs de ce rapport m'a permis de condenser le combat d'une vie entière, mené au nom du *Nunca mas !* (Plus jamais ça !). La clé de ces vingt-huit principes, que nombre de juristes appellent les « Principes Joinet » et dont des ONG se sont emparés depuis leur adoption par la communauté internationale, est dans le droit à savoir la vérité. C'est le droit primordial des victimes et de leurs proches que la justice recherche pour eux la vérité sur ceux qui ont détruit leur vie ou leur famille, que cela soit à hauteur d'homme ou à l'échelle d'une société.

Allons plus loin : je tiens qu'une justice moderne devra de moins en moins se laisser soumettre par le temps, au détriment des victimes de crimes qui font les frais de procédures interminables. La justice devrait désormais dompter le temps, jusqu'au point de s'en affranchir dans certains cas emblématiques. Non pas qu'une société, à travers notamment ses lois et ses procédures judiciaires, n'aurait pas à organiser volontairement de nécessaires formes d'oubli des crimes et délits qui se sont commis en son sein. Ces amnisties et ces grâces font partie de la vie, sous réserve qu'elles soient légalement encadrées. Mais, depuis que le XXᵉ siècle a créé à la fois des crimes imprescriptibles et que des ressources scientifiques permettent de retrouver l'ADN de Toutânkhamon, il n'y a plus de raisons, je le dis avec un zeste de provocation, que la justice ne cherche pas à remonter le temps autant que nécessaire.

À condition que des magistrats aient les moyens de la respecter, on rétablit ainsi une hiérarchie légitime entre délinquants ordinaires et auteurs des crimes de masse imprescriptibles, lesquels devront savoir qu'on les pourchassera jusqu'à leur mort... et au-delà ! Je dis bien « au-delà », sans le moindre délire mystique. Car si leur mort éteint l'action de la justice contre les responsables de ces crimes, il ne faut surtout pas qu'elle éteigne le droit de leurs victimes à savoir la vérité et, pour les proches des « disparus », à pouvoir se recueillir devant leur tombe. Nous aurons donc, de plus en plus, à poursuivre la mémoire des criminels jusqu'à ce qu'on retrouve les traces des corps de leurs victimes. Notre métier n'est certes pas celui des historiens, mais tant mieux si leur travail de décryptage en vient à s'appuyer aussi et grâce à nous sur des traces scientifiques et personnalisées des crimes de masse.

Cette conviction tient à mon travail pour l'adoption de la Convention internationale pour la protection de toutes les personnes contre les disparitions forcées (adoptée par l'ONU en décembre 2006 et entrée en vigueur en décembre 2010) et sur mon rapport à l'ONU contre l'impunité, mais aussi à ma rencontre avec deux hommes exceptionnels. L'un m'aura initié aux mystères de l'ADN, de charnier en charnier de l'ex-Yougoslavie : le professeur Clyde Snow. L'autre est plus connu en Europe : mon collègue espagnol, le juge Baltasar Garzón.

La convention contre les disparitions forcées

Lorsque je présidais en 1997 et 1998 le groupe d'experts chargé de rédiger l'avant-projet de la convention contre les disparitions forcées, j'avais constaté que la lutte contre ces crimes est d'abord un combat juridique contre le temps qui passe. Suspendre le temps jusqu'à ce que le cas soit élucidé, tel fut en effet notre objectif prioritaire en adoptant les articles 5 et 8 de la convention internationale.

L'article 5 stipule que « la pratique généralisée ou systématique de la disparition forcée constitue un crime contre l'humanité », ce qui, « conformément au droit international applicable », entraîne son imprescriptibilité. Cette imprescriptibilité est toutefois plus relative qu'absolue, car les poursuites, fussent-elles imprescriptibles, s'éteignent nécessairement avec le décès de l'auteur. En d'autres termes, ces barrières contre l'oubli tombent lorsque s'éteint l'action publique, comme c'est la règle dans tout État de droit, par décès du ou des auteurs du crime.

Mais si le droit à la justice se trouve ainsi « éteint » – ou plutôt neutralisé –, une question demeure : cette extinction du droit à la justice entraîne-t-elle celle du droit de savoir et, donc, celui de pouvoir continuer à agir pour retrouver la trace des disparus, tant que le cas n'est pas élucidé ? Il est très important de clarifier ce point. Sinon, le risque est grand de voir certains États, trop pressés de tourner la page, y compris celle de l'histoire, faire du « droit de savoir la vérité », non un droit autonome, mais un accessoire du droit à la justice. Leur thèse serait qu'en cas d'extinction de l'action publique par décès de l'auteur, les enquêtes qui s'efforcent de répondre à la lancinante question « *Donde estàn ?* » (Où sont-ils ?) doivent être closes pour connexité. Ce qui est donc ici en jeu, c'est le droit fondamental des familles des victimes et celui de leurs descendants – et cela, dans mon esprit, sans limite de générations, donc sans limite de temps – de faire procéder à des recherches pour localiser les charniers, obtenir l'exhumation des corps, leur identification et, finalement, leur restitution.

Je me remémore ici les fortes paroles de Nassera Dutour, porte-parole du Collectif des familles de disparus en Algérie, lors d'un meeting de solidarité dans les années 2000 : « Nous les avons mis au monde... Qu'ils nous rendent leurs corps pour qu'on les enterre... Tout homme a le droit d'avoir une tombe, et nous avons le droit de nous recueillir sur leurs tombes et d'aller pleurer sur leurs tombes. » Elle ne faisait que traduire, en des termes bouleversants, ce que reconnait l'article 24 de la convention : « Toute victime a le droit de savoir la vérité sur les circonstances de la disparition forcée, l'évolution et les résultats de l'enquête et le sort de la personne disparue [...] et, en cas de décès, la localisation, le respect et la restitution » du corps, qui devient ainsi un élément à part entière du droit à réparation.

Le droit a su faire preuve d'inventivité pour que soit consacrée cette forme de temps suspendu, mais nous devons mieux l'exploiter, comme nous le pouvons déjà grâce aux technologies nouvelles, notamment génétiques, que la science offre désormais à la criminologie.

La leçon du professeur Snow sur une justice « qui remonte le temps »

Le décryptage de l'ADN a bouleversé la police scientifique, comme le savent tous les téléspectateurs des séries du type *Les Experts*. Et il a même permis d'établir, à partir des leurs dépouilles momifiées, jusqu'à l'identité des pharaons. Dans l'intérêt du droit de savoir des familles de disparus, il s'agit de s'en emparer et de s'appuyer sur le caractère *continu* du crime de disparition pour s'affranchir de l'extinction des poursuites par décès et ainsi continuer la lutte dans le cadre d'actions non plus pénales, mais civiles et administratives.

Je citerai ici ce que m'en a appris le professeur Clyde Snow. Ce remarquable anthropologue et médecin légiste américain avait intégré en 1997 l'équipe du rapporteur spécial sur la situation en ex-Yougoslavie, Tadéusz Mazowiecki, dont j'étais l'un des rapporteurs adjoints. Lorsque nous nous efforcions de localiser des charniers, nous avons souvent discuté d'un sujet, plus philosophique que juridique, qui me passionnait : comment maîtriser le temps dans la lutte nécessaire et persévérante contre les disparitions forcées ?

Je me souviens qu'au terme d'un échange des plus dense, il m'avait dit : « Voyez-vous, Joinet, nous sommes complémentaires. Vous, avec votre droit, vous pouvez suspendre le temps par l'imprescriptibilité, mais pas au-delà de la mort de l'auteur. Nous, avec l'anthropologie légale, nous pouvons "remonter le temps" dans l'intérêt des descendants des disparus, et cela de génération en génération, tant que le cas n'est pas élucidé. Il vous faudra donc mettre votre future convention en perspective, c'est-à-dire avoir conscience que, lorsqu'elle sera devenue applicable, elle sera opérationnelle pour une durée indéterminée, en ce qui concerne la recherche des corps, grâce à l'anthropologie légale. » Il ajoutait en souriant : « Dans les siècles des siècles... »

La convention est toutefois peu diserte sur cet apport des nouvelles technologies dans la lutte contre les disparitions. On note juste, à l'article 19, une brève référence à la collecte et à la protection des données « médicales ou génétiques ».

Des charniers yougoslaves aux charniers de Franco

J'ai pris conscience de l'importance de cette question lorsque la FIDH m'a mandaté en mars 2010 comme observateur en Espagne, par solidarité avec mon collègue Baltasar Garzón. Il était alors poursuivi pénalement pour « forfaiture » ! Que lui reprochait-on ? Simplement d'avoir commencé à instruire la plainte d'une ONG contre des crimes franquistes, en particulier des cas de disparitions, ce qui l'amena à enquêter sur la localisation de charniers.

Lorsque le juge a été saisi en 2008, plus de trente années s'étaient écoulées depuis la mort de Franco en 1975. La plupart des auteurs des massacres et disparitions de la guerre civile espagnole étant décédés, l'action publique était éteinte à leur égard et, par conséquent, la voie pénale était devenue de plus en plus inopérante pour la recherche des corps de leurs victimes.

Cette situation engendre d'autres complications liées au « temps qui passe ». Lorsque survient le pire, les charniers sont généralement creusés sur place à la hâte et dans l'improvisation, ainsi que j'ai pu le constater lors de mes missions en ex-Yougoslavie. De sorte que, des décennies plus tard, les recherches se heurtent à des obstacles juridiques imprévus, relevant du droit civil ou administratif. Comme tel charnier qui, le temps passant et le cadastre évoluant, de cessions en successions, se trouve être localisé, des décennies plus tard, sur une propriété privée dont le propriétaire est, par exemple, profranquiste, ou simplement pressé d'exploiter les promesses financières de son terrain. Il ne manquera pas de se réfugier derrière le sacro-saint droit de propriété pour entraver les recherches. La voie pénale étant devenue caduque, force est alors de recourir à une procédure contentieuse, civile ou administrative, pour le contraindre.

Plus on remonte dans le temps, plus on se heurte à ce type de difficulté. Et plus le temps passera, plus la question se posera de remonter ainsi dans le temps pour répondre au besoin de connaître la vérité sur le sort des disparus. En discutant avec les ONG de familles de disparus en Espagne, j'ai été frappé de constater à quel point leurs descendants de la troisième génération, plus que celles de leurs parents et grands-parents, encore marqués par les séquelles de la dictature, sont motivés par de telles investigations : parlant de leurs aïeux, ils veulent avec obstination les retrouver et pouvoir enfin se recueillir, avec dignité, sur leurs tombes.

Je les comprends d'autant mieux que j'ai moi-même signé l'appel des « Amis de la Commune de Paris » à réhabiliter judiciairement les combattants de la Commune de 1871, dont les cent quarante-sept fédérés fusillés et jetés dans une fosse commune creusée sur place, là où fut dressé plus tard le Mur des fédérés. Car l'amnistie votée le 11 juillet 1880 n'y suffit pas : si elle a effacé les condamnations des communards, elle est sans effet sur l'imputation des crimes pour lesquels ils furent traduits devant les cours martiales, voire condamnés sans jugement. Cela revient à légitimer leurs assassins. Il s'agit d'honorer, parmi ces révoltés, tant de disparus anonymes, sommairement exécutés par les troupes versaillaises, alors qu'ils n'ont voulu que l'avènement de la République pour tous. La véritable, la « Sociale » !

Verra-t-on, un jour de printemps, des recherches d'ADN triompher jusqu'au pied du Mur des fédérés, afin d'identifier enfin ceux qui donnèrent leur vie pour un monde meilleur ? Mettre les techniques de pointe au service du droit de savoir pour le conforter en tant que droit autonome à caractère civil ou administratif, quand le droit pénal n'est plus en mesure d'apporter de réponse, tel fut le but de la réflexion que j'ai livrée à mes collègues sur la question des disparitions et du temps.

Envoi

Donde están ?

En suspendant ainsi cet exercice de Mémoires sur une évocation furtive des communards et la mémoire vivante des Républicains espagnols, j'affiche volontairement des références qui furent de celles de ma génération. Elles ont nourri nos utopies et sont toujours pour moi une façon de dire ma confiance dans l'avenir. J'espère que ce récit de mes « aventures » n'a jamais pu laisser l'impression que j'ai vécu une seule journée de mes soixante-dix-neuf premières années en homme tourné vers le passé.

Tout ce que ce que j'ai pu dire des métiers de la justice et de mes « raisons d'État » implique une dialectique et politique et juridique : celle de la règle et de l'exception. En n'oubliant jamais que le régime juridique nazi, de 1933 à 1945, a reposé théoriquement sur ce genre d'état d'exception où la seule suspension des quelques articles qui garantissaient les libertés individuelles et collectives était devenue la règle, la plus envahissante : le système de gouvernement le pire qui soit.

D'où l'importance d'analyser, de manière très politique, toutes les situations où l'on est contraint, entre deux maux, de choisir le moindre, pour ne pas succomber à l'intégrisme légaliste qui pousse hypocritement à tenir la balance « égale » entre oppresseur et opprimé. Comme s'ils étaient égaux devant la loi injuste du plus fort !

Je suis d'une des générations qui durent apprendre à leurs dépens à quel point, trop souvent, « les lendemains chantent »... faux ! Et si atrocement faux, que certains en oublient pour quelles causes ils s'étaient battus.

Sans doute, nos devanciers s'y étaient-ils mal pris. Puisqu'il fallait recommencer, sur des bases plus claires, devions-nous et pourrions-nous encore viser à faire table rase du passé, comme on disait au « temps des cerises », sans faire le jeu du pire chaos ? Toujours l'obstination et la persévérance dans la recherche de la justice. Toujours reprendre l'accordéon, Chez Gégène comme à Matignon ou à l'ONU, pour que, dès aujourd'hui, les « mauvais jours » commencent à finir.

Un gosse de Nevers ou un ado rêveur des bords de Loire surgit parfois à mes côtés, place de la République ou sur les quais de Seine. Comme l'histoire des hommes est tortueuse et lente « et comme l'espérance est violente » ! « *Donde están ?* », répètent les Mères de la place de Mai, et tant d'autres de par le monde. « Où sont-ils ? Qu'en avez-vous fait ? » Et ma mémoire de se débattre entre mille souvenirs de mille et mille visages. Où sont-ils ? Qu'êtes-vous devenus ?

Où sont-elles, Mlle Denise, et Norma, et Juliana ? La coiffeuse tondue et la militante torturée et fracassée, et l'avocate de Rio, hantée par les fantômes des tortionnaires qui la poursuivaient. Et la grand-mère aux mille rides qui m'avait embrassé à la fin de cette mission brésilienne, et la jeune Madone de Trelew, et la paysanne haïtienne saisie par la révélation de sa carte d'« identité ». Quand je revois la fillette iranienne aux pieds écorchés par la banale indifférence d'un bureaucrate australien borné, se détache, derrière elle, la jeune Taranéh, dans sa prison de Téhéran, qui me serra la main très ostensiblement, justement parce que ses geôliers lui interdisaient un tel geste.

Heureusement, avec ces visages, défilent aussi les noms de « terroristes » incarcérés pour des années et des années, avant de devenir présidents ou députés, ou artistes ou citoyens libres, tout simplement, quand l'histoire se remit sur pied : de Gusmão à Pepe Mujica, de Mazilù à Ter-Petrossian, de Carmen Castillo à Otelo de Carvalho. Que sont-ils devenus, que vont-ils devenir ? Il m'arrive de rêver d'un coin de « paradis », fleuri de myosotis, où je pourrai les retrouver autour d'un verre de vin ou d'un thé à la menthe. C'est à Norma et à eux tous que je veux dédier ces souvenirs. Comme une façon de les remercier de m'avoir tant aidé à devenir ce que je suis.

Index

A

B

C

D

E

F

G

N

O

P

Q

R

S

T

U

V

W

Y

Z

Table

II

Mes années Matignon : de Mauroy à Fabius et de Rocard à Bérégovoy

CPI
BUSSIÈRE

Composition Facompo, Lisieux.
Impression réalisée par CPI Bussière
à Saint-Amand-Montrond (Cher).
Dépôt légal du 1er tirage : octobre 2013.
Suite du 1er tirage (2) : janvier 2014.
N° d'impression : 2007747.
Imprimé en France